朱典淼 编著

名流世家

MINGLIU SHIJIA

安徽师范大学出版社

· 芜湖 ·

图书在版编目（CIP）数据

名流世家 / 朱典淼编著.—芜湖：安徽师范大学出版社，2018.8
ISBN 978-7-5676-3168-7

Ⅰ.①名… Ⅱ.①朱… Ⅲ.①名人 – 家族 – 史料 – 中国 Ⅳ.①K820.9

中国版本图书馆CIP数据核字（2017）第230249号

名流世家

朱典淼◎编著

责任编辑：孙新文　蒋　璐

装帧设计：任　彤

出版发行：安徽师范大学出版社

芜湖市九华南路189号安徽师范大学花津校区　　邮政编码：241002

网　　　址：http://www.ahnupress.com/

发 行 部：0553-3883578　5910327　5910310（传真）　　E-mail：asdcbsfxb@126.com

印　　刷：虎彩印艺股份有限公司

版　　次：2018年8月第1版

印　　次：2018年8月第1次印刷

规　　格：700 mm×1000 mm　　1/16

印　　张：24.25

字　　数：412千字

书　　号：ISBN 978-7-5676-3168-7

定　　价：69.80元

自　序

　　中国人有强烈的乡恋情结，每次农历新年快到之时，千千万万外地谋生的人，携妻带儿，纷纷踏上返回故里的归程，赶回家乡与亲人团聚，形成了人类大迁徙史上一道独特的风景线。

　　"烽火连三月，家书抵万金"。中国人始终摆脱不了那个生他养他的家，摆脱不了那个数代形成的、由血缘维系的家族。往往在一个举世闻名的家族中，涌现出了众多名垂青史的杰出人物。家族是如何形成的？家族中的家书、家训、家风，对人才成长有着什么样的作用？家风对社会文明之风的形成，又有怎样的影响？诸如此类问题，是人们十分关注的热点。本书打算通过二十六个家族的介绍，向读者提供相关的答案。

　　全书从我国数千年的历史长河中，撷取了二十六个著名家族，其中有现代杭州的钱氏家族、近代新会的梁氏家族、清代湘乡的曾氏家族、明代桐城的方氏家族、宋代眉山的苏氏家族、唐代巩县的杜氏家族、晋代琅琊的王氏家族、汉代扶风的班氏家族、春秋曲阜的孔氏家族等。这些虽仅为我国历代家族中的一小部分，但管中窥豹，略知一斑，通过部分典型家族的研究，可以感知我国家族文化灿烂的全貌。文中将介绍这些家族形成的简要历史以及家族中曾涌现的俊彦，其中有思想家、哲学家、科学家、史学家、文学家、艺术家、军事家等。史迹动人，催人深思。

　　此外，本书阐述了家族对人才成长的重大影响。人都在一定的环境中生活，人可以改变环境，又受环境的多方影响。家族正是人所生活的特定社会环境，必然对人的成长产生各种影响。优良的家风，是超凡人才健康成长的精神保证。家庭是社会最基本的细胞，亦是中华传统文化的重要载体，健美的家庭正是形成和健全社会的基本工程。无论时代如何变化，经济如何发展，对于一个社会来说，家庭的生活依托不可替代，家庭的社会功能不可替代，因此，我们必须重视健美家庭的建设，努力使千千万万个家庭成为国家

名流
世家

富强、民族进步、社会和谐的重要基点，成为人们梦想起航的地方。

时光匆匆，本书从资料搜集，到铺设成篇，历经五度寒暑，今日终于付梓问世。虽耗费了不少时日，仍有考虑不周、阐述不当之处，殷祈专家学者及广大读者不吝指正。

目 录

孔丘与曲阜孔氏家族

　　孔子是我国家喻户晓的大人物，也是世界级文化名人，他一生传道、授业，创立了儒家学派，被尊称为"至圣先师""万世师表"。我国北起哈尔滨，南至台南，都建有孔庙，表述了人们对他的无限景仰。联合国大厅中，立有孔子塑像。我国为加强对外文化交流，分别在世界各地建立了孔子学院，旨在传播中华文化，造福世界人民。

　　曲阜孔门，绵延八十余代，涌现了不少杰出人物，如孔子的孙子孔伋、孔子的九世孙孔鲋、孔子的十一世孙孔安国、孔子的二十世孙孔融、孔子的六十四世孙孔尚任等，均极富才华，史上有名。由此，人们将曲阜孔氏称为"天下第一世家"。

一、周游各地的苦难生涯

　　春秋时期，泰山与黄河交汇之处，曾有一个文明古国，名"鲁"。早在远古时代，那里的土著族人就创造了灿烂的东夷史前文化。到了春秋时代，鲁国再次成为中华文化中心之一，培育了不少圣贤之士，孔丘便是其中典型的代表。

　　孔子，名丘，字仲尼。春秋时期鲁国陬邑昌平乡（今山东曲阜南辛鲁源村）人。他的祖先为宋国贵族，到了孔子的前三、四代，由于宋国统治集团内部倾轧，全家逃至鲁国。其父名纥，字叔梁，是鲁国一个职位不大的武官。其母姓颜，叫徵在。孔子3岁时，父便亡故，一直在母亲的抚养下长大。他20多岁起，即关注天下大事，思考治国方略，经常发表精辟的见解。30岁时，已有一定的名气。

　　鲁昭公二十年，齐景公访鲁，召见孔子，与其讨论秦穆公称霸之事，孔子由此结识了齐景公。鲁昭公二十五年，鲁国内乱，鲁昭公被迫逃齐，孔子亦到了齐国，受到了齐景公的赏识与厚待。鲁昭公二十七年，齐国大夫欲加害孔子，孔子逃回鲁国。当时鲁国政权掌握在大夫的家臣手中，孔子虽有两次从政机会，都放弃了。直到鲁定公九年，被任命为中都宰，治理中都卓有政绩，升为小司空，不久又升为大司寇，行使宰相权力。鲁定公十二年，齐国为削弱三桓势力，拆毁三桓所建城堡，与三桓矛盾加深。鲁定公十三年，齐国送八十名美女到鲁国，季孙氏接受女乐，君臣迷恋歌舞，不理朝政，令孔子十分失望。不久，鲁国举行祭祀，按惯例应送祭肉给大夫们，孔子却未收到祭肉，这表明鲁国国君不再任用他了。孔子被迫离开自己的祖国，开始了周游列国的辛劳之旅，这一年他55岁。

孔子带着众弟子先来到卫国，卫国国君卫灵公十分尊重孔子，给予他优厚的待遇，但未授孔子官职，亦未让他参政。孔子在卫逗留了十个月，因有人进谗言，卫灵公对孔子起了疑心，竟派人公开监视孔子的行动。于是，孔子带着弟子由卫国前往陈国，路过匡城，因误会被困，达五天之久。逃离匡城，来到蒲地，碰上卫国贵族公叔氏叛乱，再次遭围。逃脱后，又返回卫国。卫灵公听说孔子一行返回卫地，极为高兴，率众出城迎接。此后，孔子曾数次离开卫地，又数次折回，一方面因卫灵公对孔子的态度，时有反复；另一方面孔子此时确无更好的去处。

鲁哀公二年，孔子59岁，离开卫国，经曹、宋、郑，到了陈国。孔子师徒被服劳役之人围困于半道，前后没有村庄，所带粮食已吃完，绝粮达七日之久。最后，还是子贡找到了楚国人，楚派兵解救了孔子。孔子64岁时，又回到卫国。

孔子周游列国，前后历时十四年，行路数千里，积极传播他的思想。鲁哀公继位后，孔子率众弟子回到鲁国，此时已68岁，被尊为"国老"。直至73岁去世，孔子把大部分时间和精力，用于同弟子切磋学问和著书立说上，从而成为儒家学派的开创者。

二、创立儒学的至圣先师

孔子既是一位"学而不厌"的杰出学者，又是一位"诲人不倦"的教育大师。他在从政方面，虽未被春秋君主们重用，未能实现其善政为民的理想，却在读书求知、著述明道方面，作出了重要的贡献。

孔子编撰了我国第一部编年体史书《春秋》，他的言行、思想主要记载于语录体的散文集《论语》之中。《论语》共有四百九十九段文字，多为孔子所言以及孔子与弟子、时人相互对答的话。《论语》中，记载的孔子的人生体悟，极富理趣，值得玩味，其中与一些弟子的相互问答，生动活泼，闪烁着智慧之光。

孔子幼年之时，父亲病故，生活较为艰辛。曾放过牛羊，做过仓库管理员。后来，创办私学，靠收徒授业为生，收入较低。为了谋生，孔子又做了一份兼职礼相的工作，即为人主持婚丧嫁娶以及各种祭祀典礼等礼仪活动。当时，把从事礼相职业的人，称作"儒"。后来，孔子的学说被称作"儒学"，孔子创立的学派被称为"儒家学派"，据学者考证，与孔子从事过礼相这一职业相关。

儒家思想以周礼思想为主干，吸收古代思想文化的精髓，并结合当时社会的现实而形成。儒学是我国古代文化思想的重要组成部分，它有一套独立的体系，内容涉及哲学、政治、文化、社会、教育、伦理、心理、美学、历史、文学、艺术、军事诸方面。究其实质，其核心为"仁"。孔子在《论语》中，有五十八段讨论"仁"，而"仁"字在《论语》中先后出现有一百多次，所以许多学者将"仁"作为孔子学说的一贯之道，有的学者甚至称儒学为"仁学"。

"仁"是指什么呢？著名学者傅佩荣认为："仁"是指人的真相。这种真相是动态的、开展的、等待主体去自觉实践的。孔子说："仁者爱人"，为仁之人，就是热爱人的人。孔子在政治上主张"礼治""德治"，是为了爱民；经济上主张"富民""利民"，是为了爱民；哲学上主张"天地时中"，让人顺应自然规律，是为了爱民；教育上主张"教民"，倡导"有教无类"，是为了爱民；伦理道德上，主张礼、义、忠、恭、宽、信、敏、惠等，倡导形成人与人之间的正常关系，让人与人相亲相爱，友善相处，也是为了爱民。时至今日，孔子这种"以人为本"的思想，仍对现实社会有着重要指导意义，大到处理国与国之间的关系，小到处理人与人之间的关系，都有积极的指导作用。

孔子既是一位卓越的思想家，又是一位杰出的教育家。他没有进过正规的学校学习，没有固定的老师，全靠自身的好学感悟，向生活中的所有人学习，亦为"三人行，必有我师焉。择其善者而从之，其不善者而改之"。他就是这样博采百家之长，不断丰富自己。孔子的教育思想十分丰富，历经几千年的传承，至今仍有不少闪光处，被现代教育学有效地汲取。

孔子率先提出"有教无类"的教育方针，主张人人都有接受教育的权利。春秋时期，文化教育被官府垄断，贵族子弟才有读书的资格，平民百姓没有入学受教的机会。随着社会的进步，民间对文化的需求日趋迫切，孔子敏锐地看到了这一趋势，决定开办私学，教授平民百姓，响亮地提出了"有教无类"的办学方针，这不仅为民间培养了一批有真才实学的贤士，也为国家的发展做出了重大贡献。这是孔子的伟大创举，也是古代教育的一次重大变革。

孔子还提出了"因材施教"的教育方法。俗话说："人一上百，五颜六色。"现实中的每一个人，其个性、特点都不会一样。孔子主张根据不同的人，采取不同的教育方法，不能实施呆板的、千篇一律的教育方式。读《论语》可见孔子对学生提出的问题，回答都不相同，他是根据学生的不同性格特点和各自的爱好，来回答他们的问题。

孔子的教学方法十分灵活，喜欢采用回答式，面对面地向学生讲授，同时还与学生互动；采用启发式，通过循循善诱，来启迪学生；他还主张"温故而知新"，重视旧知和新知的紧密联系；主张"学而时习之"，要学生保持学习的常态化；主张"学而不思则罔，思而不学则殆"；还重视在学习中培养学生独立思考的能力。

孔子门下，桃李芬芳，有三千弟子，七十二贤人。其中德行高尚的弟子有：颜渊、闵子骞、冉伯牛、仲弓；言语才能高的弟子有：宰我、子贡、子夏。这些孔门弟子，对继承和推动儒学的发展，发挥了积极作用。

三、孔子后裔　流芳史册

孔子去世后，其思想越来越被当权者所重视，尊孔祭孔的活动连绵不断。孔门传承八十余代，其中有不少杰出人物。

孔伋，字子思，孔子的孙子，战国时期著名的思想家、哲学家。他从小聪慧，好学勤思，颇得孔子喜爱。有这样一则故事：孔伋幼年时，一次看到孔子在叹息，便问爷爷："您是担心子孙不肖，会辱没祖宗呢？还是羡慕尧舜之道，恨自己未赶上那个时代呢？"孔子回答："你还是个孩子，哪里会知道我的想法，到一边去玩吧！"此时，孔伋却说："我多次聆听您的教诲：父亲砍柴，儿子不去背负，就是不肖。我常思考这个问题，担心自己不能继承祖辈事业。"孔子十分惊叹，这么小的孩子，竟然会发出这样一番宏论。史实表明，孔伋绝非平庸之辈，他收徒授学，继承祖业，著书立说，相传《中庸》为他所作，在继承孔子"中庸"之说的同时，又提出许多新观点，是对儒家学说的一大发展。因孔伋为推动儒学发展做出了杰出的贡献，相传孟子曾视孔伋为师。

孔鲋，字子鱼，孔子的九世孙。自幼好学，精通六艺。秦统一六国后，曾拜孔鲋为官，孔鲋对秦暴政不满，无心仕秦。秦焚书坑儒，作为孔子后人，见先辈著作被毁，内心十分愤恨。他将部分祖辈之作，藏于祖堂旧壁之中，自己则离开故里，隐居嵩山。后来，秦暴政引发农民起义，应陈胜吴广之邀，孔鲋参加了起义军。因政治观点不合，鲋假托目疾，辞去起义军中职务，悉心收集先人事迹传文，相传《孔丛子》为孔鲋所作。《孔丛子》为一部传记性著作，记述了孔子、子思、孔穿、孔谦及孔鲋的言行事迹，是研究孔子后裔和儒家学说发展的重要资料。孔鲋冒着生命危险，将《论语》《孝经》《尚书》等藏起来，为儒学文化的传播，保存了文字资料。

孔安国，西汉著名经学家，古文经学派的开创者。据说，汉景帝年间，鲁恭王在孔子故居的旧壁中，得到一批先秦古典经书，此前为孔鲋所藏。因经书用"蝌蚪文"写成，当时无人认识。于是找到孔安国，孔安国以彼时的隶书，将古文译出，人们才知道那是儒家经书。后来，汉武帝独尊儒术，闻知孔安国在研究古代经文上的成就，就招他为博士，让他专门研究整理《尚书》，对传播儒学做出了巨大贡献。

孔融，字文举，孔子的二十世孙。他是孔门中知名度最高的一位。流传的"孔融让梨"的故事，在中华大地上可以说是家喻户晓。孔融有兄弟七人，他排行老六。4岁那年，家中吃梨，别的孩子都抢着吃大的，孔融却偏偏拣小梨吃。大人很奇怪，问他为什么不拿大的，孔融回答说："我小儿，法当取小者。"意为小孩辈分低，按理应拿小梨。这表明出身儒学世家的孔融从小深受尊卑有序的礼法教育，儒家的正统观念早就在他的脑中深深扎根。

孔融10岁时，随父来到洛阳，当时士大夫的领袖人物李膺就住在洛阳，孔融很想拜见他，但据说一般人是无法见到李膺的，只有社会上的有名人物，或祖辈同李家有交情的人，才允许到李府，得到李膺的面见。孔融到了李府，对李膺说："老子叫李耳，他是你的上祖；我姓孔，为孔子的后代。孔子不是曾向老子讨教学问吗？我们两家早就有师生之谊，今日见到您，特别高兴。"孔融的这一番话，令满座皆惊，亦让李膺十分欣喜。座中却有人不以为然，认为小时能言善辩，长大未必有什么出息。孔融对这种议论，当场回敬说："想君小时，必当了了。"意思是，按你的逻辑，小时候特别聪明，长大会没有出息。那么，你现在这副没出息的样子，估计小时候肯定十分聪明！一番话，让客人面红耳赤，无言以对。从此，孔融的才干闻名遐迩。孔融曾在北海做过官，故又称之孔北海。后来，孔融在曹操手下，官居将作大匠。他还是汉末文坛"建安七子"之首，成为儒家新一代的领袖。然而，好运不长，孔融因言辞激烈，触怒曹操而被杀。曹操是一位十分专横的政治人物，卧榻之侧岂容他人酣睡，即使是一个文人，也绝不能容忍。在曹营中，孔融是经常以反对派的面目出现的。首先，他多次批评曹操的政令。

汉末，粮食紧缺，为了备粮，曹操下了禁酒令。禁酒令中有一条说酗酒会荒废政务，导致国家灭亡，商纣王酒池肉林，导致商朝灭亡。孔融喜爱喝酒，对禁酒令极为反感。他说："酗酒可以亡国，好色亦可亡国，周幽王为博美女一笑，烽火戏诸侯，亡国了。好色可亡国，你是否也禁男女之情，禁婚姻呢？"这样，多次和曹操抬杠，让曹操下不了台。其次，他还干预曹操的家事，官渡之战后，曹操把袁绍的儿媳妇抢来，给儿子曹丕做夫人。袁绍的儿媳妇甄氏，长得十分俊俏，是北方著名的美人。孔融得知此事，十分气愤，觉得太丢人，就给曹操写了一封信。信中向曹操讲了一个故事：当年周武王讨伐商纣王，把商纣王的美女夫人抢过来，给弟弟周公做夫人。曹操闻此故事，不知孔融说的什么意思，请教孔融事出何典？孔融回答："以今度之，想当然耳。"很显然，孔融是借此讥讽曹操，曹操自然十分不快。

孔融还向曹操推荐祢衡。祢衡也是一个恃才傲物的文人，他碰到了曹操的软钉子，要他当鼓吏。祢衡乘机演出了一场"击鼓骂曹"的好戏。后来，曹操将祢衡转手他人，让他人杀害了祢衡。

孔融是一个极有才华的文人，他是建安文学集团中的重要人物，身在曹营之中，却又不把曹操放在眼里，经常和曹操作对，最后全家被曹操杀害，他是孔氏家族中，下场最为悲惨的大文人。

孔尚任，孔子第六十四世孙，清初大戏剧家、诗人。康熙第一次南巡，经过曲阜，孔尚任曾被推举御前讲经，受到康熙的赏识，提拔他任国子监博士。他一边为官，一边从事文学创作，历经十余年，写成戏剧《桃花扇》。剧本以复社名士侯方域和秦淮名妓李香君的爱情故事为主线，描绘了南明王朝的悲剧结局。孔尚任的《桃花扇》和洪昇的《长生殿》同时享誉于世，被称作"南洪北孔"。《桃花扇》应是中国古典戏剧的最后一部杰作。后来，孔尚任辞官返乡，专事文学创作和文集整理。他应是孔子后人中，著作较多的一位。

1935年，当时的国民政府曾明令改"衍圣公"为"大成至圣先师奉祀官"，由孔子"嫡系裔孙"担任。1949年，国民党败退台湾，为保存所谓的"道统"，亦让首任奉祀官孔子第七十七代嫡孙孔德成定居台湾。孔德成出生仅百日，即被封为"衍圣公"，创下千年最幼小的"衍圣公"记录。2008年孔德成在台湾病故。奉祀官遗缺，由嫡长孙孔垂长继任。奉祀官"不支薪"，仅承当传承孔子道统，发扬儒学精神的任务。2011年，孔家在台湾成立"中华大成至圣先师孔子协会"，协会宗旨为："发扬孔子思想、改善社会风气、推动大同世界。"使儒学在21世纪发光发热。

岁月悠悠，胜景尚存。孔子生活于公元前六世纪至公元前5世纪的春秋时代，距今已有2500余年，但在其故里仍保留了大量历史遗迹，孔府、孔林、孔庙就是典型的代表。

孔府，位于曲阜城内，为孔子嫡系子孙居住之地，是一个集官衙、家庙、住室三位一体的古建筑，旧称"衍圣公府"，经历代扩建，现占地约16公顷，共九进院落，布局为东、西、中三路，中路为主体，前部为官衙，后部为内宅，最后面为花园。孔府大门上贴有一副金色大对联，上书："与国咸休安富尊荣公府第，同天并老文章道德圣人家"，显示出一派非凡的气度。

孔林，位于曲阜城北1.5公里的泗河畔，占地200多公顷，为孔子及其家族的墓地，四周有墙环绕，园内古木参天。

孔庙，位于孔府之西侧，为祭祀孔子之地，有九进院落，庙堂建筑466间，巍峨壮观，金碧辉煌。庙有碑刻2000余块，上自两汉，下迄民国，真、草、隶各体俱全。

如今，曲阜的"三孔"已成为中外游客经常光临的旅游胜地，亦是联合国教科文组织通过的世界文化遗产。

曲阜孔门繁衍至今，已达八十多代，在数千年的历史上，曾熠熠生辉。

可以说，我国历史上没有哪一个家族可以与曲阜孔氏家族相媲美。这是由于：第一，孔子创立的儒家思想历经数千年已深入中国人民的心里，作为我国传统文化的重要组成部分，其精华仍被一代代传承。第二，孔子的学说作为东方文化的光辉创造，已受到世界各国人民的关注。美国学者爱默生曾说过："孔子是全世界各民族的光荣。"时至今日，在世界发展的进程中，仍可以从儒家思想宝库中，找到解决难题的办法。第三，从古至今，孔子后人已达四百余万人。这份珍贵的家族史料，是研究中国思想史、中国文化史不可或缺的重要档案。

孔子是揭示人生真谛的伟大思想家和杰出教育家，对孔子及其世家进行系统、深入之研究，对继承、发展中华传统文化，建设繁荣强盛的祖国，无疑是极有意义的。

班固与扶风班氏家族

撰史是一项极有意义的工作，如若没有前人留下的文字资料，我们祖先走过的历程，就无人知晓。"观今宜鉴古，无古不成今。"历史不仅记下了先人的足迹，更是一个民族宝贵的精神财富。

我国有数千年悠久的历史，在史学典籍中，司马迁的《史记》、班固兄妹的《汉书》、司马光的《资治通鉴》，是三颗珍贵的明珠。其中《汉书》，开创了我国断代史之先河，在史学史上有不容忽视的重要地位。《汉书》的作者班固、班昭，为班氏家族中名垂青史的杰出人才，从这对兄妹身上，可见这个史学世家不同凡响的辉煌。

一、扶风班氏　显赫世家

扶风，在今陕西咸阳附近，现属西安市管辖。这里不仅山环水抱，风光如画，而且是关中平原上地势最平坦、最开阔的所在。这里土地肥沃，气候温润。自《禹贡》起，被称为"上上田"。到了秦汉时代，整个关中平原已成为全国最富庶的经济地区之一。中国封建社会前期，主要在这一带建都。因此，这里就成了全国政治、经济、文化的中心。

班固兄妹诞生于扶风安陵，即今陕西咸阳东北，这里和长安相隔很近，可以经常得到来自京城的消息。

班氏在汉代是一个世代书香的官宦之家。高祖班回时，就以"茂材"为长子县令。到了曾祖班况，曾征战匈奴，屡立战功，被封为越骑校尉。他养育了四个儿女，均颇有名声。长子班伯，精通《诗》《书》《论语》，多次持书出使西域，进行文化传播；次子班斿，博学多才，官至谏议大夫；三子班稚，不仅位崇声著，而且诗书素养极高，他是班彪之父，班固、班超、班昭的祖父；班况之女，是一位文采过人的辞赋家。入宫后，被册为婕妤，深受汉成帝宠爱。后来，赵飞燕姐妹入宫，夺得帝王的恩宠，班婕妤日渐被冷落，常以诗赋抒发内心的感慨，存世作品有《自悼赋》《捣素赋》《怨歌行》三篇。

二、班彪立志　潜心修史

班固的父亲班彪，自幼好学，知识广博，颇有文才。汉代著名学者扬雄、王充都曾登门向他求教。汉光武帝时，出任徐县县令，后官至望都长。政务之余，喜读古往今来的历史典籍，发现《史记》虽记录了上起黄帝，下至汉武帝的数千年历史，但自汉武帝太初年间之后，就"阙而不录"了。故而，决心收集前史旧籍，遍访遗闻轶事，撰成《史记后传》，成为东汉史学名家。他是班氏家族潜心修史第一人。

班彪文学修养颇高，擅长写赋。他所撰的《北征赋》，记叙自己在西汉末年动乱中的行程，语言整齐精美，文采激越飞扬，为古代文坛的传世佳作。"余遭世之颠覆兮，罹填塞之阸灾。旧室灭以丘墟兮，曾不得乎少留。遂奋袂以北征兮，超绝迹而远游。"情感真挚，用语悲愤，读之感人。

三、替父续史　彪炳千秋

班彪之长子班固，东汉杰出史学家、文学家，字孟坚，生于建武八年（32）。家境优越，书香门第，让他从小就养成了喜读诗书的好习惯。16岁，进入洛阳太学读书。在太学八年，利用学院内人才云集、典籍丰盈的有利条件，勤奋研读，进步飞快。但他不因自己成绩突出而恃才傲物，待人宽厚，谦逊有礼，获得众人一致赞许。《后汉书》中有"班固传"，对他有这样的评述：班固"所学无常师，不为章句，举大义而已"，"性宽和容众，不以才能高人"。说明班固不仅才能高超，而且品性良好，尤其有"容众"的长处。

建武三十年（54），班彪去世。班固在整理父亲文稿时，发现遗作《史记后传》，虽基本完成，但仍有很多内容不够全面，尚需进一步扩充与完善，他决心在父亲文稿的基础上，进行加工，撰写成断代史《汉书》。

其父辞世之后，班固按规定在家守孝三年。想起慈父曾经说过打算写一部史书的话，班固在整理父亲搜集的史料的过程中，一直想弄清其父的写史意图，以完成其父的未竟之业。

当班固理出基本头绪时，恰巧东平王刘苍请他加入幕府，他趁此良机，开始了其父欲写而未撰的史书《汉书》的编撰工作。这一年，他26岁，正好处于精力充沛的最佳写作期。

尽管班固"性宽和容众"，却有人容不得他。不知出于邀功，还是出于嫉妒，竟有人向皇帝告发，诬陷他私自篡改国史，被捕入狱。其弟得知兄长遭陷入狱，十分焦急，赶紧奔赴长安，向汉明帝说明班固撰史的真实意图。当地郡守，亦将班固书稿献上。汉明帝听了撰史说明，又查阅了书稿，断定班固无谋反之嫌，将班固无罪释放，让他继续编纂《汉书》，并任命他为兰台令史，担负起掌管皇家图书的重任。这是他一生中的重大转折，亦为他撰写《汉书》提供了极有利的条件。

从明帝到章帝，历时二十余年，班固基本完成了《汉书》的撰写工作，余下的部分表、志，是他死后，由其妹妹班昭和门生补写而成。

班固的人生结局，极为不幸。和帝永元年间，他投奔大将军窦宪。窦宪出征匈奴，获大胜。可能功高权重，引起宦官恐惧，设计逼迫窦宪自杀。城门失火，殃及池鱼，班固亦遭牵连，他不仅被免官，而且被仇家洛阳令种兢逮捕下狱，最终惨死狱中，时为永元四年（92），享年60岁。

班固一生最大的成就是撰写《汉书》，史称《前汉书》，是我国第一部纪传体的断代史。沿《史记》体例，略有变更，改书为志，改世家为列传。由纪、表、志、列传四部分组成。主要记载自汉高祖元年（前206年）至王莽地皇四年（23年），共两百二十九年的历史。计有帝纪十二篇、表八篇、志十篇、列传七十篇。四大部分，形式不同，彼此互相联系，互为补充，形成一部完整的汉代史，约八十余万言。这种断代为史的方法，虽易割断历史相互之间的联系，却便于及时保存和整理史料，是我国封建社会史书的典范。著名史学家刘知几称班固的《汉书》："究西都之首末，穷刘氏之废兴，包举一代，撰成一书……自尔迄今，无改斯道。"现存二十五史，除《史记》《南史》《北史》外，都沿用《汉书》断代为史的体例。

《汉书》体制上虽承袭《史记》，却不是完全的机械照搬，就占有资料来看，《汉书》不少方面超过了《史记》。例如，《汉书》中的《惠帝纪》及吴芮、蒯通、李陵、苏武等传；《百官公卿表》《古今人表》二表及《刑法》《五行》《地理》《艺文》四志，都是《史记》所没有的，是班固新设的篇目。

《史记》不为张骞立传，事迹仅附于《卫将军骠骑列传》之后，叙述亦颇简略。《汉书》特为张骞立传，给予他应有的历史地位。此外，在萧何、王陵、韩信、淮南王刘安、楚元王刘交、石庆、李广、卫青、公孙弘等传中，《汉书》亦增加了不少新内容，在史料上弥补了《史记》的一些缺遗。《汉书》在帝纪中，增入了不少重要诏令。在贾谊、晁错、董仲舒、路温舒、邹阳、枚乘、韩安国等传中，增加了有关政治、经济、军事、的奏疏，如贾谊的《治安策》；晁错的《教太子疏》《言兵事疏》；董仲舒的《贤良策》；邹阳、枚乘各自的《谏吴王书》等。这些均为极有参考价值的历史文献。

班固赞扬司马迁"其文直，其事核，不虚美，不隐恶"的史家"实录"精神，其本人亦继承《史记》的著史传统，重视客观的历史事实，坚持秉笔直书。因此，《汉书》在一定程度上较为全面地反映了西汉王朝的历史面貌，而且在一些人物传记中，暴露了统治阶级的种种血腥内幕。如《外戚传》中，班固借司隶校尉解光奏文，用浅显的语言，具体揭露了汉成帝后宫的种种秽行和兽性内容，读之令人发指。就人物传记写作而论，《汉书》中亦有不少精彩的文字，成为后世传记文学之典范。如《苏武传》中，通过具体而生动的情节刻画，突出了汉代使节苏武陷敌营十九年，视死如归，不为利诱，坚贞卓绝的斗争精神，表现了苏武崇高的民族气节，十分令人景仰。《朱买臣传》中，通过朱买臣失意得意时的不同精神面貌以及人们对他的不同态度，将人物刻画得深刻生动，形象地展现了封建社会世态的炎凉。

《汉书》的写作，在文字上虽追求富丽典雅，趋于骈体化，但有简练整饰、详赡严密之特点，爱之者众多。后代的许多散文家，如柳宗元、苏轼、黄庭坚等唐宋文学大家，都熟读《汉书》，学习班固的为文手法。《后汉书》作者范晔在《班固传》中写道："迁文直而事核，固文赡而事详。若固之序事，不激诡，不抑抗，赡而不秽，详而有体，使读之者亹亹而不厌，信哉其能成名也。"范晔是一位撰史行家，他道出了后世文人喜好班固《汉书》的主要原因。

班固不仅是一位杰出的史学家，而且是东汉初年著名的辞赋家，他的《两都赋》被梁萧统所编的《文选》收入，并且列为首篇，可见对班固文学才能的赏识，亦可看出班固在汉魏六朝文人心目中的崇高地位。《两都赋》对长安、洛阳城市的繁华和社会的富庶，均有生动的描绘，展示了汉代城市生活的多彩画面，开创了"京都大赋"之文体。尔后，张衡的《二京赋》、左思的《三都赋》，都是在其影响下出现的。

四、史界才女　业绩流芳

班彪的女儿、班固的妹妹班昭，是一位不可多得的史界才女，没有她的付出，父、兄的宏愿就难以实现，后世就无法见到《汉书》这样一部经典文学名著，她的家族就难以流芳千古，为后人所称道。

班昭，字惠班，又名姬。自幼聪慧好学，在父兄悉心指导下，广纳博文，文采出众，与祖上的姑妈班婕妤十分相像。14岁嫁与曹寿为妻，两人志同道合，家庭生活和谐美好。因班昭之夫姓曹，故她又被称作"曹大家"。然而，好景不长，不久曹寿病逝，班昭终生守节未再嫁。妹承兄志，班昭替兄完成《汉书》的编撰工作。班固去世时，《汉书》中的八表及《天文志》遗稿散乱，未及告成。班昭与马续共同续撰，使史书得以最后完成。《汉书》初出，读者多不通晓。班昭又教授马融等诵读。

班昭文采出众，深受朝廷推崇，让她入宫，任皇后和嫔妃的教师。她对赋、颂、铭、问、论、书、疏等各种文体，均有涉猎，并十分精通，存世有《东征赋》等八篇。

班昭恪守儒家伦理道德，根据自身领会，写成《女诫》七篇。班昭深受家族传统文化之影响，继承和发扬班婕妤的妇德思想。她在《妇行》篇中，提出了妇女的四种行为标准："清闲贞静，守节整齐，行己有耻，动静有法，是谓妇德；择辞而说，不道恶语，时然后言，不厌于人，是谓妇言；盥浣尘秽，服饰鲜活，沐浴以时，身不垢厚，是谓妇容；专心纺绩，不好戏笑，洁齐酒食，以供宾客，是谓妇功。"她认为妇女备此德、言、容、功，方不致失礼。这些本来是班家用来教导妇女的家训，不久被京城的世家争相传抄，后来又风靡全国，成了封建社会教育妇女的经典文籍。

班昭古稀之年病故，皇太后着素服为她举哀，以示敬重。她是汉代一位博学多才，品学兼优，业绩流芳后世的杰出女性。

五、出使西域　武艺高强

班彪的小儿子，班固的弟弟班超，字仲升，是东汉时期文武双全的名将。自幼从父学习文化和历史知识，其兄班固撰《汉书》时，亦跟着做过抄写、修订工作。

班超是一位见义勇为的真壮士。其兄撰史被诬入狱时，他不畏艰险，赶赴长安，向皇上面陈撰史缘由，促使皇上无罪释放班固。此后，班固被任命为兰台令史，掌管皇家图书，继续撰写《汉书》。正是班超促使其兄的人生之路发生了新的重大转折。

永平十六年（73），班超从大将军窦固出兵匈奴，他带头冲锋陷阵，激战群敌，获取大胜，显示了骁勇善战的军事才能。窦固十分器重班超的外交协调能力，上奏朝廷，委派他出使鄯善国（今新疆若羌一带）。班超率"三十六勇士"，来到西域门户的鄯善国，作为东汉使节，起初受到热情款待，不久却发生了变化，鄯善国开始怠慢汉朝的使节，原来北匈奴派来了百人使团，住在相距十几公里的地方。情势危急，班超果断决定趁天黑火攻匈奴宿地，砍杀三十余人，其余皆死在帐篷之中。班超将三十多个匈奴人的头颅，摆在鄯善国王面前，国王大惊失色，表示诚心归顺汉朝。

自73年始，先后十八年间，班超多次征战西域，先后平定莎车、龟兹、焉耆等国的叛乱，还抵御了大月氏的入侵，使西域大小五十余国全部向汉臣服，确保丝绸之路畅通，使东汉王朝在西域的统治处于鼎盛。班超驻西域长达三十一年，所遣使者甘英，曾远行至条支的西海（今波斯湾）。因班超征战西域，战功卓著，被封为"定远侯"。

班勇，班超之子，有乃父风范。和帝时，匈奴杀汉吏，公卿主张闭玉门关自守，班勇力主置校尉长史，以联合西域诸国，抗击匈奴。安帝时，任西域长史，将兵五百，前往西域，与龟兹合兵，击走匈奴伊蠡王。永建元年（126），联合西域各国，大破匈奴呼衍王，巩固了东汉在西域的统治。班超和班勇父子，多次征战匈奴，对汉代西部边防的巩固，曾作出过不可磨灭的历史贡献，被人们誉为"文化世家中的武英雄"。

我国北方扶风的班氏家族，是一个名垂青史的著名家族，从班彪，到班超、班昭，立志修史，存世的著名史书《汉书》，开我国断代史之先河，为我国断代史之典范。班超和班勇父子足智多谋、英勇骁战，多次出征西域，巩固了我国汉代西部边防，是我国古代历史上杰出的名将。扶风班氏家族能文能武，满门俊彦，为后世留下了不少令人敬佩的故事。

曹操与亳州曹氏家族

东汉末，在亳州崛起的曹氏家族，是我国历史上，一个颇有影响力的显赫家族。其代表人物曹操，有人贬为绝世奸雄，有人誉为匡世良相，历来纷争不息。曹操及其子曹丕、曹植均有极高的文学禀赋，他们都是著名的"建安文学"的核心成员。本文拟结合汉末的时代特点及相关史料，对亳州曹氏家族作一简要的剖析。

一、群雄纷争的年代

曹操，小名阿瞒，生于汉桓帝永寿元年（155），卒于汉献帝建安二十五年（220）。

曹操生活的年代，正是我国历史上战争频仍，社会动荡的年代。这一时期，皇帝年幼，由皇后垂帘听政，为稳定政权，直接由外戚参政，造成朝纲混乱，政治腐败。皇帝长大后，不满外戚弄权，就依靠身边的宦官，从外戚手中夺回权力，于是，宦官权势不断扩大，胡作非为，成为社会一大祸害。

此时，东汉周边的少数民族部落，亦乘机侵犯中原。南匈奴、鲜卑、乌桓、西羌不断骚扰汉朝。

白骨遍野，民不聊生，农民起义不断爆发，此起彼伏。规模最大的一次黄巾军起义，"旬日之间，天下响应，京师震动"。

184年，黄巾军大起，朝廷为解眼前燃眉之急，任曹操为骑都尉，发兵征战黄巾军。操部大胜，时年三十，升济南（山东历城）相。

192年，青州黄巾军、黄河以北黑山军，百万之众，以燎原之势，再次勃起。193年春，曹操以招募的数千军队，击溃黄河以南的黑山军。12月，又将青州黄巾军击败。"受降卒三十余万，男女百余万口，收其精锐者，号为'青州兵'"。曹操正是在这场群雄纷争中，脱颖而出，成为独霸一方的势力。

二、复杂的门第背景

曹操出身的门第背景颇为复杂。一方面，他的家庭属于达官显贵一类，他的祖父曹腾早在汉安帝时便入了宫，经历了安、顺、冲、质、桓五朝，官至中常侍、大长秋，还被封为费亭侯，声震朝野，享尽荣华富贵。其父曹嵩，由司隶校尉，升为九卿之一的大司农、大鸿胪，也是身居高位的人。所以，曹操应是朝廷大官的后代。但另一方面，曹操之父为宦官之养子。由于宦官无法生育，汉顺帝阳嘉四年（135）曾下令："中官得以养子为后，世袭封爵。"曹嵩即为大宦官曹腾领养的养子，有人说曹嵩是从本家过继而来，又有人说是从亲戚夏侯氏家里领养，究竟来自何方，一时难辨。《三国志·魏书·武帝纪》中说："莫能审其生出本末。"

东汉末，外戚当政，宦官弄权，给社会带来极大灾难。因此，从士大夫到平民百姓，对外戚和宦官都十分鄙视，致使曹氏既有钱有势，炙手可热，又声名狼藉，让人看不起。

这一复杂的门第状况，从小对曹操的性格形成有重要之影响。曹操从小就处于旁人的非议之中，缺乏生活安全感，导致疑虑重重，心机颇深。

与曹操的性格相契，他不完全恪守儒家的正统，喜欢博览群书，尤爱法家和兵家著作。《三国志·魏书·武帝纪》说曹操"擎申、商之法术，该韩、白之奇策"。申即申不害，商即商鞅，这两位均为法家代表人物。韩即韩信，白即白起，这两位均为兵家代表人物。这些记载，正好是曹操喜好法家和兵家的历史佐证。

曹操从小崇尚"游侠精神"，"手射飞鸟，躬擒猛兽"，十八般武艺，样样精通。这为他日后驰骋沙场，统一北方，奠定了基础。

三、应当正视客观史实

曹操可谓是一位家喻户晓的著名历史人物，然而他在广大百姓眼里，却是一位画着白色脸谱的奸臣。这种状况的造成，与《三国演义》中，对曹氏的描写有关。《三国演义》的作者站在儒家正统的立场上，把汉刘王朝视为合法的天下，一切夺汉势力被视为大逆不道，因此不惜歪曲史实，让曹操变成一个不仁不义的贼子贰臣。根据《三国演义》改编的三国戏，亦把曹氏作为反面人物来渲染。这样，就使曹操的恶名广泛流传于民间。

翻阅史册，便可得知，曹操委实是一位雄才大略的政治家。曹操20岁太学毕业，被推举为"孝廉"，得到了人生的第一份工作——洛阳北部尉。洛阳为当时的都城，洛阳北部是一块社会秩序十分混乱的地方，把曹操派到此处去维护社会治安，实际上是交给他一块烫手的山芋。曹操并没有畏缩，他定制了一种特殊的刑具叫五色棒，一根又粗又长的大棍子，上面有红、黄、绿、白、黑五种颜色。他把这五色棒挂在府衙两侧，宣示：谁若犯事，一定严惩不贷。果然，曹操的威严震慑了那些歹徒。从此，洛阳北部成了京都治安稳定之地。

曹操的用人思想，在我国古代政治史上，占有独特地位。他从建安十五年（210）至建安二十二年（217），曾三次下令求贤。他还看到人无完人，金无足赤，用其突出长处，不计较其不足之处。荀彧是最早投奔曹操的，此人少年之时，就有"王佐之才"。曾依附袁绍，但袁绍很少向他询问政事，他亦料定袁绍成不了大事。听说曹操思贤若渴，便在初平二年（191）投向曹操。他替曹氏出谋划策，多次帮曹操转危为安，曹操对他高度信任，后来让他担任尚书令。曹操外出征战，政事全由荀彧调度处置。郭嘉曾为袁绍部下，原本默默无闻，经荀彧推荐，27岁时归附曹操，惜39岁时病死，曹操爱惜其才干，著文表彰其佳绩，痛惜其亡故。陈琳为"建安七子"之一，曾为何进主簿，后避难冀州，在袁绍手下主办文书，曾为袁绍撰就一篇讨曹檄文，语辞十分尖刻。后被曹军俘虏，曹操惜其才，不记前仇，很快重用了他。陈琳为曹操写了许多重要的军国文书，深为曹操所爱。徐晃原为杨奉部下，降曹后，被提拔为将军。曹操十分赞赏徐晃的军事才干，赞扬他："徐将军可谓有周亚夫之风矣。"

曹操是一位重才干、讲友情的帝王。史书上"文姬归汉"的故事，正反映了这位魏王对朋友之谊的高度重视。蔡邕为东汉末年的大文学家，亦为曹操的好友。后来，董卓为王允所诛，蔡邕对着王允悼念董卓，引起王允的不满，将蔡邕治罪，终使蔡邕死于狱中。蔡邕遗有一女，名琰，字文姬，文学颇有其父之遗风。动乱中，落入南匈奴，为左贤王所纳，育有二子，居匈奴达十二年之久。曹操闻之，特派使者将文姬赎回。

戏曲中的《赤壁大战》是写蜀、吴联合进攻曹军的大战，因曹军来自北方，不谙水战，又中了连环计，八十万大军全军覆灭，从此断送了曹操进据江南的美梦。胜败乃兵家常事，曹操是一位有杰出军事才能的英雄，他也曾打过不少胜仗。200年，袁绍统一了黄河以北地区，曹操也基本摆平了黄河以南的区域。袁绍率十万大军南下，与曹氏决战。此时，曹操仅有两万之众。数量上，袁军大大超过了曹军。但曹操以法治军，采用巧妙的战术，将十万袁军打得落花流水。这是我国古代战争史中，以弱胜强的著名战例之一。

"魏武挥鞭，东临碣石有遗篇"。曹操亲率大军，经平岗，登上白狼堆，距乌桓蹋顿大本营柳城仅二百里。激战后，乌桓兵大败，归降者达二十余万人。经东征西讨，曹操统一了北方的大部分地区，此时的曹操，以其赫赫的战功，登上了汉丞相的高位。

曹操以法治军，法度从严。行军中，严禁部队践踏百姓庄稼，规定了谁毁坏了田里的庄稼，杀无赦。有一次，曹操的坐骑冲入了麦田。当时，有人提出："《春秋》之义，罚不加于尊。"也就是说，对尊者可宽容。曹操听了，坚决不同意，他说："我制定的法律，自己公然违反，那以后怎么服众呢！""然孤为军帅，不可自杀，请自刑。"虽不能处死，但应接受处分，便以"割发代首"，来了结此事。有人会以为"割发代首"是"大题小做"，用以欺骗别人。其实，在汉代髡刑也是一种酷刑。那时，人们以为头发是人的灵魂精气凝聚之处，割掉头发会大伤元气。《孝经》云："身体发肤，受之父母，不敢毁伤。"因此，"割发代首"同样体现了曹操以法治军的从严要求，同样会起到震慑三军的作用。

鲁迅先生称曹操为"改造文章的祖师"，指出："他胆子很大，文章从通脱中得力不少，做文章时又没有顾忌，想写的便写出来。"在我国诗歌史上，曹操是一位出色的大诗人，他的诗作数量虽不多，但风格独特，内容广泛。四言、五言、杂诗皆有，且全用乐府入题。其诗多为感时之作，反映了汉末社会动乱给民生带来的疾苦。钟惺把曹诗誉为"汉末实录，真诗史也"。

《蒿里行》直接描述了讨董联军各怀异心的丑态，以及中原劫后的悲惨景象。全诗气度雄阔，笔力刚健，通过对惨绝人寰实况的描写，抒发了对战争中平民百姓的深切同情，也对给人民造成疾苦的首恶元凶，进行了无情的揭露和有力的鞭挞。《却东西门行》中，有这样的诗句："戎马不解鞍，铠甲不离傍。冉冉老将至，何时返故乡。"征役之苦，思乡之情，溢于言表，感人肺腑。

与这一类倾诉民众疾苦的诗不同的，还有另一类诗，专门表现作者的理想、抱负和积极进取的精神以及内心深刻的思想矛盾。这类诗多为四言，代表作为《观沧海》。诗人以豪迈的笔调，生动地展现了大海气象万千的宏伟形象，也抒发了作者自身奋发昂然的精神和囊括四海的气概。

《短歌行》亦为一首脍炙人口的名作。诗中既有"对酒当歌，人生几何"的人生慨叹；又有"青青子衿，悠悠我心"的求贤若渴的心境之流露；更有"山不厌高，海不厌深。周公吐哺，天下归心"的建功立业决心之描述。全诗运用比兴手法，反复歌咏诗人内心深沉的感慨，抑扬曲折，跌宕回肠，读之令人感奋不已。

当代著名史学家吴晗曾指出："曹操这个人的才能是多方面的，他是当时最伟大的军事家，第一流的政治家，第一流的诗人。此外，他还是艺术家，写一笔好草字，懂音乐，有很高的文化水平。刘备、孙权都远不如他。"这就是真实的曹操，一个雄才大略的曹操，一个在中国历史上占有重要地位的曹操。今天，我们应当拨开历史的迷雾，还其本来之面目。

四、曹门子孙多俊彦

曹操的正妻为丁夫人，丁夫人没有生育子女。曹操还有位刘夫人，生有一子，为曹昂。因刘夫人早亡，曹昂由丁夫人带大，成了曹操的嫡长子。

曹昂20岁时，被推举为"孝廉"。曹操出征打战时，经常带上他，让他锻炼军事才能。

197年，曹操攻打张绣，遭遇张绣的突然袭击，曹军损失惨重，其长子曹昂亦在这次战役中阵亡。因曹昂之死，丁夫人常与曹操争吵，曹操无法忍受，便将丁夫人赶至娘家，最后两人解除了婚约。

曹操身边还有一位卞夫人，系继配夫人。她为曹操生有四子，一子早夭，剩下三子，均堪优秀。长子曹丕足智多谋；次子曹彰，武艺高强；三子曹植，文采风流。还有一位小妾环夫人之子曹冲，也是一位聪明过人的小孩，流传极广的"曹冲称象"的故事，就发生在他身上。传说曹冲五六岁时，孙权献给曹操一头大象。曹操想了解象的重量，却无从下手。曹冲献计：让大象上船，在船舷上齐水深处做上标记；再换装上石头，直到水刚没到标记为止。称出石头的重量，便可知大象的重量。这一巧妙的方法，来自一个五六岁孩子的脑中，真是智力超人。然而，天妒英才，在赤壁之战这一年，曹冲病重不治而亡，年仅13岁。

在曹操的子辈中，最值得介绍的是曹丕和曹植。

曹丕（187—226），字子恒，曹操第二子，自幼受父"雅好诗书"的影响，少诵诗，博览群书，8岁即能文。208年，为五官中郎将，兼副丞相。217年立为魏太子。曹操死后，继为丞相、魏王。当年冬季，废汉献帝，代汉自立，称魏文帝，追谥其父为魏武帝。

曹丕爱好文学，以著述为务，所作诗文近百篇。刘勰赞其"妙善辞赋"。他的专著《典论》，存有三篇，其中《论文》，为中国文学史上第一篇文学批评专文。曹丕注意从民间汲取文学营养，诗作形式多样，除七言、杂言外，还有四言、五言、六言。他所作《燕歌行》，为历史上文人创作的最早的七言诗。此诗写一个妇女思念远客他乡的丈夫，言辞婉转，韵致悠扬，是一首优美动人的抒情诗篇。

曹丕实际上是邺下文人集团的领袖，他和那时的许多文人，"行则连舆，止则接席"，经常赋诗唱和，尽情倾吐。他还收集、编纂《七子文集》，让建安文学流芳百世。他提出"文气说"，认为作者才气清新，作品便爽朗动人；禀气混浊，则才情暗昧。这一观点，至今仍有深刻影响。

曹植（192—232），字子建，曹操与卞夫人所生的第三子。生前封陈王，死后谥号思，后人称陈思王。"年十余岁，诵读诗、论及辞赋数十万言"。

210年，铜雀台建成，曹操令诸子登台，撰赋一篇。曹植"援笔立成"，其父惊异曹植之才，拟立为太子。在以后争夺权位的斗争中，曹植"任性而行，不自雕励，饮酒不节"，加之曹丕"御之以术，矫情自饰"，终让曹丕如愿。

曹丕称帝后，始终猜忌、压制曹植。典型事例便是令曹植七步成诗，若七步之内未能写出，便行大法。曹植应声吟出："煮豆持作羹，漉豉以为汁。萁在釜下燃，豆在釜中泣。本是同根生，相煎何太急？"据说，见《七步诗》后，曹丕面有愧色。

曹植的一生，可分为两大阶段，以220年为界，即曹操之死为界。前期抱有远大理想，满怀建功立业之志，诗作多为吐露自己政治抱负和志趣之作。后期受曹丕、曹叡父子的打击、迫害，过着囚徒式的生活，作品大多写个人的不幸遭际和内心的哀怨。曹植的诗歌才大思丽，后人誉其为"绣虎"。

曹植的《白马篇》，描写一位边塞少年英雄，为国守边，剽勇杀敌，武艺高强，扬声沙漠。诗人凸显的勇敢机灵、报国豪情，实际上是作者的自我写照。《白马篇》应为曹植前期作品的典型代表。

曹植的《七哀诗》，是一首写闺怨之诗，抒发妇女的丈夫久别不归而极度孤寂的心情。实际上是借怨妇寄托作者政治上受排挤和冷遇，内心无比愤懑和惆怅之情。这是他后期诗作的集中反映。

很显然，曹植前期的诗作，调子是欢快、明亮的，而后期的诗作，调子都是悲凉、哀伤的，这正是他一生遭际真实的艺术写照。

曹植的诗歌在建安文学中，是佼佼者。谢灵运认为："天下才共一石，子建独占八斗。"杜甫曾写道："文章曹植波澜阔"，"诗看子建亲"。都充分反映了文学界对曹植文学才华的高度肯定。

曹叡，字元仲，曹丕之子。天资秀出，为人沉毅，好学多识。226年，立为太子，曹丕死后，立为明帝。有集七卷，乐府诗十四首。

曹志，字允恭，曹植之子。好学有才行，善射骑。曹植死后，继封为济北王。有《曹志集》二卷。

曹操、曹丕、曹植，史称"三曹"，是"建安文学"时期著名的文学家。他们除了拥有政治盛名，在我国文学发展史上还占有重要地位，是开一代文风的大师。

往事越千年，遗迹尚留存。曹氏故里，今属安徽亳州，为我国中药材最大集散地，人称"药都"。历史上曾为汤之故都，汉代称沛国谯。如今，在亳州仍可见到曹氏家族留下的不少历史遗存。今亳州市东郊甘湾一带，北面有涡水萦绕，南面为平阔平原，春天碧波荡漾，夏季芍药竞放，这里就是曹氏家族故宅之地。

曹操的祖、父辈及许多亲属都葬于故里。《水经注》云："城南有曹嵩冢，冢北有碑，碑北有庙堂，余基尚存，柱础仍在。……阙北有圭碑，题云：'汉故中常侍、长乐太仆、特进费亭侯曹君之碑。'延熹三年立。"如今亳州城南曹氏墓地尚存，墓碑仍矗立其间。不过已是荒草萋萋，失却当年之繁华。

亳州城内，现有当年地下运兵暗道，共两条，约两千米。离地面五尺至一丈，全用青砖砌成。兵道宽二至四尺，高六尺。中间多处有传话筒与放灯墙洞。传说运兵道可通至城外，纵横交错，十分壮观。亳州古地道，可视为我国历史上最古老的地道战设施。

亲临亳州，踏访曹氏遗迹，回首三曹创建的历史伟业，从悠久的历史中受益匪浅。

王羲之与琅琊王氏家族

　　广袤的齐鲁大地，是我国文化昌盛的地域之一，这里曾孕育过众多名人雅士。千古第一人孔老夫子、一代兵圣孙膑、蜀汉名相诸葛孔明、杰出女词人李清照、志异高手蒲松龄……他们都是家喻户晓的文化精英，令人景仰的效法偶像。还有一对出生于齐鲁大地的王氏父子，王羲之和王献之，他们在书法艺术成就上，光耀史册。虽然，王氏家族在为官从政上，亦颇有作为，但因他们的书法成就太过卓越，后来的人们仅知道王羲之和王献之是两位出色的大书法家，而对其他则所知甚少。

一、晋代王氏　名门望族

　　王羲之及其子王献之，在我国书法发展史上，是两位顶级的书法艺术大家，史称"二王"。

　　西晋太安二年（303），王羲之出生于琅琊（亦称琅邪，今山东临沂）都乡南仁里。

　　琅琊一带，今指山东南部的临沂。其北依泰山、沂蒙山，东靠大海，向西则是孔子故里曲阜。其腹地深广，人口稠密，易守难攻，历来为兵家必争之地。这里亦为文化底蕴丰厚之区域，史料表明，处于黄河下游的泰沂山区是大汶口文化的发祥地，有门类繁多的出土文物为佐证。被收藏界奉为圭臬的黑陶、蛋壳陶，就出于此处。大汶口文化、仰韶文化，这些新石器时代的重要文化代表，也出现在这一带。沂南县出土的汉代画像石，生动地反映了两千多年前这一地区繁荣的经济和昌盛的文化状况。

　　南仁里村，地处沂蒙前麓，临郯苍平原的北沿。四周山清水秀，林木茂盛，土地肥沃。沂河从这里流过，形成了丰裕的村落。在历史的长河中，南仁里村名称几经变动，现名孝友村，属临沂市兰山区白沙埠办事处管辖。

居于南仁里的王氏家族，在王祥发迹之前，并非声名显赫的富贵大户。王祥当时在这里是远近闻名的孝子，"二十四孝图"故事中有"卧冰求鲤"的故事，就发生在王祥身上。王祥之弟王览，为继母所生，对王祥却十分友善。兄弟二人，以孝悌、节俭、淳朴、友爱为家风，深受时人赞誉，相继被任命为朝廷官员。王祥任职之际，既对权臣司马昭颇为尊重，又保持自身相对独立的人格，深得司马昭赏识。到武帝登基，王祥作为开国元勋，擢为太保，后以睢陵公的身份颐养天年。

王祥在世时，叮嘱儿孙："夫言及可覆，信之至也。推美引过，德之至也。扬名显亲，孝之至也。兄弟怡怡，宗族欣欣，悌之至也；临财莫过乎让。此五者，立身之本。"正由于代代恪守"五者之本"，以德、孝持家，终使琅琊王氏大族兴盛达三百年之久。

王祥之弟王览，即王羲之的曾祖父，曾任司徒西曹掾、清河太守、太中大夫、光禄大夫。《晋诸公赞》有赞评："子孙繁衍，颇有贤才相系；奕世之盛，古今少比焉。"说明当时的王府，颇受世人的尊崇。

王祥的仕途横跨魏晋两朝，可谓两朝元老。在琅琊王氏家族中，如把王祥、王览称作第一代，传至王基、王正为第二代，王导、王敦、王旷已是第三代。到了第三代，已臻飞黄腾达之顶峰。王导官至宰相之高位，王敦为掌控重兵之大将军。王羲之的父亲王旷，在琅琊王氏左右为难之际，曾"倡过江之议"，献"江左之策"，为晋王朝的南渡立有大功。当时，社会上流传"王与马共天下"之说，表明王氏家族成了晋代士族之冠。

然而，树大招风，高处不胜寒。动荡的时局，上层的倾轧，杀戮的连绵，给王家这一士族之冠，引来不少麻烦和变数，一家上下活得并不轻松。

王氏家族的由来，源远流长。据史书记载，周灵王太子晋因事直谏，被贬庶民，改名王侨，便是王氏始祖。王氏十四世孙王翦，为秦国大将，秦统一六国时，王翦及子王贲，立有不世之功。秦二世时，天下大乱。王贲之子王离奉命偕章邯镇压各地起义军，与项羽交战时，被其俘虏，两子王元、王威出逃。王威落户太原，王元迁至琅琊皋虞城（今山东即墨）。王元曾孙王吉，自皋虞城迁至临沂都乡南仁里。这样，便形成了琅琊王氏。这一支显赫的家族，刨根寻源，推算起来，当是周代王室的后裔。

二、独创新风　荣尊"书圣"

　　王羲之，生于西晋惠帝太安二年，即303年。号澹斋，字逸少，小字阿菟。名与字都颇有文气，体现了士族大家的血脉风范。小字即乳名，则反映了乡村古风。菟，指菟丝，亦称菟丝子，植物名。盘于豆科植物或杂草上，其子可入药。菟丝子极易生长，为孩子取此名，谓可轻松长大，少让大人操心之意。

　　王羲之的父亲王旷，是一位能文能武的有为之士，文可挥毫作书，书法名列前茅；武能带兵御敌，上前线作战。

　　匈奴人刘渊自称汉王，命部将石勒、刘聪进犯中原。西晋名将派兵阻挡，遭失败。坐镇洛阳的东海王司马越，握有重兵数十万，不敢就近抗敌，反令远在千里之外的淮南内史发兵。王旷立功心切，率三万孤兵，深入千里腹地，冒险追击至太行山长平地界，敌兵"乘险间出"，晋军大败。王旷为挽救数千士卒之性命，被迫投降。其兄王导为免受家族株连，向朝廷谎报王旷下落不明。王旷兵败投降，一直是王氏家族，亦是王羲之心头上的一大阴影。

　　王羲之的母亲卫氏，亦为名门望族之女，卫氏之姐卫铄，为江州太守李矩之妻。卫铄是著名的书法大家，其曾祖父卫瓘是曹魏时期的大书法家。卫铄的书法历来为人称道，唐代书法评论家张怀瓘，曾形象地形容卫铄的字，如"碎玉壶之冰，烂瑶台之月，宛然芳树，穆若清风"。王羲之之母，在丈夫战败，杳无音讯的困境下，一心抚育儿女，贤惠而顽强。

　　王羲之出生于显赫的官宦望族，同时又是一个书香气息浓郁的家庭，他的伯父王导，在东晋立国之时，就是一位权倾朝野的重臣，也是一位书法的酷爱者。王僧虔云："导书甚有楷法，师学钟卫，爱好无厌。丧乱狼狈，犹怀钟尚书《宣示帖》，衣带过江。"王导之子王洽，孙王珣，皆善书。《书断》说："洽书兼诸法，于草尤工，落简挥毫，有郢匠乘风之势，虽卓然孤秀，未至运用无方。"王珣的书法，亦备受后人称道，明代大书法家董其昌谓其书"潇洒古淡，东晋风流，宛然在眼"。王羲之的叔父王廙好学能文，工书画，晓音律，射御、博弈、杂艺，样样精晓，被誉为"东晋第一人"。王廙是继东汉蔡邕之后，又一个将书、画、文多种艺术元素相结合的杰出文人。

其书画名垂一时，有人认为："自过江，右军之前，世将书独为最。"从小生活在这样一个精通书画艺术的大家庭里，王羲之在潜移默化中，必然会受到极大的熏陶和影响。

王羲之出生的家庭，是一个显赫富贵，又充满书香色彩的世家，但他所处的社会却又是一个充满惨烈厮杀而又动荡不安的时代。从整体看，晋朝是我国封建社会中最为腐朽、最为专制、最为保守的政权之一。皇帝昏庸，官场腐败，战乱不止，北方人民长期处于争夺与割裂之中。王羲之出生之时，"八王之乱"尚未结束，整个国家满目疮痍。中原动乱，造成北方民族大举南犯，打破了平静的日常生活。当北方陷于动乱之际，繁华而稳定的江南就成了晋代皇朝和达官显贵的移居之处。

西晋怀帝永嘉元年，即307年，王羲之5岁，随王氏家族从中原南渡，次年定居建邺，即今南京。琅琊王家初到建邺，大都穿深色衣服，也就是北方人喜爱的"真青实蓝"。建邺城内有一条巷子，当时住满了北方迁来之士族，这些人大都穿黑色衣裳，当地百姓就称这条巷子为"乌衣巷"。王羲之在南渡建邺后，就在乌衣巷开始接受最初的文化教育。有三位著名的老师，为他传授书艺。

他的第一个老师，是自己的父亲王旷。王旷，字世宏，时任淮南内史，以屏障江左。王羲之此时开始从父学书。王旷的书艺在当时属一流之列，其父为子亲授书艺，儿辈从中可以感受无以替代的温暖亲情。王旷给孩子传授的书艺，主要是变异了的隶书。中古时期的隶书，结构放达，开合畅快，较之秦篆多了几分潇洒，但用笔依然严谨，是少儿书法最好的启蒙教材。后来的魏碑基本沿袭了汉隶，而章草则差不多是汉隶的一种修正。汉隶不衫不履，章草简约优雅，魏碑沉稳遒劲。从三者出发，生发出行书、楷书、草书，它们是汉字书法的源泉。掌握基本源泉，就为写好书法，奠定了坚实的基础。12岁时，偶然发现父亲的枕头沉甸甸的，像是藏了什么东西，打开一看，原来是前人论述书法的书，名为《用笔诀》，王羲之阅后，有茅塞顿开之感。父亲见儿喜爱此书，十分高兴，便将此书送给了儿子。因此，王羲之学书过程中，有"七岁善书""十二岁读《用笔诀》"的故事，说明他既聪颖又勤奋，从小就显示了卓越的书法才能。

他的第二个书法老师是姨母卫夫人。卫夫人名铄，字茂漪。她是晋代杰出的女书法家，曾学蔡邕、钟繇，并以此授王羲之，对王羲之成为伟大的书法艺术大家，有至为重要的影响。能请到卫夫人这样重量级的女书法家给孩子当老师，是一件了不起的大事，这可以看出王旷夫妇对王羲之的殷切期望，亦可看出卫氏姐妹之间的深厚情谊。每天，王羲之都带着习字的笔墨纸本到姨妈家学书，风雨无阻。卫夫人的字，骨架端正，笔画疏朗，气韵高爽，情致婉约，对王羲之有良好的影响。卫夫人不仅是王羲之的书艺老师，也是他的读书老师。卫夫人在讲解字的笔画结构时，必定会仔细讲解这个字的来历、内涵和伸义，甚至会涉及典故和整篇文章，这样就帮助王羲之学到了不少文史知识，提高和丰富了王羲之的学养。数年后，卫夫人看到了王羲之的书法大有"青出于蓝而胜于蓝"的趋势，高兴地说："此子必蔽吾名。"就是说他日后的书法必超过我。史实证明，姨妈的话是正确的。

他的第三个老师，是叔父王廙。王廙是东晋著名的才子，通晓多种才艺，书画名垂一时，尤其有很高的文学修养。文学是艺术的根本，如若文学修养不足，其书画易流于浮薄，或落入杂要。王廙既能写一笔好字，又能画一手好画，还能诗善文，讲究题跋。其字画，文人气很浓。这样首屈一指的大艺术家，成为王羲之中、后期的老师，的确是王羲之天大的福气。王廙首先要侄儿学陆机，特别推荐陆机的《平复帖》。因为陆机是文学和书法兼通的大才子，此人为文激情迸发，笔墨才气张扬，不失古法，又有创新，风格迥异于旁人。王廙要求王羲之反复研读陆机的《平复帖》，努力琢磨其中的味道，嗅出字里行间的气息，将书帖的内在精神，渗透到自己的书写中，使自己的书法大放异彩。名师出高徒，正是在叔父王廙的悉心指导下，王羲之的书法艺术，又有了一个质的飞跃。

王羲之对自己的学书过程，曾有过这样一段描述："予少学卫夫人书，将谓大能；及渡江北游名山，见李斯、曹喜等书；又之许下，见钟繇、梁鹄书；又之洛下，见蔡邕《石经》三体书；又于从兄洽处，见张昶《华岳碑》，始知学卫夫人书，徒费年月耳。遂改本师，仍于众碑学习焉。"王羲之不拘某一家、某一体，而广泛地学习，多方吸取营养，大力提升自身，致使书法艺术不断有新的突破。

王羲之的伯父王导，南渡时携带了钟繇的《宣示表》。其叔父王廙，曾将索靖《七月二十六日帖》缀衣中渡江。这些珍贵文物，都曾让王羲之目睹观赏。王羲之一方面汲取前代书法家的丰富营养，另一方面又别开生面，立意新的创造，终于达到了书法艺术的顶峰。在他毕生创造的书法作品中，楷书以《黄庭经》《乐毅论》为最；行书以《兰亭序》为最；草书以《初月帖》为最。这些作品都备受推崇，被视为人间书法珍品。

王羲之少年时代，就颇受名士关爱，史书载有《首啖牛心炙》的故事。《晋书·王羲之传》：羲之"年十三，尝谒周𫖮，𫖮察而异之。时重牛心炙，坐客未啖，𫖮先割啖羲之，于是始知名"。周𫖮，当时的朝中大臣。一天大宴宾客，年仅13岁的王羲之亦应邀出席。宴会享用的是当时特别推崇的"牛心炙"，即将牛身最好的肉割下，炙烤而食。宴会开始，众嘉宾尚未就食"牛心炙"，周𫖮就割下一块，先请羲之品尝，表现了对小客人的尊重。从此，王羲之的大名就迅速传开。这或许是王羲之门第显赫，本人从小书艺特别出众的缘故。

王羲之16岁时，他极有才气的叔父王廙画了一幅《孔子十弟子图赞》送给爱侄，画上用风雅、潇洒、端庄的章草题款："余兄子羲之，幼而岐嶷，必将隆余堂构。今始年十六，学艺之外，书画过目便能。就余请书画法，余画《孔子十弟子图》以励之。""岐嶷"有醉心艺术，专心致志，坚忍不拔之意。"隆余堂构"，意为光宗耀祖。题款中既赞扬了羲之对书画艺术的潜心追求，又断定羲之前程似锦，必将光宗耀祖。事实表明，王羲之没有辜负家人对他的殷切期望，经过自身不断地磨炼和锻造，终成一位空前绝后的书法艺术大师。

处处留心皆学问。王羲之学书过程中，十分注意与大自然的契合，钟情于山光水色的大自然，善于从生活中汲取丰富的美感。王羲之平生特别爱鹅，爱鹅十分洁白的羽毛，爱鹅动人的曲线形体，爱鹅清亮悦耳的鸣叫。他为后人留下了许多有关鹅的故事。这里仅举两例，以飨读者。

《太平御览》中，有一则《老姬烹鹅》的故事：会稽有孤居老姬，养一鹅，鸣唤清长，声音悦耳。羲之得此消息，十分欣喜，很想将此鹅买回家，决定到老姬处走访一趟。行进中，其子微之问父，鹅又不能做牛、马骑，您买它做什么？羲之笑着回答：鹅的用处可大呢！白鹅行走，有沉静悠然之态，可作书法心境的借鉴；白鹅赤头丹足，与长颈大蹼相和谐，色彩对比平衡和谐，可作绘画之映照；白鹅引颈高歌时，气贯长虹，可助书画脱去平俗之气，诸多情景皆可启发性灵，此中用处多极啦！小孩哪里懂得啊！羲之一行到了老姬家，谁知已不见了那只漂亮的鹅。原来老姬听说官府来人，一时无美食款待，便将那只白鹅宰了，烹作美食。王羲之一听，大为扫兴。他告诉老妪：羲之爱鹅，非为美味，兴趣全在书画。老妪听了，十分懊恼，责怪自己是个老糊涂。

山阴一带，还流传了一个道士以鹅换经的故事。据说，当地有位道士，得知王羲之书法颇负盛名，很想请他写一份《道德经》，以作压观之宝，可是又难以启齿。有人告诉他，羲之十分爱鹅，几乎到了痴迷的程度。于是，他精心养了一批上等白鹅，等待王羲之上门。果然，有一天王羲之登门了，见池塘中一群白鹅，在水中闲游，高雅雍容，端庄清丽，十分惹人喜爱，便恳求道士转卖于他。道士笑曰：无须上官破费，如若帮贫道抄写一部《道德经》，即可将这群白鹅如数赠送。羲之爱鹅心切，当即答应了道士的条件。过了数天，《道德经》抄毕，王羲之高高兴兴地得到了一群美丽的白鹅，道士亦喜获一部书圣手抄的《道德经》，并将这部经典，作为道观的镇观之宝。由此，书法史上留下了一段"抄经送鹅"的佳话。

东晋明帝太宁元年，即323年。晋明帝以王导为司徒，郗鉴为尚书令。郗鉴欲与王家联姻，派人到王府实地了解众兄弟的状况。当考察团来到乌衣巷时，王家众子弟大都作了准备，有的换了行头，有的拿着书，念念有词……大家都想博得考察者的好感。唯独前院东厢房一房间的竹榻上，有一青年侧卧，似在看书。装束十分随便，衣衫宽解，自胸到脐部竟裸露在外。一伙考察人员返回郗府，向郗鉴一一据实汇报了所见情景。郗鉴对大家笑着说：我选的女婿，就是那个袒腹竹榻漫不经心的小伙子。这样，郗鉴之女郗璇，就嫁给了王羲之。郗璇与羲之同龄，家学甚好，善书。郗璇不仅是个才女，还是京城里数得着的美女。郎才女貌，王羲之未费吹灰之力，就娶到了一位贤惠的夫人。她为王羲之育有七子一女，对羲之书业的登峰造极，发挥了贤内助的作用。王羲之留给后人的"乌衣巷里袒腹婿"的故事，充分体现了这位书法艺术大家的质朴、真诚、坦荡之处。

东晋成帝咸和元年，即326年，王羲之24岁，起家为秘书郎。"起家"为魏晋时期的政治用语，意为步入仕途。在晋代，一般贵族子弟到了弱冠之年，就可自然获得官衔，从而步入仕途。或许是羲之醉心书法，缺乏做官之热望，他在王氏兄弟中，是出仕较迟的。任秘书郎仅数月，8岁的司马昱，"出就外傅"由琅琊王徙会稽王，王羲之就任"会稽王友"。所谓"王友"，属秘书、顾问、辅导员一类之闲职，从此，王羲之走上了为官之路。

王羲之与司马昱共赴山阴，山阴为会稽郡下辖的一个县。这里山水清幽，民风淳朴。羲之到此，印象极佳，曾立下"有终焉之志"，也就是与会稽山水结缘，希望终极之时葬身此处。

在山阴那段时日，王羲之陪伴司马昱尽职尽责。不久，被提升为临川太守。任地方官之时，王羲之勤于政务，体察民情，礼贤下士。他还利用闲余之日，纵情游览河山。据传，羲之携夫人同游赣南三清山，食山中杂粮，宿茅屋草寮，简朴之风，为百姓所称道。

王羲之面对东晋王朝上层昏聩，内部倾轧，民不聊生的社会状况，内心十分忧虑。他一直谋求在外地任职，总想远离政治中心。36岁时，伯父王导召羲之赴京中任职，被侄儿坚拒。表明羲之仅求干点对百姓有利之实事，并无热衷仕途之奢望。

咸康五年，即339年，八、九月份，王导、郗鉴相继去世，羲之因奔丧在建邺逗留。秋冬之交，与谢安共登冶城，两人发生了一场关于人生处世的辩论。双方言辞不愠不火，却显示了人生态度的差异。冶城，在今南京之冶山，筑有城，因春秋时吴王夫差在此冶铸兵器和铜币而得名。冶城为南京城邑之雏形，有人称之为"南京的母城"。历代名人都曾留下踪迹。这次，王羲之和谢安一边畅游冶城，一边畅谈各自对人生的感悟。谢安倾向老庄之说，主张清虚而生，无为而治。王羲之奉行积极的处事原则，主张凡事做则有，不做则无。庙堂之上，江湖之中，可为之事，无处不在。谢安遁世之想，为当时流行之时尚，王羲之并非完全不理解谢安的心思，只不过他不能认同彼时极为流行的淡漠世事、沉湎山林的世外情怀，逃避关怀苍生的责任，以清谈虚无而自况高雅。这实际上，是对现实的一种怯懦式的逃脱。从冶城之辩中，可以看出王羲之真正奉行的还是儒家积极进取的处世态度。

成帝咸康七年，即341年，王羲之在江州刺史任上，因母丧卸职，为母守制。

永和四年，即348年，王羲之被殷浩擢升为护国将军。羲之就任后，深入士兵之中，纠察利弊，整肃军纪，专门拟出一份《临护军教》，篇幅很短，从中可看出羲之领军的风范以及慈悲与公道的胸怀。当时军中存在"不堪从役，不能自存者"，王羲之注意从实际出发，强调应区别对待。倘若不作针对性的处理，让这些老弱病残之兵上战场，那是不可能打胜仗的。从这份治军告示中，反映出这位杰出的书法家，还是一位带兵的良将。

永和七年，即351年，王羲之出任右军将军，会稽内史，移居山阴，时年近50岁。由此，后人又将王羲之称为"王右军"。次年，撰有《上司马昱笺》《遗殷浩书》，谏止北伐。王羲之并非反对出兵北方，收复中原，而是对那种好大喜功、疏于准备、匆忙出兵、招致战败、祸国殃民的愚蠢做法，十分反感，希望早作谋划，谨慎行事。王羲之在这些书信中论及经国达治之道，言辞恳切，其情其意，如杜鹃啼血，读之令人动容。学者麦华三对王羲之的两封书信，有如下评论："其经国抱负，抗衡谢安。至于披肝沥胆，剀切陈辞，其辞则恋，其意则诚。两笺词情，荡气回肠，与《兰亭》一序，为一生三大杰作。"王羲之在《遗殷浩书》中，清醒地指出："自顷年割剥遗黎，刑徒竟路，殆同秦政，惟未加参夷之刑耳。恐胜广之忧，无复日矣！"黑暗的政治笼罩大地，"胜广之忧"很快就会降临。作为当政的地方官吏，王羲之关心时局的变化，真是忧心似焚。

王羲之任会稽内史之职时，主要精力用于处理政务，操办司法，防灾救灾，兴修水利。最头疼的是，朝廷不断下达征兵和赋税的指标，江左和会稽一带的农民，不断被征集上前线打仗，劳动力缺失导致农业减产歉收。而军需费用却不断增加，基层州县不得不加大赋税征收的额度，广大百姓不堪重负，大批农户被迫破产，导致大小起义连绵爆发。王羲之同情百姓的疾苦，却又不能违抗朝廷的指令，身心如同处于夹板之中，十分痛苦。他上任后，立即上书朝廷，陈述百姓难处，要求减轻赋税。对于大量犯罪者，其中很多是战争中从前线战败返乡的人，羲之均予从轻处罚，让他们一边从事生产，一边服刑，这样有利于经济的恢复。经过王羲之的一番治理，会稽的经济有了恢复，社会较为稳定。穆帝永和八年，即352年，会稽发生饥荒，王羲之果断开仓赈灾，十分关心民瘼，政声甚好。

永和九年，即353年，三月三日，为上巳节，这是一个古老的节日。王羲之与孙绰、谢安等四十二人，在会稽山阴之兰亭，举行修禊集会，与会文人，作诗三十七首，汇为《兰亭集》。王羲之为《兰亭集》写了一篇序言，这就是传颂千古、世代摹写的著名书家法帖《兰亭序》。魏晋时代的文人雅士喜欢隔三岔五的相聚在一起，或读书论画，或切磋学问，或评议人物，或辩证论理。这种文人聚会，时称"修禊"，亦称"雅集"，相当于现代人的"文艺派对"。参加雅集的，大多为同类人，彼此臭味相投，水平相当。关于兰亭的确切地点，说法不一。《太平寰宇记》卷九十六，越州条目中，引顾野王《舆地志》："山阴郭西有兰渚，渚有兰亭，王羲之所谓曲水之胜境，制序于此。"可见，历史上的那个兰亭应在湖中。又有人考证，兰亭为秦汉沿袭下来的一个驿站，周边多兰草，故名之。因此处车马方便，易于纠集，景色幽美，环境寂静，为文人行乐的好处去。兰亭，清溪流淌，稍做改造，即可用作曲水流觞，是"修禊"之理想场所。

兰亭雅集，是中国文人自由吟咏的一次绝唱，是魏晋士族文人生活的生动写照，也是那个时代文化的典型体现。王羲之是这次集会的发起人和组织者，他将"修禊"所得的三十七首诗篇，汇集为《兰亭集》，并亲自挥毫为该集题写了序，序文写得那样从容、奔放，那样洒脱、典雅，那样丰满、蕴藉，成为中国书法艺术史上一颗璀璨的明珠，一座难以超越的丰碑。后人将《兰亭序》誉为"天下第一行书"。

王羲之题写的《兰亭序》，已成了书家仿效的名帖。全帖有二十八行，共三百二十四字。其中最为奇妙的是，文中有二十多个"之"字，写法无一相同。用笔以中锋立骨，侧笔取妍。有时蕴藏含蓄，有时锋芒毕露。章法极佳，从头至尾，笔意顾盼，朝向偃仰，疏朗通透，形断意连，气韵生动，风神潇洒。明代大书法家董其昌在《画禅室随笔》中评论说："《兰亭序》章法古今第一，其字皆映带而生，或大或小，随手而出，皆入法则，所以为神品也。"《兰亭序》为王羲之毕生书法佳作中，最具代表性之范本，是古今书法中不可多得之珍品。王羲之深知《兰亭序》的文化价值，将它视为传家宝。他曾想多写几份，留给子孙作范本。但他一写再写，均不如愿。事实证明，艺术神品是绝不可重复的。

到了唐代，王羲之墨迹广受社会欢迎，尤其是最高统治者唐太宗，酷爱王羲之书法，他特别希望将《兰亭序》这一稀世珍宝弄到手。此时，这件宝贝已传到王羲之七世孙智永手中，智永在绍兴云门寺出家为僧。宰相房玄龄发现监察御史萧翼谙熟书法，对二王的传世之作十分熟悉，便派他到云门寺，设计将《兰亭序》从智永手中骗来。萧翼假装信佛，与智永亲密相处。最后终将《兰亭序》骗到手，转呈李世民。李世民爱不释手，最后下诏太子，在他驾崩时，将《兰亭序》同他一起殉葬。我们今天见到的《兰亭序》法帖，只是后人的摹写本，真迹已随唐太宗入葬皇陵，再也无法一睹了。

永和十一年，即355年，王羲之因与扬州刺史王述不和，加之早已厌倦仕途生活，便称病去职。他还写了一篇《誓墓文》，在母亲墓前，立誓永不再仕。

升平五年，即361年，这一年的下半年，王羲之因病卒于剡县金庭隐居之所，时年59岁。

巨星陨落，令人扼腕。这位我国书法史上的杰出人物，他不仅将汉字书法中的章草推向至善至美的高峰，而且创造了汉字行书的典范。他是承接中古、开辟近古的书法奠基人。他在中国文化史上，有着极为深广的影响。他精美的书作以及为人为书的故事，将永远为中国人民所传颂。

三、父子双佳　流芳千古

当王羲之的书法走上辉煌之时，又一颗书法明星冉冉升起，他就是王羲之的第七子王献之。

王献之，东晋康帝建元二年，即344年生，字子敬。其卒年有两说：《世说新语·伤逝第十七》刘孝标注："献之以太元十三年（388）卒，年四十五。"唐张怀瓘《书断》载："子敬为中书令，太康（应为太元）十一年卒于官，年四十三。"两说相差两年。

其父为书法大家，母郗氏亦精通书法诗文，让献之从小就有一个十分优越的学习和成长环境。在父母熏陶下，献之从小就喜爱书法，幼时随父一道习字。在父亲的悉心传授下，奠定了坚实的笔法基础。有一次，羲之见子敬在聚精会神地练字，便悄悄走到他的身后，突然去抽取子敬手中的笔。谁知子敬将笔握得很紧，没有被父抽掉。羲之十分高兴，夸奖说："此儿后当复有大名。"《献之传》载："桓温尝使献之书扇，笔误落，因画作乌驳牸牛，甚妙。"当时，有一位名士桓温，拿了一把纸扇，请王献之题字，不巧将笔掉到了扇面上，弄上了墨迹。王献之急中生智，依据墨迹，画了一匹黑牛，十分灵巧。张彦远的《历代名画记》，亦有同样的记载，并赞叹："子敬少有盛名，风流高迈，草隶继父之美，丹青亦工。"王献之不仅书画出众，亦善诗，是一位小有名气的诗人。后世流传有王献之所作《桃叶歌》三首，是他为爱妾桃叶所作。而今，南京秦淮河畔，十里秦淮与古清溪水道交汇处，有一景点，名"桃叶渡"，立有桃叶渡碑，建有桃叶渡亭。这里，为王献之与爱妾桃叶相见之处。那时，秦淮河水面宽阔，遇上风雨，波涛汹涌，王献之常在此处等候桃叶。《桃叶歌》则是献之为安慰桃叶，写下的情歌。

王献之虽出身贵族，风度却超乎常人。《世说新语·雅量》记载了这样一则故事：献之与哥哥微之一起在榻上饮茶。突然，微之发现房顶失火，大惊失色，连鞋也顾不得穿，就赤脚往外走，一副狼狈相。王献之则神色恬然，不紧不慢地呼左右过来，扶着家具和门廊的栏杆，款款离去，神情无异于平常，仿佛未曾发生失火之事。兄弟二人器宇不同，王献之则表现了从容、淡定的气质。

王献之自小就有凌云之志，总想自己的书艺能超越父亲。《世说新语·品藻》载："谢公问王子敬：'君书何如君家尊？'答曰：'固当不同。'公曰：'外人论殊不尔。'王曰：'外人那得知！'"谢安为东晋名士，他故意问献之："你父亲的字和你的字，到底哪一个高明？"献之回答："两人的字，当然是不一样的。"谢安又说："外人都说你父亲的字，比你的字，强得多。"献之回答："外人哪里懂得呢！"献之始终不说父亲的字比自己写得好，表明其内心有一股不服输的志气。

书坛上还流传一则《见字疑醉》的故事，说的是王羲之和王献之父子写字的故事。有一天，王羲之喝得酩酊大醉，满腔激情无处抒发，便提笔在墙上龙飞凤舞地挥写一番。羲之走后，献之看到了，觉得父亲写的字并不怎样，自己会写得比他更好。于是将父亲的字擦掉，自己挥洒了一番。次日，羲之见到昨日写的字，大为诧异，沮丧地说：汗颜啊，草率啊，我怎么写出这样的字，可能是醉得不轻。献之听了父亲的感叹，深感自己的书法水平远不如父亲，还得刻苦努力。

经过一番临池磨炼，献之书法水平大有提高，他不无骄傲地问母亲郗氏："再过两年，大概可以超越父亲了吧？"母亲摇了摇头，献之又说："五年总行了吧？"母亲又摇了摇头。献之急着问母亲："那到底要多少时间？"郗氏告诉儿子："你要记住，写完院内这十八缸水，你的字才有筋有骨，有血有肉，才会站得直，立得稳。"献之潜心练字，用完了院内十八缸水，其字达到了力透纸背，炉火纯青的地步，取得了同父亲一样、举世闻名的书法成就，与父亲被世人誉为书界典范"二王"。

王献之的书艺，主要继承家法，吸纳前人精华，但又不墨守成规，另有突破。其作品体现了清朗俊逸的时代书风，却又"丹穴凤舞，清泉龙跃。精密渊巧，出于神智"。张怀瓘在《书议》中对王献之的书法作品有这样的评价："子敬才高识远，行草之外，更开一门……子敬之法，非草非行，流便于草，开张于行，草又处其间……有若风行雨散，润色开花，笔法体势之中，最为风流者也。"献之在其父辉煌创造的基础上，又有新的推进。

王献之力主书法创新，是一位提倡"变而守其正"的书法大家。《书议》有这样一段记载："献之年十五六时，尝白其父云：古之章草，未能宏逸，今穷伪略之理，极草纵之致，不若藁行之间，于往法固殊，大人宜改体。"献之虽年仅十六，却懂得书艺变则兴的道理，建议父亲变旧法、创新体，新体之特点是更加"草纵"，更为"宏逸"，倍受众人称道。尔后，他又在羲之变法的基础上，进一步"改右军简劲为纵逸"，"尽变右军之法而独辟门户，纵横挥霍，万主故常"。（清吴德旋《初月楼论书随笔》）进一步推动行草的发展。

王羲之和王献之父子，被称作"大王"与"小王"，两人书法在大趋向上都属于晋代清朗俊逸之书风，但由于内擫与外拓的不同，在风格特征上又有较大的差异。大王"内擫是骨胜之书"，小王"外拓是筋胜之书"。（沈尹默《二王法书管窥》）王羲之善内擫，书法特征为骨势刚健，森严有法，类同左氏之文简劲严正。王献之善外拓，书法特征是纵逸遒媚，散朗多姿，好比庄子之文汪洋恣肆。二王书法，作为两种风格的典型，很难品定其高低优劣。前人说得好："父之灵和，子之神俊，皆古今之独绝也。"（张怀瓘《书议》）

王献之楷书作品流传后世的仅有小楷《洛神赋》十三行，此作原撰于白麻笺上，传至宋代，已成残纸。南宋时，贾似道先后得两页残纸，共十三行，遂以玉版刻之，即后人所称"玉版十三行"。虽仅十三行，却为流光溢彩之杰作，给人一种清新流美之感。他的传世草书墨宝有《鸭头丸帖》《中秋帖》。《鸭头丸帖》，行草，共十五字，绢本。清代吴其贞在《书画记》中对此帖推崇备至，认为："书法雅正，雄秀惊人，得天然妙趣，为无上神品也。"《中秋帖》，行草，共二十二字，神采如新，片羽吉光，世所罕见。清乾隆帝将该帖收入《三希帖》，视为国宝。

王献之爱情生活并不美满。升平四年，即360年，献之17岁，与二舅郗昙之女郗道茂成婚，为姑表兄妹联姻。后来，又告离婚。一说郗道茂不能生育，由此献之不得不与之离婚。一说皇上之女看上献之，定要他做驸马。为了对抗这一钦赐婚姻，献之故意将自己的腿弄伤，但公主还是执意嫁给献之。这样，只得与原配郗道茂分手。离婚多年，有人问献之什么事最让你伤心？献之说唯一的错事就是与郗道茂离婚，那件事经常让我在噩梦中哭泣。

婚姻的不幸，或许是王献之一生中一块抹不掉的阴影。

王献之出身名门，有良好的学习条件，在他5岁时，其父王羲之就亲笔书《乐毅论》，供他作习字摹本，加之本人天资聪明，勤奋不辍，终成史上著名书家，与乃父齐名。

琅琊王氏家族，为晋代权倾朝野的豪门府第。虽生活优裕，却未沉湎于酒色之中，其弟子仍钟情于传统文化，吸纳前人缔造的精粹，并顺应时代之发展，致力于新的创造。其中以王羲之、王献之父子，业绩最为突出。王羲之将行草推到了难以企及的顶峰，被国人尊崇为书界之"圣人"。王羲之优雅、博学、慈爱、纯美之气质，至今一直被人所传颂。他与一群文人雅士聚会吟咏的兰亭，如今已成了著名旅游胜地，供络绎不绝的中外游客凭吊、观光。

王羲之、王献之创造的精美绝伦的书法经典，对后世影响深远。近代著名书法家沈尹默指出："齐梁之后，学书之人，大体皆宗师王氏"（沈尹默《二王法书管窥》）。

琅琊王氏家族，既是达官显贵的豪门望族，又是养育数代杰出书家的文化大族。这个家族在中国文化发展史上，占有极为重要的地位。从古至今，一直为人所仰慕。

杜甫与巩县杜氏家族

中国是诗的国度，唐代是我国诗歌创作最为辉煌的朝代。说起盛唐，人们一定会想起两位杰出的大诗人李白和杜甫。李白被人们誉为"诗仙"，杜甫被人们誉为"诗圣"。两大诗人，双峰并立，各具特色，影响深远。其作品在今日的课堂上，仍是学子们经常吟诵的篇章。作为诗圣杜甫，在作诗上肯下功夫，正如他所表白："为人性僻耽佳句，语不惊人死不休。"（《江上值水如海势聊短述》）杜诗众体皆有，诸体兼擅，诸法具备，有不少脍炙人口的精彩篇什。据浦起龙《读杜心解》统计，杜诗存世达1458首之多，是我国诗歌史上撰诗最多的诗人之一。

他出生于河南巩县（今巩义），祖父杜审言，初唐诗人，其诗与沈佺期、宋之问齐名，是初唐著名的"文章四友"之一。巩县杜氏家族，正是我国北方一个著名的文化家族。

本文对杜甫及巩县杜氏家族，集中作一简要的考察与评述。

一、中原大地　文化望族

杜甫（712—770），字子美，祖籍襄阳（今属湖北），生于巩县（今河南巩义）。

他生长在一个"奉儒守官"且有文学传统的文化世家之中，十三世祖杜预，为魏晋名臣，人号"杜武库"，自称有"《左传》癖"，著有《春秋左氏经传集解》等。曾祖杜依艺，曾任巩县令，由此全家迁居巩县。其父杜闲，曾任武功县尉、奉天县令、兖州司马。杜甫夫人杨氏，司农少卿杨怡之女。

杜甫的故里，在巩县境内的一个小山村。村中有座三峰并列的小山，形如笔架，人称"笔架山"。笔架山下，有一排窑洞，杜甫于唐玄宗先天元年（712），诞生在这里的窑洞中。后来，杜甫被朝廷任命为工部员外郎，人们就把杜甫诞生的这座窑洞，称为"工部窑"。

　　杜甫从小生长在一个诗书家庭。祖父杜审言，字必简，高宗咸亨元年进士，官洛阳丞。武后时，曾授著作佐郎，升迁膳部员外郎，后又为修文馆直学士。与诗人李峤、崔融、苏味道，并称"文章四友"。杜审言是初唐时期的著名诗人，他的诗与沈佺期、宋之问齐名。沈、宋以工致清丽见长，杜则气魄较为宏伟。杜审言的诗句往往造语新奇，给人一种不凡之感。杜甫对作为诗人的祖父，十分自豪，曾写下"吾祖诗冠古"的赞叹。（见《赠蜀僧闾丘师兄》）

　　杜甫家园位于巩县老城东一公里的南窑湾，此处背依山峦，前临一片沃野，东泗河经此注入洛水。土地富饶，山河秀丽。杜甫少年时代就在这宜居的环境中度过。

　　巩县是我国中部经济最为发达之地。铁器是生产发展依仗的工具，在距巩县老城西南29公里的铁生沟，发现汉代冶铁遗址，出土了各种铁制生产工具、生活用具、兵器一百六十七件。经矿渣化验，证实我国西汉时期即已开始了用煤冶铁的大规模生产活动。

　　巩县的文化遗存也十分引人注目。在巩县城东北8公里的大力山下，有一座著名的石窟寺，从北魏熙平二年开建，经北齐、隋、唐至北宋，共凿有五窟，现存佛像7743尊。其中第一窟门内两侧雕凿的《帝后礼佛图》，场面宏大，构图严谨，人物生动，为我国现存浮雕中较为完整的杰作。

　　秀美的山川，繁荣的经济，灿烂的文化，哺育了诗人杜甫，为尔后他写出卓尔不凡的锦绣诗篇奠定了基础。

二、胸怀大志　科举落第

　　杜甫出生后不久，母亲病逝，他自幼年弱多病，不得不寄养于洛阳二姑母家。二姑母贤惠善良，对杜甫抚养得体贴周到，使他得以健康成长。

　　杜甫天资聪慧，诗中自述："往昔十四五，出游翰墨场。斯文崔魏徒，以我似班扬。""七龄思即壮，开口咏凤凰。九龄书大字，有作成一囊。"（见《壮游》）由此看来，杜甫7岁便能赋诗，十四五岁时便出入文人的交谊场，且获得好评。曾与郑州刺史崔尚、豫州刺史魏启心往来密切。崔、魏二人比杜甫大二三十岁，在洛阳享有文名，他们赞赏杜甫的作品，说杜诗可与汉代大家扬雄、班固相媲美。

开元二十三年（735），杜甫回故乡考中"乡贡"。次年，在洛阳参加进士考试，结果落第。

杜甫出身官宦门第，长期受儒家教化，立下了"致君尧舜上，再使风俗淳"的宏大志愿，实指望科考登第，实现人生追求。然而，现实中的仕途，却颇不顺畅，这让杜甫十分沮丧。

天宝五年（746），杜甫来到繁华的长安。次年，应诏赴尚书省试。手握大权的李林甫，为了向皇帝证明"野无遗贤"，让所有应试者一律落第。这样，参加此次尚书省试的杜甫，亦毫无例外的未能获取功名。

天宝十年（751），玄宗举行郊祀大典，杜甫撰《三大礼赋》，呈献玄宗，得到了唐玄宗的赏识，命他待制集贤院，这算是杜甫第一次得到了做官的机会。此时，他已年届四十了。

封建社会，一个知识分子要走上仕途，实现为民造福之宏愿，是多么的艰辛。

因远祖杜预为京兆杜陵（今西安东南）人，自称杜陵布衣、杜陵野老、杜陵野客。杜甫困居长安时，曾一度居住在城南少陵附近，自称少陵野老。故世人称之"杜少陵"。

三、漫游天下　结交诗友

"读万卷书，行万里路"。这是昔时士人为实现人生理想所作的具体安排，杜甫对此亦十分倾心。他青年时期，便开始了多次漫游天下的活动，借此感受祖国的大好河山，增长自己的见识。

杜甫19岁时，首次出游，到达了祖国的西北郇瑕（今山西临猗）。20岁时，漫游吴越，先抵江宁（今南京）。秦淮河北面的瓦官寺完美地保存着东晋大画家顾恺之画的维摩诘像，面对这幅光彩照人的精美壁画，让杜甫激动不已，留下了终生难忘的印象。接着来到苏州，苏州为春秋时期吴国的都城，名胜古迹颇多。杜甫拜谒了吴太伯庙，从吴太伯主动让位的贤举，联想到帝王为争位而杀戮，杜甫感慨万千。杜甫还漫游了越国都城会稽（今绍兴），感悟了越王勾践卧薪尝胆、枕戈雪耻的坚毅与悲壮。

科举落第的第二年，杜甫又开始了北方齐赵的漫游（今山东与河北的南部）。在春光明媚的季节，他来到邯郸，登上城中战国时的赵王丛台，极目远眺，歌吟怀古。在大雪皑皑的冬日，杜甫在齐景公狩猎的青丘（今山东益都一带），纵马放鹰，写下了咏马、咏鹰的诗篇，抒发了锐意进取的胸怀。杜甫还亲临泰山极顶，为岱宗雄伟壮丽的景色所打动，写下了："岱宗夫何如？齐鲁青未了。造化钟神秀，阴阳割昏晓。荡胸生曾云，决眦入归鸟。会当凌绝顶，一览众山小。"浩气长存的诗篇让诗人豪迈的气魄和顶天立地的精神力透纸背，成为人们经常吟诵的绝唱。

开元二十九年（741），杜甫回到洛阳，筑室首阳山下，与杨氏结婚。

"转益多师是汝师"。杜甫喜爱结交诗友，广泛汲取他人的长处，丰润自身。

天宝十一年（752），杜甫来到都城长安，在秋高气爽的季节，同数位诗友登临慈恩寺塔（即西安大雁塔），撰有《同诸公登慈恩寺塔》一诗，诗有自注："时高适、薛据先有此作"。此外，岑参、储光羲亦登塔赋诗。杜甫这首是同题诸诗中的压卷之作。诗中有写景、有感怀，笔力雄浑。诗中以象征手法，通过登塔时所见之景物，曲折寓示其时危机四伏的社会现实，抒发了诗人忧国忧民的深沉感慨。

唐代，贺知章、李琎、李适之、崔宗之、苏晋、李白、张旭、焦遂等八人，均以豪饮出名，被称为"饮中八仙"。杜甫与这些豪放的文人互有交往，对他们的行为、性格，较为了解，采用汉代品评人物的谣谚形式，来写歌行体，作《饮中八仙歌》，结构特别，文笔生动。每人的笔墨多寡不一，八人的醉态各具特色，性格鲜明，栩栩如生，是一首写人物的诗歌佳作。

杜甫与李白这两大诗人的深厚友谊，是古代诗坛的一大佳话。天宝三年（744），李白被高力士、杨玉环所诋毁，诏许还山。三月出长安，经商州东下。孟夏之际，与杜甫相遇于洛阳，同游梁宋，同饮于李邕宅。此时李白44岁，杜甫小李白十一岁。李白在诗坛已享有较高之声誉，杜甫在诗苑仅初露头角。两人心心相印，愉快地论诗，尽情地游乐。天宝四年（745），杜甫再游齐鲁。初秋，到达鲁郡（兖州），李白自任城来，两大诗人再次聚会，同游甚欢。"醉眠秋共被，携手日同行"，便是此时情景留下的真实记载。相聚不久，杜甫西归，李白南下，两人从此山河相隔，再无聚首的机会了。

虽关山阻隔，不能聚首畅谈，但两位诗友，时时都在思念之中，常赋诗抒发相互的真挚友情。

杜甫同李白的友谊，是通过诗歌结成的。这首怀念李白的五律是杜甫于天宝五年或六年春，暂居长安时所作，题为《春日忆李白》，诗的句首"白也诗无敌，飘然思不群。"是对李白诗作的推崇与赞颂。第二句"清新庾开府，俊逸鲍参军。"是指明李白的诗篇之所以无敌，是由于思想卓尔不凡，风格像庾信那样清新，像鲍照那样俊逸。第三句"渭北春天树，江东日暮云。"写作者与李白，一北一南，两地的景色，两人都怀念着心中的挚友。以景衬情，"淡中之工"十分精妙。诗之末句"何时一樽酒，重与细论文。"写对未来的祈盼，希望有一天，重新相聚，沽酒品诗，享受美好时光。《春日忆李白》，虽仅八句，把杜甫对李白的敬慕以及浓浓的友情，抒发得淋漓尽致，读之令人十分感动。

至德二年（757），李白因永王李璘而受牵连，被定罪流放夜郎，行至巫山遇赦，回至江陵。杜甫远在北方，只闻李白流放，不知已被赦还，忧思拳拳，久而成梦，撰就《梦李白二首》。上篇以"死别"发端，下篇以"身后"作结，首尾呼应。通篇抒发了对深陷罗网的李白的刻骨思念，以及对李白身处险境的无比忧虑。

《天末怀李白》，为李白客居秦州（今天水）时所作。首句"凉风起天末，君子意如何？"从天气的变化，引起对友人的关切，看似寻常语，却饱含了情谊。第二句"鸿雁几时到，江湖秋水多。"江湖多险，鸿雁未至，顿时让人产生一种苍茫惆怅之感。第三句"文章憎命达，魑魅喜人过。"议论中极富情致，用比中含有哲理，发人深思。古人评："一憎一喜，遂令文人无置身地。"用语极为中肯。末句"应共冤魂语，投诗赠汩罗。"由流离江湘的李白，想到自沉汩罗的屈原，两人德才超群，却惨遭冤屈。斗酒诗百篇的李白，一定会给屈原投诗寄情。全诗婉转激昂，沉郁感人，堪为古诗中的抒情名篇。

四、遭际战乱　直面人生

杜甫亲身经历了唐朝由盛至衰的巨大变化，生活于安史之乱，战火连绵，社会动荡的岁月之中。"万国皆戎马，酣歌泪欲垂。"他的夫人杨氏以及儿女们，各奔东西，不得相见。幼子和女儿，因饥荒而饿死。悲惨的遭际，使杜甫直面社会现实，将国家离乱之感，骨肉分散之情，一一写入诗作之中。

"穷年忧黎元，叹息肠内热。"杜甫是一个极富同情心的人，他关心的不只是"小我"，而是下层人民面临的厄运。近代著名学者梁启超在评述杜甫时，这样写道："他的眼光，常常注视到社会最下层。这一层的可怜人那些状况，别人看不出，他都看出；他们的情绪，别人传不出，他都传出。他著名的作品'三吏''三别'，便是那时代社会状况最真实的影戏片。"

"三吏""三别"是杜诗中最具现实意义的光辉篇章。"三吏"即《新安吏》《石壕吏》《潼关吏》。其中《石壕吏》作于乾元二年（759），诗人从新安去潼关，路经石壕村，正遇官吏捉人从军的一幕惨剧。诗中直书所见所闻，全用白描手法，不着一字评语，其意自现，诗人的爱憎涵盖篇什之中。《三别》，即《新婚别》《垂老别》《无家别》。《新婚别》写一对新婚夫妇，"暮婚晨别"的惨痛一幕。全诗作新妇语气，皆为惜别劝勉之辞，哀怨而沉痛。一个顾大局、识大体、善良坚贞的少妇形象，跃然纸上。《垂老别》，书写一老翁，暮年从军，与老妻惜别的悲苦之情。一开头，诗人把老翁置于"四郊未宁静"的动乱氛围之中，让他吐露"垂老不得安"的遭遇和心情。接着写老翁离家之际，原想瞒过老妻，不辞而别。没走几步，却传来老妻悲啼之声，明知是生死离别，还得去搀扶老妻，为她的孤寒无靠而吞声饮泣。最后，老翁强忍五内摧肝之痛，与老妻诀别。《无家别》，即无家可别。通篇为一个再次被征服役的单身汉的独白，读之让人心碎。

安史之乱为唐代由盛至衰的转折。残酷的战争、苦难的境况，让诗人经受了磨难，在经历危机的同时，也萌生了希望。当时，有一批诗人，敢于正视惨淡的人生，坚决站出来为国家安危、人民哀乐而吟咏。杜甫正是这一批杰出诗人中的典型代表。他直面人生，抨击黑暗，忠实地反映了动荡的时局，留下了许多可作史实看待的卓越诗篇。

五、不朽诗篇　世代传诵

杜甫是一位作品众多的大诗人，又是一位善于驾驭语言的巨匠。诗歌的语言是文学语言，文学语言是从人民大众的日常生活语言中汲取、选优、锤炼、加工而成。杜甫将"语不惊人死不休"作为自己的努力目标，在语言的锤炼上下了很大功夫，给后来的人们留下了不少精辟而富于独创的诗句。

诗是一种饱含炽热情感的文学体裁。杜诗的字里行间洋溢着丰富的情感，读之动人心弦。《自京赴奉先县咏怀五百字》，是杜甫的千古名篇，诗中有这样的四句：

> 朱门酒肉臭，路有冻死骨。
> 荣枯咫尺间，惆怅难再述。

诗人用强烈的对比手法，将极不合理的社会现实鲜明地展现在读者眼前，一边是穷奢极欲，一边是断炊冻死。"惆怅难再述"，诗人极为愤懑的心情，已在诗中凸现。

寄寓的写作手法，也是杜甫喜爱运用的手法。《佳人》一诗，就是这一手法的出色运用。乾元二年（759）秋，杜甫由华州弃官携家流离秦州（今天水），在秦州时作了此诗。诗中佳人的形象典型又独特，可怜又可敬。困难当头，家庭破散，个人遭弃，境遇十分悲惨。就在这难以承受的重重打击下，女主人公没有乞怜，更未沉沦，而是坚贞自守，自强不息。"日暮倚修竹"，诗中用比兴手法赞美佳人的高洁，实际上是诗人自我感慨和对理想的抒发。《佳人》一诗中刻画的坚贞高洁的佳人，正是诗人自身的写照。有评论家认为："可以说是一首绝妙的象征派的诗。"（见胡怀琛《中国八大诗人·杜子美》）

杜甫是写实大家，杜诗的好处在于出色的写实描绘。他有一首《赠卫八处士》，写朋友间的聚会，以写实的笔触，让当时的情景历历如画地展现出来。全诗如下：

> 人生不相见，动如参与商。
> 今夕复何夕，共此灯烛光。
> 少壮能几时，鬓发各已苍。
> 访旧半为鬼，惊呼热中肠。
> 焉知二十载，重上君子堂。
> 昔别君未婚，儿女忽成行。
> 怡然敬父执，问我来何方。
> 问答乃未已，儿女罗酒浆。
> 夜雨剪春韭，新炊间黄粱。
> 主称会面难，一举累十觞。

十觞亦不醉，感子故意长。

明日隔山岳，世事两茫茫。

诗中对时光匆匆，世事多变，友谊纯真诸要素——如实描述，让人读来既真切，又温馨，并会不时发出感慨。

杜甫不仅善写大事、要事，还善于写日常事、细事。即使对于寻常景物，亦刻画得十分精细、动人。王安石《钟山语录》，对杜甫作品有这样的评论："'暝色赴春愁'，下得'赴'字最好，若下'见'字、'起'字，即小儿语也。'无人觉来往，疏懒意何长'，下得'觉'字大好。足见吟诗要一字两字工夫也。"

所谓"一字两字工夫"是指语言运用的精当、巧妙，杜诗在这方面，有不少可供借鉴的范例。叶梦得《石林诗话》中，对杜诗有这样的赞赏："老杜'细雨鱼儿出，微风燕子斜'此十字殆无字虚设。细雨着水面为沤，鱼常上浮而淰；若大雨则伏而不出。燕体轻弱，风猛则不胜；惟微风乃受以为势，故又有'轻燕受风斜'之句。"

杜甫在写诗上，一直追求用字的准确、精当和传神，所以，他的众多佳句，至今仍被广大读者交口传诵，如：

丈夫誓许国，愤惋复何有？（《前出塞·其三》）

国破山河在，城春草木深。（《春望》）

都人回面向北啼，日夜更望官军至。（《悲陈陶》）

彤庭所分帛，本自寒女出。（《自京赴奉先县咏怀五百字》）

翻手作云覆手雨，纷纷轻薄何须数。（《贫交行》）

星垂平野阔，月涌大江流。（《旅夜书怀》）

映阶碧草自春色，隔叶黄鹂空好音。（《蜀相》）

留连戏蝶时时舞，自在娇莺恰恰啼。（《江畔独步寻花·其六》）

随风潜入夜，润物细无声。（《春夜喜雨》）

读书破万卷，下笔如有神。（《奉赠韦左丞丈二十二韵》）

笔落惊风雨，诗成泣鬼神。（《寄李十二白二十韵》）

文章千古事，得失寸心知。（《偶题》）

宽心应是酒，遣兴莫过诗。（《可惜》）

"不薄今人爱古人，清词丽句必为邻。"杜甫诗中清词丽句，当然不止上述这些，但从以上十余例证中，足可看出杜诗格调的雄浑高雅，选辞用字的匠心独运。

  杜甫是一位与时俱进的古典诗歌创作大家。杜甫尤擅长五言诗，杜甫的出现则使五言律诗在数量和质量上都攀上了新的高峰。据统计，杜诗中共有五律630首，几乎占了全部诗作的一半，其创变程度是前人从未有过的。李重华认为："五言排律，至杜集观止。"（见《贞一斋诗说》）他对杜甫的五言排律诗评价颇高。

  杜甫的七律在情怀的抒发、语言的使用、意境的创造诸方面，均取得超越前人的成就，其中《秋兴八首》《登高》《闻官军收河南河北》等，都是可圈可点的名篇。杜甫在至秦州和入蜀之后，七律创作上一最大特点，在于拗体的大量使用。所谓"拗"，是指近体诗中不依常规的平仄格律，平声字用了仄声，该用仄声字处用了平声。出现拗体字的句子，称拗句，整首诗则成为拗律或拗体，这实质上是律诗的一种变体。

  朱东润《杜甫叙论》认为"拗律创自杜甫"，作于大历三年（767）的《愁》，杜甫自注："强戏为吴体。""吴体"就是拗体。诗的首句第二、四字即以"草""日"两仄相连，次句第二、四之"峡""泠"则为二平相连，形成偶式拗句。王嗣奭《杜臆》中指出："愁起于心，真有一段郁戾不平之气，而因以拗语发之，公之拗体大都如是"。杜甫的拗体诗是对既定律诗的一种挑战，是为了更好地表达思想情感所作的一种变革，使得诗句崛奇古拙且富于气势。

  杜甫一生仕途不振，战乱频仍，漂泊孤舟，生活困顿。史学家翦伯赞称："其生世之惨淡，实已极人生之酸辛"。（见《杜甫研究》）杜甫晚年，依托故人严武，暂居四川。"万里桥西一草堂，百花潭水即沧浪。"（见《狂夫》）杜甫在成都浣花溪畔，建一草堂，总算有了一处栖身之地，他在这里写下了不少动人的诗篇，如《蜀相》《狂夫》《春夜喜雨》《江畔独步寻花》《茅屋为秋风所破歌》等。不久，严武病故，四川亦发生动乱。杜甫只得乘舟避难到了湖南。大历五年（770），舟行至耒阳，遇大水，县令馈以酒肉，天热肉腐，食之中毒，不幸病故。

  时光不停地流逝，对于这位心中装着黎民的诗圣，人们并未忘却，也决不会忘却。中华人民共和国成立后，朱德总司令在参观成都杜甫草堂时，提笔撰写了这副对联：

草堂皆后世；诗圣著千秋

给予杜甫以崇高的评价，这副对联如今仍然悬挂在草堂大厅之内。

然而，1971年郭沫若发表了专著《李白与杜甫》，大肆扬李抑杜，认为杜甫是站在地主阶级的立场上，把横征暴敛、苛差劳役的暴政，归罪于在下的奸猾小吏，而说在上的"贵人"是仁慈的。因此，"过分夸大三吏三别的'人民性'是不切实际的"。对于郭沫若的无端指责，杜甫的大量诗作就是有力的反驳。一个一千多年前的文人，在颠沛流离的日子里，"穷年忧黎元，叹息肠内热"，能在大量诗作中反映百姓的疾苦，真是谈何容易？梁启超强调："因为他对于下层社会的痛苦看得真切，所以常把他们的痛苦当作自己的痛苦"。（见《情圣杜甫》）能做到这些，绝非寻常。

唐代文学家韩愈，把李白与杜甫并列看待，写下了："李杜文章在，光焰万丈长。不知群儿愚，那用故谤伤！蚍蜉撼大树，可笑不自量。"对于唐代这两座诗歌创作的高峰，我们的态度应是认真学习，继承光大，如果轻率地乱加否定，那是十分幼稚可笑的。

杜甫有深厚的文化修养，丰富的社会体验，广阔的观察视野。他"不薄今人爱古人"，对传统文化持广收博采的开明态度。加之"诗是吾家事"的家学传统，使得他将诗歌艺术达到了出神入化、登峰造极的境地。宋初王禹偁就有"子美集开诗世界"（见《日长简仲咸》）的赞誉，表明杜甫是一位继往开来的杰出诗人。

元稹在《唐故工部员外郎杜君墓系铭并序》中写道："……至于子美，盖所谓上薄《风》《骚》，下该沈、宋，古傍苏、李，气夺曹、刘，掩颜、谢之孤高，杂徐、庾之流丽，尽得古今之体势，而兼人人之所独专矣。"说明杜甫是一位集大成、划时代的大诗人。他在中国诗歌发展史上，占有举足轻重的地位。

杜诗具有广泛的国际影响，许多海外人士，尤其是东南亚一带的海外人士，喜爱唐诗，对杜甫的诗篇尤为钟爱。2004年10月，日本的《SINICA》月刊举办"汉诗国民投票评选"活动。评选结果，在最受欢迎的汉诗中，位列榜首的是杜甫的《春望》。足见，杜甫的诗篇是最能撼动读者心弦的一流好诗。

"草堂留后世，诗圣著千秋。"成都草堂是诗圣杜甫曾经生活过的地方，如今已成了观光胜地。中外游客到了成都，都会怀着景仰的心情，造访草堂，了解诗人的生平业绩，吟咏他留下的千古名篇，凭吊这位悲天悯人、忧国忧民的"诗圣"。

　　杜甫是中国诗歌史上的一座伟岸的高峰，巩县杜氏是我国北方的一个典型的文化世家，对杜甫及其巩县杜氏家族的研究是一个极有意义的专题。

梅尧臣与宣城梅氏家族

　　每当隆冬时节，正值踏雪赏梅的大好时光。古往今来，有多少文人雅士，对梅花发出过由衷的赞叹："疏影横斜水清浅，暗香浮动月黄昏。""遥知不是雪，为有暗香来。""俏也不争春，只把春来报。待到山花烂漫时，她在丛中笑。"这些咏梅的佳句，写出了梅花的品格和风采。本文谈的，不是自然界的梅花，而是安徽宣城的梅氏家族。梅氏的朵朵芳华，着实让人赞美，令人敬佩。

一、文脉厚重的宣城

　　宣城，地处长江之南，临苏、浙二省，枕黄山、九华山，依太平湖，水阳江、青弋江贯穿其境，为皖南腹地，交通要脉。山川明丽，物产丰实，人文积淀深厚。清代著名学者张廷玉曾评说："上江人文之盛，首宣城。"

　　宣城是一个历史悠久，人文荟萃的地方。早在唐代，大诗人李白多次畅游宣城，发出了"相看两不厌，只有敬亭山"的赞叹。

　　被袁枚、姚鼐誉为"自古诗人地"的宣城，一直与众多古代杰出诗人，有难以割舍的姻缘。

　　南齐著名诗人谢朓，曾出任宣城太守，他在《始之宣城郡》诗云："弃置宛洛游，多谢金门里。招招漾轻楫，行行趋岩趾。江海虽未从，山林于此始。"在另一诗中，盛赞宣城境内"闲沃尽地区，山泉谐所好。"对宣城的山水风物，充满了深情。

　　李白仰慕谢朓的诗才，痴迷宣城的景色，多次光临宣城，留下了"敬亭白云气，秀气连苍梧。下映双溪水，如天落镜湖"的佳作，用简洁俏丽的文字，为宣城勾画了一幅妙趣天然的山水画。

　　唐代另一位大诗人白居易，28岁时（799年）随长兄寓居宣城，被准予参加当年考试，应试诗作被宣歙观察使崔衍赏识，破例由宣州举荐赴京会试，得中进士。由此，宣城应为白居易一生中重要的转折点。

晚唐著名诗人杜牧，与李商隐齐名，人称他俩为"小李杜"。杜牧一生中，两次到宣城做幕僚，达六年之久。他对宣城亦有生动的描述："敬亭山下百顷竹，中有诗人小谢城。城高跨楼满金碧，下听一溪寒水声……"

"文起八代之衰"的韩愈，青少年时期，有七年时间是在祖上置于宣城的别业中度过的。宛水的清丽，敬亭的妩媚，江南风情的淳朴，都给他以很深的影响。韩愈在文章中，多次提及宣城，对宣城满怀故里之情。

当代将军诗人陈毅，1939年，戎马倥偬之时，路经宣城，挥笔写下了"敬亭山下橹声柔，雨洒江天似梦游。李谢诗魂今在否？湖光照破万年愁"的不朽诗篇。

宣城，的确是一座诗城，一座洋溢着诗情画意的江南名城。在这文风昌盛的温柔之乡，必然会涌现出像梅氏那样钟灵毓秀、群星辉映的著名家族。

宣城梅氏家族历史久远，其由来可追溯到唐代。唐昭宗光化年间，一位叫梅远的诗人，从浙江吴兴来到宣城，任宣城掾，居城东州学西街，笃爱宣城山川风物，举家定居宣城，代代繁衍，落户于宣州境内的大小、上下、东西梅村，形成了一个庞大的家族，且培育了众多名垂史册的文化精英。

二、诗坛俊彦梅尧臣

梅尧臣（1002—1060），字圣俞，世称宛陵先生。宣城梅氏五世孙。

12岁随叔父梅询学习，受其叔父影响较深。其叔父梅询为北宋年间颇具文名的诗人，他对吟诗的执着和厚爱，亦为贤侄所传承。

梅尧臣曾任德兴、建德、襄城县令，累迁尚书都官员外郎，预修《唐书》，书未奏而卒。著有《宛陵集》六十卷、《唐载记》二十六卷、《毛诗小传》二十卷、《孙子注》十三篇等。

梅尧臣是北宋诗坛中，极有影响的人物，他对晚唐以来出现的西昆体带来的浮华艳丽之诗风，持否定态度，提倡朴实平淡之诗风，为诗歌革新运动的有力推动者。与钱惟演、欧阳修来往甚多，为忘年交。

梅尧臣曾任地方官吏多年，深切了解下层庶民之悲惨生活，他直面社会现实，同情民间疾苦，写出了不少有社会意义的不朽诗篇。如《田家》：

南山尝种豆，碎荚落风雨。

空收一束萁，无物充煎釜。

诗中刻画了农民一年劳作却空无所获的悲惨生活，虽有豆萁可烧，却无豆子可煮，锅内空空，无法饱腹，如何苦度时光！

又如《陶者》：

陶尽门前土，屋上无片瓦。

十指不沾泥，鳞鳞居大厦。

诗人用强烈对比，揭示社会的不公。劳动者无所得，不劳者却坐享其成，公道何在！

梅尧臣的诗作，用句朴实，语言晓畅，饱含浓烈情感，读之感人。如《八月二十二日回过三沟》：

不见沙上双飞鸟，莫取波中比目鱼。

重过三沟特惆怅，西风满眼是秋蒹。

"三沟"在今江苏高邮县境内，为什么诗人重过三沟会"特惆怅"呢？庆历四年（1044），诗人之妻谢氏，病故于三沟舟上。痛失爱妻，双飞鸟，比目鱼均不复存在，满眼的西风和秋蒹，更突出了内心的悲凉。触景生情，写出了对亡妻无限惜悼之意。

梅尧臣对故土无比眷恋，他将自己的六十卷文集，冠以故乡的名字，还在诗稿中抒发了对家乡山水的无限热爱，如《东溪》：

行到东溪看水时，坐临孤屿发船迟。

野凫眠岸有闲意，老树着花无丑枝。

短短蒲耳齐似剪，平平沙石净于筛。

情虽不厌住不得，薄暮归来车马疲。

"东溪"即诗人的家乡宣城宛溪。作者以白描的手法，勾画了宛溪一片闲静优美的境况，"情虽不厌"，终不得在家乡久住。远离故土，常年在外谋生，委实是心头的一大憾事。

梅尧臣在当时诗坛，有极高的声望。著名学者钱钟书在《宋诗选注》中，写道："他对人民疾苦体会很深，用的字句也颇朴素，看来古诗从韩愈、孟郊，还有卢仝那里学了些手法，五言律诗受了王维、孟浩然的启发。"

梅尧臣主张作诗"意新而语工"，风格平淡朴素而又含蓄深刻，在宋代诗坛影响很大，他与著名诗人苏舜钦齐名，当时被称为"苏梅"。

三、丹青高手梅渊公

明末清初画坛上出现了一位杰出的画家，那就是宣城的梅清。

梅清（1623—1697），字渊公，又字润公，号瞿山。清顺治十一年（1654）举人，考授内阁中书，以博雅负盛名，诗词雄迈俊逸，著有《天延阁集》《瞿山诗略》。

梅清祖上世代为大官，家藏字画古物甚丰。曾独自临摹名人数百幅画作，为其绘画打下了坚实的基础，其画师法元四家及明代沈周。所作山水，被列入"妙品"。尤善画松，得"神品"之誉。还精于画梅，且以画黄山著称，被称为"黄山画派巨将"，与石涛、弘仁、渐江同为"黄山画派"的杰出代表。与渐江、石涛三足而立，为"黄山画派"的扛鼎人物之一。

梅清行笔流动豪放，运墨酣畅淋漓，取景奇险，气韵生动，笔下之黄山图，被认为"得黄山之真情"。

梅氏精通画理，对绘画有自身独特的理解。中国传统绘画主张"外师造化，中法心源"，把作品看成是画家对描写对象的心灵观照。梅清有一专印，文曰"我法"，即绘画应以我为法。石涛早期受梅清影响颇深，亦宣示："法自我立。"他们都强调"自我"，主张艺术应当表现每个人独特的创作个性，反对"千人一面"，"陈陈相习"。当代美术评论家陈传席在《中国绘画美学史》中，将梅清、石涛列为中国画中的"法我派"，即"自我派"。陈传席认为："这一派画家是最有生气的，也最有创新精神。""法我派"画家，不甘寂寞，他们要求在画面中实现自我形象，特色鲜明，令人喜爱。

黄山无石不松，无松不奇，雄起独特的黄山松，闻名于世。梅清喜爱黄山松，他的所有作品几乎都与松相连。在其绘画中，频频出现松树的雄姿，人们称他为"画黄山奇松的高手"。《蚕尾续文》中，赞扬"宛陵梅渊公画松为天下第一"。

梅清是一位集书、画、诗为一身的艺术大师，亦是一位重友情、广交游的雅士。比梅清小十八岁的石涛，在27岁那年，专程到宣城，慕名拜访梅清，两人相见如故，从此成为莫逆之交。尔后，石涛常赴宣城，在梅清作画的天延阁做客，谈字论画，互诉衷肠。石涛将上黄山所作之画赠梅清，梅清则以诗致谢。梅清在《石公从黄山来宛，见贻佳画，答以长歌》中写道：

"我写泰山云，云向石涛飞。公写黄山云，云染瞿硎衣。白云满眼无时尽，云根冉冉归灵境。何时公向岱颠游，看余已发黄山兴。"两位国画大师心心相印，互敬互勉，实为佳话。

四、数学大师梅文鼎

17世纪至18世纪，中国数学研究以宣城梅文鼎一家成就最大。近代，有人将梅文鼎、日本关孝和、英国牛顿并成为"当时世界三大数学家"（见何静恒《数学大师　历法巨子——梅文鼎传略》）。

梅文鼎（1633—1721），字定九，号勿庵，出生于宣城柏枧山口一个书香人家。父梅士昌，学问渊博，尤精象数，为明末遗民，朝代更迭后，隐居山隅，以钻研经史历算为趣。文鼎出生时，其父已65岁，老而得子，十分欣慰。文鼎刚能识字时，父亲就为他请了一位精通历算的塾师罗王宾，教其攻读，并经常带子仰视天象，了解天体运转之意。文鼎少小聪慧，"博览多通"，有"经世之志"，在家塾接受严格的教育。后来又师从明代逸民倪正（号观湖，自称竹冠道人）学习历法，获得了文史和历算的丰富知识。

顺治四年（1647），梅文鼎15岁，考中秀才，本可顺利步入仕途，由于祖父、父亲相继辞世，作为长子的他，不得不挑起家庭重担。顺治十六年（1659），27岁的文鼎领着弟弟文鼐、文鼎，正式拜同乡的竹冠道人倪观湖为师，潜心学习，在天文历算上，大有长进。

梅文鼎是一位既好读又爱思的人，他的第一部历学专著《历学骈枝》，就是他学习《交食通轨》的读书心得和笔记。他在阅读《交食通轨》时，经过认真的思考和独立的研判，"订其讹误，补其遗缺"，写成《历学骈枝》，深得竹冠道人的赞许。

我国历算之学，虽有三千多年的历史，而且"六艺之中，数其一也"，因其艰深与玄妙，变化无穷，多为后世学人，视为畏途，不敢涉猎。梅文鼎却知难而上，潜心历算，以超人之智力，经一年的努力，便赢得成果。1672年，梅氏第一部数学专著《方程论》完稿。1681年，又撰毕《平三角举要》《弧三角举要》，这是我国关于三角学的第一部专著。彼时，传入我国的西学知识中，最难接受的莫过于三角学。梅氏这两部有关三角学的书，对人们了解三角学，攻克三角学，起了极大的启蒙作用。

康熙十四年（1675），梅文鼎来到南京，从吴门姚氏处购得《崇祯历书》，这是一套介绍西洋天文学知识为主的历学丛书，对他颇有启发。此时，他又结识了著名数学家桐城人方中通，两人一见如故，经常切磋解决历算难题。从此，梅文鼎集中于中西历算的比较研究，耗时十余年，撰出了《古今历法通考》《西域天文书补注》等，作者对比研究中西历法之不同，采取中西会通的方式，光大古代历算之成就，梳理阐明西洋历算理论。

康熙十八年（1679），清廷着手编纂《明史》，同乡好友翰林院侍讲施闰章约请梅文鼎赴京参与编写，并让他为《历志》撰稿。因他正在一家私塾任教，不好脱身，终未成行。梅氏56岁时（1688），以民间历算家身份，应召赴京，参与《明史·历志》的编纂。这是他事业成功的重要转折点。

梅文鼎肩负《明史·历志》的编纂重任，跻身于京师学术界，闻达于朝野。他编撰的《明史·历志》，也以很高的质量受到了众人的首肯。当代著名科学史家钱宝琛在《梅文鼎年谱》中指出："《明史·历志》，图说详明，立成完备，实为诸史历志之冠。"

梅氏中年时期，为家务所累，极少外出，大多经书信与友人切磋学问。50岁时，开始了外出访友研学活动。在杭州，会见了湖北嘉鱼县令李安卿，李安卿为内阁大学士李光地之胞弟，亦为著名数学家。两人详细讨论了方程问题。此后，李安卿热心安排，在其家乡福建安溪，刻印梅氏《方程论》。在西湖之滨，梅文鼎会晤了浙中著名文人毛际可。毛际可对梅文鼎的学识与人品，极为钦佩。尔后，为推崇梅文鼎所研讨的历算事业，特撰写了《梅文鼎传》，刊布于世。

康熙二十八年（1689），梅文鼎开始暂住北京。与大词人朱彝尊、著名学者阎若璩、历算名家徐敬可等名人面晤、交往。开始了一面讲学，一面写作的生涯。在此期间，他完成了《历学疑问》《勾股阐微》等专著的撰述。

康熙四十四年（1705），康熙南巡时，在德水的御舟中，接见了梅文鼎，详细询问了历算研究的相关情况，挥笔写下了"绩学参微"，赠予梅氏，以表彰梅氏在历算研究上的杰出贡献。

康熙六十年（1721），梅文鼎病故，享年89岁。在生命的最后十五年，梅氏仍不顾年高，孜孜不倦，埋头历算研究，整理出文稿《度算释例》。他在一生中著书八十六种，有二十九种收入钦定《四库全书》。

梅文鼎是一位承前启后的杰出天文、数学大家，他在我国科学史上占有重要地位。近代大学者梁启超在《清代学术概论》中，指出："我国科学最昌明者，惟天文算法，至清而尤盛，凡治经者多兼通之；其开山之祖，则宣城梅文鼎也。"

宣城梅氏家族中，除梅文鼎历算业绩突出外，其孙梅珏成，一生精研天文、数学，亦颇有建树，官至左都御史。梅文鼎之弟文鼐、文鼏，亦精通历称，有历算之作问世。

从梅文鼎开始，直至五世，博识数学、天文的人才迭出，这委实是一个五世相传的数学与历学世家。

五、教育名家梅光迪

民国时期的宣城，曾有一位留学美国哈佛大学的名士，他就是学贯中西的梅光迪。

梅光迪（1890—1945），字迪生，又字觐庄。1908年肄业于安徽高等学堂，1911年通过清华公费留美生考试，同年赴美留学。

梅光迪出身书香门第，祖上为当地望族，宋代文学家梅尧臣、清初数学家梅文鼎均为其远祖。梅光迪秉承良好家风，自幼深受传统文化熏陶，喜读诗文。早年应童子试，获贡生之功名。后来，受激进新潮影响，加入柳亚子、陈去病组织的南社。赴美留学时，为"留学生中之翘楚，年壮气盛，抱负甚伟"。

留美期间，先是在威斯康星大学念了两年书，因"以中人相聚，两语难好"，转入较为僻静的西北大学。感自身对国家研究不深，致使"一切学问皆无根底"，决定一边学习心理学、英文、法文，一边"专攻经书、子书、《史记》《汉书》《文选》《说文》，以'立定脚跟'"。

1915年，在西北大学完成本科学业，考入哈佛大学文学研究院，师从著名学者白璧德。白氏倡导新人文主义，远承古希腊苏格拉底、柏拉图、亚里士多德之精言，近接文艺复兴诸前贤及英国约翰生、安诺德之遗绪，考镜源流，辨章学术，自成一家之言。对于东方之学，白璧德独近孔子。梅光迪在哈佛读研四年，其学术思想深受白璧德之影响。

1920年，梅光迪结束留美生活，返回祖国。初任南开大学英文系主任，不久转赴南京高师学堂。1921年，南京高师学堂改组为东南大学。梅光迪一边在东南大学讲授英国文学，一边与吴宓、胡先骕、柳诒徵等编辑出版《学衡》杂志。这份《学衡》杂志表明办刊宗旨是："论究学术，阐求真理；昌明国粹，融化新知。"梅氏在《学衡》上先后发表了《评提倡新文化者》《评今在东南大学提倡学术之方法》《论今日吾国学术界之需要》等五篇论文。梅氏重视传统文化，对"尊孔"一直持肯定态度。他认为："孔子集群贤之大成，又为教育大家"。对以孔子为代表的中华传统文化，应予高度评价，强调："我辈莫大责任，在传播祖国学术于海外。"当时，梅光迪公开阐明的这些观点，在今天看来仍有其真理性的内容。

五四时期，以梅光迪等为代表的学衡派不认同新文化运动"打倒孔家店"的激进主张，被认为是"守旧派"。事实上，这批对新文化运动发出不同声音的学子，并不是抱残守拙的"老古董"，而是留学海外，刚回祖国的大学教授。梅光迪等人并不把中国传统文化视若"神明"，已觉察到传统文化"陷入狭隘的自我满足、故步自封中"，"必须得到丰富、补充"。梅光迪不是一味地追求复古，而是主张发扬和光大民族文化遗产中的合理成分。作为学贯中西的大家，积极主张中西文化的交流与交融，他指出："目前它与西方文化的接触，肯定是其历史进程中最具意义的一次经历，这样的接触，应该能为它提供一次好机会扩展及提高自身。"

对于文学革命，梅光迪也不是作简单的否定。他主张"文学革命须谨慎以出之"，对白话文运动，应具体分析，不能一概而论，文章体裁不同，语言形式亦不同。小说可用白话，"诗文则不可"。

今天再次品味梅氏的这些主张，不少内容仍有其合理的内核，值得后人深思。

1924年，梅光迪赴美，在哈佛大学任教。1927年，短期回国，旋即又赴美。1931年，再度回国，执教于中央大学。1936年应浙江大学竺可桢之聘赴浙大任教。抗战期间，随浙大内迁贵州，过着战时颠沛流离的国难生活，坚持从事中国文化的有关研究。1945年，抗战胜利，梅光迪曾想一展宏图，终因染病不起，与世长辞。

梅光迪为人襟怀洒落，治学严谨，是一位学贯中西的宏才硕儒。他"不偏不苟，不爱钱，不慕誉，不轻动笔，不急出版"，留存后世文稿不多。然而梅光迪在中国近代教育史、学术史上的影响不容低估。南京大学出版社出版的南京文化研究丛书《民国南京学术人物传》，对梅光迪有专文评介。细读此文，对著名教授梅光迪会大体了解，并为这位文化名人的精神和品格而深深感动。

以上对宣城梅氏家族中四位杰出人物，做了重点陈述。他们中有的是诗坛巨子，有的是丹青高手，有的是历算大家，有的是名牌资深教授。既有诗画才子，又有历算奇人，真是人才辈出，令人惊叹。

纵观我国人才成长史，大致有两种类型，一为师承型，即名师出高徒，由高明的老师，培育出非同凡响的弟子；另一种，则是家族型，即来自家学渊源，与家族的文化氛围、学术影响分不开。

宣城的梅氏家族，历经一千多年，从北宋至民初，几乎代代均有俊彦出，感人篇章读不完。梅氏家族应是一个家学传承的典型范例，从对这一范例的剖析和研究中，我们自然会受益匪浅。

苏轼与眉山苏氏家族

翻开中国文学史，有众多闪光的名字映入我们眼帘。其中有一个家喻户晓的著名家族，让人敬佩不已，那就是四川眉山的"三苏"。苏洵、苏轼、苏辙，父子三人，同为"唐宋八大家"。他们的华彩辞章，至今仍被众人传颂；他们的故事，仍在民间广泛地流传；他们的精神和气质，仍不断地为人们颂扬。

一、眉山"三苏"名扬天下

"三苏"的故乡，在四川眉山，地处乐山之北，与乐山相距数十里。岷江的支流玻璃江，流经乐山，从乐山乘舟逆流而上，可直达眉山。眉山在川西平原的南端，向北二百里许，即抵成都。眉山城依山傍水，蟆颐山临江而立，山势低而圆。蟆颐山的小山丘下，稻田、菜圃、果园，罗布其间。这里，气候温润，物产丰饶。当地人善养荷花，每临夏季，荷花盛开，清香四溢，景色动人。

江水穿城而过，将小城分为东西两区。东区内，有座中等结构的古老民宅，从大门进入，迎面是一道影壁，影壁后面，则为家居庭院。民宅还建有小型花园，园内辟有竹林、池塘，风光清幽。这里，被当地人称为"苏园"，它是"三苏"诞生之地，亦是他们年少时生活的地方。

眉山苏氏，原籍北方赵郡，唐中宗神龙年间，赵郡栾城（今河北栾城）人苏味道，卒于眉山刺史任上，其子留居眉州，是为眉山苏氏始祖。至苏轼出生之时，苏氏家族在眉山已繁衍三百余年，成为当地著名乡绅阶层。

随着文明的西进，眉山读书求仕之风渐见昌盛，就在苏洵带着儿子进京参加进士考试的那一年，眉山县举荐参加进士考试的，达四十五人，考中进士的，有十三人。中榜率近四分之一，这在科举时代，应当是很了不起的佳绩。

苏轼的祖父名序，性格淡泊，与世无争，却有几分侠气。在大灾之年，曾施舍储粟数千石，赈济乡民，深得百姓好评。

"门前万竿竹，堂上四库书。"这是对眉山苏氏家族的生动刻画。苏氏家族吟诗作文，是从苏序开始的。苏序不热衷于仕途，平时作诗唱和，也只是抒发性情。曾巩在《赠职方员外郎苏君墓志铭》中写道："读书务知大义，为诗务达其志而已，诗多至千余首。"从中可知，"三苏"的诗文功底，应当传自苏序。

苏轼文名大盛之时，请他写序文的人很多。为了避讳祖父之名，苏轼特将"序"写成"引"，以表示对祖父的敬爱和尊重。

二、仕途不顺　文名彰显

苏轼之父苏洵，字明允，自号老泉。少时不爱读书，追求闲散生活。16岁时，其二兄考中进士，成为轰动全蜀的新闻，他都毫不在意。苏洵在给欧阳修的信中自称："生二十五岁，始知读书。"他真正发奋读书之时，乃是27岁，在参加乡试失败之后。所以，后人编的《三字经》中，将他作为后起发奋读书的例证，用以教育子女。有道是："苏老泉，二十七，始发愤，读书籍。""苏老泉"，指的就是苏洵。

苏洵察读书之重要，立即身体力行，闭门苦读。六七年内，搁笔不撰，精心研读六经、百家之说，厚积薄发，一鸣惊人，写成的文章得到了以欧阳修为首的文坛元老的激赏。然而，苏洵在仕途上，却屡遭挫折，并不顺利。嘉祐三年（1058），京师来诏，要苏洵赴京，参加策论，以便擢用。此时的苏洵，对仕途已心灰意冷，他谢却了朝廷的安排。次年，朝廷再次下诏，要求苏洵赴京策试，洵仍没有进京之意。关心苏洵前程的张方平、雷简夫都劝他不要放弃这一机会。梅尧臣也写信并赠诗，告诉他："方今天子圣，无滞彼泉傍。"在众人劝说下，苏洵终于到了京师，却未曾参加策试。

嘉祐六年（1061），朝廷决定修纂从北宋建立以来的《礼书》，宰相韩琦想到了苏洵，决定让他和姚辟参与这项工作，得到了仁宗的同意。很快，苏洵被任命为霸州文安县主簿，食其俸禄，居于京师，与陈州项城县令姚辟，同修《礼书》，官居八品。

苏洵虽仕途不顺，官阶不高，但其文彼时却有广泛影响，文学成就光辉夺目。他擅长写散文，深受《孟子》《荀子》《战国策》之影响，文笔纵横跌宕，汪洋恣肆，气势雄迈，语言简洁峭劲，格调高古奇伟，深得汉唐文风之精要。欧阳修赞赏他的文章"博辩宏伟"，"纵横上下，出入驰骤，必造于深微而后止"。曾巩也肯定他的文章"烦能不乱，肆能不流"。他的一些经典散文，至今还为人们所诵读。在《送石昌言使北引》中，他希望出使契丹的友人石昌言，不畏强暴，藐视敌人，写的颇有气势。在《张益州画像记》中，他叙述张方平治理益州的事迹，塑造了一个宽政爱民的官吏形象。在《木假山记》中，借物抒怀，赞美了巍然自立、刚直不阿的精神。由于苏洵在古文写作上的杰出创造，因而跻身于"唐宋八大家"之列。

苏洵之夫人程氏，为苏轼、苏辙之母，出生于富裕的书香门第。夫婿喜好远游，不求仕进，她毫无怨言，独自承担了全部家务。程氏秉性善良，严禁家中儿童、婢仆捕鸟取蛋。平常注意引导子女读书明理，以节义自奋。有一次，她和苏轼一起读《后汉书》，读到"范滂传"，范滂因反对宦官被捕，拜别慈母时，母亲深明大义，鼓励儿子从容就义。年方10岁的苏轼，在一旁说："孩子若要做范滂，母亲同意吗?"程夫人当即回答："你能做范滂，我难道就不能做范滂的母亲?"日后，苏轼在与奸佞的抗争中，牢记母亲的教诲，舍生忘死而奋然前行。由此形成了"独立不惧，直道而行"的好品格。

苏洵的最大成就是培育了苏轼、苏辙，这两个辉映文坛的俊彦。他对两子寄予莫大的期望，除了严格管教学业外，还注意让他们懂得做人的道理。苏洵在《名二子说》中，叙述了为苏轼、苏辙取名的缘由，告诫他们做人的道理。他写道，"轼"，指车厢前端供扶手的横木。车轼似乎没有实际用处，如果去掉车轼，也就不是一辆完整的车了。他告诫儿子要像车轼一样，处于车辆的显要位置，但不事张扬，善于保存自己。"辙"，指车行留下的痕。行车必有辙。说起车的功劳，也不会想到辙；遇有覆车之祸，也怪不到辙的头上。车辙稳妥地处于福祸之间。他要求儿子，平易做人，避免祸患。从为儿子的取名上，可以看出苏洵的良苦用心。

"学而优则仕"是漫长的封建社会中，读书人的苦苦追求。苏洵自身仕途不畅，转而希冀两个儿子，认真读书，仕途大展，光耀门庭。后来苏轼发配海南时，已60多岁了，他在《夜梦》一诗中，有这样的描述："夜梦嬉游童子如，父师检责惊走书。计功当毕《春秋》余，今乃始及桓庄初。怛然悸痛心不舒，起坐有如挂钩鱼。"是说小时贪玩的一幕。当天本应读完《春秋》，结果仅读了三分之一，生怕父亲检查时发现，就像嘴里挂了鱼钩的小鱼。即使到了晚年，梦中还呈现父亲严格管教自己的一幕，内心依然诚惶诚恐。足见，当时苏洵对儿子学业的督促是十分尽心的。尔后，成年之时，两个儿子双双及第，这当中必然有父亲付出的许多心血。

三、人生多舛　名篇流芳

苏轼，字子瞻，又字和仲，号东坡居士，为苏洵第五子。刚出生时，见背部一颗黑痣，状如星斗。有人以此为吉兆，料定日后必大有作为。

苏轼自幼聪颖，灵秀卓然，尤喜读书，对绘画亦颇感兴趣。他曾说过："凡物之可喜，足以悦人而不足以移人者，莫若书与画。"他对读书与画画的喜爱，达到了"薄富贵而厚于书，轻死生而重于画"的程度。由于天赋过人，加之父母精心调教、自身勤奋攻读。少年时，苏轼已是一位满腹经纶的小学士。

20岁前，苏轼一直在故乡眉山攻读。宋仁宗嘉祐二年（1057），苏轼与弟弟，在父亲的陪伴下，出川赴京参加会试，兄弟俩双双中榜。欧阳修看到苏轼文章，倍加赞赏："读轼书，不觉汗出。快哉！快哉！老夫当避路，放他出一头地也！"一时间，"三苏"父子，名震京师，轰动朝野。

苏轼被朝廷任命的第一个官职，是大理评事、签书凤翔府（治所今陕西凤翔）判官，大理评事为司法机关的属官，这是代表苏轼名誉品级的"官"，其实际职务为签书凤翔府判官，是凤翔府知府的助理官员。知府陈公弼，在官府后花园，建一楼台，名为"凌虚台"，供官员休闲使用，特请苏轼撰就一篇《凌虚台记》。苏轼借小小亭台，感怀古今，也寄托了对陈知府委婉的讽喻。陈公弼一字未动，刻碑立于凌虚台旁。

苏轼在凤翔任职三年，调回京师，在直史馆负责编修国史。此时丧事接连发生，这一年五月，妻子王弗在京师去世。次年四月，其父苏洵与世长辞。苏轼兄弟送苏洵灵柩回川，依规在家为父守孝三年。服完父丧，苏轼娶王弗堂妹王闰之为妻。随后，兄弟两人返回开封。

熙宁二年（1069），苏轼回到京师之时，王安石变法正在轰轰烈烈地推进。对王安石的变法主张，苏轼持有异见。苏轼认为变法之关键在用人，而不在改革现有体制。王安石变法要动摇朝廷根本制度，同时在用人上存在重大失误，所以不能认同。苏轼还主张变法应循序渐进，反对急躁冒进。他对王安石变法中一些过激的做法，持断然反对的态度。这样，苏轼便被划入旧党，受到了主张改革的新党的排斥和打击。

熙宁三年（1070），谢景温弹劾苏轼，说他往来于四川与汴京，在船上藏私货，沿途做生意，冒充朝廷差遣，向地方官非法借用兵卒。王安石下令调查，却查不出真凭实据，闹得满城风雨。苏轼深感京城充满政治漩涡，自请外调，以避开是非。神宗十分爱怜苏轼，经一再请求，才决定让苏轼赴杭州任通判。

杭州风光如画，苏轼沉醉于西湖的湖光山色，写了名篇《饮湖上初晴雨后》："水光潋滟晴方好，山色空蒙雨亦奇。欲把西湖比西子，淡妆浓抹总相宜。"西湖历史上第一次被喻为美女，从此才有了西子湖的美称。苏轼上任杭州通判时，在太守为他举行的欢迎宴会上，遇到了歌伎朝云。此时，朝云年方十一，为人乖巧机灵，沦落风月，令人怜悯，颇令苏轼喜爱，亦让苏夫人动了恻隐之心，决定将朝云赎出，在苏府作侍女。后来，苏轼将朝云收为妾。此后，朝云一直陪伴于苏轼身边，在苏轼贬至南方时，朝云跟苏氏到了惠州，因染南方疫病，病故惠州。朝云应是苏轼患难生涯中，一位忠诚的红颜知己。

熙宁七年（1074），苏轼结束在杭州的任期，改任山东密州（州治诸城）太守。密州古称龙城，百姓生活极为贫困，当时已干旱七年，"蝗旱相仍，盗贼渐炽"。苏轼一方面严打盗匪，维护社会安宁，一方面对城南扶淇河进行治理，筑长堤引河水入城，解决百姓用水之困。在密州苏轼仍不忘记营造人间文化家园，他在城墙边隋代遗留的高台上，修建了几栋雅室，请其弟苏辙命名。苏辙以老子"虽有荣观，燕处超然"之名句，为高台命名为"超然台"。这里，成了文人雅士聚会唱和之所。

熙宁十年（1077），苏轼任徐州知州。黄河在澶州决口，洪水殃及徐州，流水围城，城内水深三米有余。苏轼穿着草鞋，拿着木杖，亲临抗洪第一线，他果断开通冷清口泄洪，经七十余天艰苦奋战，终令洪水退去，保住了徐州城，受到朝廷嘉奖。抗洪胜利后，苏轼在徐州东门之上建造了黄楼。黄代表土，以土克水，故名"黄楼"。"黄楼赏月"为徐州古八景之一。苏轼还因地制宜，大力发展生产。他派人勘探，在徐州西南白土镇之北，发现了丰富的煤矿，便组织民工，开始采掘煤矿，以此增加百姓收入。

元丰二年（1079），苏轼改任湖州太守。按常规，新任职官，应向皇上呈《谢上表》。苏轼在《湖州谢上表》中，坦陈自己内心感受，被朝中反对派抓住辫子，以"愚弄朝廷""讥谤新法"等罪名陷害苏轼，投入京师大狱，这便是历史上著名的"乌台诗案"。"乌台"指御史台，是专门监察官员，并向皇上进陈的监督机构。神宗偏重台谏，亲自选定蔡确、李定等执掌台谏，这些人"天性险薄"，一旦得势，便大兴监狱，使政治日趋黑暗。苏轼"乌台诗案"累身，前景凶多吉少。苏轼的不幸遭遇，引起了众多百姓和官员的高度同情。杭州、湖州的庶民不仅自发为苏学士组织大型"解厄道场"，祈求神灵保护苏轼。张方平、范缜等元老大臣，纷纷上书救援。已隐退金陵的老宰相王安石亦上书神宗，呼吁："岂有盛世而杀才士者乎？"加之仁宗皇后临终交代："苏轼乃先帝发现而留给后世的宰相之才。"上下舆论终使神宗免了苏轼一死，责授"黄州团练副使，本州安置，不得签书公事"。元丰三年（1080），苏轼戴罪抵达长江中游武昌附近的黄州，开始了近于流放的乡村生活。

苏轼贬谪黄州（今湖北黄冈），当时此处仍为一片荒凉。一家二十多口人暂借定惠院居住，生活十分窘迫。苏轼的好友马正卿，亦一穷书生，向郡里请求，将黄州东门外五十亩闲置的荒地，给苏家耕种，以解决生活之需。苏轼想到唐代白居易被贬四川忠州时，曾躬耕于东坡，他索性也将东门外这块荒地称作"东坡"，并作了一首《东坡》诗："雨洗东坡月色清，市人行尽野人行。莫嫌荦确坡头路，自爱铿然曳杖声。"尔后，苏轼干脆将自己号称"东坡居士"。从此，千百年来"苏东坡"三个字，竟成了中国文学的象征。

神宗十分珍惜苏轼的才华，他感到："苏轼黜居思咎，阅岁滋深。人才实难，终不忍弃。"元丰七年（1084），朝廷诰命，让他移置汝州（今河南汝州）。他取道长江，顺流而下，在九江下船，与友人道潜（何参寥）和尚，一同登临庐山，游西林寺时，留下了名诗《题西林寺壁》："横看成岭侧成峰，远近高低各不同。不识庐山真面目，只缘身在此山中。"此诗虽写的是庐山，实际上已跳出事物本身，以更高的层次完成对事物的判断。这首小诗已冠盖天下，是诗情与哲理完美融合的佳作。

赴汝州的路上，苏轼特地访问金陵，同在金陵紫金山麓的王安石会面。一个多月中，两人交谈多次。过去改革路上，两人彼此虽政见不合，但始终未存个人恩怨，胸襟开阔，令人敬仰。

汝州虽与京城很近，但苏轼对山清水秀的江南常州却非常喜爱，请求皇上任职常州，得到朝廷诰命后，决意在常州购屋，让全家在常州安居。元丰八年（1085），神宗驾崩，年仅10岁的赵煦继位，是为哲宗，由太皇太后高氏垂帘听政。已隐退十五年的司马光重新执政。该年五月，苏轼被任命为朝奉郎，官七品。九月，苏轼被任命为礼部郎中，官阶六品。哲宗元祐元年，免试为中书舍人，官阶四品。九月，被任命为翰林学士、知制诰，官阶三品。短短的一年多时间，苏轼一路升官，飞跃了十二个官阶，距宰相仅一步之遥。然而，头脑清醒的苏轼，对旧党人物上台后，不加分析的全面推翻新法，盲目地反对与新法有关政策的做法，十分反感。他生性耿直，有看法必一吐为快。这样，与主持"元祐更化"的司马光，也产生了巨大的矛盾。由于"上与执政不同，下与本局异议"，苏轼内心十分不安，他采取急流勇退之策，再次请求改派外地为官。

元祐四年（1089），朝廷批准了苏轼的请求，以龙图阁学士的身份，知杭州充两浙西路兵马钤辖。此次，苏轼离开京城，外任地方官，共五年，先后在杭州、颍州、扬州、定州等地任知州。其中杭州任期近两年，其他各地近半年。苏轼这次重返杭州，从事的一个重要民生工程，就是整治西湖。他看到西湖淤积严重，湖面日渐缩小，十分着急，多方筹措资金，对西湖进行挖掘和清理，将掘出的淤泥，在湖的两侧堆成一道长八百八十丈，宽五丈的大堤。后来，此堤被人们称为"苏堤"，与背面白居易修筑的"白堤"相映成趣。苏轼还在湖中心，建了三座小石塔，围成一个水域，禁止民户在这一水域种植，以保护西湖的水质，小石塔后来就成了西湖美景"三潭印月"。

元祐八年（1093），高太后驾崩，哲宗亲政。次年，哲宗下令改年号为绍圣，意为继承神宗变法革新的方针，集中打击"元祐党人"。诏令取消苏轼端明殿学士、翰林侍读学士称号，撤销其定州知州职务，以左朝奉郎身份任英州（今广东英德）知州。后来又下诏令，让苏轼由英州知州降为宁远军（治所今广西容县）节度副使，惠州（治所今广东惠阳东）安置，不得签书公事。历经六个月的长途跋涉，绍圣元年（1094）十月，到达惠州。在惠州住了三年，又接到诏令"责授琼州（治所今海南琼山）别驾，昌化军（治所今海南儋州）安置，不得签书公事"。琼州位于海南之最南端，当时堪称最边远、最险恶的蛮荒之地。

苏轼一生中，经历了三个女人，唯有朝云和他一道经历了最困苦的时光。贬官惠州前，苏轼不忍心朝云同他一起受罪，曾给朝云不少银钱，劝她离开。然而，朝云却坚决同苏轼一道翻越大庾岭，艰辛地到了惠州。由于瘴疫流行，朝云染病辞世。苏轼将朝云葬于城西丰湖岸边的一座小山上，坟前建了一座六如亭，亭柱两旁，有苏轼撰写的一副楹联："不合时宜，唯有朝云能识我；独弹古调，每逢暮雨倍思卿"。尽管身处荒蛮之地，生活极为艰难，但苏轼仍放达情怀，以乐观的心态享受新的生活，他在《惠州一绝》中写道："罗浮山下四时春，卢橘杨梅次第新。日啖荔枝三百颗，不辞长作岭南人。"

绍圣四年（1097），苏轼的政敌章惇当上宰相，再次掀起迫害旧党的高潮，苏轼被贬最远，一直贬至海南的儋州。行至广州梧州时，听说弟弟刚刚路过，因其弟亦被贬雷州。苏轼便追赶弟弟，恰好在广西两人聚首，兄弟二人才有这一段短暂的共同生活，内心十分畅快，这是他们一生中最后的相聚，此后各奔东西，再也无法聚首畅叙了。

苏轼在海南儋州生活了三年多，虽面临"食无肉，病无药，居无室，出无友"的困苦的熬煎，却始终未忘记身边的百姓。当地民众饮沟中腐水，经常生病。苏轼教他们挖井取水。当地有一处，名为"坡井村"，尚保存有苏轼当年让他们挖的水井，井的围墙上还有一对联："饮水思坡老，甘泉育后英。"表达了当地百姓对苏东坡的感激之情。

苏轼来到儋州，也把读书的文明之风带到了祖国的边陲，他创办了儋州学府，招收了十多位黎族学生前来就读。在苏轼北归的第三年，他的学生姜唐佐就考上了功名，成为海南有史以来的第一名举人。

元符三年（1100），哲宗病故，徽宗即位。元祐党人再次登台，苏轼得到了内迁机会。翻越大庾岭时，在驿站壁上《赠岭上老人》一诗："鹤骨霜髯心已灰，青松合抱手亲栽。问翁大庾岭头住，曾见南迁几个回？"贬谪南方之人，大多有去无回，像苏轼这样年过半百，活着北归之人，实属不易。应该是苏轼坚毅的性格和豁达的胸怀，战胜了死亡，谱写了一曲感人的生命乐章。

苏轼经赣州，过鄱阳，入长江，顺江而下。此前，苏轼曾多次到过常州，这次他决定定居常州，享受江南秀丽风光。徽宗建中靖国元年（1101）七月二十八日，苏轼在常州藤花细馆因病辞世。弥留之际，对家人说："吾生无恶，死必不坠，慎无哭泣，以怛化。"他谈笑而化，溘然而逝。

苏轼是中国文化史上一颗璀璨的巨星，是中国古代历史上少见的文化全才。就创作而言，他与门生黄庭坚并称"苏黄"，是宋代诗风形成的重要奠基人；就词的创作而言，他与辛弃疾并称"苏辛"，是宋代豪放词派的开创者；就散文创作而言，他与业师欧阳修并称"欧苏"，是宋代杰出的散文家之一；就书法创作而言，位于"宋四家"之首，书艺风格自成一派；就学术成就而言，他是北宋"蜀学"的代表人物，与程颐的"洛学"，张载的"关学"，并驾齐驱。在苏轼身上，有李白旷达超凡的仙气，有杜甫执着坚守的忠义气，有白居易穷达融通的从容风度，有陶渊明闲适自如的悠然情怀……总之，他的思想和人格，既有对先贤的追慕和传承，又有自身的融会和独创。

苏轼官至三品，却并不高高在上，任地方官吏时，亲政为民，务实廉洁。在他经历的许多地方，都曾留下感人的故事，历来为百姓所铭记。湖北黄冈之赤壁，本来是江边一座默默无闻的小山，自从苏轼在此笑傲风月，写出妙文前、后《赤壁赋》和佳词《念奴娇·赤壁怀古》，这里便成了名扬天下的旅游胜地，吸引了各地游客前来瞻仰。

才子林语堂特地用英语写了《苏东坡传》，把这位才德双全的大家，介绍给全世界的读者。传记的结尾处，林语堂意味深长地写道："苏东坡已死，他的名字已成一段回忆，但他却为我们留下了他灵魂的欢欣和心智的快乐，这都是万古不朽的宝藏。"

"苏门六君子"之一李荐在为苏轼所写的祭文中，沉痛地指出："道大难容，才高为累。皇天后土，鉴平生忠义之心；名山大川，还千古英灵之气。"读着这沉痛而豪迈的悼念文字，我们深深地为这位文化巨星而折服。苏轼虽和我们相距千年，但他的不朽业绩永远在大家的心中熠熠生辉。

四、手足情深　比翼文坛

苏辙，字子由，又字同叔。

世人称其父苏洵，为"老苏"；称其兄苏轼，为"大苏"；苏辙小苏轼三岁，被称为"小苏"。这就是中国文学史上，著名的眉州"三苏"。

苏辙的长兄，年幼多病，早夭。其上尚有一姐，名八娘。苏辙自小与次兄苏轼一起接受父亲的教育，在良好的文化氛围中成长。兄弟二人天资机敏，求知欲强，性格却各不相同，苏轼豪爽不羁，锋芒毕露，而苏辙则较为沉静和内敛。传说小时候，兄弟以诗为谜，苏轼的诗谜是："我有一张琴，琴弦藏在腹。为君马上弹，弹尽天下曲。"苏辙的诗谜是："我有一间房，半间租与转轮王，平时都不见，用时闪金光。"他们的姐姐八娘评论说："二弟的诗才气横溢，将来定在文坛崭露头角，但未免锋芒毕露，会遭人记恨，前程多艰。三弟之诗谦退有节，志不外现，颇有韬光养晦之妙。"后来的事实证明，果然如其姐所评。

苏辙为人平和，政治思想上不及苏轼那样激进，但也不是唯唯诺诺、毫无主见之人。在不少问题上，他颇有见地，据理力争，毫不退缩。如王安石推行青苗法，他力陈不可；司马光废免役法、恢复差役法，他竭力否定；哲宗力黜元祐旧臣，他大胆进言……因苏辙平和沉稳之性格，使他遭受的磨难比苏轼要少一些。

苏辙同其兄苏轼，幼时同窗共读，长大同科中举、同榜及第。任职后，虽各奔东西，仍不断书信往来，赋诗唱和。

元丰八年（1085），苏辙在安徽绩溪任县令，时间虽仅五个月，却踏遍了小城的秀美景观，与绩溪百姓结下了深厚情谊，他在诗中写道："来时稻叶针锋细，去日黄花黍粒粗。久病终惭多敝政，丰年犹喜慰耕夫。""百家小邑万重山，惭愧斯民爱长官。"苏辙任职绩溪时，因患有疾病，未能多办有益于民的实事，深觉惭对百姓。

元祐四年（1089），苏辙任翰林学士后，被朝廷任命为贺辽生辰使，出使契丹，到了辽国中京大定府（治所为今内蒙古宁城西）。这是一次重大出访任务，完成了贺辽使节任务后，顺利返回汴京。

苏轼与苏辙兄弟之间情谊深厚，实为古今文坛之佳话。嘉祐五年（1060），兄弟俩寄寓汴京城外怀远驿，夜读韦应物诗，读到"安知风雨夜，复此对床眠"，恻然有感，相约及早退休，同享闲居之乐。没想到一入仕途，各奔东西，离多聚少，内心无比悲凉。熙宁九年（1076）中秋，苏轼在密州（今山东诸城）的超然台上，举头望月，思念尚在济南的弟弟，写下了传颂千古的中秋词《水调歌头》。

两苏弟兄之间深厚的情谊，实为古今文坛突出之典范。在《水调歌头》这一空前绝后的不朽词作中，苏轼寄托了对爱弟的刻骨思念，这种思念化为优美、感人的文字："明月几时有，把酒问青天。""人有悲欢离合，月有阴晴圆缺，此事古难全。但愿人长久，千里共婵娟。"绵绵的思念，悠悠的惆怅，不仅仅停留在个人的小爱之上，诗人做了崇高的超越，让其上升到人类大爱的层面。道路阻隔，阻挡不了兄弟之间情思的交流。互致诗文，成了两人之间沟通的最好工具。翻开《苏轼诗集》、苏辙的《栾城集》，其中属于兄弟唱和之作不下百首，其中有少年生活的回忆，有彼此思念和牵挂的叙说，有关于政治思想和人生态度的沟通。苏轼更是把弟弟视为挚友："我少知子由，天资和而清……岂独为吾弟，要是贤友生。"苏辙不仅把苏轼视为好兄长，而且当作良师："手足之爱，平生一人。幼学无师，受业先君。兄敏我愚，赖以有闻。寒暑相从，逮壮而分。"

苏轼因乌台诗案深陷大狱之际，苏辙则挺身而出，多方声援，上书神宗，请求免除自身官职替兄赎罪。苏轼一入狱，子由就把其兄的妻儿接到自己家中，五个月后，又把他们带到筠州，又过了三个月，又把他们护送到黄州，让他们与苏轼团聚。苏轼逝世后，其儿孙都到颍昌府（今河南许昌），投奔子由，在子由照料下，生活了五年。

苏轼对弟弟一直充满了深情，二月二十日为子由生日，苏轼每年此时都要给弟弟送上生日礼物，即使发配到海南，物资极度匮乏，仍寻得一支黄子木拄杖，给弟弟作寿礼。苏轼临终之日，最为遗憾的是未能与子由见面，他对病榻边的好友钱世雄说："惟吾子由，自再贬及归，不及一见而诀，此痛难堪。"

文学成就上，苏辙才气不及其兄。一生喜作诗，存世诗亦不少，风格淳朴无华，略逊文采。散文成就突出，论史、言志、抒情、记事均有上乘之作，推动并发展了韩愈的"气盛言直"说。

五、苏氏子孙　文脉流长

苏轼育有四子，幼子苏遁，为朝云在黄州所生，小名干儿。苏遁出生三月，按时俗应庆"三朝"，苏轼作了一首《洗儿诗》："人皆养子望聪明，我被聪明误一生。惟愿孩儿愚且鲁，无灾无害到公卿。"语意悲愤，正是苏轼才华出众、屡遭陷害的牢骚语。然而，事与愿违，幼子既不是"愚且鲁"，也未能"无灾无害"，未满十个月，便夭折了。

苏轼的长子苏迈，字伯达，为发妻王弗所生。其父乌台诗案发生时，苏迈21岁，陪伴父亲赴汴京，奔走打点，每日为父送饭。苏轼谪居黄州，亦为苏迈一同前往。苏迈受父影响，能诗善文，亦擅长书法。一天同父联句，苏迈吟出了"松声满虚空，竹影侵半户""露叶耿高梧，风萤落空庑"的清新诗句，赢得父亲赞赏，夸奖他"传家诗律细，已自过宗武"。因受父亲牵连，一直沉沦下僚，未有施展机会，先后任酸枣尉、德兴县丞等小官。

绍圣元年（1094），苏轼谪居惠州，三子苏过随父前往，其余家人由苏迈带领暂居宜兴。三年后，苏迈又率家人来到惠州。不久，苏轼再贬儋州，苏迈则留惠州照顾老小。直至三年后，苏轼北归，全家才再次团圆。由于长期流徙，苏迈为全家衣食而奔波，未能在文学上一尽其才。

次子苏迨，为苏轼继任夫人王闰之所生，字仲豫，幼时多病，4岁时还不会走路。其父请杭州上天竺寺辩才法师，为苏迨落发，始能如常人行走。苏迨不乐仕进，应举未第，四十余岁时，才任武昌管库，后来曾任尚书驾部员外郎。苏迨擅长诗文，尤长议论，有"迨得坡舌"之赞誉，可惜未见作品传世。

三子苏过，字叔党，亦王闰之所生。人称"小坡"，在苏轼儿子中，是在父亲身边生活时间最长的、得到苏轼教诲最多的、最能继承苏氏家传的人。苏轼在贬居岭南七年中，前两年有朝云相伴，其余时间都是与三子苏过相依为命。苏过天性纯孝，对其父照料无微不至，他是苏轼在艰苦环境中，能坚毅活下去的精神依托。在海南，苏轼悉心教导苏过诗文，他写道："儿子到此，抄得《唐书》一部，又借得《前汉》欲抄，若了此二书，便是穷儿暴富也。"他还与苏过以诗文相娱，自得其乐："幼子过，文益奇，在海外孤寂无聊，过时出一篇见娱，则为数日喜，寝食有味。"苏轼还曾为此赋诗："过子诗似翁，我唱儿辄酬。未知陶彭泽，颇有此乐不？"苏过多才多艺，画术亦出众，苏轼在《题过所画枯木竹石三首》中写道："老可能为竹写真，小坡今与石传神。"对苏过的绘画水平评价颇高。

在苏轼诸子中，苏过是唯一有诗文集传世的苏门弟子。后来，他在颍昌（今河南许昌）西湖结庐而居，采陶渊明诗意，为该处取名"小斜川"，自号"斜川居士"。其诗文集亦定名《斜川集》，有此辑本传世。

时至今日，眉山苏氏后裔已流布海内外各地。1994年，在菲律宾马尼拉，成立了"苏姓宗族总会"。毋庸置疑，在流淌的史实中，眉山"三苏"是苏氏宗族中最为耀眼的一道光彩。眉山苏氏家族，应为我国文化史上，最显赫的一门家族。要研究中国文化史，理应剖析研究这一深远的文化家族。

黄孝通与新安医学家族

中华医药学是中华民族长期同疾病作斗争的经验总结。中国幅员辽阔，各地有不同的地域特征，在长期的历史发展中，产生了各具特色的医学流派，如：易水学派、河间学派、岭南医学、孟河医派等。而流传于徽州地区的新安医学，则是中华传统医学中，一支有重要影响的地方医学流派。据史料统计，自宋代至中华人民共和国成立前，徽州卓越医家819人，其中420人撰集汇编医学书籍729种。医家之众，医籍之多，"在以地区命名之中医学派中，堪称首富"。歙县为徽州府治所在地，人口繁衍较快，经济文化发达，中医极为昌盛，亦是徽州地区中医家族最多的县份。

本文将对歙县黄氏医学世家以及历史上较为突出的新安医学家族，作一简要评述。

一、新安医学之兴起

新安医学始于东晋，兴于北宋，盛于明清。史料记载，东晋新安郡太守羊欣，兼善岐黄，在任十三年，常为百姓治病，撰有《羊中散方》，他是时至今日有案可查的、时间最早的新安医药家。

徽州地处皖南山区，"僻陋一隅，险阻四塞"，交通极为不便，穷乡僻壤又易流行各种疾病。因此，中医治病，成了徽州先民生存的迫切需求。

徽州的许多大族，均从中原迁徙而来。迁居之前，宗法组织严密。迁至徽州，依然保持原有传统。他们聚族而居，追求人丁兴旺，事业有成。对人口繁殖、自身健康状况，十分关切。这样，掌握中医之道，自然成了徽人的热门追求。

中医为传统的治病救人之术，切合儒家行仁和善之宗旨。徽州是"程朱阙里"，"东南邹鲁"，衷心奉行儒学经典。儒学提倡："为人者，不可不知医。"徽州士人，在读书取士未果时，常怀"不为良相，即为良医"之抱负。许多新安医家深受儒学影响，因亲属患病或科举无望，而奋攻医典，终成一代名医。

汪溥在《医验录初集》的序里，指出："吾儒非乘势位，功不能及三户。其有不藉势位，功能被乡国者，道莫如医药以济众"。明清之际徽人从医，抱有"济众"之高尚追求。

明清之际，徽商鼎盛，其足迹遍及大江南北，甚至延伸海外。因生计、治病之需求，大量从医者亦随商行医。这些新安医家奔走城乡，行医公卿之间，有的甚至在京师供职御医，驻市开诊，结社互学，从而扩大了新安医学的社会影响，奠定了新安医学在传统医学中的地位。

二、新安医学与医学世家

徽州为我国封建社会中宗族观念最为浓厚的地区，一村庄中往往聚集一宗族，人丁的增长与减少，直接关系宗族势力的消长。故宗族十分重视健康状况，注重医学的研讨与运用。在徽州，往往是一个大家族中，培育一两个精通中医的人，并在子孙中传承，形成数代乃至数十代从医的中医世家。

歙县的张氏医学世家，是新安医学中早期的著名医学世家。在这个家族中，张扩、张挥、张师孟、张彦仁、张杲，三代五人行医，名垂新安医史。

张扩（1056—1104），字子充。从小喜爱医术，成年后从湖北庞安常学医，独得安常青睐，后又赴川中向王朴学习太素之脉。数年后，临床行医，投剂辄效，医技高超，名满京洛。著有《医流论》《伤寒切要》，惜已失传。其子张师孟，继承父业，医术亦精到。

张挥，张扩之弟，随其兄行医于金陵一带，后悬壶于家乡，被当时徽州太守何铸称为"议论有据，切脉精审，为此邦医师之冠"。其子张彦仁，亦以医名世。张彦仁之子张杲，医名更著。

陆氏医学世家，是歙县又一医学名家。明初，歙县名医陆晓山、陆彦功、陆厚载等都在这一家族内。陆氏家族宋时为仕宦之家。陆晓山的五世祖陆梦发，与文天祥同为宝祐四年（1256）进士，官至大府寺丞。陆晓山以医名世，传至陆彦功，医术得以光大。陆彦功通儒精医，曾被召入太医院，治愈宫中之疾，名声大振。

余氏医学世家，是明代正统、嘉靖年间的新安名医。余傅山，歙县余家山人。先从政，任湖北钟祥令。辞官归里，得隐者医书，方正式行医。余淙为傅山堂弟，从傅山习医，行医数十年，撰《诸症析疑》四卷，曾孙余士冕为之校定，至八世孙余昭令始付梓。此书深受从医者的好评，被视为"苍生之司命"。因此，这四卷医书又被称作《苍生司命》。

歙县曾产生过众多医学世家，除上述历史上著名的医学世家外，还有郑村郑氏喉科医学世家、吴山铺程氏伤科医学世家等。

在这些医学世家中，传承年代最为久远的，要数歙县城内的黄氏妇科医学世家。下面对黄氏医学世家单独作一介绍。

三、御赐"医博"的大名医

新安名医黄孝通，医术精湛，尤其对妇科，有一套丰富的治疗经验，成为名噪江南的良医。南宋孝宗年间（1163—1189），受到皇上表彰，被御赐"医博"。

黄鼎铉，黄氏第十四代孙，字百遂，号渭滨。出身于儒，承继祖业，亦精于妇科。明崇祯年间，贵妃田姝患血崩，太医束手无策。鼎铉奉旨赴京救治，一剂即见效，再服而安，逾月痊愈。皇上欲留他定居京城，鼎铉谢绝。朝廷设宴为他送行，相国方逢年陪宴，赠一块"医震宏都"匾额。

上述实例，说明黄氏家族对治疗妇科疾病，有极丰富的临床经验，其妇科医术水平，当在一般中医之上。

四、绵延至今的古老医家

歙县城内的黄氏中医家族，从南宋开始，一直传承至今，是一个有悠久历史的著名家族。

黄予石（1650—1737），字允升。黄鼎铉之曾孙。妇科更精，名震江、浙诸邑。

黄氏医家，自宋代黄孝通，至清代黄予石已历十八代，积累了丰厚的临床治疗经验，黄予石曾将行医体会写成《妇科衣钵》《妇科秘要》《临床验案》，但尚未刊行。《妇科秘要》《临床验案》两书手稿，因避日机轰炸，在抗战迁徙中遗失。《妇科衣钵》尚存，其中有对分娩时难产的分析及处置办法。如"倒生者"，"儿先露足，令母仰卧，以手徐推足入，良久仍推儿身，徐候转正，迎门即生"。此医著距今300余年，详载转变胎位，以使胎儿顺利娩出，手法简明，经验精到，确有立即见效之妙用。

黄予石之子予庭，孙惠中，曾孙应辉，玄孙鹤龄，均传承家学，从事妇科医学实践，且各有所长。黄氏妇科延绵至今日，已历二十五代，如今黄氏后裔仍在悬壶行医。这在我国中医发展史上，应当是一个历史悠久、极为典型的新安医学家族。

中华人民共和国成立后，政府对新安医学的发掘和继承极为重视。著名的新安医学专家王任之，曾任安徽省卫生厅副厅长，大力支持新安医学的传承和光大。

1979年，时任安徽中医学院副院长、徽州籍教育家王世杰发起，并得到教育部批准，在安徽中医学院设点招收新安医学研究方向的研究生，由徽州籍国家名医王乐陶教授担任导师，专门培养新安医学的高级人才。这样，既可解决新安医学后继乏人的实际问题，又可推动对新安医学的深入发掘和研究，促使传统医学得到繁荣和发展。

徽文化是极具地域特色的中华文化，新安医学正是徽文化中一朵瑰丽的奇葩。活跃在一府六县的众多医学家族，支撑了新安医学的形成和发展。了解这些新安医学家族，对了解新安医学，了解独具特色的徽文化，是大有帮助的。

方以智与桐城方氏家族

安徽桐城，明清两代被誉为"民秀而文，历出闻人"的锦绣之地。在清代三百年间，由于桐城学派的深广影响，更是声闻四方。梁实秋曾指出："论门望之隆，桐城方氏或许仅次于曲阜孔氏。"北大教授钱理群认为："桐城方氏是继曲阜孔氏之后，对中国文化影响最大的家族，是中国文化世家的绝唱。"

桐城方姓，有渊源不同的三宗，分别为："桂林方""鲁谼方""会宫方"。在这三宗方姓中，桂林方氏是最为发达的一宗。在"桂林方"这一家族中，不仅科举仕宦显出一时，而且哲学、文学人才称雄于世。方学渐祖孙四代，家传《易学》，成为《易学》史上重要的一派。方以智博涉众学，被称为"百科全书式的学者"。方苞首创"义法"说，是公认的桐城派创始人。这些充分表明"桂林方"不仅是具有儒家风骨的名门望族，而且是文采郁郁的文化世家。

本文对"桂林方"中几位杰出的人物，重点加以介绍。

一、"桂林方"的由来

明弘治六年（1493），在桐城桂林方氏所修宗谱的序中写道："宋季讳德益者迁池之池口，元初又迁安庆桐城之凤仪坊，今为桐城人"，又写道："德益府君徙于池口，再徙于桐之凤仪坊，则桐之始祖。"说明方氏家族在宋元之际，不断流动迁徙，最后才定居桐城。方氏十一世孙方学渐也谈道："方自宋末籍桐，历世十三，历年三百有五十，始称凤仪，继称桂林。"《方氏家谱》云："凤仪坊祖居，在县东门而南，德益祖始迁地也。"凤仪坊在桐城县城内，位于东边偏南，与学宫相邻，临观音阁。由于居于凤仪坊，开始人们称这一方姓为"凤仪方"。后来，为什么改为"桂林方"呢？《方氏家谱》有载："自勉公（即方懋）五子有五龙之目，已而仲氏佑成进士，季氏瓘举于乡；自勉公五十一而卒，至成化元年以佑贵，敕赠四川监察御史，都谏王瑞题其门曰'桂林'，族乃大。"就是说：到了明代，方氏家族子孙中，方懋生了五个儿子，个个贤良，有的还做了大官。有个任都谏的官员叫王瑞，特地为方家大门上题了一匾额，文曰"桂林"，即"折桂如林"之意。方家以此为荣，就称自己的家族为"桂林方"。由此可知，桐城"桂林方"与广西桂林并无什么关系。

德益府君为桂林方迁徙于桐的始祖，有关他的详情，没有留下多少史料。清乾隆年间赵宏恩修撰《江南通志》将方德益列入《人物·孝义》，记载了他的两件义举："所居邻学宫，衢隘，割宅地之半以广之。桐溪水出龙眠暴涨，则激石漂木不可渡，议桥者难焉。德益捐金造桥，甃石坚致，迄嘉靖末，犹赖之。"从两件义举看来，方德益绝非平庸之辈，是一个眼界高远、胸怀坦荡的超俗之人。他有财力捐金修桥、割宅拓路，定然家境殷实、生活充裕。

二、方学渐：布衣兴教的有识之士

方学渐（1540—1615），字达卿，号本庵，"桂林方"第十一世孙。自幼聪慧，"生而沉毅颖敏，善读书"，10岁为文，便"语特惊人"。其学识为一乡秀才所钦服，然科场屡困，不热衷仕途，常与当时一些著名学者交往，潜心治学，而"道日精"。黄宗羲称赞他："少而嗜学，长而弥敦，老而不懈，一言一动，一切归而证诸心。"其立身行事尊奉"性善"，所建堂屋，名曰："至善堂"。

方学渐以布衣振兴风教，讲经授学于桐川、秋浦间，主坛席者二十余年，一时名流荟萃，学者如云，文风大盛。其讲学活动，不仅在皖江一带，颇负盛名，且声义远布东吴，受到东林党人的推崇，曾应邀赴东林书院，讲授"身心性命之学"。朱彝尊写道："方氏门才之盛，甲于皖口，明善先生（指方学渐）实濬其源。东南学者，推为帜志焉。"方学渐以其嗜学精神，开拓了桐城学术的源泉，并为东南学者尊为"帜志"。足见，在当时有极为深远的影响。

晚年，方学渐潜心于家乡教育，多方筹募资金，于桐城北门创建桐川会馆。讲学馆中，有弟子数百人受其教诲，其中有后来成为方以智良师的王宣。清代大学士张英盛赞方学渐："明善先生以布衣振风教，食其泽者代有传人。"方学渐是一位对桑梓文教事业有重大贡献的贤明学者。

方学渐之贤妻赵氏，为钧州太守赵锐之女。赵锐精于《尚书》，享有高名，老而无子，仅育一女，择婿极为慎重。他召集县邑士子，公开招考以选婿。方学渐以布衣之身前往应选，赵锐欣赏其才，决定选他为婿。这样，方学渐便成为太守的东床快婿。赵氏为大家闺秀，生性恭勤贞静，不因夫家贫寒而有嫌弃之意，还亲自劳作，极力辅助丈夫。育有三子：长子大镇，为大理寺少卿；次子大铉，为户部主事；季子大钦，邑廪生。方氏子孙在方学渐的影响下，以读书入仕、学问德行，而受世人称颂。"忠贞著于朝，孝悌著于家，风节著于野，诗文著于世"，方氏家族是一个德布四方，著述等身的文化世家。

迄今尚存的方学渐的著述有：《桐彝》三卷、续二卷（1599）；《迩训》二十卷（1601）；《庸言》（1602）；《心学宗》（1604）；《性善绎》（1610）；《东游记》（1611）。其易学著作《易彝》十卷，存于方孔炤《周易时论》中。

三、方维仪：悲情的名媛诗人

"桂林方"是一个文化底蕴极为深厚的江南望族，不仅男士谈经论道，文采风流，即便是闺阁名媛，也精通诗书，吟咏自如。其中方学渐长子大镇的次女、方以智的二姑方维仪，就是明末清初桐城著名的女诗人、女画家。她当时在诗坛有较高的声誉。

方维仪（1585—1668），字仲贤。幼承家学，博学多才，工于诗画，时人对她有"文史宏瞻，兼工诗画"的赞许。然而命运对这位才艺双全的女子，却十分不公。从方维仪的《未亡人微生述》中，对其凄凉身世，便可了解一二。

方维仪仅17岁，嫁于本乡文士姚孙棨，当时姚已重病在身，不久便病故。方维仪产下一遗腹女，九个月后，又夭折。公公在福建海澄为官，婆婆随夫在官署。孤身寡妇在家，常受流言诋毁。她在诗中写道："翁姑在七闽，夫婿别三秋。妾命苟如此，如此复何求？泰山其可颓，此志不可蹶。重义天壤间，寸心皎日月。"18岁之时，回娘家照顾老母，帮兄持家，抚育侄子。

恰逢此时，堂妹方维则亦孀居归宁，大姐孟氏偶尔返家探亲。方孔炤之妻吴令仪及其胞姐吴令则皆喜好诗词。于是，这五位闺中名媛得以聚会"清芬阁"，吟诗唱和，结成名媛诗社。方以智在《清芬阁集·跋》中记述："自丙午岁（1606）与余母朝夕织纴以下俱共事，殷勤之余，时或倡咏，伯姑间归而和之，闺门之中雍雍也。"

方维仪的《清芬阁集》，见载于《明史·艺文志》。她写诗唱和，挥墨作画，皆不在桐城须眉才子之下。其擅长绘画释道人物，笔下的《观音大士图》，师法李公麟白描画法，形象生动，神色俨然。除写诗作画外，还研史治学，搜集古今名媛诗作，"以文史当织纴，尚论古今女士之作"，删定辑成《宫闺诗史》一书。

方维仪一生悲苦，诗为心声，其诗多为悲情之作，亦有某些诗作突破了一般闺阁之狭隘范围，抒发了壮士报国之豪情，如《从军行》："玉门关外雪霜寒，万里辞家马上看。昼夜沙场那解甲，报君直欲破楼兰。"

清初女诗人王端淑因"不忍一代闺秀佳咏湮没烟草，起而为之"，费二十五年，编纂《名媛诗纬初编》，共四十二卷，收录近千位女诗人之作品。其中，选入方维仪诗，共二十首。编者译云："庭不留春，风霜满户，山川草木，悉成悲响，天地间何可无此人。""玩其清芬阁诗，愁音苦绪，读不能竟矣！"王端淑可谓是方维仪的知音，对其"愁音苦绪"深有同感，对其诗作有极高之评价，认为"天地间何可无此人"。

四、方以智：百科全书式的大学者

明末清初，"桂林方"家族，诞生了一位文理兼容，深耕哲学的大学者方以智。以智为方学渐之曾孙，方维仪之侄儿。

方以智（1611—1671），字密之，号曼公，别号浮山愚者。出家后，法号弘智。后嗣称之"文忠公"。生性敏慧，被誉为神童，9岁能诗会文。12岁，其母去世，由姑妈方维仪代为教养。15岁，博览经、史、子、集。20岁，已著书数万言。

方以智有两位出色的启蒙老师：母亲和姑妈。她们都是有深厚文史修养的闺阁诗人，就是这两位良师，让方以智奠定了扎实的学问根基。

据说，以智9岁时，一个中秋的夜晚，全家在院内赏月，桌上摆着月饼、

方以智与桐城方氏家族

石榴、菱角。以智爬上椅子，伸手抓桌上食品，被姑妈方维仪制止了。姑妈顺手拿了一个大菱角，将它剥开，露出洁白的菱角来，对以智说："我出上联，你对下联，对妥了，就赏你吃这菱角。听好了：菱角双尖，铁裹一团白玉。"以智从盘中拿了一个石榴，将其掰开，露出晶莹的石榴米，随即对答："石榴独蒂，锦包万颗明珠。"方维仪对小侄儿随即机灵的应答，十分欣喜，站起来，亲了亲以智，将剥好的菱角塞到他的嘴中。这则小故事充分表明，方以智儿时就十分灵活和机敏，颇富文才。

以智弱冠后，负笈东游，结交不少复社成员，与冒襄、陈贞慧、侯方域并称"明季四公子"。

1639年，方以智中乡试第二十三名举人。次年，中会试八十二名进士，殿试二甲五十四名，授翰林院检讨，后任定王讲师。就在他会试前两个月，其父方孔炤被陷入狱。为救父，以智怀揣血疏，膝行号哭宫门外近两年，终感动崇祯皇帝，将孔炤免死，从轻发落。后来，李自成农民起义军攻入北京，崇祯皇帝景山自缢。方以智因哭悼先帝，被农民军抓获，倍受拷掠，设法逃脱，奔赴南京。时南明立国，马士英、阮大铖秉政，大肆迫害东林后裔及复社成员，方以智亦名列其中。只得化名改装，逃离南京。

他在《独往》中写道："同伴都分手，麻鞋独入林。一年五变姓，十字九椎心。听惯干戈信，愁因风雨深。死生容易事，所痛为知音。"此诗正是方以智当时不幸遭际和内心极度痛苦的真实写照。

桂王朱由榔即位于肇庆，方以智曾任经筵讲官，因与太监王坤不合，不久即离职。顺治七年（1650），在广西遭清兵捕获。清帅马蛟麟，以冠服置于左，刀剑置于右，威逼方降清。方以智引颈就刃，拒不投降。清帅被方以智的凛然正气慑服，允其削发为僧。自此，方以智遁入空门，潜心佛学。

方以智确实是一个天才式的人物，他涉猎多种学问，"凡天人、礼乐、律数、声音、文字、书画、医药，下逮琴剑、技勇，无不析其旨趣，著书数十万言，名流海外"。他不但是方氏家学的集大成者，亦是明末清初我国著名的思想家、科学家、文学家。

他自觉地将知识分为三类：自然科学（物理）、社会科学（宰学）、哲学（物之至理）。

在哲学方面，他提出"宙（时间）轮于宇（空间）"的卓越见解，认定空间和时间相互依存，整个宇宙是物质的。

《东西均》，是方以智重要的哲学专著。他在此书中，阐述了"合二为一"的哲学命题，揭示了事物对立统一的运动规律。他指出：千姿百态的自然和社会现象中，诸如昼与夜、水与火、生与死、男与女、清与浊、明与暗、虚与实、有与无、真与妄、顺与逆、安与危、劳与逸等等，莫不表现为相辅相成之关系。他认为"凡相因者皆相反"这一矛盾法则，是"天地间之至理"。

他还用"渐化"和"顿变"来说明事物发展变化的基本状态。事物"渐化"的过程，必然导致"顿变"。由"渐"到"变"，再由"变"到"渐"，表现为"渐化"与"顿变"的辩证统一。这种观点，既适用于自然界，也适用于人类社会。

他阐述了由"行"到"知"，再由"知"到"行"的辩证认识过程。确认实践是认识的前提，而后"致知"，而后再"施为"。就是说认识只能基于实践而产生，随着实际而发展，不断地在实践中获得深化，深化的认识再回到实践中去指导。方以智这种重视实践的认识论，在当时是十分可贵的。

方以智既能用哲学思想观照科学，又能用科学实践论证哲学，从而形成系统的科学哲学观。

他对新传入的欧美科学知识既积极吸取其精华，又持分析与批判的态度。他与传教士利玛窦展开关于太阳中心到地球中心的辩论，以非凡智慧，指出了利玛窦的错误。他的分光实验，比牛顿还早三十余年。

在文学方面，方以智提出"端本于经，练要于史，修辞于汉，析理于宋"的散文创作观，对后来桐城派散文理论的形成，有深刻之影响。方以智在崎岖险恶的人生之路，度过了六十春秋，奋身于刀锯鼎镬之间，遨游于奇思妙想的学术天地，为后人留下了丰厚的著述，其中最著名的有：《通雅》《物理小识》《医学会通》《切韵声原》《浮山文集》《东西均》《易余》《一贯问答》等。《通雅》《物理小识》被选入《四库全书》。

作为一代大科学家、哲学家，方以智的学术思想及成就，对后世影响深远。他的《通雅》《物理小识》传入日本，日本学者称之为"诚可以自豪"的著作。这两部书传至朝鲜，朝鲜学者赞其学问渊源，考拓精确。

方以智去世之时，大学者王夫之为他痛哭一场，撰写了一首情真意切之挽诗。当代著名史学家侯外庐主编的《中国思想通史》，用大量篇幅阐述了方以智的学术成就和光辉思想。

方以智与桐城方氏家族

方以智的为人和为学，永远光照人间。

方氏育有三子：方中德、方中通、方中履，三人各有建树，都是留有专著的学者。其父对三个儿子的成长，倾注了大量心血。其子亦奋发有为，不负父望。或在父辈取得的学业成就上加以引申和拓展，或另辟蹊径，寻求新知。三子中，次子方中通知名度尤高，是一位杰出的数学家。

长子方中德，性情寡淡，长于思考。父亲长期在外，长子担负起照料母亲和家庭的重任，一生基本在故里度过。对史学有浓厚兴趣，数十年"露抄雪纂"，用功勤勉，终完成五十二卷的《古事比》。

次子方中通，10岁时，清兵入关，其父受到通缉，中通不得不到处奔走避难。曾一度易姓改名，给溧阳陈以元为子。后来，方以智削发为僧，他才得以与生父生活在一起。少年之时的方中通，于书无所不读，长于辨伪析题。顺治十年（1653），去南京探望在寺院受戒的父亲，结识青年数学家薛凤祚、梅文鼎。此后，曾向法国传教士穆尼阁讨教历算，得火星法。方中通的主要著作《数度衍》，内容广博，堪称当时一个优秀的数学全书。中通从17岁，着手撰述，耗时二十年，寒暑不辍，反复论证，于顺治十八年（1661）完稿。《数度衍》的最大贡献，在首创"对数"之说，成为中国论"对数"的第一人。方中通继承父亲思想体系中的唯物主义部分，认为数学亦起源于客观存在，即所述的"数征于度"。"度"指空间关系，即几何学、测量学等。"数"指数量关系，即算术、代数学。"数"之间的关系，是由实践中"量"之间的关系，经过"度"而得到的。这是方中通对数学的一种卓见。从某种意义上说，《数度衍》这一著作代表了那一时代数学教育和数学研究的最高水平。

三子方中履，跟随父亲时间最长。其父亲在江西、闽粤经历之坎坷忧患，他都全部经历。方中履谨守父志，一生不仕清廷，曾以"躬耕、采药、读书"三事六字刻章，以示人生追求。20岁着手撰写《古今释疑》，搜览图籍极为繁富。除家藏万卷外，还在秋浦刘家，金陵黄家、丁家，江西陈家、肖家，读到生平未见之书。随读随记，用数十年之力，完成《古今释疑》，共十八卷。此书与其父的《通雅》颇相似，在考证上下过很多工夫，且有不少新解，在天文学、律历、医学、文字学等方面，对其父的观点多有阐释与发挥。一定程度上，可弥补《通雅》之不足。

从方以智父子四人身上，可以看到其家学上下互为影响和传承的关系。

这是中华文化的一大鲜明特征。

五、方苞：创立桐城派的领军人物

方苞（1668—1749），字凤九，又字灵皋，晚年号望溪。方氏大房方瓘之十二世孙方大美，育有五子，四子方象乾，即方苞之曾祖父，方苞是方以智的侄孙。

清初顺治丁酉江南科场案、康熙年间的《南山集》案，给桐城"桂林方"家族带来沉重打击，尤其是《南山集》案，更为惨烈，合族均受牵连，被令流放者达三百余人。方苞因给戴名世《南山集》作序，株连入狱，被判死刑。最终康熙惜其才，以"方苞学问天下莫不闻"，而开恩免死，隶入旗籍，以白衣入值南书房。从此，命运才发生转机。

方苞身历康、雍、乾三代，备受恩宠。他潜心为文，关心民瘼，文德双佳，皆有时誉。在文学上，提出"义法"说，开创了桐城派的基石，后经刘大魁传承，姚鼐光大，终成清代主流学派。桐城派与清王朝相伴二百余年，绵延至五四时期，余音犹存，其延续时间之长，影响范围之广，古今少见。清代，桐城"桂林方"家族，到了方苞之时，实现了再次崛起。因此，方苞为"桂林方"再度中兴的重要人物。

方苞的祖父方帜，与江岸明珠芜湖有密切联系。方帜以诗古文词显名于时，群推为"江上十才子"之首。顺治十四年（1657），以明经贡廷试第一，授芜湖县学训导。到任芜湖，他捐出俸禄以设义学，修建文庙以续道统。因钟爱芜湖的山川风物，定居芜湖。最后，卒于芜湖。卒后门人私谥为"和靖先生"。

方苞出生时，其祖父54岁，正值芜湖县学训导任上。方苞之母带着他和弟弟留居南京。长大后，回乡探亲，参加科举考试，均路经芜湖，都在芜湖小住一段日子，陪侍祖父。由此，方苞在诗文中，曾数处提及芜湖。

方苞之曾祖父方象乾，葬于繁昌的江边。方苞恪守孝道，年逾八十，仍赴繁昌为曾祖父扫墓。这些，可视为方苞家族与芜湖的一段姻缘往事。

方苞之父方仲舒，方帜之次子，生性豪爽，少好读书，胸无畦畛，尤喜交游。其子方苞在《记梦》中记其事："先君性豪旷，不可一日无友朋。常以寅及巳读书，午及申为山泽之游，归而饮酒。"方苞之母吴氏，为方仲舒继室，慈孝仁爱，勤持家务，甚有妇德。

方苞少时家境贫困，却好学上进。5岁时，其父以"鸡鸣隔雾"命其对答，苞即以"龙气成云"回应，一时成为美谈。10岁"始作文，前辈一见辄异之"。20岁时，往来江淮，以授徒为生。22岁，获岁试第一，补桐城县学弟子员。此后，多次应乡试落榜。云游京师，文章获李光地等高官激赏，称其为"韩欧复出"。32岁，获江南乡试第一。39岁，应礼部试，名列第四。在即将参加殿试授官之际，得母病消息，放弃殿试返乡探母，痛失夺魁良机。后因《南山集》案，受牵连几乎送命。康熙朱批，成皇帝近臣。乾隆时，官至礼部侍郎，充文颖馆、经史馆、三礼馆总裁。晚年，辞官归里。

方苞以才学著称于世，思想上宗程朱，散文创作严谨雅洁，不事雕琢，间有伤时感世之作。

方苞是"桐城派"古文基本理论首位建立者，他继承归有光的"唐宋派"古文传统，提出"义法"主张。"义法"，是方苞论文的唯一标准。他指出："义"即《易》之所谓"言之有物也"；"法"即《易》之所谓"言之有序也"。"义为经，而法纬之，然后为成体之文"。"义"即孔子所说的"质"，就是对文章思想内容的要求。《辞海》释义："义：公正、合理而应当做。"用在为文上，要求思想内容必须符合公正、合理的基本要求。"法"则是指表达思想内容和基本观念的形成技巧，包括结构条理、材料选用、语言表达等。章法上，方苞主张："古文不可入语录中语，魏晋六朝人藻丽俳语。"文中提出的"不可"，其实质是反对因循守旧，主张语言创新，努力提炼出雅洁之语。

方苞不仅提出"义法"的写作主张，而且自己在写作实践中，努力去实现。他笔下的《狱中杂记》《左忠毅公逸事》等，就是桐城派古典美文的典范。时至今日，仍保留在中学语文课本中，成为广大青少年学习写作的范文。

《狱中杂记》为方苞的一篇杰出的散文，文中用真实的笔触，记叙了作者在刑部监狱生活两年多的见闻，揭示了清代社会的黑暗面貌，让当时人心的好利贪婪、人性的乖戾残暴，一一跃然纸上。该文既揭露了当局的草菅人命、社会政治的腐败；又展示了人兽性的一面，嗜利、贪婪、自私、残忍、暴虐、野蛮；又在人性自私、嗜利的背后，让我们看到了人性皆好生恶死的一面。单以人的求生求活这一本能出发，人的这一意愿应该是合理的，顺乎人性的。但为了一己之生而伤他人之生，为一己的私利而毁他人之幸福，即为作恶之人。善的社会容不得恶人横行。

方苞的另一著名散文《左忠毅公逸事》记左光斗的几件逸事，写得极为生动且深刻，表现了具有民族气节的文人左光斗，卓越的见识和宏广的胸襟，读之令人感奋。

以上介绍，反映了桐城"桂林方"，在明清之际是一个颇有影响的文化世家，这个世家在中国思想史上、中国文化史上，曾经焕发出灿烂的光辉。

桐城"桂林方"，繁衍至今，子孙遍及国内各地，有些还寓居海外。在芜湖有方以智的十一世孙方彭寿，原芜湖师范专科学校中文系副教授，讲授古典文学中的唐宋文学。学子对其授课时浓浓的桐城口音以及娓娓道来的教学风采，印象颇佳。方彭寿先生的侄子方顶，应为方以智的十二世孙，毕业于河海大学，为交通部二航局的总工程师，亦在芜湖工作。

曾国藩与湘乡曾氏家族

曾国藩经历了嘉庆、道光、咸丰三朝，这是黑暗腐败、阶级矛盾激化、民族危机四伏的年代，然而曾国藩却能够徐图自强、隐忍自立，取得了令人惊讶的非凡成就。在求学问道上，他是理学家、文学家、书法家；在官宦生涯中，他是军事家和政治家。在清廷里，身为汉人的他，官至一品，为两江总督和直隶总督，集军政大权于一身，获武英殿大学士之荣典，以文人身份被封为一等毅勇候。

共产党和国民党的领袖都对曾国藩表现了一定程度的赞赏。年轻时代的毛泽东，十分景仰湖南同乡曾国藩，他在给黎锦熙的信中，曾说道："愚于近人，独服曾文正。"曾国藩死后，谥号文正公，曾文正就是曾国藩。蒋介石一生最钦佩的人，亦是曾国藩。据说，蒋介石一生床头仅放两部书，一是《圣经》，另一部就是《曾文正公全集》。

曾国藩看到现实生活中，天下官宦之家，多只一代享用便尽，其子孙始而骄佚，继而流荡，终而沟壑，而耕读孝友之家，则可较长绵延。因此，他认为良好的家教十分重要，强调"子弟之贤否，六分本于天性，四分由于家教"。在他留下来的千余封给诸弟和儿媳的家信中，一直是循循善诱地对弟弟和儿女进行中肯的教育。所以，曾氏应是一位杰出的教育家。曾家有良好的家训和家教，从而形成了良好的家风，赢得了"五世而延其泽"的最佳效果。

曾国藩的两个儿子，长子纪泽是清末杰出的外交家，曾为捍卫国家利益，做出过重大贡献。小儿纪鸿，"一篇算草蔚成家"，是一位有造诣的数学家。

曾宝荪，是曾国藩的曾孙女，曾家出洋留学的首位女子。1916年，获伦敦大学理科学士学位，恐怕是中国女子中获得国外学位的第一人。回国后，创办"艺芳女校"，一生以兴教为先，是一位著名的女教育家。

曾昭抡，曾国藩的二弟国潢的曾孙。著名化学家。中华人民共和国成立后，曾任中国科学院学部委员，教育部、高教部副部长。

曾昭燏，曾昭抡的姐姐。著名考古学家，曾任南京博物院院长。

恕不一一介绍，以上足以看出湘乡曾氏家族，枝叶繁茂，其后辈涌现出不少令人叹服的俊彦。这是近代一个引人关注的大家族。本文将择其要，分别陈述于后。

一、曾参后裔　南迁湘乡

据湘乡曾氏家谱所载，其远祖可上溯至春秋末年鲁国的曾参，是他说出了"吾日三省吾身"的千古格言，相传四书之一的《大学》是他的著作。他是孔子的得意门生，被后世尊为"宗圣"，享配祀"至圣先师"之荣。其族谱全称为《武城曾氏衍湘乡大界房族谱》。武城，即为曾参故里，今属山东费县。

曾氏湘乡大界房的始祖，为生于明代万历年间，卒于清代康熙年间的曾孟学，是他"卜居定业"于此地。其曾孙曾应贞，便是曾国藩的太高祖。曾国藩的曾祖父曾竟希则是曾应贞的孙辈。曾竟希生有五子，第三子曾玉屏，就是曾国藩的祖父。曾玉屏之长子曾麟书，就是曾国藩的父亲。

曾玉屏，号星冈公，是曾国藩一生中最敬服的人之一。曾国藩在给星冈公的书信中写道："伏念祖父平日积德累仁，救难济急，孙所知者，已难指数。如廖品一之孤、上莲叔之妻、彭定五之子，福益叔祖之母及小罗巷、樟树堂各庵，皆代为筹画，曲加矜恤。凡他人所束手无策，计无复者，得祖父善为调停，旋乾转坤，无不立即解危。"足见，曾玉屏是一位颇有德行，经常为他人解危济困的乡贤。曾玉屏虽大字不识一个，年轻时曾"少耽游惰"，致使家境每况愈下，却能"立起自责"，终日不明即起，认真务农，让家计日趋好转。慢慢地，曾玉屏悟出了一个道理："自己种出的饭菜，吃起来才觉得香；自己吃过苦的成果，心里才踏实。"他从严治家，给家人立下了一套"八宝"的家规，这套家规后来被曾国藩归结为"早扫考宝书蔬鱼猪"。具体内容是：一、早，就是早起。曾国藩主张："治家以不晏起为本"。二、扫，就是扫除，洒扫庭院的意思。三、考，就是祭祀。在家重孝，敬祀祖先。四、宝，就是善待亲族邻里。曾玉屏曾说："人待人，无价之宝。"

五、书，就是读书。曾国藩一生热衷读书。他认为吾辈读书只有两件事：一者进德之事，讲求乎诚正修身之道，以图无忝所生；一者修业之事，操习乎记诵词章之术，以图自卫其身。六、蔬，就是蔬菜。曾玉屏深感："凡蔬菜手植而手撷者，其味弥甘；凡物亲历艰苦而得者，食之弥安也。"七、鱼，就是养鱼。鱼游水府，充满生趣。养鱼不仅可陶冶身心，还可自喂自食，还可宰牲祭祖，阖家相聚，享受劳动果实。曾氏数代克勤克俭，曾国藩一生受此熏染，并以此教育后辈。他说："家中养鱼、养猪、种竹、种蔬四事，皆不可忽，一则上接祖父以来相承之家风；二则望其外有一种生气，登其庭有一种旺气。"要家中严格实行这"八宝"，永远保持耕读传家的好风气。

耕读文化是典型的农业社会的真实写照。耕，代表家族生产基础；读，代表家族对儿孙的基本教育。耕，为家族提供了生活必需品；读，则利于提升家庭在邻里中的地位，更是布衣之家进入仕途的唯一途径。

曾国藩之父曾麟书，从小作为长子，受到父亲曾玉屏的严格训导，让他"积苦力学"，"期于有成"，尽管他十分勤奋，因天资不敏，学问进展不快。连续参加科考十六次，均未告成。到了1832年，43岁时，才开花结果，中了秀才，补了个县学生员，仅比长子曾国藩早一年入县学。这一成绩实在来之不易，是曾氏从衡阳迁至湘乡两百年来的第一个秀才，亦为曾氏家族功名路上"零的突破"。曾麟书资质平平，自知难以跻身仕途的更高阶段，遂不再应试，在家乡开设私塾馆，教授乡里子弟。私塾馆取名"利见斋"。"利见"出自《易经》："飞龙在天，利见大人。"意为将"治国平天下"之理想，寄于儿孙身上。1825年，曾麟书又将同族家塾定名为"锡麟斋"，"锡"即赐予，"麟"为光明貌，借喻杰出人物。曾麟书既希望自己有出头之日，又祈盼自己所教的子弟中，涌现杰出人才。

曾麟书虽痴心于科举，但并不迂腐。他深受儒家"内圣外王"的思想影响，经常教育子弟："读书不光能光耀曾家门楣，还能精忠报国，一个人如果读书多的话，就能成为一名谦谦君子……"正是曾氏家族这些尽忠、治学、处世、勤俭等方面的家庭教育，造就了曾氏后代，先后产生了曾国藩、曾广钧两进士，举人贡生和秀才更是多达二十余人。

二、清末重臣　彪炳史册

曾国藩（1811—1872），字涤生。他是湘乡曾氏家族中，一位显赫人物，职位之高，影响之大，无人可与其比肩。美国学者黑尔在《曾国藩》一书中认为："曾国藩的确可以被称为华盛顿，他靠着自己对理学和良心的执着追求，以自己个人的努力，通过运筹帷幄的指挥和以弱胜强的战斗，避免了中国的分裂和陷入更深的灾难。"梁启超先生也曾评价说："曾国藩在漫长的中国历史上是十分罕见的，就是在世界历史上也是屈指可数的。"

美国学者黑尔和近代名人梁启超对曾国藩历史功绩的评价，应该是大体符合历史真实的。时至今日，"行商要学胡雪岩，当官应学曾国藩"的说法，在城乡广泛传诵。有关介绍曾国藩的书籍亦纷纷出版，人们正思考着从这位清末"中兴名臣"身上，汲取有益的因素。

伟大的母爱滋润着孩子的心田。曾国藩的生母江氏，是一位"顺而贤，孝而有礼"的女人，她为曾家育有五男四女，曾国藩为长子，深得其母的关爱。江氏原籍江西，后迁入湘乡。那时曾国藩的祖父曾玉屏，常穿梭于湘乡与湘潭之间，而江家正好处于荷叶大界通往湘乡、湘潭的必经路上。曾江两家早有交往，且关系密切。江沛霖见曾麟书为人厚实，便将女儿许配给他的长子，两家结为秦晋。江氏性格刚强，在艰难困苦中持家育子，对曾国藩影响极深。曾国藩曾说过，他和弟弟秉承母德居多，好处是天性倔强。他强调"倔强"二字，却不可少，功业文章，皆须此二字贯注其中，皆从"倔强二字做出"。他在给诸弟信中，特别叮嘱他们："凡事非气不举，非刚不济，即修身齐家，亦须以明强为本。"

曾国藩于1811年11月26日，诞生于湖南湘乡县，今双峰县荷叶镇。

由于他后来成了"当朝一品""中兴重臣"，关于他的出生，便衍化为一则神话故事。

传说曾国藩出生时，其曾祖父曾竞希梦见一条巨蟒进入大堂，盘踞于梁上，这就是"巨蟒投胎"之说。

曾家老屋后园，有一棵百年老树，上面缠满了青藤。曾国藩在世时，巨藤生机勃勃。曾国藩去世后，巨藤便枯死。村里人说，巨藤似蟒蛇，应为曾国藩的化身。

曾国藩患有牛皮癣病，年轻时尚不严重，老年时奇痒无比，会抓下许多癣皮。这也成了巨蟒投胎的证明。

这些都是附会的笑谈，用以说明曾国藩来历不凡，是一位与众不同的奇人。

其实，曾国藩是一位来自乡间耕读之家的子弟，从小酷爱读书，天资并不聪慧。他在写给子女的家信中谈道：年少时，在同辈中，要算是"愚陋之至"的人。梁启超在评述曾国藩时，亦写道："固非有超群绝伦之天才，在并时诸贤杰中，称最钝拙。"由于严于律己，刻苦攻读，才改变了自身。

好的老师，必然会教出好的学生。曾国藩十分幸运，曾经遇到两位好老师，对他影响颇大，让他终身受益。这两位良师，便是唐鉴和倭仁。

唐鉴，湖南善化人，翰林出身，历任检讨、御史、知府、按察使、布政使等职，道光二十年，召为太常寺卿。唐鉴潜心研究人性理学，继承了北宋理学大师程颢、程颐开创的洛学学派和南宋理学大师朱熹创立的闽学学派，是一位著名的理学大师。曾国藩久慕其名，同居京师，便登门向他求教"读书之法""检身之要"。唐鉴强调读书应以《朱子全书》为宗，还告诉曾国藩检摄于外，只有"整齐严肃"四字；持守于内，只有"主无不适"四字。唐鉴还向曾国藩推荐了一位检身方面做得极佳的榜样，那就是倭仁。

倭仁，蒙古正红旗人，唐鉴的弟子，比曾国藩大七岁。因唐鉴的推重，曾国藩不仅将倭仁视为学兄、好友，更以老师相事。倭仁，字艮峰，道光时期进士，同治帝之师。他主张"立国之道，尚礼义不尚权谋；根本之图，在人心不在技艺"。他在修身养性方面，有一套特别的功夫，每天从早至晚，一行一动，一思一念，入睡前都认真反省，记下札记，居静省察。这些都深刻地影响着曾国藩。

清代科举分为乡试、会试、殿试三级。乡试各省举行，考中者为举人；会试全国统一举行，在乡试的第二年会考，考中者为贡生；殿试，最高级别的考试，考中者为进士。

1826年，16岁的曾国藩赴长沙，参加童生考试，获第七名。父亲见其战果不错，便让他到衡阳，由名师汪觉庵授教。觉庵先生博学多识，治学严谨，对曾氏学业帮助颇大。1834年曾国藩进入省城岳麓书院，书院山长为德高望重的欧阳厚均，其弟子有左宗棠、江忠源、郭嵩焘、李元度等，这些人先后都成为曾氏一生的挚友，可以这样说，岳麓书院是曾国藩事业的发轫地。

1834年冬，曾国藩第一次离开家乡，赴京参加次年春季的会试。科举考试之路不平坦，连续两次均告失利。1838年再次赴京赶考，旅费欠缺，舅舅家卖了一头小牛犊，帮助凑齐了路费，才得以成行。

功夫不负有心人，这次总算榜上有名，得中第四十二名进士。考试中者分三甲，头甲三人，即状元、榜眼、探花，赐进士及第；二甲诸人，赐进士出身；三甲人数最多，赐同进士出身。曾氏名列四十二，仅赐"同进士出身"。这样的成绩使曾国藩十分羞愧，当天就打算离京返乡，经师友劝慰，才放弃了不参加朝考的念头。

恰在此时，遇到了穆彰阿，使曾国藩的求仕之路，发生了重大转机。

穆彰阿，道光帝最信任的首辅大臣，当时任会试的总考官，调阅曾氏试卷时，对其文才极为欣赏，在道光帝面前特意推荐了一番。这样，曾国藩的成绩由殿试的三甲四十二名，直升至朝考一等第二名，任翰林院庶吉士，在翰林院庶常馆深造。这一年，曾国藩28岁。

入翰林院学习，在京生活，在曾国藩一生中是重要的转折点，从此开始了他的仕途生涯。

对提携他的穆彰阿，曾国藩内心十分感激。穆彰阿在世时，曾氏常到穆府问安，穆彰阿去世后，曾氏亦探望其家人。但穆彰阿"惟性巧佞，以欺罔蒙蔽为务"，社会评价不佳。曾国藩保持清醒头脑，未与其同流合污，咸丰帝即位后，惩治了穆彰阿，抄穆府时，搜出了众多门生给穆彰阿的信件，却没有一件曾氏手书，足见曾国藩在情感与政治的分寸把握上，十分精到。

道光二十七年（1847），谕旨下达，擢曾国藩为内阁学士兼礼部侍郎，官级骤升至二品。一年多后，授礼部侍郎。尔后数年，遍兼兵、工、刑、吏各部侍郎。

出身寒门的曾国藩，从中进士、入翰苑，到跻身部堂之列，历时仅十来个年头，其间七次升迁，连跃十级，如此畅达之仕途，在当时汉臣之中，并不多见。这当中权贵穆彰阿发挥了重大作用，亦与曾国藩自身的谨慎勤勉分不开。

1851年，咸丰帝继位，广招众臣意见。尽忠直言的曾国藩"业将得失祸福置之度外"，上书《敬陈圣德三端预防流弊疏》，直指咸丰施政中的三大弊端：一为"琐碎"，指拘于小节，而疏于大计；二为"文饰"，指追求虚浮，而忽略实际；三为"骄矜"，指刚愎自用，而拒谏言。这份火药味极浓的奏折，让咸丰勃然大怒，立时将奏折摔于地下，召军机大臣议治曾国藩渎上大罪。幸亏曾氏人缘不错，大家纷纷为之求情，使咸丰改变了态度，非但未给曾国藩治罪，还"优诏褒答"。曾国藩虽逃过一劫，却深深刺痛了咸丰，此后仕途并不顺畅。

1851年，太平天国起义爆发。太平军从广西出发，一路横扫湖广各地，腐败无能的清朝八旗和绿营军不堪一击，节节败退，让清政府一下慌了手脚。1852年曾国藩被任命为江西乡试主考官，曾国藩路经安徽时，接到母亲病故消息，改道回家奔丧。

曾氏千辛万苦越过太平军和清军的交战区，好不容易回到家乡。此时，咸丰紧急下诏，命令所有在老家或者丁忧、或者赋闲的朝廷大臣，就地招募兵勇，兴办团练。起初，曾国藩并不热心出山，一则他与老母感情颇深，其母刚过世，自己就带兵打仗，总觉情感上说不过去；二则本身只是一儒生，只会舞文弄墨，对打仗并不在行，怎能担负团练之责？因此，他仍蛰居湘乡按兵不动。此时，左宗棠以一乡村教师的身份，加入湖南巡抚张亮基的幕府，成为张亮基的重要参谋，反复向张亮基推荐曾氏，替张亮基写信苦劝曾国藩出山。曾氏好友郭嵩焘开始是写信动员，后来又亲临曾氏故园相劝。多方面因素，居然打动了曾国藩，让他痛下决心，投入办团练，开始书生领兵的新生涯。

曾国藩是一个性格倔强的人，他做事，不下决心则已，一旦下了决心，就会发狠劲去干。他在湖南巡抚张亮基的支持下，在巡抚府第的旁边，设立了团练衙门，开始招收团练官兵。对军官的要求：才堪治民，不怕死，不汲汲于名利，耐受艰苦；而最根本的要求是"忠义血性"。对士兵的要求：技艺娴熟，年轻朴实，有农民土气者为上；对油头滑面，有市井气、有衙门气的人，概不收用。以团练为名建立的湘军，完全靠招募方式完成，由大帅选置统领，由统领选置营官，由营官选置哨官，由哨官选置什长，由什长挑选士兵。较短时间发展至一千余人。

为了统一指挥，曾国藩还让湖南的绿营军划入团练衙门，实行统一管理。那时，受太平天国起义影响，像天地会、兄弟会这些江湖组织也纷纷起义。曾国藩带着他的团练专门对付这些零星起义。他主张乱世须用重典，手段极为狠辣，凡抓到的人，不加审讯，即被杀戮，四方震惊，故湖南社会较为安定。曾国藩也由此得到一个"曾剃头"的骂名。曾国藩以严治军，他也将他那一套严格的训练措施用在绿营军上，绿营军的官兵十分不满，借故发起哗变，冲进曾氏公馆闹事。曾国藩决定离开长沙，改驻衡阳，卧薪尝胆地加紧集训湘军。

湘军组建后，未及真正"东征"，太平天国的西征军已杀上门来。咸丰四年（1854）三月初，湘军同太平军在湘潭交战，曾国藩率部分湘军攻袭靖港，受到太平军的顽强抵抗，失手告败，让在靖港对岸铜官渚的曾国藩十分恼怒，一气之下想投水自尽，幸亏身边亲信及时救助，才未丧命。不久，湘潭大战中，湘军大捷，占据了这一城市，才让曾氏绝处逢生。

同年12月间，湘军水师与太平军在江西相遇。九江、湖口战场的湘军被太平军分割为内湖、外江两部分，互难接应。太平军抓住战机，焚烧湘军水师船只，让其溃不成军，连大帅座船亦被俘获。曾国藩见其经营的水师毁于一旦，痛不欲生，企图自尽，又被部下好言劝阻。由此可见，征战太平军的路程，绝非平坦，艰难险阻正是对曾国藩的极好历练。

1861年，慈禧、慈安两宫太后联合恭亲王奕䜣发动政变，推翻赞襄制度，捕杀肃顺等赞襄大臣，曾在肃顺家中搜出私信一箱，唯独没有曾国藩的一个字，这是由于肃顺骄横跋扈，曾国藩料其日后定会出事，与其保持一定的距离。这样，慈禧对曾氏更为信任，下诏让其管辖苏、浙、皖四省军事，自巡抚、提、镇以下文武各官皆归其节制。从此，曾国藩及其湘系集团，开始掌握了清王朝的半壁江山。曾国藩在军事、政治、经济等方面有了较大的支配权，更可促使湘军在镇压太平军的行动中处于有利地位。

曾国藩的九弟曾国荃率领的湘军吉字营，是曾氏的嫡系心腹部队。曾国藩对这支部队向来照顾备至，关心有加。曾国荃亦作战勇猛，不负众望。他擅长挖壕围城，爆破攻城，由此获"曾铁桶"的外号。1857年，他实施挖壕筑垒，长围久困的战略，最终攻下了太平军把守的吉安城。1860年6月，曾国荃率8000湘军奔袭安庆，揭开了安庆攻坚战的序幕。曾国荃采用其制胜的老战术，在城西、城北，开挖两道战壕将城团团围住。1861年9月，一声巨响，安庆北门城墙被炸开，湘军杀入城中，太平军已饿得爬不起来，全部束手就擒。1862年春，湘军开始部署进攻太平天国首都天京即南京的作战。1864年2月，"曾铁桶"又将南京窝进铁桶之中，又用炸药将城墙炸了一个豁口，最终攻克了太平天国的政治中心，使席卷了半个中国的太平天国起义最终覆灭。曾氏组建的湘军，挽救了清王朝将要灭亡的命运，曾国藩在我国近代史上也成了著名的"中兴重臣"。

曾国藩深知"功高震主"的危险性，其弟曾国荃攻下南京一个月后，曾氏便开始主动裁军，一年后，他可调遣的兵力仅6000人。1870年曾国藩六十寿辰时，同治帝亲题"勋高柱石"四字，送至两江总督府。两年后，曾国藩病逝于两江总督任上。

古人云："有志者，事竟成。"曾国藩之所以能够创立载入史册之宏业，在于他十分重视立志。他曾说过："人苟能自立志，则圣贤豪杰何事不可为?"只要心中有大志，不怕不成事。正如人们常说：无志空活百岁，有志必成大业。曾国藩认为：无论做什么事，都要有志向。人生当有人生志，为学当有为学志，修身当有修身志。无论何种志向，一旦确立，就不要轻易改变，应立常志，而不是常立志。

曾国藩十分崇拜明代杰出哲学家王船山，而这位大哲学家特别强调立

志。他指出："志不立，如无舵之舟、无衔之马，漂荡奔逸，终亦何所底乎?"没有志向，就像没有舵的船，没有衔口的马，在人生道路上茫然奔驰，不会有任何收获。因此，曾氏在家信中，向弟弟和子女反复要求一定立好自己的志向，立志宏远，脱离流俗，这才是人生成功的基点。

好的书籍是人生的良师益友。曾国藩从小酷爱读书，坚持读书求进，真正做到了"日以读书为业"。读书为了"明理"，人要自立立人，应当做一个"读书明理的君子"。曾国藩在给弟弟的信中，提出了与当时社会上人们所追求的目标截然不同的内容，他说："凡人多望子孙为大官……但愿为读书明理之君子。"他还说，读书只求两件事，一是增进道德，二是提升能力。人生只有进德、修业两件事靠得住。读书应注意一个"专"字，曾国藩以打井做比喻，如其多挖而不出水，不如守住一口井，力求挖出水，这样才能求得读书的实效。曾氏主张读书以懂为要，即"务须弄个明白"。其长子纪泽记忆力不甚好，常为读书记不得而苦恼。曾国藩在信中告诉他："不必要求记住，但要求弄个明白。如果确实看明白以后，时间长一定能体会到其中的意味，心中就会出现心旷神怡的感觉，那样就会大略记得了。"

曾国藩爱读书，也爱购书，曾经发生过一则曾氏购书的感人故事。第一次赴京城应试，虽考了两次，却都名落孙山，只得返回家乡。路经江苏睢宁，该县知县易作梅，和曾氏同乡，见他经济窘迫，主动借给他一百两银

子，用作路费。曾国藩到了南京，见书肆中一部精刻本《二十三史》，十分喜爱，一问书价，刚好白银一百两。曾国藩希望便宜一些，老板死活不肯。最后，曾国藩咬咬牙，买下了这套书。路费没有了怎么办？好在天气转暖，冬季衣衫可以变卖，勉强解决了路费所需。到家以后，如实禀告父亲，其父十分开明，对儿子说："借钱买书不是坏事，我乐于替你还清欠款，但希望你能用心研读，不要忘记买书的初衷。"曾国藩认真地读完了这套史书，以史为鉴，眼界大开，第二次赴京考试时，榜上有名，从此步入仕途。

俗话说："刀在石上磨，人在世上练。"曾国藩是一个十分注意自我教育、自我修炼的人。他的一千五百多封家书和数十年写下的日记，就是他注重自我修炼的明证。

从乡村夫子到朝廷一品高官，以至成为彪炳史册的显赫人物，主要依赖于曾国藩自身的刻苦历练。从现代教育学的角度来看，最大的教育应该是自我教育，自我教育往往是人才成长的关键。曾氏有天天记日记的习惯，他常把自己反思的心得体会记下来。先是用写日记的方式，予以记载。然后，通过家书教育弟妹、告诫儿女，甚至教育族人。而今，这种修身垂范的内容和形式，已成为中国家庭教育史上最杰出的精华之作。

曾国藩由耕读而入仕，一贯保持勤勤恳恳兢兢业业的作风。他申明办事务必"五到"为要，即身到、心到、眼到、手到、口到。"身到者，如做吏，则亲验命盗案，亲查乡里；治军则亲巡营垒，亲探贼地是也。心到者，凡事苦心剖析，大条理、小条理、始条理、终条理，理其绪而分之，又比其类而合之也。眼到者，着意看人，认真看公牍也。手到者，于人之长短，事之关键，随笔写记，以备遗忘也。口到者，使人之事，既有公文，又苦口叮嘱也。"从这"五到"，可以看出曾国藩办事的尽心尽力。

谦以自处，宽以待人，是曾国藩处理人际关系的基本要求。当曾国藩身居高位之时，其父在信中就谆谆嘱咐他："官阶既高，接人宜谦虚，一切应酬不可自恃。见各位老师，当安门生之分。待各位同寅，当尽协恭之谊。"

湘军攻下南京后，市井逐渐恢复繁荣。1864年，秦淮河画舫重现金陵。当时有个官员涂廉访思想守旧，对秦淮河画舫看不顺眼，欲下令严禁秦淮河的画舫灯船。他专程拜谒两江总督曾国藩，询问曾大人的意见，料想思想正统的曾大人定会支持他的主张。谁知，曾国藩听后，只是不置可否地一笑。数天后，曾国藩邀众僚属同游"十里秦淮"，其中亦有涂廉访。曾国藩风趣地对大家说:"三十年前,我是想游冶而不敢游冶;三十年后,我是不想游冶而不禁别人游冶。"他还解释说:"叛乱初平,国家处于太平时世,游船画舫不应再禁了。我身为两江总督,处理问题决不能凭自己个人爱好,务应为金陵百姓恢复一个游乐场所。"一番话令众人折服,六安郡太守涂廉访,也改变了态度。这则真实的故事说明曾氏办事能顺应民意,还善于做思想转化工作。

由糊涂变聪明,易于做到,因经刻苦学习,视野逐步开阔,人自然会变得聪明些。可是,由聪明转为糊涂,却不太容易。精明人能看透很多东西,能够看得深,看得透,在不知不觉之中,会显得高人一等。所以,郑板桥说:"难得糊涂。"曾国藩读了许多书,加上才华出众,自然显得十分聪明。由于他聪明,处处锋芒毕露,导致初涉官场时,四处碰壁,并不顺心。由此,让他悟出了以"浑"入世,糊涂中自有精明的重要。他在致胡林翼的信中,劝诫挚友:"惟忘机可以消众机,惟懵懂可以祓不祥。"事实确实如此,有时出现一点懵懂,表现出一些"浑"态,反而有利于处世,有助于事业的成功。

曾国藩主张:"圣贤之所以为圣贤,佛家之所以成佛,所争皆在大难磨折之日。"他一生历经艰险,有过几番大起大落。遭受挫折之后,他能够战胜自我,调整情绪,蓄气长志,最终获取大胜,所以,他认为:"困心横虑,正是磨炼英雄,玉汝于成。"总结人生经验时,强调"吾平生长进,皆在危难之际"。人人渴望成功,但不能立时赢得成功,往往会遭遇许多挫折和失败,最好的办法,就是像曾国藩那样直视人生磨难,拿出投身其中绝不退缩的勇气,便会到达光辉的顶点。

晚清的许多高官鄙视西方文明,一直做着"大清天朝"的美梦,思想十分守旧。曾国藩官居一品,思想却能与时俱进,看出了西方现代文明的巨大威力,力主走"师夷制夷"之路。他能放下传统儒家知识分子"唯我独尊"的自大心理,冷静客观地看待新事物,哪怕是从欧美传来的新事物,尚能以强烈的求知精神对西学产生浓厚之兴趣。在曾府的幕僚中,有一批中国近代史上顶尖的科学家和精通西方文化的知识分子。如李善兰,杰出的数学家,用自己独特方法研究微积分。明代科学家徐光启和传教士利玛窦共同翻译的《几何原本》,仅译出了一半。李善兰穷尽半生,将《几何原本》全部译出。还有容闳,近代中国第一位赴美的留学生,被称为"中国留学生之父"。曾氏依靠这些精通西方科技的人，创办了我国第一个近代军事工业企业——安庆内军械所。我国第一台蒸汽机、第一艘蒸汽机轮船等都是由安庆内军械所制造出的。这些，为我国近现代工业及科技的发展，奠定了十分重要的基础。为此，人们把曾国藩称作"洋务运动的先行者"。

曾国藩思想不仅不僵化，还具有超前意识。他的两个儿子不喜欢走"仕途经济"之路，不想参加科举考试，对西方新知却倍感兴趣。曾氏尊重儿子的选择，让他们依据自己的兴趣选择未来的职业。大儿子曾纪泽，外语水平很高，成了驻外使节；二儿子曾纪鸿，数学造诣颇深，成了清末杰出的数学家。

曾国藩设立翻译馆，负责译介西方科技专著。他全力支持容闳的派生出国留学计划。第一次选派三十名留学幼童，他们中的很多人经欧风美雨之熏陶，学成回国，不少人成为我国矿业、铁路业、电报业的先驱，其中就有著名的"中国铁路之父"詹天佑。

人在社会上群居，必然要与他人交往，这里就有一个问题。古人云："道不同不相为谋。"曾国藩写信教育两个儿子："同学之友如果诚实发愤，无妄言妄动，固宜引为同类。倘或不然，则同斋割席，勿与亲昵为要。""择友的人不会衰落"。因为从朋友那里可以得到无私的帮助，从朋友的身上可以学到道德和学问。

曾国藩是一位善于识人和用人的人，在他的身旁组成了一支强大的团队，辅佐他成就大业。在曾府中，在湘军中，曾氏网罗了众多人才。如幕僚中有著名的知识分子吴汝纶、容闳、李善兰、俞樾等；湘军中有著名的将领罗泽南、彭玉麟、李续宾、塔齐布、李鸿章、左宗棠等。俗话说："一个篱笆三个桩，一个好汉三个帮。"曾国藩善于利用众好汉的力量，摧毁了蓬勃发展的太平天国起义，实现了晚清的短期中兴。

人无完人，金无足赤。曾威震中华一时的曾国藩，亦有其历史的局限，留下让人遗憾之事。1870年6月，爆发天津教案，天津百姓数千人，为声讨外国传教士拐婴、害婴而烧毁教堂、打死外国人。清廷诏谕时年59岁、正在家中养病的曾国藩赶往天津处置。曾氏深知此事棘手，出发前备好棺材，写好遗书。他定下的方针是"但冀和局之速成，不问情罪之一当否？"结果，天津知府张光藻、知县刘杰被革职充军，判处十八人死刑、二十五人充军流放，赔款49.7万两白银。舆论哗然，公众纷纷抨击曾国藩屈辱外交，使得曾氏羞愧难言。在"内疚神明，外惭清议"中，不安地度完了生命中最后的两年。

三、曾氏诸弟　建功立业

曾国藩有极为浓烈的兄弟情结，对四个弟弟颇为关切，频繁致信，促使他们成人建业。二弟国潢经长兄的劝说，留在故里，负责处理大家庭事务，掌管曾氏门庭。其他三弟，先后进入湘军，协助大哥国藩与太平军搏斗。

曾国华，后改名温甫，生于1822年。因叔父曾骥云无子，过继给叔父。国华在众兄弟中天资最好，其父曾夸国华"是块读书的好料子"。然而，科考中却屡屡失手。年过三十，回故里与二哥国潢举办团练以自卫，逐渐步入从军之路。1855年11月，太平军石达开进入江西，步步获胜，曾国藩之湘军处境危急。曾国华为救大哥，到武昌找胡林翼搬救兵。胡林翼任命曾国华为统领，让他带领5000人去江西攻打太平军。曾国华机智善战，一口气拿下了好几座城池，直打到瑞州城。此时生父曾麟书病故，曾国华奔丧返乡，第二年又重返战场。此次出军，被编入儿女亲家李续宾帐下，两人合作默契，转战鄂皖，连连获胜。然而，在三河战役中，太平军陈玉成以10万人的兵力，将湘军团团包围，一举歼灭湘军6000余人。李续宾、曾国华均在三河战役中壮烈牺牲。朝廷发出上谕，追赠曾国华为道员。咸丰帝亲书"一门忠义"，以示褒奖。

俗话说："皇帝爱长子，百姓怜幺儿。""幺儿"即最小的儿子。曾国葆为曾家最小的儿子，颇得全家的喜爱。在父兄的关爱和抚育下，自幼用功，且无骄怠之气。

曾国葆，字季洪，又字事恒。读书、经商、打仗，样样出色。20岁时，府试中获第九名，有诸生身份。1853年，曾国藩在长沙办团练，曾国葆参加其中。1854年湘军与太平军交战于岳阳，湘军大败。国葆十分自责，"自引咎，言诸将无罪"，离开了军营，在一些朋友帮助下，穿梭于衡阳、湘乡、湘潭、长沙之间，经营起生意来，获利可观。1858年11月，曾国华在三河战死，国葆"大恸，誓出杀敌，以报仇而雪耻"。几经思考，决定投胡林翼麾下。1859年赴湖北，来到胡府，胡林翼给他1000兵丁，转战潜山、太湖。后来，跟随曾国荃攻打安庆，采用里应外合战术，攻下安庆城。尔后屡建战功，被授予同知衔。率部破鲁港、克繁昌、下南陵，与曾国荃部队会师于芜湖。因"三山之役"之胜利，朝廷特赐曾国葆"迅勇巴鲁图"名号。为攻打南京，曾国葆将部队带至雨花台。攻克南京指日可待，曾国葆却因身体虚弱，病逝于雨花台军中。曾国藩为其弟特书挽联："大地干戈十二年，举室效愚忠，自称家国报恩子；诸兄离散三千里，音书寄涕泪，同哭天涯急难人。"曾国葆病逝后，清廷追赠按察使。曾国葆一生无子，逝世后，曾国潢将其二子曾纪渠过继给他。

曾氏兄弟五人中，除曾国藩文才武略影响深远外，曾国荃功名高于其他三人，不仅对清廷功不可没，就是对曾国藩也帮助极大。

曾国荃生于1824年，比长兄曾国藩小13岁，字沅甫，号叔纯。排行第九，人称九爷。

国荃"少负奇气"，参加科举一路坦途。1847年，他以府试第一名入县学，不久举优贡，此时太平天国起义爆发，曾国荃投笔从戎。1856年曾国藩遭湖口惨败，被太平军围困在南昌一带狭小地区，处境险恶。同年10月，为救大哥，曾国荃与吉安知府黄冕劝招募勇3000人，出湘入萍乡，连陷安福等地太平军营垒，直逼吉安。清廷因功加了他同知衔。1857年初，其父病故，曾国荃奔丧返乡，吉字营群龙无首，吃了败仗，退守安福。守制未满的曾国荃，重返前线，采取挖壕筑垒战术，最终攻下吉安。此后，采用同样战术攻下安庆。因"智勇兼施"赏加布政使衔，并赏穿黄马褂。很快又以"追殄余贼"，赐号"伟勇巴图鲁"。1862年，曾国荃实授浙江按察使，迁江苏布政使。1864年，攻克太平天国政治中心南京，立下丰功，被清廷封太子少保，一等伯。1875年，奉谕改任河东河道总督。1876年调补山西巡抚，此时瘟疫肆虐华北，曾国荃设立赈务局，救济饥民，组织恢复生产，惩治贪污，净化官场，使山西灾情大为缓解，百姓对他感恩戴德，修立生祠，以作纪念。1880年，为配合侄子与沙俄为改订伊犁新约而进行的谈判，带病率兵去山海关，调重兵设防重要关口，使沙俄有所忌惮，为曾纪泽谈判成功奠定了基础，为捍卫国家利益做出了贡献。1882年调署两广总督。1883年，授两江总督兼南洋通商大臣。1884年调任礼部尚书。1889年，被加太子太保衔。次年，在南京病逝，享年67岁，追谥"忠襄"。《史记》云："甲胄有劳曰襄。"证明他是一位对国家有贡献的武功之臣。

曾国藩说过："兄弟和，虽穷氓小户必兴；兄弟不和，虽世家宦族必败。"谚语云："兄弟合心，其利断金。"为了征战太平军，曾氏兄弟同心戮力，竭诚向前。其中两人牺牲于战场，清廷表彰曾家"满门忠烈"。这样的赤子忠臣，应当名留青史。

四、曾门女辈　非同凡响

曾国藩的侯府，名为"富厚堂"，是一处规模较大的府第，由曾氏二弟国潢操办建成。曾国藩深感"太奢靡"，在《日记》中写道："是日，接腊月二十五家信，知修整富厚堂屋宇用钱共七千串之多，不知何以浩费如此？深为骇叹！余生平以起屋买田为仕宦之恶习，誓不为之。不料奢靡如此，何颜见人。"然而，居住于富厚堂的曾氏家族，秉承勤劳俭朴的家风，培育了一代又一代英才，不管是富厚堂的女主人，还是嫁来的媳妇和养育的女孩，她们都立德立人，不同凡响，这里介绍三位曾门突出的女性。

郭筠，是曾国藩次子曾纪鸿的夫人，从小两家指腹为婚。其父郭沛霖，从小饱读诗书，善于治理河务和盐政，与曾国藩同年进士，同入翰林院。曾任两淮盐运使、淮扬道道员等职。1859年7月，太平军十万之众，向定远杀来，郭沛霖部势单力薄，激战八天八夜，慷慨自尽。郭氏死后，曾国藩对郭筠关照入微。1865年，亲为次子与郭筠主持了婚礼。

郭筠是一位非同凡响的女子，曾纪鸿33去世，郭筠只34岁，年轻守寡，主持家务，教养子女，携带孙辈，为富厚堂中一位能干的女主人。她管理家务井井有条，对儿孙的训导严而不苛，非常注意方式方法，家中有人犯了错，从不大声责骂，诉之以理，晓之以情，所以她是个受尊重、有权威的长辈。

郭筠出身官宦门第，受儒家义理和名教熏染，却不泥古守旧，思想较为开通。曾氏家族后裔中，出现了一些新风，如同维新党为伍，无论男女均可出国留洋，信奉西方宗教等等，郭筠深表理解，并不干预。

郭筠虽为家庭妇女，但经常阅读报刊，关心时事，并有政治预见，当袁世凯还是清廷大臣时，她就根据相关动向，预见此人将来恐怕要做"伯理玺天德"，即英语总统的意思。后来，果然应验。

郭筠办事公正，绝无私心，她在每房孙辈中选一年岁最大的孩子，带在身边，不分男女亲督教育，没有丝毫偏心偏爱。

未出嫁前，郭筠在娘家就有相当的文化基础，到曾家后，更获大幅度提高，她说："大部头的书，如《十三经注疏》《御批通鉴》等都是到曾家来在文正公指导下才读的。"她一生爱书嗜学，在她管理下的富厚堂藏书楼成为精华所在，对各人藏书分馆分类珍存，俨然是一个颇具规模的图书馆。芳记书楼是郭筠藏书和学习之处，她学习范围颇广，从传统的经史子集到时尚的新学图书，都在阅读之列。她爱好写作，尤爱作诗词，清末刊有她的诗作选集《艺芳馆诗抄》，后来由其孙女曾宝荪整理编刊《艺芳馆诗存》。她秉承祖训，身体力行，作出表率，虽年轻时患过瘫痪症，行动一直不太方便，仍坚持督导家里女工，甚至自己下菜园种植。曾氏后辈每当提到这位"艺芳老人"，尊敬之情溢于言表，足见她对曾家的影响和贡献十分突出。

"崇德老人"，是曾国藩最小的女儿曾纪芬晚年的自称。她在曾氏儿女中年龄最小，却又寿命最长，享年九十有一。"艺芳老人"和"崇德老人"，这对姑嫂是曾氏女儿和儿媳中最负盛名的人。

光绪元年（1875），曾纪芬和聂缉椝成婚。聂缉椝，湖南衡山人，书香之家，官宦门第，其父聂亦峰翰林出身，曾在广东任知县、知府、补用道台。聂缉椝因左宗棠提携，任江南制造局会办，后升总办。尔后，被授苏松太道，先后署理江苏巡抚，调补安徽巡抚，改任浙江巡抚。他在沪筹办官商会办的华新纺织新局，自己持有相当股份，最后将该企业改组为自家独营的恒丰纺织新局，成为清末民初著名的新式企业。

曾纪芬家境富裕，自己并不沉溺于骄奢淫逸的生活，仍恪守儿时在家受到的勤俭之家训。随夫在沪期间，坚持每天晚饭后纺一两棉花。自己和子女的鞋袜衣服，多由她亲手缝制。她十分重视节俭之美德，指出："中国立国之精神，与民族之个性不一端，而其特点实惟俭德。"强调妇女应带头节俭："顾亭林曰：'国家兴亡，匹夫有责。'吾则曰：'匹妇尤有责焉。'摒弃华美之衣饰用具，勤俭刻苦，以激励男子，共造成良好之社会风习，培养国家之元气，保全世界之安宁，非吾女子之责乎？愿吾女同胞勿以其为老生常谈而忽视之也。"这位崇德老人崇尚艰苦朴素之美德，力戒奢侈，这正是曾文正公一贯倡导的优良之家风。

曾昭燏亦为曾氏家族优秀女性的代表，她是曾国藩的大弟曾国潢的长曾孙女，我国著名的考古学家、博物馆学家。1909年1月27日出生于湖南湘乡，小时读私塾，12岁进堂姐曾宝荪开办的长沙艺芳学校，接受新式教育。

1929年考入南京中央大学外文系，一年后转国文系。四年后中央大学毕业，在金陵中学任教一年。1934年10月，入金陵大学国学研究所深造。1935年3月，自费赴伦敦大学研究院攻读考古学，为首位赴海外攻读考古学的女士。曾昭燏利用寒暑假到英国各地博物馆，收集散失的中国铜器资料。次年以优异成绩毕业，获硕士学位。1937年3月，赴德国，先是到柏林国家博物馆参加什列斯威格为期10个月的考古发掘，后又到慕尼黑博物馆参加两个月的展览设计及藏品整理工作。在此期间完成了论文《论周至汉之首饰制度》。1938年，回到英国，任伦敦大学考古助教。1939年初，回到祖国，任中央博物院筹备处专门设计委员，奔波于四川、云南，从事考古研究和现场考古发掘工作，她和同仁们第一次运用国外先进技术和科学方法进行"锄头考古"活动，使室外考古发掘工作更为科学合理。1940年6月，曾昭燏升任中央博物院筹备处总干事。这一年下半年，她还协助李济，在成都、重庆等地，筹办"远古石器展"。1948年，参加联合国博物馆协会，成为九个中国会员之一。中华人民共和国成立后，中央博物馆筹备处改为南京博物院，曾昭燏被任命为副院长兼南京大学历史系教授。1954年升为院长。曾昭燏堪称我国考古界的顶尖学者，她和著名的考古学家夏鼐并称为"南曾北夏"。曾昭燏终身未嫁，她不仅专长考古，在考古收藏上亦有很高的造诣，是一位文博大家。在诗词、书法上亦有很高的成就。

曾昭燏晚年生活孤寂，患有精神忧郁症。1964年12月22日赴灵谷寺散心，将一包苹果交给司机，纵身从灵谷宝塔上跳下，不治身亡。最后从她身上找到一张纸条，上面写着："我的死，与司机无关。"这位学者在最后一刻，依然顾及他人。著名学者陈寅恪闻知曾昭燏之死，感慨不已，写诗一首："论交三世旧通家，初见长安岁月赊。何待济尼知道韫，未闻徐女配秦嘉。高才短命人谁惜，白璧青蝇事可嗟。灵谷烦冤应夜哭，天阴雨湿隔天涯。"

五、曾族子孙　群彦留芳

曾国藩与常人的企盼不同，他教育家人"莫作代代做官之想，须作代代做士民之想。"希望子孙后代读书明理，做个造福社会的有用之才。在他的影响下，数代后裔多为读书人，并在自己专攻的领域内，取得了骄人的成就。

曾昭抡，字隽奇，号叔伟。1899年生于湖南湘乡。他是曾国潢的曾孙，曾广祏之子。曾氏家族中杰出的化学家、中国科学院院士。6岁入私塾，10岁到长沙雅礼中学就读。他聪颖又用功，成绩十分优秀。1915年考上八年制清华留美预备学校，直接跳入四年级。1920年赴美进入麻省理工学院，攻读化工，用三年时间完成了四年需读的课程。1926年完成博士论文《有选择性的衍生物在醇类、酚类、胺类及硫醇鉴定中的应用》，拿到博士学位，美方留其在美工作，遭曾昭抡拒绝，毅然返回祖国。1927年进入南京中央大学化学系任教授，后又兼化工系主任。1931年转入北京大学化学系，任教授、系主任。1932年8月，发起成立中国化学会，当选为首届理事，并创办《中国化学会会志》，为我国第一个以外文出版的化学学术期刊，用英、法、德文发表我国化学研究成果，对促进化学研究，加强中外学术交流，发挥了良好作用。曾昭抡还从事炸药化学研究，出版了专著《炸药制备实验法》。虽然痴迷于化学的教学与研究，却不是"两耳不闻窗外事"的学者。在西南联大任教时，积极参加各种进步活动。抗战胜利后，他参加反内战、反饥饿、反独裁大游行，被国民党特务监视。为人身安全，1946年，他同夫人赴美，在麻省理工学院任教。在此期间，他对原子能进行了考察和研究。1948年曾昭抡当选为"中央研究院"院士。

中华人民共和国成立后，曾昭抡任北京大学教务长兼化学系主任。1953年，被任命为高教部副部长、全国科学联合会副主席。1957年，因与其他几位名教授联合提出《对于有关我国科学体制问题的几点意见》，而被错化为"右派"。1958年应武汉大学校长李达之邀，赴武大化学系执教。1963年12月，在曾昭抡倡议下，全国高等学校有机化学讨论会得以召开，推动了高校有机化学研究的向前发展。"文革"风暴中，曾昭抡备受迫害与摧残。1967年12月8日，在武汉含冤离世。此人虽逝，光辉不灭。

曾氏家谱中，有两位独特的女性，曾宝荪与曾宝菡，她俩的名字都冠以"贞女"，意思是终身未嫁。

曾宝荪，著名教育家，她把自己的一生都献给了教育事业。她生于1893年3月9日，恰逢与屈原同一日生，故字"平芳"。读《孟子》的养气章，颇有感慨，又自号"浩如"。4岁开蒙，在家中私塾读书至14岁。后赴沪，入女子教会学校晏摩氏女校学习，后入冯氏高等女子学校学习，深受冯氏高等女子学校校长英国人巴路义女士之影响。1912年春,巴路义回国休假一年带宝荪赴英国深造。先在英国补习英文,一年后考入伦敦大学西田书院,选择理科课程,包括生物、化学及数学。为了宝荪在英国学习,巴路义牺牲了自己拿退休金的机会,继续留在英国陪伴宝荪完成学业。毕业之时,曾宝荪成了中国女性中第一个拿到理科学士学位的人。接着,她又去剑桥、牛津继续读研究科目。为了将来办学之需,1917年她又在伦敦读了一年师范科。宝荪和巴路义在英积极筹募办学基金,西田书院校长及各界纷纷捐款,给予她们很大帮助。1918年9月,曾宝荪在长沙创办女子学校,以其祖母郭夫人书斋之名,定校名为"艺芳女校"。曾宝荪自任校长兼英语、生物教员,宝荪的弟弟曾约农任教务主任,兼英、算、理化教员。曾宝荪不仅任艺芳女校校长,还兼任省立第二女子中学校长、省立第一女子师范校长。蒋介石崇拜曾国藩,一心想把当时有一定社会威望的曾宝荪拉入他的圈子。1938年组建三青团,心想招募曾宝荪,但曾宝荪对此冷淡,她热心教育,不热心政治,托病未参与实际工作。1949年到了香港,继续从事教育事业。1951年受宋美龄之邀来到台湾,因年高体病,未做实际工作。1978年7月27日病逝于台北,享年86岁。

曾国藩的第三代为"广"字辈,这一辈分中的佼佼者,当属曾广钧。广钧,字重伯,号怀远,又号皲庵,1866年8月10日生于武昌抚署,他是曾纪鸿的长子、曾国藩的长孙。自幼博通经史,人称"神童"。十来岁便能背诗百首,且可脱口成章。1881年其父曾纪鸿病故,时年16岁。1889年,入京会试,中进士,选入翰林院,成为曾氏家族曾国藩之后的第二个进士。曾广钧在翰林院中年纪最小,表现出众,文采方面以诗取胜,人称"翰院才子"。他以擅长玉溪体闻名,当时与李希圣、汪荣宝、孙希孟并称为"玉溪体四大家",其作品集《环天室诗集》,堪称诗词中之佳品,其中《庚子落叶词》十二首,为哀叹光绪最宠爱的珍妃所作,是《环天室诗集》中较著名的篇章。

在"广"字辈中,还有一位爱国化学家曾广植,值得一提。他1918年出生于湖南湘乡。他是曾纪寿的第七子,曾国藩的三弟曾国华的孙子。原名曾广锜,字彦叔,一字劲松。受家族影响,从小对西方科技颇感兴趣,1937年考入武汉大学化学系,1938年转入西南联大化学系。1943年西南联大毕业,在中央大学化学系任教。1948年赴美留学,进入马里兰大学学习,1950年转入俄亥俄大学化学系攻研有机化学。1952年,获硕士学位,留校从事教学与科研。在美的九年里，全力投入药物化学的研究，成就突出，成为中外学术界一颗耀眼的明星。他强烈希望回国效力，却遭美方野蛮迫害，强行将他绑架，送至瓦巴什山谷精神病医院，折磨迫害达14个月之久。曾广植赤子之心，毫不动摇，美国移民局感到对他实在毫无办法，只得宣布将他"驱逐出境"。1957年7月6日，曾广植终于回到阔别九年的祖国，被安排在中国科学院上海有机化学研究所，先后任副研究员、研究员，第二、三届学术委员会委员。1982年至1987年，先后应邀去香港大学、美国科学院中美高级学术交流会等进行学术交流，为推进中外化学事业的发展作出了贡献。

曾家还有一位杰出女医生，叫曾宝菡。她以一双妙手，勤恳"治人身"。曾宝菡生于1896年，号咸芳，为曾国藩次子曾纪鸿的孙女。1905年仅10岁，便与堂姐曾宝荪一道进入上海西门务本女校读书。1909年，又考入杭州冯氏高等女校。中学读书时，常对堂姐宝荪说："姐姐治人心，我治人身。"经努力，考入杭州广济医学院。毕业后，入上海骨科医院，任主治医师。又转杭州广济医院儿童骨科部任主任。救死扶伤，不计其数。多年从医，积累了丰富的临床经验。为扩大所从事的医疗事业，20世纪40年代，在上海"红房子"，创办私立诊所。她专于骨科，医术精湛，在沪享有很高的名声。此外，对妇科疾病亦颇精通。1949年前后，曾给不少社会名流治病，诊治了不少疑难杂症，业内有较大影响。曾宝菡以医疗为业，终身未嫁。1979年，因脑溢血病逝于上海，享年84岁。

曾氏后裔中，还有一位丹青高手，他是曾国荃的玄孙曾厚熙。1916年10月3日生于长沙，其父曾昭平对他督教甚严，亲自为他教授《曾文正家书》。厚熙对曾国藩谕曾纪泽学画的家教极感兴趣。孩提之时，常把观察到的人物形象、动物轮廓画在墙上、地下，颇有美术天分。父亲见他这方面大有可为，专请一位国画家教他作画。1922年7岁的厚熙入乡塾就学，之后进入私立雅礼中学、华中大学、中央陆军军官学校云南分校学习。毕业后，选定以绘画为职业。抗战时期，以书画为武器，投入抗日救亡运动。在长沙举办个展，销售书画作品，所得款项，悉数捐赠流亡学生。20世纪40年代在昆明结识著名画家丰裕恭，两人切磋画艺至深夜，结下深厚友谊。1948年8月，曾厚熙从长沙去九龙，最后定居台湾。1954年，于右任、张大千邀曾厚熙赴台湾参加台湾博物馆举办的画展，其力作《夜宴图》，精致灵异，气势恢宏，被行家赞许为"一幅体现国画艺术的代表作"。20世纪60年代初，曾厚熙被联合国聘为文教委员。尔后，在欧、亚、美、大洋洲二十多个国家和地区，多次举办画展，用其多彩之笔，书写了灿烂的一生。

曾国藩一生为清王朝效忠，他的后人中却有人看到了清代的腐败无能，力举变法图强。人们知道"戊戌六君子"的悲壮故事，却很少有人知道，清末变法队伍中，还有曾家人的身影。这个人就是曾国藩的孙辈曾广河。曾广河，字和一，号百航，又字幼符，又号梦荪。1874年，出生于北京。其父曾纪瑞在京任兵部员外郎，他自小在京接受庭训。1880年6月，曾纪瑞病逝，曾广河随母回湘，住入荷叶镇大夫第，入家塾读书。虽接受旧式教育，但爱读西方书籍。1894年，曾广河在刑部任职，目睹甲午海战清军惨败，《马关条约》割地赔款，认为"非变法难以自救"。他与谭嗣同关系甚密。1898年，谭嗣同被召入京，参与变法事宜，曾广河特在湖广会馆设宴款待。不久局势逆转，谭嗣同等六君子惨遭杀戮，曾广河闻讯后悲愤不已，当晚于北京寓所服毒自尽，年仅25岁。

曾氏家族的后人中，还有一位投身无产阶级革命的红色女性，她就是共和国元帅叶剑英夫人曾宪植。她是曾国荃的玄孙女，1910年1月，生于长沙。其父曾昭和毕业于湖南公立法政专门学校，曾任湖北夏口地方法院推事。其母李氏，出生书香人家，亦有文化修养。曾宪植6岁入长沙古稻田附小读书，1923年考入古稻田师范学校。不仅学业优秀，还是篮球高手。1927年工农运动风起云涌，曾宪植毅然投考国民政府军官学校武汉分校女生队，参加北伐战争，成为中国历史上第一批女兵中的一员。尔后，随叶剑英军官教导队南下，参加广州起义。起义失败，赴香港转入地下活动。1928年春，白色恐怖猖獗，不满18岁的曾宪植申请加入共产党。不久，与叶剑英结婚。婚后，叶剑英赴苏留学，上级本计划让曾宪植随往，因人员超额，曾宪植将名额让于他人，受党派遣转上海留守机关，后就读于华南大学。1929年5月，因参加反对国民党政府的示威游行而被捕，营救出狱，遂留学日本。1931年返回祖国与叶剑英相聚。接中央命令，夫妻同去中央苏区，因担心夫妻同去苏区，经国民党封锁线易被发现，决定两人分开。曾宪植二次赴香港。1937年同叶剑英、李克农来到武汉，在《新华报社》工作。1938年，三进香港，同年10月生下叶选宁。为了继续革命工作，将未满一岁的儿子改名曾庆馨，送往湖南老家，独自至桂林八路军办事处。1945年随中共中央代表团来到重庆，担任邓颖超秘书，参与国共谈判。1947年3月转晋察冀根据地，参加农村土改运动。1948年冬，在西柏坡参加中共中央妇女工作会议，被任命为筹委会副秘书长。中华人民共和国成立后，曾宪植在全国妇联，一直从事领导工作。1978年9月，在第四次全国妇女代表大会上，当选全国妇联副主席，重新担任党组副书记，直至1982年退居二线。1989年10月11日病逝于北京。曾宪植侠肝义胆，才貌双全，是我党极富传奇色彩的女革命家。

曾氏不仅在本族内涌现了众多德才兼备的各类人才，而且在出嫁女儿养育的外孙及曾外孙中，亦有不少出众的俊彦。这里仅介绍三位。

科学巨子周仁，曾国藩的外孙女婿。其妻聂其璧为聂缉椝与曾纪芬的最小女儿。周仁还是盛宣怀的外孙，蔡元培的妻弟。周仁，1892年8月5日生于南京，1910年江南高等学堂毕业，考取清华大学留美公费生，到康奈尔大学留学，同去的还有赵元任、胡适等。在康奈尔大学机械系刻苦学习四年，1914年毕业。毕业后考取冶金专业研究生，1915年获硕士学位。系主任希望他留美工作，周仁却未被身外之物所诱惑，毅然回到祖国。当时中国仅有一家钢铁公司——汉冶萍公司，周仁很想进一线炼钢，未能如愿。1917年到南京高等师范学校任教。1922年，刚31岁的周仁，被上海交通大学聘为机械系教授。1928年，"中央研究院"成立，周仁负责创建工程研究所。1929年，周仁领导建立了三相电弧炉，炼出了不锈钢、锰钢、高速钢等。抗战期间，工程研究所内迁昆明。经周仁和妻子聂其璧的努力劝说，缪云台和刘鸿生终于同意投资制钢厂。1939年，公私合股的中国电力制钢厂开张，周仁任总经理兼总工程师，克服重重困难，试制炼出了合金钢、工具钢、战时急需的特种钢，为抗战胜利做出了巨大贡献。抗战胜利后，工程研究所迁回上海。上海解放前夕，国民党政府想把周仁挖走，因舍不得丢下亲手创办的工程研究所，周仁拒绝了国民党的安排，留沪迎接解放。中华人民共和国成立后，周仁积极从事冶炼科研，率先研制成功达到世界先进水平的球墨铸铁。周仁还是我国古陶瓷科学研究的奠基人，不仅研究陶瓷的日用品和美术品，还研究工业陶瓷，并获得了重大成果。周仁于1973年12月3日，病逝于上海。为纪念周仁在冶金科研上的伟大贡献，1986年8月10日，中科院上海冶金研究所院内，竖立起他的半身铜像，供人们永远瞻仰。

国学精英瞿宣颖，亦为曾国藩的外孙女婿，其妻聂其璞是聂缉椝与曾纪芬的女儿。瞿宣颖之父为清末军机大臣瞿鸿机。瞿宣颖在复旦求学时，将"人人为我，我为人人"这一名言，首次翻译到中国。他是现代史学家、文学家，一生博学多闻，著作甚丰。

瞿宣颖生于 1894 年 3 月 18 日，字兑之，号铢庵，晚年改号蜕园。"宣颖"的"颖"有尖锐之意，故他原来字"锐之"；稍长后，深感自己并无那种脱颖而出的锐气，就将"锐之"改为"兑之"。少年曾拜张劭希为师，后又随王湘绮、王葵园习诗文。在诗文上有很高的成就。陈三立在为瞿宣颖的《补书堂丙子诗存》所作的跋语中写道："抒情赋物，悱恻芬芳，而雅韵苍格，阶苏窥杜，无愧健者。"对瞿氏诗作，评价极高。辛亥革命后，全家搬至上海居住。瞿宣颖开始在沪的求学生涯，最初在圣约翰大学就读。五四运动时，他是上海的学生代表，在新成立的学生联合会任文秘，主要由于他能用英语直接同外国人对话。大学毕业后，先后任北洋政府国史编纂处处长、国务院秘书等职。从北伐后直至抗战胜利，曾任南开、北师大、辅仁等大学教授。

中华人民共和国成立后，瞿宣颖一直居沪，写作为其经济来源。一方面为中华书局上海编辑所做特约编辑，一方面给香港文汇报撰稿，还有各种零星写作收入，生活尚可。"文革"中陷入困境，常叹处境艰辛。1968 年 75 岁所作诗中写道："百年已过四分三、世事何曾得稍谙。自顾皮囊真可掷，即无廪禄亦怀惭"。足见，往事十分凄凉。

瞿宣颖涉猎颇广，史学、文学、书画、艺术均负才华，在汉史研究上功力颇深。台湾的大学一直采用他在 1944 年所撰、由中国联合出版公司出版的《秦汉史纂》作讲义。他在地方志编纂上亦很有见地。来新夏在《中国地方志总目提要》序言中指出：瞿宣颖所著《方志考稿甲集》"是中国最早一部私家方志提要目录专著，主要著录天津方志收藏家任凤苞天春园所藏方志600 种，逐一辨其体例，评其得失，志其要点，录其史料，为学术含量颇高之目录学专著"。他还著有《志例丛话》，为我国方志学的建立和发展，做出了重大贡献。

掌故学研究亦为瞿氏一生的最大成就。清末民初掌故学最有建树者有三人：瞿宣颖、徐一士、黄浚，瞿氏居三人之首。与徐、黄相比，瞿宣颖著述最多，分类最细，内容最为丰富。他善于运用掌故学成果研究地域、风俗制度等专题。瞿宣颖古诗文功底深厚，他在《燕都览古诗话》中，采用诗配文形式谈掌故，内容生动活泼，引人入胜，该书是我国掌故学研究的权威性书籍。

1973年瞿宣颖辞世。留下著作有:《汉代风俗制度史前编》《汉魏六朝赋选》《北平建置谈荟》《北平史表长编》《同光间燕都掌故辑略》《中国社会史料丛钞》《方志考稿甲集》《长沙瞿氏丛刊》《补书堂讨录》等。

著名弹道专家俞大维,亦是曾国藩的外曾孙。其父俞明颐,其母曾广珊为曾国藩之孙女。

俞大维生于1897年。1918年,圣约翰大学毕业。同年10月,赴美国哈佛大学哲学系学习,四年后获博士学位。又进德国柏林大学深造,专攻数理逻辑与哲学,留德期间聆听过爱因斯坦讲授的相对论课程。1925年俞大维写了一篇论文,题为《数学逻辑问题之探讨》,刊登在爱因斯坦主编的数学杂志《数学现况》上,成了在这一刊物上发表论文的第一个中国人,而在这一刊物发表论文的第二个中国人则是华罗庚。俞大维在数学力学上有很高的造诣,他对我国导弹专家钱学森有很深的影响。在表彰为"两弹一星"做出巨大贡献的杰出科学家的颁奖大会上,钱学森在讲话中谈道:"今天我们能交出这样一张成绩单,要特别感恩和怀念三位先贤前辈,第一位就是俞大维先生。"

1918年6月,学成回国,任军政部参事。1919年5月再次赴德,负责采购军备。1932年派任参谋本部少将主任秘书,他却婉拒而自愿到中央训练团任兵器总教官。1933年1月,调军政部兵工署署长,晋升陆军中将。1937年抗战爆发,在俞大维指挥下,将沿海30余座兵工厂、钢铁厂、材料厂陆续西迁,恢复生产,为抗战中的国防工业做出了巨大贡献。1944年12月调任常务次长。1946年出任交通部部长,使全国铁路一定程度上实现了自动化,邮局开办了二十四小时服务。1950年赴美养病。1954年出任台湾"国防部长"。他非职业军人,终生未加入国民党,却以学者身份担任"国防部长",一干就是十年且口碑甚好。

俞大维在优越的家世背景下,深耕科学与哲学,与陈寅恪一起,被傅斯年誉为"中国最有希望的读书种子"。他一生清廉自守,积极参与规划了我国兵工、交通事业的现代化。晚年归于学术,读书却不著书,不写自传,包括不做口述历史,最后归心于不立文字于人间。

俞大维受母亲影响,从小对佛学有浓厚兴趣。在繁忙的公务之余,坚持收藏中文佛学典籍,去世前正式皈依佛门,成为一名居士。俞大维十分自谦,生前总爱将自己称作一个"有常识的凡人"。

曾国藩之父曾麟书撰定，由曾国藩手书这副对联，张贴于曾府大厅的立柱上：

有子孙有田园，家风半耕半读，但以箕裘承祖泽；

无官守无言责，世事不闻不问，且将艰苦付儿曹。

这是曾氏家族传世之名联，亦为曾家教育子孙的家训。

曾家的杰出代表曾国藩正是从耕读起程，步入官宦之途的。做了一品大员，仍不忘耕读家风，勤俭持家，谨慎为事，保持着发展的态势。这个家族绵延至今，已达八世，共涌现有名望的人才240余人，成为我国近现代史上一个十分引人注目的旺族。如此长盛之家，古今中外实属罕见。

曾国藩是一位有争议的历史人物，但时至今日，有关他的书籍，仍在大量出版，人们仍在争相阅读有关他的资料。可以说，全国范围内已出现一个"阅读曾国藩"的热潮。

我们可以平心静气地思索一番，在这位曾文正公身上，仍有下列内容，对我们有深刻的教育意义。

其一，以天下为己任的精神。

曾国藩生于清代末期，太平天国起义席卷了半个中国。曾氏一介书生，应命上马，组织团练，操练水陆两军，规模达一万七千余人，成为当时全国规模最大的地方军，经挫败至善战，最后攻克了南京。正是这种以天下为己任的精神，让曾氏成就了历史的辉煌。

其二，坚持读书，注重家教。

曾国藩一生酷爱读书，任京官的十二年中，他就是琉璃厂常见的淘书客。即使在繁忙的军政生活中，绝不废读书问学。他强调士人读书要做到"三有"："第一要有志；第二要有识；第三要有恒。"读书应在"弄懂""弄通"上下功夫："一句不通，不看下句；今日不通，明日再读；今年不精，明年再读。"他不仅这么说，也是这样做的。

曾国藩极为重视家教，他写给亲属的1500余封家书，就是实施家教的生动教材，读来启人思索，令人感动。

其三，廉洁自律、淡泊自处。

曾国藩对自身、对身边的人要求颇严，一直以廉洁自律、淡泊自处相要求。他对两个儿子从小就严加管束："不许坐骄，不许使唤奴婢做取水添茶的事情；拾柴收粪之类的事情，必须一件一件地去做；播种除草之类的事情，必须一件一件地去学。这样才能避免骄奢淫逸，才算抓到了根本。"小处见精神，这些都反映了曾国藩高于凡人之处。

往事越千年。在留存至今的这些曾氏家教、家训、家风中，仍有许多可供我们吸取的思想养分。温故而知新，阅读湘乡曾氏家史，仍然可使我们受益匪浅，成为有益于社会的良才。

谭鑫培与江夏谭氏家族

京剧被称作国剧，是在中华大地上流行区域最广，中华儿女最为喜爱的戏曲艺术。京剧从形成、成熟至盛行，虽不过一百六十余年的历史，但它集中继承了中国戏曲悠久的历史传统，汇集了中华文化不朽之精华，至今仍有旺盛之生命。

在京剧艺术的发展进程中，有一位名叫谭鑫培的老生演员，他承前启后，致力于老生角色的艺术创造，形成了影响深广的谭派。

谭鑫培艺名"小叫天"，其声望日隆，竟达到了"满城争说叫天儿"的地步。许多人都争学谭派，因而有"无腔不学谭"之誉。其后代，代代传艺谭派，前后七代，都为梨园高手，都宗法谭派老生，这在中国戏曲发展史上是少有的奇观。

本文将对这一独特的戏曲文化佳景，作全面的评述。

一、国粹京剧艺术的兴起

京剧为我国众多戏曲艺术的一种，它形成于北京，成熟于北京，故定名为京剧。

京剧的前身是徽调、汉调、昆曲、秦腔、京腔，还受到民间俗曲的影响。丰厚的历史传统与民间曲艺沃土的浸润，使京剧破土而出，赢得社会上下的普遍钟爱。

京剧崛起，时间应是1790年徽班进京。这一年安徽戏班应召进京，参加为乾隆祝寿的朝廷大典的演出，盛况空前。尔后又长期在北京发展，形成了相当可观的规模。事实上，徽班不只是演唱徽调，还演唱汉调、昆曲、梆子。此时，先入京的汉戏艺人，多搭徽班唱戏。这样，便促使西皮、二黄的交流和融合。为了生存，徽班演员亦工昆曲，从昆曲的艺术手段、表现方法、演出风范等方面吸取精华，不断提升皮黄的艺术水平。经历数十年的融合和创造，从混乱杂陈逐渐孕育，从而形成浑然一体的新式戏曲，这便是独树一帜、备受观众喜爱的京剧。

京剧的形成和逐步成熟，主要是赢得徽汉融合的有利条件，而且又获得了多方面继承古老戏曲艺术传统的机会。此外，还有两个不可忽视的因素：一是艺术家革新创造的才能以及他们始终不脱离民间演出，因而得到广大民众的喜爱和支持；二是"上有好者，下必甚焉"。经济的发展，都市的繁荣，宫廷贵族和社会巨富的追捧，为京剧的发展提供了优越的物质基础和精神支持，并对艺术质量提出较高的要求，从而有力地推动了京剧的向前发展。

京剧是一种载歌载舞的民族歌舞剧，无论是编剧方法，演员的唱白表演，还是舞台的音乐和美术，都继承和发扬了民族戏剧重视艺术综合、讲求艺术虚构性、体现表演的程式化的传统。京剧的唱腔以西皮、二黄为主，它的板式、旋律，规格严谨，由演唱者依据人物感情的不同灵活运用，产生喜怒哀乐不同的艺术效果。京剧的做工，具有舞蹈化的特点，演员的一招一式，一举手，一投足，无不富有节奏感，且与唱白、音乐融合为一体。舞蹈化的身段动作，是通过表演程式来表现的表演程式，是生活动作、表情的高度艺术升华。京剧演员必须经过严格训练，方能准确把握。京剧是虚拟性极强的表演艺术，空荡的舞台，既可当作宫廷王府，亦可看作荒郊野外。一张桌子可当一张床，亦可看作一座山。一根鞭子可代表一匹马，亦可看作一头驴。而"三五步走遍天下，六七人百万雄兵"，正是虚拟化表演的生动写照。

作为中国戏曲艺术的典型代表——京剧，自1919年梅兰芳访日演出之后，开始走出国门，赴世界各地演出，受到了世界人民的欢迎。

日本戏剧家千田是也对京剧给予很高的评价，他说："这是欧洲艺术家们梦想的交响乐式的舞台艺术，而这种梦想，京剧已在两百年前就实现了。"

早在20世纪50年代，苏联著名作家西蒙诺夫看了《三岔口》后，兴奋地说："中国京剧是世界上第一流的艺术，这种表现方法只有中国才有，全世界任何一个国家都学习不到的。"

法国荒诞派戏剧家让·热内，1955在巴黎观看京剧《秋江》《闹天宫》《三岔口》后，深有感触地说："无论如何，京剧的主题、结构、表现方法之精妙绝顶，激起我很大的兴趣。"

西方戏剧家在导演作品时，也大胆借鉴东方京剧的一些表演技巧，如法国导演巴劳尔，在处理莎士比亚戏剧的一些战争场面中，曾运用过京剧的开打和特技，结合伊丽莎白剧场的技巧，创造了气势磅礴的效果。

戏剧必须通过演员的表演来完成，京剧亦如此。京剧在其形成、发展、成熟的历史进程中，涌现了一大批优秀演员。提起老生行当，人们会想起前三杰：余三胜、程长庚、张二奎；后三杰：孙菊仙、谭鑫培、汪桂芬。还有后来的周佳芳、马连良等。提起旦角，人们自然会想起四大名旦：梅兰芳、程砚秋、尚小云、荀慧生，以及后来的张君秋、赵燕侠、杜近芳等。提起净行，人们会想起金少山、侯喜瑞、郝寿臣的三足鼎立，以及后来的裘盛戎、袁世海等。这些杰出演员，以其生动的角色创造，丰富了京剧舞台，推动了京剧的繁荣和发展。京剧造就了一批又一批星光闪烁的优秀演员，这些优秀演员又以不同凡响的艺术创造，让京剧经久不衰，成为亿万观众难以割弃的精神需求。

京剧在其长期发展过程中形成了源于生活、又高于生活的表演程式，这些表演程式绝非一时一日就可以驾驭的，必须从幼小时期就要开始学习。所以，过去的许多演员五六岁就开始学艺，十来岁就已登台。许多著名京剧演员都是出生梨园世家，祖父、父亲均为艺人，从小耳濡目染，在戏曲的氛围中长大，深得长辈亲传，因而功夫扎实，颇具本派神韵。如青衣中的梅派，梅兰芳的祖父梅巧玲，为同光十三绝之一。其伯父梅雨田为著名琴师，常年替谭鑫培操琴。梅兰芳之子梅葆玖，继承梅派艺术，为当今梅派的领军人物。又如小生行中的叶派，叶盛兰的父亲叶春善，是著名的京剧科班富连成社的创始人和社长。叶盛兰的儿子叶少兰，继承叶派小生表演艺术，如今已是京剧小生艺术的翘楚。更为典型的是老生谭派艺术，代代相传，至今已有七代，仍在继承发扬着谭派精髓，如今谭派的京剧表演艺术仍然活跃在舞台上。

下面重点谈谈江夏谭氏家族的从艺历程及相关故事。

二、谭家走上戏曲艺术之路

谭鑫培的故里在湖北武昌江夏县。武昌为武汉三镇之一，在汉水和长江交汇的三角地带，这里地理位置优越，是九省通衢的交通枢纽。江夏县属武昌府，市面繁荣，房屋栉比，谭家就住在县城大东门外的田家湾。

谭鑫培的祖父谭成奎原先在田家湾这一城乡交界地带开了一个粮店，买卖虽不十分兴隆，尚能养家糊口。到了其父谭志道出生之时，因连年灾荒，米价上涨，加之经营不善，米店折本倒闭。谭成奎平时练些拳脚，懂点功夫，便到县衙当了一名捕快。由于好酒贪杯，性情暴烈，得罪了当地权豪，捕快未干多久，便丢了饭碗。谭成奎又气又恼，染成大病，撒手归天。此时谭志道才十来岁。

当时，湖北风靡打锣腔，即人们所称的"哦呵腔""花鼓调"。虽朝廷禁演这些民间小调，但民间百姓都爱看花鼓新戏。

谭志道生得五短身材，眉目清秀，嗓子又高又亮，心眼灵，记性好，是块演戏的好料子。家里便让他业余学艺，于道光二十六年（1846）春，正式下海，成了一名花鼓艺人。行当是汉调十门角色中的九夫，即后来京剧中的老旦。他唱戏卖力，人缘又好，既演老旦，又能演老生，很快在武昌一带出了名。因其声音高亢细亮，像叫天儿即云雀，在空中鸣叫，戏迷们给他取了一个"谭叫天儿"的艺名。

自此，谭志道踏上了从艺之路，他是谭氏家族中，走上戏曲表演之路的第一人。在卖艺过程中，遇上了好心的姑娘熊巧云，两人十分投缘，便结成了连理，先后生了两个女孩，一个早产而亡，一个满月夭折。到39岁时，才喜添贵子。为孩子推敲时辰八字时，因命中缺金，遂取名金福，以鑫培为号。这个孩子从小随父学艺，日后竟成了"四海一人的伶界大王"。

清咸丰三年（1853），因太平天国起义爆发，武昌一带成了战场，百姓难以生活，谭志道便携妻儿北上，先在天津一带"跑帘外"，即在农村乡镇演草台戏，后辗转入京，搭程长庚的"三庆班"演老旦。曾与程长庚会演《朱砂痣》，备受欢迎，时称"双绝"。据其曾孙谭富英回忆，其曾祖父谭志道，唱念多用湖北音，似今日汉剧唱念之字音。谭志道对京剧发展的贡献，是将汉调老旦唱念引进北京，为京剧老旦行当的形成奠定了基础。

三、伶界大王谭鑫培

谭鑫培（1847—1917），著名京剧老生演员，京剧老生行当"后三甲"居首位，创立的老生流派谭派，影响深广，经久不衰。因其父谭志道艺名"叫天儿"，人们又称谭鑫培"小叫天"。

谭鑫培于清道光二十七年（1847）三月初九，诞生于湖北武昌府江夏县大东门外田家湾。

谭鑫培出生之时，正是大清王朝江河日下、风雨飘摇的暗淡时光。太平军与清兵，在武昌一带交战，致使武昌城郭化为一片焦土。太平军占领武昌这一年，鑫培刚5岁，父亲带着他，一家三口，四处奔波，靠卖艺为生。顺江南下，到了徽班发扬地安庆。在安庆逗留一个多月，结识了不少徽班艺人，眼界大开。接着又到了芜湖、当涂，最后来到六朝古都南京。听说太平军要前来攻城，不敢多逗留，经镇江到了扬州。扬州亦不安全，决定沿运河北上，经高邮、淮安、聊城、沧州，于咸丰三年（1853）春季抵达天津，一家在津郊住了下来。

天津是北方大港口，商贸发达，戏曲众多。徽调、汉调、梆子、乱弹、弦索……，诸腔杂陈，十分热闹。谭志道主要在皮黄班，有时也搭杂班。在城内演出不多，主要是跑码头，到乡镇演出。津郊周围数百里，南到大城、青县，北至香河、宝坻，东达塘沽、大沽，西抵廊坊、霸州，四处卖艺。谭志道有一又脆又亮的好嗓子，又善于模仿，演什么像什么，很受乡间戏迷的喜爱。

转眼间，来津已四年，鑫培快满10岁。虽人云："家有三斗粮，不进梨园行"。但不让儿子学戏，又能做什么呢？谭志道反复考虑，还是决定让独生孩子跟自己学戏。

谭志道虽说花鼓、汉调、皮黄都能唱，毕竟未进过科班，未受过严格的正规训练。为了让儿子将来能成为一个有出息的好演员，决定让儿子上科班学艺。他听说京东有个"金奎班"，班规严，名师多，学费也不贵，便和妻子商量，送鑫培到那里学戏。

在金奎班，鑫培学的是武生行当，开蒙戏《探庄》《夜奔》《蜈蚣岭》《打虎》，一字一句，一招一式地学，一点也不含糊。虽学武行，老生的文戏也得学，从《三娘教子》中的倚哥，到《宝莲灯》中的刘彦昌，《击鼓骂曹》中的祢衡、《四郎探母》中的四郎、六郎，他都学过，有关戏文都会唱，基本上做到了文通武达，这为他尔后扮演文武老生，打下了坚实的基础。

谭鑫培在科班学得认真，学得刻苦，学得出色，武功方面，耗腿、压腿、扳朝天蹬、踢紫金冠、双飞燕、串飞脚、拧旋子、过抢背、走吊毛

……，姿态优美，样样精彩。由于他表现突出，仅第四个年头就出师了，这时他刚满15岁。

谭家数辈单线独苗，人丁不够兴旺。谭志道夫妇想让儿子早结丝萝，为儿子物色了侯家闺女侯玉儿。过了两年，谭鑫培与侯玉儿完婚。从此，谭鑫培成了有家有室的人，他的生活揭开了新的一页。

作为谭志道的独子，鑫培身上保留了父亲的许多遗传基因，他能吃苦，有闯劲，办事踏实，心地善良，有一股子犟劲和韧性。他想去京城闯一闯，走出一条自己的路。哪知年轻气盛，经验匮乏，京城的戏饭并不好吃，受了一肚子气，只好回来，改跑"粥棚班"。

所谓"粥棚班"又称"粥班"，是乡间一些财主、大户出钱招收一班流浪艺人，置办戏箱，派掌班人，带着戏班到乡村集镇的野台子上唱戏，或是参加迎神赛社，求雨攘灾等活动。这种"粥班"的艺人，无固定收入，一律"活份儿"，有时收入少的可怜，弄得不好，仅可喝稀粥。谭鑫培决定到京东搭粥班，因他年轻，精力充沛，不仅演文武老生，其他角色亦能饰演，收入足可养家。

谭鑫培京东跑粥班的一段经历，是他一生中最苦的生涯。苦难是人生最好的学校，粥班磨炼了他的意志，增长了他的才干，使他不仅能演武生，还能唱老生，还会演武丑，唱、念、做、打全面发展，培养了他即兴创造的能力，让他熟悉了人情世态，积累了丰富的社会经验，所有这些，都让他终身受益。

不久，谭鑫培到了变声期，发生了倒仓现象。戏班里有句俗话："嗓子是吃饭的本钱"。

没有了嗓子，难以在戏班立足。谭鑫培听从父亲的意见，精心调养嗓子，争取早日恢复。他利用这段时间，向杨隆寿学武功。在变声期内，到通州徐家担任护院差使，增加家庭收入。护院近一年，鑫培的嗓子得到恢复，横竖宽窄，运用自如，抑扬顿挫，变化得法。谭志道高兴地对儿子说："祖师爷又给你饭碗了"。

谭志道获得三庆班班主程长庚的同意，父子二人一同进了三庆班。三庆班为京城中实力最雄厚的一个戏班，进入这个班可以同不少名角同台演戏，这为谭鑫培日后成为"伶界大王"提供了一个难得的机会。在三庆班里，谭志道为程长庚配演老旦，谭鑫培则演武生或武丑。

谭鑫培幼功深厚，又经科班习教，曾得杨隆寿、黄月山的指导，唱、念、做、打、翻、摔、跌、扑俱佳，长靠短打咸宜。他常演的剧目有《白水滩》《三岔口》《翠屏山》《金钱豹》《艳阳楼》等。程长庚十分关注谭鑫培的演出，喜欢他的聪慧机敏，更满意他那扎实的武功。尔后，让鑫培做了三庆班武行的头目。

转益多师，为我所用，这是名角形成的重要条件。谭鑫培是一个虚心好学的演员，他到了三庆班，对班主程长庚的演技，佩服得五体投地，程老板每次登台，鑫培必定抓住时机，临场观摩，暗自记下他的每一个眼神，每一个身段，两次不行便三次。程长庚也十分喜爱鑫培的好学精神，无论多忙，对他的求教总是耐心解答。有一次鑫培听说程老板有《身段谱口诀》，心想有了这《身段谱口诀》，岂不事半功倍！便向程长庚讨教。不料长庚听罢收起笑容，严肃地说："你这是学腻了想找个省事的办法吧？"他告诉鑫培，好的身段只能在苦练中去体会，绝不能靠口诀解决问题。

谭鑫培偷学老伶工姚起山《镇潭州》的故事，亦是梨园中流传的一段佳话。姚起山年逾花甲，精神矍铄，伶界无论长幼，均尊称他"姚大爷"，他的靠把老生，卓然不凡，其《镇潭州》《伐东吴》，堪称绝唱。有一天，鑫培得知姚大爷在某戏园演出《镇潭州》，决定前往观摩。他立于戏园一角台柱旁，仔细观赏。姚起山虽年迈，眼力却尚好，看到谭鑫培在偷偷学戏，十分不快，便将戏中所有武架子都改成左架子，让谭鑫培无法学到真功夫。哪知，经那天细心观摩，谭鑫培还是把握了姚起山的路数。姚大爷病故后，谭鑫培开始演《镇潭州》，不仅保留了姚氏的绝活，而且有了新的发展。

郭宝臣，艺名小元元红，山西运城人，学梆子老生，其唱声高亢激越，诚为秦腔正宗，其《哭灵牌》无字不响，如巴峡哀猿，一声一泪。光绪七年（1881）入京演出，轰动京城。谭鑫培对郭宝臣十分赞赏，同他多方切磋，虚心请益。他向郭宝臣学了不少戏，其拿手戏《空城计》，深得郭氏之衣钵。

谭鑫培不仅向同行学，而且虚心听取观众的意见和建议。有一次谭鑫培演《击鼓骂曹》，唱至"昔日太公曾垂钓，张良进履在圯桥"时，忽听台下有人唱倒彩。鑫培仔细一看，是一位老者。嘱咐伙计到台下，转告老者散场后不要离去，有所请教。散场后，老者被请至后台，鑫培忙施礼，请教有何错处。老者说，一时讲不清，约定时间、地点，带上证据，再说。伙计们以为老者有意卖关子，显得很不耐烦，打算将此人轰走。鑫培急忙制止，约定次日在茶馆相见。届时，鑫培到了茶馆，见老者带了字典，接着引经据典加以剖析，指出谭鑫培将"圮桥"的"圮"字念错了。老者严肃指出："我以为你是当代名伶，将来必有很多后人宗法于你，虽只一字，不可等闲视之，一字一音务必准确无误。何况'圮桥'非一般之桥，乃典故中之名桥。"老人的一番话让谭鑫培肃然起敬，拜他为"一字之师"。

还有一次，在阜成茶园唱《战长沙》，谭鑫培扮黄忠。下场时，照例应耍大刀。收式时先将刀迎面抱住，复又横刀折回。这当儿，忽听台下有人喊："马头掉啦！"散戏时，请呼喊者来家中便酌，一见面就称之老师，恳请告知个中原因，那人解释说："骑马耍刀迎面拖过，仍应平举折回，若由下面折回，马头岂不被刀砍掉？"谭鑫培连说："有道理！有道理！"他就是这样不耻下问，虚心求教，集百家之长，锤百炼之钢，终成一代京剧艺术大师。

谭鑫培还是一位京剧艺术革新的大胆实践者。他针对过去老生唱腔"直腔直调""高音大嗓"的状况，根据自身的嗓音条件，创立了老生唱腔中的闪板和耍板技巧，设计了很多能揭示人物内心的花腔与巧腔，使老生的唱腔艺术向前推进了一大步，更利于揭示人物性格，表达人物的思想情感。他使老生唱腔"花腔"化，创造出曲折婉转、抑扬回荡的新腔，丰富了京剧老生艺术的表现力，令观众格外喜爱。

在表演上注意扬长避短，这是谭鑫培获得成功的一大因素。他看到当时扬名的一些老生，个个嗓音洪亮，体型高大。而自己却面部消瘦，不太适合于演王帽戏。他看到自己从小武生坐科，长大又行走江湖，学得一身好武艺。于是专在褶子、箭衣老生戏上下功夫，拿出自己的精品，如《卖马》《打棍出箱》《南天门》等。靠把老生戏《定军山》《战太平》《宁武关》中，也有自己的绝活，尽量扬己之长，使这些剧目成为谭派的看家戏。

由于谭鑫培名声一天比一天大，传到宫中，为戏迷慈禧所知晓，于是发出帖子，招谭进宫。光绪十六年（1890）五月二十五日收到召帖，开始在颐和园的德和园大戏台，为慈禧太后演戏。谭鑫培技艺超群，又随和得体，深得老佛爷喜爱，仿佛一天不看谭鑫培的戏，就过不了戏瘾，几乎到了"无谭不欢"的地步。而且，每次演出必有赏赐，谭鑫培总是享受大赏。所以，人们说："谭叫天的佛缘最大。"

谭鑫培名声日隆，对技艺的要求也日益求精。《失空斩》是京剧的经典剧目，包括《失街亭》《空城计》和《斩马谡》，谭氏在这三出戏中，都有精心的艺术创造。《失街亭》中的大引子，是戏中最难念的，谭鑫培念得字字有劲，声韵悠扬。《空城计》中，"三报"神情各有不同；三次"再探"，声调高低各异，既显示出诸葛亮的足智多谋，又表露他内心难免的一些惊惶。《四郎探母》为谭氏得意之作，出场的"金井锁梧桐"引子，十分难念，稍有不慎，其字即倒。谭氏念来，字字稳健，抑扬顿挫，各具其妙，故每一引嗓，便获满堂彩声。《四郎探母》以唱功取胜，但表演亦有特色，被擒之吊毛，高而圆，快而稳，足见谭氏腿工极好。《回令》戴着手铐见太后，跪着翻两次屁股坐子，圆而且稳，功夫到家，亦为绝活。《击鼓骂曹》中的击鼓，乃谭氏之绝技，三通鼓能打出五套花，在"夜深沉"中加入"节节高""鬼推磨"，于花点音节中流泄出悲愤沉郁之气。谭鑫培手腕之灵活，技艺之精纯，后辈学谭者，即如余叔岩这样的高手，亦难望其项背。

辛亥革命前后，谭鑫培已成为名噪全国的著名老生，但他思想并不守旧，率先登台从事京剧改良实践。他与田际云一道组织发起北京"正乐育化会"，并任会长，要求京剧艺术有益于社会，有益于人生。他还和田际云一起登台演出时事京戏《惠兴女士》，着力揭露清政府的腐败。

谭鑫培居于京剧"后三甲"之首，为塑造老生角色，倾注了大量心血，创造了辉煌的业绩，他在我国京剧发展史上，是一位重要的承前启后的表演艺术家。

谭鑫培创立的谭派，在京剧老生行当中，是一个有深刻而广泛影响的重要流派，在它之后出现的一些老生流派，有的源于谭派，有的与谭派有着十分密切的关系。例如余派，创始人余叔岩，是"前三甲"之一的余三胜之孙，"花衫大王"余紫云之子。他为人风趣，精于书法。演戏唱、念、做、打俱精，唯美大方，是继谭鑫培之后，登须生首席的大家。可是余派须生名家，初由吴连奎开蒙，后拜谭鑫培为师，亦有一段师从谭派的经历。又如言派，创始人言菊朋，蒙古籍旗人，清末邮传部主事，中英文俱佳，由票友而下海。他是个地道的"谭迷"。不仅听戏学谭，就连照相样式也学谭。谭鑫培有张托着鼻烟壶的侧身照，言菊朋也照样拍摄了一张。迷谭迷到如此地步，言派与谭派的密切关系就可想而知了。再如奚派，创始人奚啸伯，是前清裕德的嫡孙，由"清音桌"（茶园清唱）起家，曾拜言菊朋为师，行腔吐字极似言，又有洞箫之美。奚啸伯曾效法言派，而言菊朋又是一位十足的谭迷，由此可知，奚派亦深受谭派之影响。

民国五年（1916）四月初，谭鑫培在总统府唱堂会，因扮戏房并不毗连后台，谭鑫培来回走了两趟，春寒着凉，遂染病。四月八日，陆干卿至京，在"那家花园"演戏欢迎，谭氏被威逼演出《洪羊洞》，致使病情加重，卧床不起，五月十日病逝于家中。

谭鑫培生前好佛，每年必往戒坛寺参禅，其后人在戒坛寺旁置一墓地。次年，安葬于此。

四、新谭派创立者谭富英

谭富英（1906—1977），谭鑫培最喜爱的孙子，谭小培的长子。人们习惯称谭鑫培为"老谭"，称谭小培为"谭五"，称谭富英为"小谭"。

谭富英出身京剧世家，自幼耳濡目染，又得到著名老生教师陈秀华授艺，奠定了良好的基础。

1917年入富连成，坐科六年。先学武生，后改老生，在萧长华、雷喜福老师严格督导下，打下了坚实的艺术功底。

出科后，经其父谭小培及著名老生余叔岩的指点下，演艺大有长进。

他聪颖过人，天赋条件又好，在科时便显露锋芒。演三国戏，马连良饰孔明，谭富英饰鲁肃，小谭的表演不输师兄马连良。他在当时老生演员中，是唱功最佳的一位演员。

谭富英扮相英俊，两眼奕奕有神。唱功甜润，喷吐有力，强调正经大方，嗓音充沛，歌喉宽亮，极似其祖父小叫天。武功瓷实，精擅靠把戏，如《定军山》《战太平》《南阳关》等戏一时赢得众多戏迷，故可与马连良平分秋色，称一时瑜亮。

他先搭王蕙芳、徐碧云之班，继而赴沪，在"亦舞台"与荀慧生合作。随后回京，再入徐碧云班，又曾与尚小云、碧云霞合作。1928年，搭梅兰芳剧团赴广州、香港演出。1930年，搭朱琴心班。离朱琴心班后，到天津中原公司剧场唱头牌。自津返京后，入尚小云重庆班。后又赴沪，先后与雪艳琴、程砚秋、梅兰芳合作。在上海天蟾舞台与雪艳琴合作演出后，合拍过电影《四郎探母》，这是第一部有完整情节的京剧影片，公开放映于1935年。

经过搭班演出和到各处献艺，谭富英的舞台经验不断丰富，声誉也日益扩大。1935年，开始组织自己的剧社，班名"扶椿"。1941年，重新启用其祖父谭鑫培的社名"同庆"。同庆社一直存在至中华人民共和国成立前夕。1949年后，谭富英的班社与裘盛戎的班社全组为"太平剧社"。1952年，转为北京京剧二团。1956年，更名为北京京剧团，初为民营公助。后来，马连良、张君秋等加入。尔后，又有赵燕侠加入。名角荟萃，实力雄厚，成为国家级大剧院。

谭富英的演唱，继承了家传的谭腔，又兼取余派的特点，嗓音清亮明澈，吐字行腔不过分雕琢，不追求花哨，用气充实，行腔饱满，一气呵成。以激越爽朗、朴实大方的风格独树一帜，世称"新谭派"，或称"小谭派"。20世纪30年代末，余叔岩、言菊朋、高庆奎先后退出京剧舞台，又出现了马连良、谭富英、杨宝森、奚啸伯四位老生艺术家争辉剧场的局面。

由于谭富英具有深厚的艺术根底，又富有艺术创造才能，在许多传统和新编剧目中，总善于灵活自由地运用传统程式，成功地表现剧中人物。

他首先擅演谭门本派剧目，既以唱功取胜，又以武功见长。他主演的《空城计》《捉放曹》《洪羊洞》《南阳关》《珠帘寨》《定军山》《战太平》等，均深受观众欢迎。

在北京京剧团期间（1956—1957），谭富英与张君秋、裘盛戎会演的《大保国》《探皇陵》《二进宫》，堪称一时绝唱。20世纪50年代后，他与裘盛戎合演的改编传统戏《将相和》，珠联璧合，效果极佳，在1956年第一届全国戏曲观摩演出大会获奖。他还和马连良会演《十道本》，让戏迷叹为观止。

谭富英早在20世纪30年代初，就享有盛名。他是继马连良之后，艺术成就显著，舞台生涯最长的须生名宿之一。

谭富英1964年因病辍演，从此告别舞台。1977年病逝于北京。

谭富英辞世后，人们对其新谭派艺术，从事专题研究。1996年，南开大学出版社出版了吴大徵著《谭富英艺术浅论》，近12万字，对谭富英的表演艺术风格、特征及其在京剧发展史上的地位，进行了全面、深入的剖析。这是一本研究谭派京剧老生艺术的专著，有助于推进人们对新谭派的认识和理解。

五、艺术七代的梨园佳话

谭门从艺，自谭志道开始，经谭鑫培、谭小培、谭富英、谭元寿、谭孝曾至谭正岩，计七代，都投身京剧艺术，为谭氏老生流派的形成、继承和发展效力，这确实是我国京剧发展上的一段佳话，是京剧艺术百花园中一道独特的胜景。

谭志道，谭家走入梨园第一人，他有一副天生的好嗓子，被湖北乡间的花鼓戏，汉调所吸引，进草台班，以卖艺为生。因太平天国起义，携妻带子北上天津。在徽汉合流融为皮黄之际，改唱京剧，入了京城三庆班，从而使谭氏京剧艺术，有了走向辉煌的良机。

谭鑫培，京剧老生行当中，一位杰出的演员。他虚心好学，扬长避短，致力创新，终列"后三甲"之首。谭鑫培的老生艺术，无论对当时，还是于后世，都有深远而广泛的影响，他上承"前三甲"，在总结前辈表演艺术的基础上，又经过自己的创造，把京剧艺术推进到一个新的成熟境界，被誉为"四海一人""伶界大王"。谭鑫培的京剧艺术取得了卓越的成绩，红极一时。梁启超赋诗赞扬他："四海一人谭鑫培，声名卅载轰如雷。"梅兰芳对其唱腔十分赞许，称："完全表现出炉火纯青的高度艺术修养，诸如发音的凝练，口齿的伶俐及气口运用的巧妙等等，都是令人惊佩的。"

谭鑫培之子谭小培，亦工老生，承继着谭派老生艺术，活跃于京剧舞台。

谭小培之子谭富英，谭派传人中的佼佼者，他既继承了家传的优美谭腔，又吸收了余派清新刚健之特点，被称作"新谭派"。他是继马连良之后，享誉大江南北的须生名宿。

谭富英之子谭元寿，1928年生于北京。1938年11岁入富连成，六科坐班。从雷喜福、王喜秀、张连福等学老生，从王连平、沈富贵、茹富兰等学武生。从小受过严格的基本功训练。1945年结束科班生活，曾为荀慧生"挎刀"。参加裘盛戎的班社。1947年与杜近芳合演《红鬃烈马》，获广泛好评。1949年曾自行挑班。1954年加入北京京剧团。他既有家学渊源，又曾博采众长，功底扎实，文武兼备。他对李少春文武兼备的路子十分赞赏，立志走文武兼长的艺术之路。他念白准确清晰，轻重缓急得当，表演细腻自如，唱腔

谭鑫培与江夏谭氏家族

稳而不乱，嗓音圆润大方。他擅长演文武老生应工的靠把戏，这类戏不重猛翻猛打，讲究唱念和功架，他的表演有声有色，歌舞并美。

谭元寿不仅在传统戏的表演上卓有成就，从20世纪60年代起还参演了不少现代戏，其中在《沙家浜》中扮演的郭建光，给观众留下了深刻印象。他在《坚持》一场的主要唱段中，唱得挺拔高昂，波翻浪迭，鲜明地表现了人物英武豪迈的精神以及必胜的信念。在《沙家浜》中，郭建光的念白，既不同于传统的念白，又不完全是生活中的语言，坚实深厚，明白易懂。谭元寿表现得十分恰当，显示了扎实的念白功夫。在武打方面，注意活用戏曲程式，既再现生活情境，又塑造了人物。

2015年春节前夕，刘云山代表中央看望文化界知名人士。在看望京剧表演艺术家谭元寿时，刘云山悉心了解京剧艺术传承发展情况，表示要加大支持力度，挖掘和用好名师大家的文化成果，更好传承中华文化根脉。刘云山登门看望谭元寿，无疑是对谭氏七代投身京剧艺术的赞赏。

谭孝曾，谭元寿之子，北京京剧团谭派老生。擅长演谭派传统剧目《空城计》《珠帘寨》《定军山》等。曾在现代戏《红色娘子军》中，扮演洪常青。其妻阎桂祥，工旦角。她嗓音甜美，扮相俊丽，善于博采众长，兼收并蓄。曾拜赵燕侠为师，得其亲授。她学习赵派，字字真切，声声入耳，声情并茂，富有魅力。曾在现代戏《圣洁的心灵》中，扮演孔繁森之妻，性格鲜明，形象传神，受到充分肯定。

谭正岩，谭孝曾之子，谭门最小一辈。性格开朗，追求时尚，双簧演得颇有妙趣，街舞跳得十分潇洒。他在《空城计》中扮演孔明、《将相和》中扮演蔺相如、《定军山》中扮演黄忠，均颇具谭派神韵。曾在全国青年京剧大奖赛中荣获金奖。他是京剧舞台上一颗引人注目的新星。

京剧是一门要求极严的综合表演艺术，它讲究科班出身。家庭在传、帮、带中起着十分重要的作用。不少著名京剧表演艺术家身怀绝技，别具一格，创立了自己的艺术流派，在后裔中数代相传，经久不衰。以谭鑫培为代表的谭派，更为典型，他一家七代专演谭派老生，被认为是人类艺术史上的奇迹。

查阅京剧发展的历史，曾经历了三次高峰，第一次高峰在19世纪末20世纪初，为京剧兴起时期，这一时期的代表人物就是谭鑫培，他承前启后，革新创造，成了推动京剧向前发展的大功臣。京剧老生行的谭派，就是由他创立的。

　　梨园谭派七代相传的动人故事，雄辩地表明"家"在艺术风格的形成、艺术流派的孕育中起着极为重要的作用。艺术之家对子女以及后代的直接影响，不可低估。

齐白石与湘潭齐氏家族

齐白石，从木匠走上画坛，成为当代杰出的国画艺术大师。在他的培育和影响下，其子齐良琨、齐良迟、齐良末，亦崭露头角，在国画创作中颇有影响。他的弟子，有著名的京剧表演艺术家梅兰芳，著名的评剧表演艺术家新凤霞等。他亲授的弟子李苦禅、李可染、陈大羽均是国画界的巨匠。齐氏国画艺术已成为我国传统书画艺术的一朵奇葩。对以齐白石为代表的齐氏家族和齐氏艺术的了解和研究，已成为众人热心的文化课题。

一、湘地农家

国画艺术大师齐白石，小时候名叫纯芝，家人平时叫他"阿芝"。当了木工后，人称"芝木匠"。27岁时，老师为其取名"璜"，别号"白石山人"。

白石生于同治三年，即1864年，诞生于湖南湘潭杏子坞的星斗塘。

杏子坞在湘潭南面，离县城一百来里。乡里人叫它杏子村或殿子村。村的东头，有一方池塘，名叫星斗塘。传说此地缺水，天上的神仙搬来一块石头，砸在地上，涌出了泉水，汇成了水汪汪的池塘，乡民称之星斗塘。

杏子坞在紫云山脚下，松树密集，一片郁郁苍苍，冬夏常青，景色宜人。星斗塘面积虽不大，却盛产鱼虾。到夏季，荷花满塘，清香扑鼻，凉爽得很。星斗塘边上，有间坐西朝东的小茅屋，便是齐白石出生和青少年时代生活之处。

据家谱记载，齐白石的上祖原在砀山县。清乾隆年间，从世居的晓霞峰百步营，搬到了杏子坞星斗塘，迁徙的是白石的高祖齐添镒。星斗塘的住宅，则是由齐添镒的孙子、齐白石的祖父齐万秉建造的。

齐白石出生之时，祖父、祖母均在堂。那年，祖父56岁，父亲25岁。父亲是祖父的独子，生了阿芝，喜得长孙，全家上下，一片欢愉。

齐家世代务农，从老祖宗一直到他的父亲，都是以耕地为生的庄稼汉。白石中年之时，画了一幅《星塘老屋图》，题有一诗：

星塘雨过跳珠急，杏坞花开老眼明。

白屋有知应闷杀，公卿不出出闲人。

他曾刻过一章，文曰："星塘白屋不出公卿"。齐白石的祖父和父亲，在仅有的一亩水田"麻子丘"中勤耕细作，还是食不饱肚。农闲时，只得张罗点零星活干，生活过得十分窘迫。

齐白石的祖父，名万秉，排行第十，人称齐十爷，虽以农耕为生，却颇有见识。他认为人生理当识字，唯有识字才不会受人欺侮。小时候家贫上不了学，就自己偷偷地学，终能识得数百字。阿芝问世，虚岁4岁时，齐十爷就开始教长孙识字。冬日，齐家常拣一些松枝在炉子里烧火取暖，齐十爷就抱着他，一边烤火，一边在灰堆上划出字来。孩子教一个识一个，很快就能识不少字。到7岁时，竟将祖父识得的300余字全部学会。齐白石回忆幼时识字情景时，有"柴火炉钳夜画灰"的诗句，并注曰："余四岁时，天寒围炉，王父就松木光以柴钳画灰教识'阿芝'二字。"

齐白石的外祖父周雨若，是个识得字、读过书的不第相公，在村里开个教学馆，以教书为生。1870年阿芝7岁，到外祖父的蒙馆上学。蒙馆设在枫林亭附近的王爷殿，离星斗塘三里多路。每天清早，齐十爷送孙子上学，傍晚再接回家。上学之初读《四言杂字》，不久阿芝便把这本书读得烂熟，于是又教《三字经》《百家姓》。后来，又读《千家诗》，诗句朗朗上口，越读越有滋味，使阿芝十分入迷，这为他后来读唐诗，学作诗，打下了基础。写字也是蒙馆的一门功课，用描红纸学写字，一笔一画地描，阿芝也特别喜欢这门功课。祖父对阿芝上学鼎力支持，把自己珍藏很久的一块断墨，一方裂了缝的砚台给了阿芝，还为他买了一支新笔和描红纸。

湘潭一带有这样的风俗，新产妇家的门上，要挂一幅雷公神像，据说有镇邪压妖的作用。这一年，阿芝的弟弟出生，齐家房门也挂上了雷公像，阿芝见了，觉得十分好玩。一心想，自己也能画出来。他找出包过东西的薄竹纸，覆在像面上，用笔勾画，和原像一般无二，由此体会到作画的快乐，使他和绘画从此结下了不解之缘。

弟弟出生，家庭人口增多，经济分外困难，阿芝只得留在家中，担负放牛、挖芋头等家务劳动。在蒙馆仅读半年，阿芝的读书生涯就停止了，但他的好学精神一直没有丢弃。他曾刻了一方"一息尚存要读书"的印章，表达自己坚持读书的意愿。正是这种孜孜不倦的学习精神，使他日后成了国画艺术大师。

二、草根英才

当代国画大师齐白石，出身贫寒，小时仅读过半年私塾，干过木工，完全靠自身的悟性和刻苦学习的精神，虚心吸纳，锐意进取，完成了从木匠到国画艺术大师的巨大蜕变，其逆流而上的经历和好学上进的精神，令人十分仰慕。

齐白石小时候体质很弱，到十来岁时仍对农田重活，不堪重负。家里让他跟一位亲戚学粗木作，白石因力气小，扛不动大檩条，被师傅辞退。后来，换了一位师傅，方才继续学手艺。有一天，路遇三位专做雕花木器的细木作，师傅恭敬地让路，还对白石说：做大器作的不敢与做小器作的平起平坐。不是聪明人，是一辈子也学不成细木作的。齐白石听了，对做细作木十分向往，暗下决心，有一天也学细木作。不久，经人推荐，向著名的雕花木工周之美学艺。周之美为人淳朴厚道，雕花手艺颇佳，尤其以平刀法雕人物、花卉更是一绝，他高兴地收下了阿芝这个徒弟，教他许多雕花工艺的知识，如木料花纹的选择，进刀的程序，刀法的运用等等。从简单的图案到复杂精美的构图，从表面的雕削到内部的镂镌，都一一示范讲述。在周师傅的细心传授下，阿芝逐渐掌握木雕的看家本领，苦学三年，终于满师。出师后，仍跟随师傅四处做活，雕出了不少精致的婚床、花轿、香案。慢慢地，阿芝在当地亦有了一些名气。

有一次，阿芝的本家叔父齐伯常要为女儿做几件出嫁用的雕花嫁妆。听说阿芝雕花手艺不错，就请他上工定做。齐伯常家境富有，见阿芝雕花嫁妆做得出色，又介绍他到一户书香门第蔡家去做。蔡家藏书丰富，知道阿芝喜爱读书，专门嘱咐他可以随便翻阅。这样，阿芝在蔡家上工时，白天干活，晚上尽情看书，《史记》《汉书》、唐宋名家文集、诗集等一一阅读。一天晚上，他在书架上发现了一本《芥子园画谱》，见里面有《树谱》《山石谱》《人物屋宇谱》等，对绘画大有帮助，喜出望外，便向主人借出，准备将全书临摹勾绘下来。经半年多时间，阿芝将全书精心勾勒了一遍，并且还设计了一个雅致的封面。勾勒《芥子园画谱》，使阿芝的艺术眼界大为拓宽，无形中提高了他的绘画水平，亦使其雕花技艺大有提升，使得艺术木匠的名声，在白石铺方圆数百里的乡间广为传播。绘画作为他雕花木工的一个副业，就此正式开始。

阿芝的一位远房本家在道观打杂时，认识一位叫肖芗陔的画师，住在离白石铺一百余里的朱亭花钿，是湘潭画像的第一名手，阿芝很想拜他为师。经人介绍，肖芗陔爽快地同意了阿芝的求师要求。在27岁这一年，阿芝开始了跟肖芗陔学画人像。

肖芗陔纸扎匠出身，家贫上不起学，靠自己，把四书、五经、唐诗、宋词、元曲学了个遍，不仅善绘人像，还会画山水、花卉，是个多才多艺之人。收了阿芝为门生后，把自己摹写的古代绘画名家马远、吴镇、徐渭、石涛的画本，给阿芝参阅，向阿芝讲解国画的一些基础知识。在肖师傅那里，阿芝总算步入了中国画的艺术殿堂。

阿芝一边跟肖芗陔学画，一边做雕花木工活。一天，他在赖家垅做工时，遇到寿三爷，寿三爷对阿芝走上画坛，有十分重要的影响。寿三爷本名胡自倬，号沁园，出生书香世家，书、诗、琴、画无所不通，诗写得清新雅致，画花鸟、虫草水平亦高。他在竹冲韶塘设了"藕花吟馆"，常邀朋友聚会，谈诗论画，常常宾客盈门。他还不惜重金搜罗了不少名家字画。他把胡府延聘的老夫子陈作埙介绍给阿芝，让阿芝向他问学。陈老先生号少蕃，学富五车，是湘潭的一位名士。就这样，阿芝一边卖画养家，一边在寿三爷处读书、习画。胡沁园和陈少蕃共同商定，让阿芝取名"璜"，号"濒生"，别号"白石山人"。从此，一代国画艺术大师齐白石的名字就这样产生了。经胡沁园和陈少蕃的悉心相助，齐白石从工笔开始，特别注意线条的勾勒，达到简拙质朴，奔放活泼，绘画水平有了极大的提高。白石作于1893年的《西施浣纱图》，画面正方，西施提着竹篮，盈步向河边走来。线条流畅，色彩清丽，人物顾盼流连的目光，带着笑意的唇角，给人以极为优雅的印象。由于齐白石笔下的仕女靓丽动人，人们便把白石所画的仕女图，称作"齐美人"。从此，白石的画名大振，向他求画的人越来越多。如果说，以前齐白石的学习纯粹是手艺性，出于谋生的考虑。那么，现在齐白石完全是自觉地接受传统文化的哺育，学习和继承中国国画的光荣传统。

经胡沁园介绍，齐白石到长塘黎家，为这家画遗像。黎先生平生酷爱字画，把历年珍藏的佳品，都让齐白石观赏。齐白石在黎家白天画像，晚上临摹黎先生收藏的佳作，收获很大。在长塘，齐白石还到罗真吾家，参加吟诗聚会。还在五龙山下大杰寺，成立"龙山诗社"，共有七位诗友参与。齐白石年龄最长，被推为社长。诗友中，有的成了齐白石的莫逆之交，如湘潭大名士王湘绮的学生、曾当过铁匠的张仲飏，就是与白石交往密切的挚友。

经与名倾一时的鸿儒王湘绮相识后，白石仰慕王湘绮的才学，正式拜王先生为师。这样王湘绮的门徒中有三匠：铜匠曾招吉、铁匠张仲飏、木匠齐白石。这"三门三匠"，均为诗文和书画界的佼佼者。这充分表明湘潭名士王湘绮不拘一格，唯才是举。

1900年，经胡沁园介绍，让齐白石给江西大盐商画一幅南岳全图。这位盐商游览衡山七十二峰，为其壮美而折服，希望在图画中展现这一美景。齐白石用重色勾画了衡山的七十二峰，重峦叠嶂，气势恢宏。盐商大喜，给了齐白石320两银子，作润笔费。白石用这笔钱，租赁了狮子口莲花寨的梅公祠，祠内有一空地，齐氏在空地上盖了间书屋，名为"借山吟馆"。梅公祠附近有许多梅花树和木芙蓉，开花时节，花朵灿若群星，香气弥漫，风光喜人。画家齐白石在此吟诗作画，生活条件大为改善。

三、六出家门

"读万卷书，行万里路。"这是历代文人对提高自身素养的要求。"搜尽奇峰打草稿"，更是一个画家画好壮丽山河的重要条件。只有"踏遍青山人未老"，亲身去领略"江山如此多娇"的壮美，笔下才能重现大好河山的奇丽景色。为此，齐白石萌生了走出家门，开阔眼界，以使自己的绘画达到一个新的境界的想法。

1902年秋，白石先后收到两封来信，促使他启程赴古都西安。第一封信是他青年时的朋友夏午诒寄来的。夏氏被分到西安做官，夫人从小喜爱绘画，可是在西安却找不到一个既熟悉又有一定水平的绘画老师，于是想请白石赴西安任绘画教师，为了表达诚意，他将盘缠和酬金一并寄来。另一封信，是他的另一位友人郭葆生寄来，劝他到西安，一方面为夏午诒的夫人教画，另一方面可游览西安，结交一些新的朋友，扩大自身见识，他也寄来了一笔丰厚的旅费和画画的润格。朋友的盛情打动了齐白石，决定起程赴西安。当时交通十分不便,从湘潭到西安足足走了两个余月。一路观景写生,收获颇丰。色彩绚丽的洞庭日出,天地苍茫的灞桥风雪,险峻崎岖的华山峰峦,都给白石留下难忘的印象,使他的作画意境和风格大有改变。他在1903年作的团扇《华山图》,将深邃的山水意境融入画面,巍峨的华山主峰峭然挺拔,若隐若现。边角一亭两客在赏涧博弈,为该画增添了不少文人趣味。

在西安,齐白石游览了这座历史文化名城的雁塔、碑林、华清池等名胜古迹,还认识了久负盛名的当朝大学士陕西臬台樊樊山。樊樊山,名增祥,当时诗文名噪一时,亦有很高的绘画鉴赏水平。虽位高权重,为人却十分谦和。他见到齐白石的治印和数幅山水作品,深感生动传神,颇有韵致,便主动为白石写了润格:"常用名印,每字三金,石广以汉尺为度,石大照加。石小二分,字若黍粒,每字十金。樊增祥。"樊樊山为陕西大名人,亲笔为齐白石写润格,引起了社会轰动,以至前来向齐白石买画索印者络绎不绝。

在西安逗留三个月后,夏午诒要进京谋求差事。1903年3月,齐白石同夏午诒一家一起离开西安,赶赴北京。此时,王湘绮的门生杨度,在京城已是颇负盛名的文人学士,与夏午诒亦是朋友,在夏午诒的引荐下,一同游览了陶然亭,齐白石作了一幅《陶然亭图》,依依的杨柳,别致的楼榭,春意盎然。在杨度等人的帮助下,借助樊樊山写的润格,齐白石在京城琉璃厂一带刻印卖画。因思乡心切,白石决意返乡。夏午诒想让齐白石谋个县丞当当,遭到白石的谢绝,他对夏午诒说:"我哪里会做官,如果真到官场去混,那我简直是受罪了。"毅然打道回乡,从北京,经天津、上海,转道汉口,返回湘潭。这是齐白石的一出一归。

1904年春,齐白石的老师王湘绮约他赴江西南昌。张仲飏、曾招吉同行,师徒四人游览了庐山、滕王阁、百花洲等地。七夕那天,师徒同饮,王湘绮即兴吟了一句诗,要他们对赋,齐、张、曾三人面面相觑,一时未对上,白石深感愧疚。八月中旬返回家园,将"借山吟馆"的"吟"去掉,改为"借山馆",以表加倍求知的决心。这是齐白石的二出二归。

1905年7月,广西提学使汪颂年邀齐白石赴桂林观光。"桂林山水甲天下",白石早有向往之心,很快就答应了汪颂年的邀请。他兴致盎然地写生作画,绘出了一幅幅灵秀的山水画卷。《独秀峰图》构图大胆,一座清秀的山峰屹立画面中央,给人以强烈的视觉冲击。山石用淡淡的石青稍加渲染,一条时隐时现的山间小路,从山脚直抵山峰。黛色的寺宇,疏朗的林木,让画面增添了无限生机。在画家笔下，秀美的桂林景色，跃然纸上。此时，蔡锷在桂林办巡警学堂，想请齐白石到该学堂教绘画。白石为了专心作画，谢绝了蔡锷的邀请。在桂林有一和尚曾请白石画了四幅条屏。后来才知道这位和尚，原来是民国革命的杰出人物黄兴。

过完春节，正准备返湘，得悉四弟纯培和长子良元从军到了广州，家中放心不下，要白石到广州探访。齐白石到了广州，打听到纯培和良元已在钦州。原来郭葆生已任钦州廉兵备道，纯培和良元是听从郭葆生的招呼，投其部下。齐白石到了钦州，见到了四弟和长子。郭葆生挽留白石住下，闲时教夫人画画。在此期间，齐白石的最大收获是见到了金冬心、朱耷、徐渭等名家的真迹，认真作了临摹。半年后，回到湘潭。这是齐白石的三出三归。

1907年，齐白石按郭葆生的约定，再次来到钦州，一边教郭夫人习画，一边赴肇庆游览七星岩、鼎湖山、葫芦潭等胜景。钦州盛产荔枝，白石画了《荔枝图》，深得大家喜爱，画了七、八幅，很快被抢购一空。这年秋季，白石返回故里，这是他的四出四归。

1908年2月，白石"龙山诗社"的诗友罗醒吾邀齐白石赴广州相聚。此时罗醒吾参加了同盟会，在广州提学使衙门任文书，秘密从事革命活动。白石在距提学使衙门不远的一条街上，租一门面，开始卖画刻印，应罗醒吾要求，齐白石利用卖画之机，秘密传送革命材料。这一年的秋季，齐白石返乡。这是他的五出五归。

回家不久，白石之父让他接四弟与长子回湘潭。再次赴粤，在钦州见到了纯培和良元。带着他们，由钦州到了香港，乘轮船到上海，由上海到南京，然后乘船溯江西行，由江西进入湖南，到达湘潭已是九月，一边行路，一边即兴作画，十分畅快。这是齐白石的六出六归。

齐白石40岁以前，未离乡土一步。从1902年到1909年，前后八年中，六出六归，远游南北各地，走遍了大半个中国。他饱览大好河山，广结各地书画高朋，交往了不少文化修养颇高的文人雅士，见识倍增，书画大有长进，这为他攀登书画艺术高峰，奠定了坚实的基础。人生中的六出六归，是齐白石由乡间木匠步入国画艺术大师的重要一环。

四、求知似渴

"转益多师是吾师"，一个艺术家只有谦虚好学，求知似渴，多方面吸取营养，才能不断丰富自身，提升自身，登上艺术的辉煌之巅。齐白石是当代罕见的国画艺术大师，他的诗、书、画、印都各有特色，被称为"四绝"。之所以获得如此巨大的成就，完全与他孜孜不倦的学习分不开。正如齐白石在总结自己走过的艺术道路时所述：

"我六十年来的成就，无论在刻、画、诗文各方面说来，不都是从古书中得来的，有的是从现在的朋友和学生中得来的。我像是吃了千千万万人的桑叶，才回吐出丝来，又似采了百花的蜜汁，才酿造出甜蜜。我虽然是辛苦了一生，这一点成绩，正是很多很多古往今来的师友们给我的。"

印章在中国画中有重要的功能，从形式美的角度看，盖得恰到好处的名章或闲章，对画面可以起到调节平衡、对照虚实、映衬形象、深化画意等作用。闲章的内容还可以表达画家的艺术思想和审美情趣。齐白石原先不懂篆刻，一心想学好篆刻。有一次，遇上一个从长沙来的，号称篆刻名家的人，白石拿了一方寿山石，请他刻一方名章。此人故意戏弄白石，数次要他磨平再刻。白石遭此戏弄，暗下决心，一定将篆刻学好。他在黎鲸安的指导下，刻了第一颗印"金石癖"，获得众人好评。篆刻必须反复实践，方能见效。他在住室中刻了磨，磨了刻，弄得满室泥浆，几乎无处下脚。

中国画与古典诗词关系密切，两者都讲求意境，自古就有"画中有诗""诗中有画"之说。一个出色的画家，应当也是一位出色的诗人。齐白石从小就爱读古诗，他从别人处借到一部白香山《长庆集》，利用夜间，点着松火，将诗集读完。后来，他在诗中回忆了这段生活：

难得当年快活时，贫家只有老松知。

不妨四壁烟如海，燃节为灯夜作诗。

齐白石木工出身，未受过系统文化教育。因此，作诗时，在典故的运用上，声律的运用上，比不过那些科班出身的文人。但诗讲究性灵，讲究清新自然，富有生活气息，在这些方面齐白石胜过一般文人。翻阅齐氏诗集，他的诗直抒胸臆，朴实清新，朗朗上口，同样有感人的艺术魅力。如《书冬心先生诗集后》：

只字得来也辛苦，断非权贵所能知。

阿吾一事真输却，垂老清平自叙诗。

又如《自题诗集后》：

无才虚费苦推敲，得句来时且快钞。

诽誉百年谁晓得，黄泥堆上草萧萧。

再如回忆故乡之诗：

宅边枫树坳，独坐无邻里。

忽闻落叶声，知是秋风起。

杏子坞外山，闲行日将夕。

不愁忘归路，且有牛蹄迹。

这些诗，朴实自然，似白描一般，却耐人寻味。齐白石十分喜爱陶渊明、杜甫、白居易的诗。从齐氏的诗作中，可窥见古诗对他的影响。

五、力走新路

艺术求新。艺术只有在吸取前人精华的基础上，不断开拓创新，才会不断向前发展。齐白石就是一位力举创新的艺术大师。

齐白石十分喜爱朱耷、徐渭、石涛、郑板桥等前辈名家的画风，作品中表现出一种冷逸、萧疏的特色。初来北京，他这一特色的画作，在社会上并不被人赏识，尽管画价很低，一幅扇面仅卖两个银圆，只有京城画家画价的一半还不到，且并不畅销。他在诗中写下了"冷逸如雪个（即八大山人），游燕不值钱"的诗句。此时，寓居京城的著名画家陈师曾十分欣赏齐白石的才华，认为齐氏绘画思想新奇，笔墨志趣高雅，非一般画家所能比。他要求白石不必媚俗，应坚持形成自己独特的创作风格。他亦希望齐白石找到一条适应自己特长、符合大众欣赏需求、体现时代特色的创作之路。于是齐白石决心深入思考自己的艺术实践，实行衰年变法。

从1920年至1929年，齐白石闭门从事国画创作，以惊人毅力作画10 000多幅，刻印3000多方，终于形成了自己鲜明的艺术风格，成为倍受大众欢迎的国画艺术大师。"涂黄抹绿再三看，岁岁寻常汗满颜。"真是备尝艰辛，百倍付出。他在诗中又写道："扫除凡格总难成，十载关门始变更。老把精神苦抛掷，功夫深浅自心明。"

经过一番苦心探求，齐白石终于开创了"红花墨汁"的新格局。他保留了以墨为主的中国画特色，并以此树立形象骨干，而对花鸟、果实施以明亮饱和之色彩，构成一个新的艺术综合体，形成了自己特有的艺术风范，他的大写意花鸟，元气淋漓，挥写自如，一派生机。他将富有农民生活气息的民间艺术情趣，融入文人画中，不仅拓展了文人画的表现内容，而且更新了文人画的艺术境界，开创了具有时代精神和生活气息的写意花鸟画的新篇章，因而倍受广大赏习者的追捧。齐氏著名的衰年变法，已成为20世纪初中国国画画坛理论与实践相结合的成功典范。

齐白石笔下的虾子活灵活现，十分喜人。"齐虾"，已成了国画中的珍品。齐白石画虾基于爱虾。幼年时，家门口的星斗塘，盛产鱼虾。作画时，自然就将活虾作为表现主体。60岁前画虾主要是学习、临摹八大山人、李复堂、郑板桥等人的绘虾技法。62岁时，画案碗中的水里，养有数只活虾，不断观察活虾的形态，游动的姿势。66岁时，齐氏画虾有了质的飞跃，虾的身躯有了质感，腹部节与节若断似连，中部隆起，似乎正在游动。虾的长臂钳分出三节，虾的后腿由十只减为八只。68岁时，画虾又进了一步，虾的腹部小腿由八只减到六只，虾眼由两个浓墨眼改为两横笔，虾的头胸部的淡墨加了一笔浓墨。此时，所画的虾已达形神兼备的程度，让人叹为观止。由此可见，齐氏画虾，由形似到神似，又一个不断探索的过程。他追求把最美好的形象奉献给观众。

艺术来自生活。齐白石是从生活底层走出来的艺术家，他热爱生活，着力表现平凡生活中蕴涵的美感。玉米、丝瓜、青菜、豆荚、小鱼、小蟹，都可以进入齐白石的画面，成为他绘画表现的内容。许多画作，成了他儿时生活的写真和他童趣横生的反映。他曾在《儿时钓虾图》上题诗："五十年前作小娃，棉花为饵钓芦虾。今朝画此头全白，记得菖蒲是此花。"这一类画，出自农村题材和童年生活回顾，是作者生活的体验，十分鲜活感人。画中饱含了浓郁的乡土气息，是一般文人画所欠缺的，也正是齐氏国画独有的风格。

艺术作品必然寄寓了艺术家的思想和情操，齐白石在其绘画中亦饱含了他的喜、怒、哀、乐。他在一些漫画式的国画中，以诙谐的手法，鲜明地反映了他的爱憎。《不倒翁》是齐氏多次创作的画题。1925年，白石笔下的不倒翁：大头，小纱帽，白鼻子，斜着小眼，一副空虚、自负的神气，配诗曰："秋扇摇摇两面白，官袍楚楚通身黑。笑君不肯打倒来，自信胸中无点墨。"滑稽的描述，辛辣的讥讽，一个道貌岸然的达官，却是胸无点墨的小丑。1926年，他创作的另一幅《不倒翁》，题诗："乌纱白扇俨然官，不倒原来泥半团。将汝忽然来打破，通身何处有心肝。"诗画中倾注了白石对腐朽官僚的轻蔑和嘲笑。这种寓意深刻的讽刺性国画，也只有出身草根的齐白石才能画出，因为他懂得百姓的疾苦和贪官欺压百姓的可恶。这些寓庄于谐的精彩画卷，正代表了黎民百姓的心声。

六、寓居京城

从1909年六出六归后，直到1917年，八年时间，白石基本在家乡赋诗作画，读书荷锄。他把数年游历得来的山水画稿，重新画了一遍，共52幅，名为《借山画图》。还应友人胡廉云之邀，画成了包括《石泉悟画图》《甘吉藏书图》在内的《石门二十四景图》。这些山水画图倾注了白石的心血，每张画无论是在意境、构图和技法上，都各有追求，各有新意。

但是，平静的作画生活难以持久，武昌起义带来剧烈的社会动荡。齐白石居住的乡村时有"盗匪"出没，且放言白石是大画家，手里有钱，打算绑架他，躲避了数次，心里很是不安。

1917年，樊樊山来信，建议白石到北京定居，京城人才众多，对他绘画大有裨益。该年五月，为躲避家乡"兵匪"之乱，白石只身一人，再次来到京城。先是住前门外郭葆生家，后因张勋复辟，随郭在天津租界躲避数日。返京后，另居法源寺，以卖画刻印为生。开始，白石并不为北京人所关注，常为此而苦恼。有一天，陈师曾在琉璃厂见到白石刻的印章，深感气势不凡，亲临法源寺探访白石，两人一见如故，从此结为知音。陈师曾为吴昌硕亲传弟子，他的大写意画在京颇负盛名。其父陈三立为当代大诗人，其祖父陈宝箴曾任湖南抚台。陈师曾常和齐白石讨论绘画的现状和发展前景，指导白石发扬本人风格，同时创立为大众喜闻乐见的新格局。还介绍齐白石认识一些京城的文人雅士，让白石受益匪浅。陈师曾是齐白石绘画发展道路上的一位重要的良师。

1922年，两位日本著名画家邀请陈师曾参加东京举办的中日联合绘画展览会。陈师曾让白石也准备几幅作品赴日展出。齐白石挑选了几幅山水画让陈师曾带去。结果齐白石的作品被日本人抢购一空，还卖出了较高的价钱。这样，齐白石就在日本一举成名。此时，法国人在东京也挑选了陈师曾和齐白石的作品，参加巴黎艺术展览会。由于陈师曾从中推荐，齐白石在海外声名鹊起，许多外国人都涌到白石家中，选购他的画作。齐白石为此赋有一诗："曾点胭脂作杏花，百金尺纸众争夸。平生羞杀传名姓，海国都知老画家。"此时，齐白石的心情是无比振奋的。

在京城，与京剧表演艺术家梅兰芳的相识与相交，是一件十分有趣的艺坛轶事。有一次，齐白石到一户大官家参加新婚盛宴，身着长衫的他显得颇为寒酸，被冷落地独坐一边。就在此时，梅兰芳来了，四周立刻有许多人蜂拥上来，把他团团围住，握手寒暄。梅兰芳一眼见到了齐白石，便挤出人群，快步走到白石跟前，亲切地喊了一声："齐老师！"恭敬地坐在齐白石的下首，敬菜敬酒，直至席终。梅大师的举动，引起了大家的震惊，人们一打听，这位衣着朴素的老人，原来是著名画家齐白石。这次相遇让齐白石老人深为感动，特地为梅兰芳画了一幅《雪中送炭图》，并题诗："记得前朝享太平，布衣尊贵动公卿。如今沦落长安市，幸有梅郎识姓名。"梅兰芳仰慕齐白石的画名，佩服他高超的画技，决心向他学画。1924年，梅兰芳正式拜齐白石为师，向他学画草虫。两位艺术大师，从此结下了深厚的友谊。

七、大义凛然

1937年卢沟桥事变后，北平沦陷，日伪统治，豺狼当道，齐白石内心极为痛苦。

为了不为敌服务，不被敌人利用，白石闭门谢客。门前贴上告示，上书："画不卖与官家，窃恐不祥。"有书："中外官长要白石之画者，用代表人可矣，不必亲驾到门，从来官不入民家，官入民家，主人不利，谨此告知，恕不接见。"他还亲笔写了"白石老人心病发作，停止见客"的纸条，贴于大门之上，拒绝与日伪有任何接触。其实，白石老人并没有心病，他只不过是表示了一个正直的中国人对日本侵略者的蔑视。

日本侵略军驻华头目板垣征四郎、土肥原贤二多次诱逼齐白石加入日本国籍，迁徙日本，每次均遭白石严词拒绝，齐白石掷地有声地说："齐璜中国人，不去日本。你硬要齐璜去日本，可把齐璜的头拿去。"盛怒之下，不顾自己80岁高龄，亲自持刀，将院子里栽种的花木、葡萄，统统砍倒，表现了一位艺术大师的凛然正气，决不同邪恶势力同流合污的高风亮节。

齐白石还在当时的诗作和绘画中，抒发了自己维护祖国尊严、决不卖身的高尚情操。他在诗中这样写道："晚学胡涂郑板桥，那曾请福及五曹。老云扶病逃吞药，小未啼饥苦骂庖。名大都防人欲杀，年衰常梦鬼相招。寿高不死羞为贼，不丑长安作饿饕。"表示宁可饿死也决不取悦于敌人。齐白石还在《鸬鹚图》上题诗："大好江山破碎时，鸬鹚一饱别无知。渔人不识兴亡事，醉把扁舟系柳枝。"抒发了对那种不顾国家兴亡，一心只图私利的小人的愤慨之情。他还在《蛤蟆图》上题诗："四月池塘草色青，聒人两耳是蛙鸣。通宵尽日挝何益，不若晨鸡晓一声。"借雄鸡报晓，坚信总有一天胜利一定会到来。

北平伪警备司令、大汉奸宣铁吾过生日，强令齐白石赴宴。齐白石环顾满堂宾客，略加思索，挥笔画了一只水墨螃蟹，众人赞美不绝，白石旋即在画面上，题了一行字"看横行到几时"，后书"铁吾将军"，随即拂袖而去。大家面面相觑，宣铁吾十分尴尬。

大画家齐白石老人，在日伪统治期间，不顾个人安危，坚持不与敌人合作，并奋力抗争到底，表现了一位中国国画艺术大师赤诚的爱国之心和疾恶如仇的道德风范，他是一位德艺双馨、铁骨铮铮的老艺术家。

八、画坛奇葩

齐白石先生是当代的一位难能可贵的国画艺术大师，他与吴昌硕齐名，被人们称作"南吴北齐"。

齐白石享誉画坛，与他高超的绘画才华以及虚心好学的态度、锐意进取的精神分不开。同时，还与他遇到的三位良师，对他的悉心帮助、无私提携分不开。

齐白石一生中遇到了三位重要的良师益友，第一位是家乡的寿三爷，即胡沁园。胡家是湘潭远近闻名的书香世家。他在与白石的接触中，感到白石不但聪明好学，而且性格刚毅，落落大方，认为他今后必有大发展。为了提高白石的文化水平，特地将家中的教师陈少蕃介绍给白石，让白石跟少蕃先生研习诗文。沁园与少蕃一道，让阿芝更名为璜，别号白石山人，从此画坛上便有了白石的大名。

第二位重要的良师是西安的樊樊山。此人身为陕西臬台，官居要职，有很高的声望，还有极深的文化素养，为人谦和，特别看重人才。他认为齐白石的作品生动传神，富于韵味，便大加赞赏，亲笔为白石写润格，大大提高了齐白石的身价，扩大了齐白石的社会影响。

第三位重要的良师是北京的陈师曾。陈氏见到白石刻制的印章，深感气度不凡，便亲临白石寓所，与他切磋，从此两人成为至交。齐白石把陈师曾视为自己艺术理想和人生追求的知音。陈师曾热忱推荐齐白石的画作赴日本展出，力助齐氏作品走出国门，赢得了国际声誉。

经衰年变法，齐白石的国画雅俗共赏，颇受社会欢迎，成了人人仰慕的艺术家，亦引起了艺术院校的关注。

北平艺术专门学校校长林风眠，是一位学贯中西的著名画家，他看过不少齐白石的画，对齐氏十分敬重，力排众议，决定聘齐白石为该校中国画教授。白石认为自己出身木匠，学识不高，难以胜任讲席之职，坚决辞却。林风眠私下找了白石的好友作动员，自己三顾茅庐，终于感动了白石老人，应允了校方的聘请。齐白石给学生上课时，结合自身作画体验，边讲边画，颇受学生欢迎。有一次，一位学生画了一幅《梅鸡图》，白石看了觉得十分不错，便把这张画借去临摹，后来还精心临了一张，送给这位学生。这件事在学生中引起了巨大反响，大家深感老师竟如此虚心好学，真令人敬佩。

后来，艺专改为艺术学院，院长换成青年画家徐悲鸿。徐悲鸿同样不墨守成规，不重门派学历。他十分敬佩齐白石，仍聘请齐白石为该院教授。在教学中，齐白石把临摹花鸟改为临摹山水，让学生描绘祖国的山山水水，领悟大自然秀美的风光。齐白石还巧妙运用笔锋变化和墨色枯湿浓淡的变幻，达到徐悲鸿所说"致广大，尽精微"的艺术效果。为了向更多的人介绍齐白石的艺术成就，徐悲鸿向中华书局推荐出版齐白石画集，在中华书局负责人舒新城的热心支持下，由徐悲鸿亲自编辑，撰写序言，出版了《齐白石画集》，由此，千千万万的读者观赏到了白石老人精美的画卷，进一步了解了这位杰出的国画大师。

湘潭齐氏，从白石开始，享誉画坛，成了众人仰目的国画艺术大家。

齐白石的儿辈中，三子良琨、四子良迟、七子良末均随父学画，深受家学熏陶，继承了齐氏国画优秀传统，取得了骄人的艺术成就。

齐良琨，字大可，号子如，为齐白石正室陈春君生所生。1902年农历四月出生。18岁时，随父在京求学。五年后，在北京南纸铺挂笔单卖画，其画颇受欢迎，卖画收入每月亦可观。白石兴奋题诗云：

吾儿能不贱家鸡，北地声名与父齐。

已胜郑虔无子弟，诗文莫比乃翁低。

父子共同作画，良琨画红蜻蜓，白石补碧荷，白石并题诗：

款款轻云风日和，写生狗子笔无讹。

胭脂自入诸君眼，化作蜻蜓下碧荷。

齐白石"工虫"，画虫从写生而来，重视细节表达。60岁以后，"目昏隔雾，从今封笔矣"。传世之白石工笔草虫中，部分作品为三子良琨代笔。在一册页中，白石阔笔写花卉，画面还有工笔草虫，册页中钤有"子如画虫"一印，可佐证"工虫"实为良琨所绘。

良琨承家学，画风绝似乃父，又为陈半丁入室弟子，养成一副绘画好身手。徐悲鸿评价："子如在白石子女中，画得最好。"齐白石亦看重子如的才能，曾说："如儿同居燕京七年，知画者无不知儿名。"可惜天不怜才，齐良琨五十稍过，便撒手人寰。

齐良琨的妻子张紫环，是张仲飏之女，亦擅画，尤工梅花，画得极为传神，亦有一些名气。齐白石在三媳妇的画上题诗：

世人欲笑汝顽痴，炊爨余闲笔一枝。

何必一家都好事，苦心惟有百梅知。

公公、儿子、媳妇均热衷绘画，一家中充满了艺术的气氛，真是天下的美景。

四子良迟，字子长，为侧室胡宝珠所生。1921年冬日出生。毕业于北京辅仁大学美术系。

10岁开始，从父学画，在其父的严格要求下，对中国画的写生、描摹以及双勾等一招一式都掌握得极其准确，为日后绘画打下了坚实的基础。良迟的处女作《芭蕉图》，深得父亲好评，白石在画上题款："子长初学能意造画局，可谓有能学之能，予喜。"在父亲的勉励下，良迟画艺不断提升。他为周总理九十周年诞辰创作的九尺巨幅《荔枝图》，深受邓颖超喜爱。他为刘少奇画的《喇叭花》，被有关部门收藏于毛主席纪念堂。

齐良迟在古典诗词的学习上也下过一番工夫，先熟读《唐诗三百首》《千家诗》，后读陆游、纳兰性德等人的诗词。为了提高诗词的写作水平，又向语言学家黎锦熙学习诗韵、词韵等方面的知识。因而在古典诗词方面有良好的修养。

齐良迟曾任北京市文史馆副馆长，湘潭齐白石纪念馆名誉馆长之职。

齐良末，白石老人最小的儿子，从小倍受父亲钟爱。8岁时白石就手把手地教他习画，还专门为他绘制学画的范本。他聪颖勤奋，画品不同凡响，10岁时所作《钟馗捉鬼图》，备受众人赞许。其笔下的鱼、虾、昆虫的艺术形象极富白石老人风范。其画工与其父极为相似。许多喜爱收藏齐白石画作的日本人，亦喜爱齐良末的画作，并且称良末"小齐白石"。

齐良末牢记父亲的教诲："学我者生，似我者死。"不断探讨齐派艺术之精髓，与时俱进，立志将齐派国画艺术不断推向新的高峰。

2003年，"非典"流行时期，齐良末不顾"非典"病情肆虐，赴兰州举办"齐良末献爱心抗击'非典'义卖活动"，将义卖所得款项，全部捐赠给抗击"非典"最前线的白衣战士。

十、永垂史册

1949年1月31日，北平和平解放。刚过完86岁生日的白石老人，抑制不住内心的激动，来到街头，挤在欢呼人群的中间，迎接一队队解放军入城。

中华人民共和国的成立，唤醒了齐白石又一个艺术的春天。他的国画创作进入了一个新的时代。

几天后，齐白石的学生李可染带着三个穿着军装的年轻人，来到白石的住所，代表军管会看望白石老人。他们是诗人艾青、画家沙可夫和江丰。齐白石热情地接待了来访者，同他们进行了愉快的交谈。

北平解放不久，齐白石收到了毛主席写来的亲笔信，向他致以诚挚的问候。一个人民领袖在处理国家大事的百忙之中，向一个老画家问寒问暖，令白石老人感佩不已。他操起刻刀，精心镌刻了"毛泽东"朱、白两文寿山名章，交给艾青，让他转交毛主席，以表达感激之情。

1950年4月，一个风和日丽的下午，齐白石荣幸地作为毛主席的特邀客人，赴中南海丰泽园，与毛主席共进晚餐。在座的有朱德总司令、知名人士章士钊。毛主席和白石老人进行了亲切的交谈，从湘潭风俗到国画创作，都在话题之中，彼此交谈得十分投机，让白石老人度过了一个不寻常的半天。

为了答谢毛主席，白石老人将他81岁所作的精品《鹰》图和一副"海为龙世界，云是鹤故乡"的篆书对联，以及自己使用多年、质地坚硬、发墨快而滋润的一方石砚送给毛主席。《鹰》绘的是巨鹰雄立，顾盼生姿，大有叱咤风云的气概。毛主席收到礼品后，立即给白石老人送来了一笔丰厚的润例，深表谢意。

1952年，亚洲及太平洋区域和平大会在北京召开。为了表达对世界和平事业的拥护和支持，齐白石用了整整三天时间，在"丈二匹"宣纸上彩绘了《百花与和平鸽》巨幅国画，画面上阳光明媚，百花盛开，一群鸽子仪态万千，安详地在百花中憩息、觅食，一切是那样的和平、宁静。这幅国画把白石老人对新中国的热情赞美、对和平无限向往的心境，淋漓尽致地表达出来，赢得与会的世界和平人士的一致好评。

1953年1月7日。首都文学艺术界为贺白石老人90岁生日举行了盛大庆祝会。文化部副部长周扬代表文化部授予齐白石荣誉奖状，称他为"中国人民杰出的艺术家"，还指出："齐白石先生是中国人民卓越的艺术家，他在中国美术创作上有特异的贡献。他的艺术继承了中国绘画现实主义传统，发挥了'神形兼备'的特色。由于他出身劳动者，他的作品多取材于一般人民日常生活和接近的自然风物，具有健康朴实的色彩。"

晚上，中华全国美术工作者协会及中央美院举行庆祝宴会，周恩来总理出席，向白石老人热情祝寿。

齐白石九十高龄之时，特意创作了《祖国万岁图》，画的是生机勃勃的万年青，上方篆书"祖国万岁"四个大字，表达了老画家热爱祖国的赤诚之心。

1953年徐悲鸿去世，齐白石继徐悲鸿之后，被选为中国美术家协会主席。同年又被选为中国画研究会主席。

1955年12月，德意志民主共和国总理格罗提渥、副总理兼外长博尔茨访华，代表德国艺术科学院授予齐白石通讯院士荣誉状，这在当时的民主德国是一种很高的荣誉。

1956年4月7日，世界和平理事会国际和平奖金评议委员会，授予四位对维护和平事业有卓越贡献的人士，齐白石是获奖人之一，荣获一枚金质奖章，500万法郎奖金。这笔奖金长期存入银行，利息用于"齐白石国画奖金"。

在世界和平理事会国际和平奖金的颁奖大会上，齐白石致辞说："我只是把一个普通中国人民的感情，画在画里，写在诗里。""我虽已年老，但艺术的生命，是无穷无尽的。我很愿意尽一切力量，使我国有优良传统的国画，更加发扬和进步。"

1957年6月的一天，白石老人从卧室走到画室，挥笔作画，画了一幅娇艳的牡丹，挂在墙上，端详许久，又添了几笔绿叶，最后题上了"九十七岁白石"六个苍劲大字。这幅《牡丹图》，竟是白石老人一生中所作的最后一幅画。

因年迈体衰，心脏衰竭，1957年9月16日，下午6时40分，白石老人走完了生命的最后历程。遗体在北京医院入殓，遵照他生前嘱咐，将他刻有姓名籍贯的两方石印和使用30年之久的红漆拐杖，一并入殓。

中国美术家协会敬送的挽联上写着：

抱松乔习性，守金石行操，峥嵘九七春秋，不愧劳动人民本色；

抒稻黍风情，写虫鱼生趣，灼烁新鲜时代，凭添和平事业光辉。

一代国画艺术大师虽告别了人间，但他留下的价值连城的艺术精品，将永放光彩，给人以美的享受。

齐白石将我国国画创作，引导到极为辉煌的境地。他的成功之路是极不平凡的。他有与历史上众多文人画家完全不同的出身和经历，他的艺术思想和创作经验，极为丰富和深刻，有待后人认真学习和总结。

由白石老人开创的齐门国画艺术，是当代中国画艺术中的重要内容。齐氏家族的第二代齐良琨、齐良迟、齐良末；齐白石亲授弟子李苦禅、李可染、胡洁青、陈大羽等，继承了白石老人的画风，又有自己的艺术创造。代代相传，开拓求新，他们为齐氏国画艺术的繁荣发展，贡献了力量。

齐白石的国画艺术不仅是中国的，而且是世界的。如今，齐氏国画早已

齐白石与湘潭齐氏家族

走出国门，走向世界，受到国际人士的追捧和赞赏。世界级的著名画家毕加索在巴黎会见我国著名画家张大千时谈道："这么多年来，我常常感到莫名其妙，为什么有那么中国人乃至东方人来巴黎学艺术。中国画真奇妙，齐先生画水中的鱼儿没有一点儿色，用一根线去画水，却使人看到了江河，嗅到了水的清香。"我国曾邀请毕加索访华，毕加索风趣地说："我不敢去你们中国，因为中国有个齐白石。"足见，齐白石艺术在世界有广泛的影响，人们都十分推崇齐白石的绘画艺术。

白石老人离开我们已有半个多世纪了，他留下的许多鲜活的艺术作品仍然让人们爱不释手，他经历的许多轶事仍然被人们传颂。他是中华民族引以为荣的瑰宝，他永远活在广大民众的心中，他开创的齐派国画艺术，将被子孙后代发扬光大。

梁启超与新会梁氏家族

广东新会茶坑村梁氏家族，于1873年2月23日，诞生了一个伟大的生命，他就是旷世奇才梁启超。梁启超与其老师康有为，世称为"康梁"，梁启超积极投身维新运动，是戊戌变法的著名领袖。梁启超不仅是中国近代史上伟大的政治家、思想家、教育家、文学家和知识渊博的学者，而且他的九个子女，个个学有专长，表现卓越，其中三人为科学院院士。

这个新会梁氏家族，在我国家族发展史中是一颗璀璨的明星。

一、岭南梓里　旷世奇才

梁启超的家乡位于美丽富饶的珠江三角洲的南端，和省城广州相距一百多公里，与著名作家巴金在散文中曾描绘的"小鸟天堂"，相距仅二三十公里。这里正当西江入海之要冲，居于河海相隔而成的七小岛之中央。由此，梁启超自称是"中国极南之一岛民也"。

梁启超出生的茶坑村，有一百多户人家。村前有一条清澈的小溪缓缓流过，村后一布满松柏与竹林的小山拔地而起，山上有一建于明代的凌云塔，雄立天地间。伫立塔旁，珠江两岸秀丽景色，尽收眼底；南海冲天巨浪，隐约可见。

这里属于亚热带气候，少寒多暑，严冬无雪，花开四季。从明清有关文献来看，这里村民并不富裕，他们需抵御各种天灾人祸的来袭，加之生产水平低下，因此过着相当艰辛的生活。

据《梁氏世系图谱》所载，广东有梁姓始于宋代梁绍。传至十二代梁谷隐，才在茶坑立户。梁谷隐的十一世孙梁维清，便是梁启超一再称颂的祖父。

梁维清（1815—1892），字延后。家境清贫，兄弟八人，仅数亩薄田为生。他不满梁氏十世为农之困境，苦读诗书，一心想步入仕途。其夫人黎氏，为广东提督黎第光之女，对改变梁家门庭亦十分支持。多年奋斗，难遂人愿，梁维清仅中了个秀才，得到了一个管理一县文教的小官"教谕"。不过，在茶坑一带算是个"大人物"了。他买上了十几亩好地，过上了半农半儒的乡绅生活。

自从添了孙儿启超，梁维清十分欣喜，将孙子视为掌上明珠，在十九年的漫长岁月中，爷孙基本上同食同住共读书。从梁启超对祖父有关记述中，可以看到梁维清勤奋、俭朴、自尊自信、严于律己、宽以待人，是一位典型的乡村儒家知识分子，他对梁启超今后的发展，有极为重要的影响。

梁启超之父梁宝瑛（1849—1916），字莲涧，是梁维清的第三子。梁维清对梁宝瑛要求极严，希望他博取功名，光耀梁祖。但宝瑛在考场连连告败，最后仅在茶坑当个私塾先生。功名未就，却始终严守其父开创的优良家风。

梁启超之母赵氏，出身书香门第，能诗善文，贤淑聪慧，是典型的贤妻良母，育有四子两女，三子5岁时病卒。

梁启超才华早露，童年时即显示出超人的智力。二三岁时，其母就教启超认字，四五岁时就在祖母教诲下读《四书》《诗经》。祖父还将宅后的一间小屋起名"留余"，专供启超读书和上课。

在祖父和父母悉心教导下，梁启超学业大进，8岁会作八股文，9岁能写洋洋千字文，乡邻们都将梁启超视为"神童"，认为他前程无量。祖父对他更是喜爱有加，把未来的希望全寄托在他的身上。

梁家祖坟在崖上，这里是南宋末年，大忠臣陆秀夫与蒙古铁骑血战的古战场。战败之时，陆秀夫先将自己心爱的妻子推入海中，然后背着年幼的皇帝跳海殉国。每当祖父带着启超赴崖山祭祖，登临崖山时都向他沉痛地讲述陆秀夫精忠报国的感人故事，在启超的心田上深深地烙下了炽热的爱国情怀。

1882年，刚满9岁的梁启超，就在祖父和父母的安排下，坐船到广州参加科举考试。这次应试虽未如愿，但到了繁华的大都会，见了世面，丰富了阅历。

两年后的初冬，梁启超第二次赴广州应考，大获成功，这在中国科举史上，应是不多见的奇迹。主考的广东学政使叶大焯惊喜有加，特地让梁启超等几位年纪较小的秀才，再考"文艺"。梁启超表现优越，颇得叶主考的青

睐。此时，梁启超一边连谢叶大人的抬爱，一边请叶大人为年届七十的祖父，写篇祝寿文。叶大焯爱才心切，又为启超的一片孝心所感动，当即应允了他的请求。

广州学海堂，为当时广东最高学府，由前两广总督阮元创立，旨在给秀才一个继续深造的场所。1885年梁启超以秀才资格入学海堂学习。学堂设有"膏火"，即奖学金，用于奖励学业优秀者。梁启超四季大考皆第一，常获大奖。他把奖学金用于购书，《四库提要》《百子全书》《粤雅堂丛书》《知不足斋丛书》等均先后购入，大大扩充了梁启超的知识面。

梁启超在广州读书五年。1889年9月，17岁的梁启超踌躇满志，在省府参加乡试。他胸有成竹，从容应考。发榜时，中举人第八名。主考李端棻极为欣赏梁启超的品貌和才学，决定将自己的堂妹许配这位翩翩的少年举人。于是，梁启超喜获仕途和爱情双丰收，完成了祖父与父母对他的厚望。

二、近代中国　风云人物

1890年，梁启超赴京会试，落第未中。回粤途经上海，在沪看到了介绍世界地理的《瀛环志略》以及中译的大量西方书籍，眼界大开。回校后，梁的好友、学海堂的高才生陈千秋，向他介绍并引见了康有为，梁启超为康有为的变法维新的言论所折服，决定投入康门，就读于康有为创办的万木草堂。此后，梁启超决然放弃科举求仕之路，由此步入改良维新的救国之路。问学康门，是梁启超一生的重大转折，改变了他以往孜孜以求的状元及第、光宗耀祖的传统观念，塑造了他救国救民、经营天下的宏伟志向。从此，他走上了以国家前途、民族命运为己任的艰辛的求索之路。

1895年春，梁启超再次赴京，名为参加会试，实为协助康有为发动在京的应试举人，联名请愿"公车上书"。万言书虽未转达皇上，但在京城产生了巨大影响。字字血泪，言之成理的"公车上书"，迅速传遍京师，由此开启了书生救国的新篇章。

这一时期，梁启超十分活跃，曾主编北京《万国公报》，又主编上海《时务报》，赴澳门筹办《知新报》，撰写了大量政论，在社会上引起强烈反响。1897年赴长沙，任时务学堂总教习，大力宣传变法主张。

1898年回到京城，参加"百日维新"。同年7月，受光绪皇帝召见，进呈

《变法通议》，赐六品官衔，负责办理京师大学堂译书局事务。同年9月，戊戌政变发生，后党向维新派猛烈反扑，"六君子"被害。梁启超逃亡日本，一度曾与孙中山的革命派有所接触。在日先后创办《清议报》《新民丛报》，继续宣传改良思想，同时大量介绍西方社会政治学说，当时在知识分子中，影响颇大。

民国初年，投入支持袁世凯的活动，秉承袁的旨意，将民主党与共和党合并为进步党，与孙中山领导的国民党争夺政治权力。

1913年，进步党"人才内阁"组成，梁启超任司法总长。

袁世凯称帝野心日益暴露，梁启超竭力反对袁复辟帝制，与其学生蔡锷秘密策划武力讨袁。1915年底，护国战争在滇爆发。1916年，梁启超赴两广参加反袁斗争。

袁世凯死后，梁启超出任段祺瑞北洋政府财政总长兼盐务总署督办。1917年9月，孙中山发动护法战争。11月段祺瑞内阁被迫下台，梁启超亦随之辞职，从此退出政治舞台。尔后，梁氏或出国考察，或蛰居天津饮冰室中，开始了晚年的学者生涯。

在我国近代史上，梁启超是一位留下深刻印记的著名历史人物，从戊戌变法到辛亥革命，再到五四运动，直至第一次国内革命战争，许多重大历史事件中，他或是领袖人物，或是起重大作用的参与者。

一部中国近代史，是中国人民的苦难史、屈辱史，更是中国人民的觉醒史、奋斗史。而梁启超正是近代先辈中，十分重要的"寻路人"和"规划师"之一。因此，研究中国近代史，决不能舍弃对梁启超的研究。读懂梁启超，就能读懂近代中国。

"谁识书生能报国，晚清人物数康梁。"康有为、梁启超同为晚清维新派领袖人物，在大力宣扬变革、促进维新方面，他们有许多共同之处，然而，梁启超和康有为确有显著不同之处，特别在后期，梁启超思想有了新的变化，对康有为的一些立论，持有异议，乃至各自分道扬镳。如，梁启超对康有为的"但当言开民智，不当言兴民权"，就不敢苟同。梁启超认为兴民权与开民智应是相辅相成的，不兴民权又何以开民智；不开民智，亦很难兴民权。所以，他主张兴民智与开民权都十分重要，两者不可丢一。纵观康有为一生，一直没有放弃复辟清室。他总是固守己见，以不变应万变。早年因太超前，晚年又太落伍，一直被人视为"怪物"，总是引来别人的嘲笑。梁启超却一生求变，尚能与时俱进。如梁启超曾与袁世凯结为盟友，当袁世凯开历史之倒车，一心想爬上皇帝宝座时，梁则与之决裂，并与蔡锷密谋以武力伐袁。由此可见，在重大问题上，梁启超很有主见，不失原则。而在与人相处时，小事谦让，宽容大度。不像康有为专断、固执、偏狭、主观，名声颇大，而霸气十足，朋友交往极少。梁启超交友极广，在与黄遵宪、谭嗣同等人的交往中，留下了可歌可泣的故事。

不少人总认为梁启超一生善变，其实万变不离其宗，其核心就是拯救祖国、唤醒人民。有学者指出：梁启超多次以今日之自我，反对昨日之自我，从个人上看，这是变，而究其深层，始终不变而一以贯之的则是他的爱国之心。

梁启超一生勤奋好学，酷爱读书，著述甚丰。他把研究触角伸向多方位、多视觉的各个领域，在哲学、文学、史学、经学、法学、伦理学、宗教学等方面均有建树，可谓是清末民初一位百科全书式的大学者。长达三十六年的政治活动，占用了他的大量时间，但他仍然见缝插针，坚持案头工作，每年平均写作39万字之多，一生共完成著述1400余万字。他的著述较完整地收集在《饮冰室全集》之中，这一合集共计148卷。

在史学方面，梁启超撰有《中国史叙论》《新史学》，主张批判封建史学，兴起"史学革命"。

在文学方面，梁启超与好友黄遵宪、谭嗣同发起颇有影响的"诗界革命运动"，主张诗歌反映新事物、新生活、新思想，为现实的社会政治服务；要求诗歌形式自由活泼，"吾手写吾口"，不拘一格，还主张诗歌应吸收外来文化，可以大胆引进。

梁启超面向国内外政局，先后写了大量政论。梁文中新颖的理论，广博的学识，严密的推论，扣人心弦的评判，流畅动人的文字，使那时许多有志青年为之倾倒。梁氏采用的文体恣意汪洋，通俗可亲，在五四运动前，是社会上深受读者欢迎的"新文体"。尔后，对梁氏"新文体"模仿者甚多。著名学者胡适对梁启超的文章十分推崇。他说，读梁先生的文章"使读者不能不跟他走，不能不跟他想"。

梁启超重教传道，他的座右铭是"战士死于沙场，学者死于讲座"。对此，他毕生躬身践行。据不完全统计，出自梁门或深受其教育影响的著名人士有：蔡锷、林圭、秦力山、范源濂、唐才常、李炳寰、冯自由、徐志摩、徐中舒、蔡尚思、谢国桢、吴其昌等。

中共杰出人物毛泽东、周恩来年轻时期曾大量阅读过梁启超的著作，亦曾受其影响。梁启超曾指出："患难困苦是磨炼人格之最高学校。"他主张人生应当不畏艰险，奋力向前。共产党人曾屡遭挫折，却乃不改初衷。这当中可能包含有梁启超的思想遗产。

三、梁门女辈　非同寻常

梁启超的事业能获得骄人的成就，梁家儿女茁壮成长，各个俊彦，其中有一个不容忽视的因素，那就是梁启超两位夫人作出的非凡贡献。

李蕙仙，梁氏的第一位夫人，亦为传统意义上的正房夫人。出身显赫，是清朝礼部尚书李端棻的堂妹。

说起梁氏的婚姻，还有一则动人的故事。光绪十五年（1889），李端棻以内阁大学士衔典试广东，在参加乡试的众秀才众，年仅17岁的梁启超，年少英俊，才华出众，给他留下深刻印象，欣喜之极，决定将其闺中待嫁的堂妹，许配与梁启超为妻。在李端棻的操办下，1891年梁启超与李蕙仙在京完婚。婚后不久，梁即携妻回到南海老家。梁家以农为生，南方气候炎热，语言又难以听懂，这一切都给李蕙仙以巨大考验。李氏放下豪门架子，尊长爱幼，相夫教子，操持家务，赢得公婆的喜爱，成了梁家真正意义上重要的一员。

李蕙仙含辛茹苦，真诚陪伴梁启超走过了从平常百姓到政治明星，从维新栋梁到流亡逃犯，从高官显贵到书斋名士的起伏跌宕的人生经历，前后约三十三年，其间的阴晴转换、悲欢离合、苦辣酸甜，绝非一般人所能想象，但李蕙仙都一一度过，成为梁启超忠贞的伴侣和强大的精神支柱。

李蕙仙悉心养育子女，对他们既有慈母般的怜爱，又有极为严格的要求。据梁思成回忆：自己小时候很淘气，有一次考试成绩落到了弟弟思忠之后，生母李氏将其唤到房间，愤怒地用鞭子抽打他，王姨见状慌忙将思成护在怀里，自己却挨到了皮鞭的抽打。此时，思成吓得放声大哭。

李夫人在子女中，也是学习的模范，她年过半百，在儿女们学外语时，自己也跟着学外语。每天早饭后，稍事休息，便开始读外语，她的发音带些贵州调，但尚能让人听得出这是英语，并能听懂所说的内容。

爱猫是李蕙仙的一大嗜好，梁家生活大体稳定之后，李氏便悉心养猫，这一喜好逐渐成了梁家全家老小的共同兴趣，从李氏身上传给了几乎所有儿女，并传给了第三代，由此，人们将梁家称作"爱猫家庭"。

　　梁启超的第二位夫人是王桂荃，她是在长期与梁启超共同生活中，产生爱慕之情而自然结合的，是真正意义上的"爱人"。

　　王桂荃，四川广元人，又名来喜。童年生活十分悲惨，生母早逝，常受继母虐待，4岁时，父亲病故，被四次转卖，最后卖到李氏娘家。1894年李夫人回家探亲，见来喜年纪虽小，却勤快、伶俐，便将她带到梁家做贴身丫鬟，从此步入梁门，一直生活了七十年。

　　在梁启超为国事奔波各地的过程中，需要有人随时料理生活，已长大成人的王桂荃，便成了合适的人选。她既勤劳能干，又通晓事理，善解人意，两人在长期共同生活中，迸发了爱情火花，并于1903年结婚。梁启超十分挚爱和尊重自己的结发夫人，他对李氏能否接受自己和王桂荃的结合，十分忐忑不安，曾一度将王氏接至上海，让她在沪生下思永。

　　李夫人得知时，开始有些震惊，很快便平静下来，接受了既成事实。

　　王桂荃在梁家是一位特殊的角色。李氏健在时，梁启超称王氏为"王姑娘""王姨"。后来，子女们称李氏为"妈"，称王氏为"娘"。孙辈则称王氏为"婆"。

　　梁家是个大家庭，子女多，亲朋多，事务繁杂。王桂荃为人友善，又聪慧能干，很快赢得梁府上下的信赖，成为全家难得的协调者。据梁思成回忆："我妈对佣人很苛刻，动不动就打骂罚跪，娘总是小心翼翼地周旋其间，实在不行了，就偷偷告诉我爹，让他出来说情。而她自己对我妈和我爹的照顾，也是无微不至的，对我妈她更是处处委曲求全。她是一个头脑清醒、有见地、有才能，既富有于情感又十分理智的善良的人。"

　　梁启超的子女中，共有九人长大成人，除思顺、思成、思庄为李夫人所生外，其余六人皆为王夫人所生。无论是李夫人所生还是自己所生，不管是男是女，王夫人均一视同仁，给予满腔之爱。思庄十多岁时，患上白喉，生命垂危。王夫人日夜守护，精心照料，终于转危为安。而恰在此时，她亲生之女也患上白喉，因忙于照料思庄，而对亲生之女护理不周，不幸夭折，年仅9岁。

　　王夫人出身贫寒，未受到系统教育，但她深知知识的重要性。得闲之时，便识字、读书，还学会针灸、游泳。她常对子女说："成龙上天，成蛇钻草。你看哪样好？""不怕笨，就怕懒。人家一遍，我学十遍。""马马虎虎，不刻苦读书，将来一事无成。""看你爹很有学问，还不停地读书。"

1929年，梁启超去世后，王夫人成了梁家实实在在的精神领袖，她用无私的母爱和智慧使梁家凝固成坚强的集体，使梁家的晚辈得以健康成长。梁门子弟个个超群，这当中包含着王氏的杰出贡献。

为了铭记这位高尚母亲的恩德，梁家后人在北京卧佛寺梁启超墓地里为王夫人种植了"母亲树"，并立碑纪念。碑文云："……王夫人豁达开朗，心地善良，聪慧勤奋，品德高尚。在民族忧患和家庭颠沛之际，协助李夫人主持家务，与梁氏共度危难。在家庭中，她毕生不辞辛劳，体恤他人，牺牲自我，默默奉献。挚爱儿女且教之有方，无论梁氏生前生后，均为抚育子女成长付出心血，其贡献于梁氏善教好学之家良多……"这正是梁氏后代对王夫人的诚挚褒奖。

人们常说，一个成功男人的后面，必有一个贤惠女人的鼎力相助。梁启超一生中碰到了两个贤惠的女人，靠她俩的帮扶，实现了事业上的辉煌创造，还在子女的培育上，赢得了满门俊彦的奇迹。

四、教子有方　满门俊彦

梁启超是享誉中外的大学者，亦是颇有见地的教育家。他的祖父、父亲均在乡间任过教书先生，启超一生受过良好的教育，因此高度重视教育，大力培育新民，是他一生的追求。

梁启超主张立业必先立人，他指出：人们"多不自知"，"不知道精神生活完全，而后多的知识才是有用的，苟无精神生活的人，为社会计，为个人计，都是知识少装一点为好"。他还认为"新民"应尊重传统，又善于汲取。"吾所谓新民者，必非如心醉西风者流，蔑弃吾数千年之道德、学术、风俗，以求伍于他人；亦非如墨守故纸者流，谓仅抱此数千年之道德、学术、风俗，遂足以立于大地也。"而他自己，正是一位扎根传统，而又广泛吸收外来文化之长的中西合璧的文化革新人士。

梁启超颇有民主作风，他总是以平等态度对待孩子，从不板起面孔叱责子女，而是以鼓励、表扬、引导的方式教育子女，这是梁氏始终秉持的教育理念。

子女的求学上，梁启超努力为他们选择条件优越的学校，他宁愿在其他方面节省一点，也绝不让孩子到差一些的学校去就读。

虽然梁氏每天要做的事情很多，却一直坚持与在外求学的孩子写信。在数百封充满感情的书信中，梁启超把为人、为学以及自己对人生的深切感悟，一一转告子女。

在一封家信中，梁启超给子女写道："我生平最服膺曾文正两句话'莫问收获，但问耕耘'。将来成就如何，现在想他则甚？着急他则甚？一面不可骄盈自慢，一面又不可怯弱自馁，尽自己能力做去，做到哪里是哪里，如此则可以无入而不自得，而于社会亦总有多少贡献。我一生学问得力专在此一点，我盼望你们都能应用我这点精神"。正由于梁门子女终生牢记父亲"但问耕耘"的谆谆教诲，一直勤奋研读，才有一门三院士的佳绩。

梁启超可以说是真正意义上的孩子们的良师益友，不仅关心他们的学业、工作、生活、健康，更对他们的品行、为人、处世，给予细致入微的指导。在他看来，教育不是别的什么，教育就是教人学做人。他对九个孩子均付出了极大地热忱，只要关系到孩子，事无巨细，都会热心地帮助出主意、想办法，还亲自作出安排。梁氏从不以家长式的态度对待子女，指定他们应办什么，不应办什么，而是充分尊重他们的意愿。如对思顺、思成的婚事，他事先物色好人选，给子女提供接触的机会，最后由子女自己定夺。梁思顺的丈夫周希哲是一位外交官，为华侨子弟，无论人品和才学，均为优秀人才。梁思成的妻子林徽因，也是因其父从中搭起的鹊桥而结合。梁林两家可谓世交，梁启超与林徽因之父林长民的交往，可追溯至民国初年，两人筹建宪法研究会之时，在长期交往中互为默契，终成至交。在梁启超眼中，林徽因是一位德才兼备的才女，有意促成思成与徽因的结合。林徽因的父亲早逝，梁启超一直将徽因视为亲生之女，给予温暖的父爱。

由于梁门形成的勤学家风，由于梁启超这位大师级的父辈的率先垂范，他的九个子女，各个学业出众，品德精良，令人仰慕。

下面分别对这九位梁门子女，加以简要介绍：

长子梁思成，毕业于美国宾夕法尼亚大学建筑系，著名建筑学家。1928年回国，赴东北大学任教，在该校创建了我国第一个建筑学系。尔后，长期在清华大学建筑系任教，培养了不少我国建筑专业的精英。1948年，北京解放前夕，为防止城内古建筑毁于战火，解放军曾派员亲临梁府，请他将北京城内名胜古迹的位置，一一标明于军事地图上，以免战火毁坏。他还组织部分教师编出100余页的《全国重要文物建筑简目》，不仅在解放战争中起到保护文物的重要作用，而且为中华人民共和国成立后文物保护工作，做出了重大贡献。1948年当选为"中央研究院"第一届院士。1952年，任北京市政协副主席。此后，曾任全国政协常委、中国科学院学部委员等职。

次子梁思永，毕业于美国哈佛大学，主攻考古学、人类学。他在哈佛大学，经受了完全现代的考古训练，并在美国参加了印第安人古代遗址的发掘研究。回国后，进入"中央研究院"历史语言研究所，从事考古工作。此时是我国现代考古事业起步、持续发展的阶段，他在其中发挥了关键而独特的作用。1931年，他参加了由李济主持的安阳殷墟发掘。在第四次发掘期间，由梁思永负责的高楼庄后岗的发掘中，发现了著名的"后岗三叠层"，进而断定龙山文化早于小屯文化，晚于仰韶文化，肯定了位于黄河中下游的这三种文化的时代顺序，这一研究成果轰动了中外学术界，被誉为"中国新石器时代考古发展中一个极其重要的转折"。此后，梁思永作为殷墟考古的"领头雁"，先后主持第十、十一、十二、十四次殷墟发掘。我国老一辈考古学家如：夏鼐、尹达、郭宏均、尹焕章等都在历次殷墟考古发掘中，受到梁思永的熏陶和培养。1948年，当选为"中央研究院"第一届院士。中华人民共和国成立后，被任命为中科院考古所副所长。其专著《梁思永考古论文集》，在我国考古界有重大影响。1954年因心脏病辞世，终年五十岁。

三子梁思忠，先后就读于美国弗吉尼亚军事学院和西点军校。回国后，加入爱国将领蔡廷锴率领的十九路军，淞沪抗战中任团长、炮兵上校，抗战中有出色表现。抗战期间，患上腹膜炎，因贻误最佳治疗时间，不幸病故，年仅25岁。

四子梁思达，经济学家，毕业于南开大学经济系，并完成研究生学业。抗战时，供职于中国银行。中华人民共和国成立后，在国务院外资企业局工作。

五子梁思礼，著名导弹与火箭专家，中科院院士。曾赴美留学，获普渡大学学士学位、辛辛那提大学硕士、博士学位。他是我国导弹和航天事业的开拓者之一，为国家作出过巨大贡献。

在梁氏九个子女中，思礼是最小的，出生时梁启超已51岁。可能是老年得子之故，梁启超特别喜爱小思礼，称他为"老白鼻"。

据思礼回忆："父亲平时在天津饮冰室写作时，一般不许孩子去打扰，可由于他特别喜欢我，有时候我到他那儿去玩，他便常常跟我玩玩、逗逗，等于给了他休息的机会。"

1956年，我国决定组建国防部第五研究院，学自动化的梁思礼，被调入了五院，成为钱学森院长手下的十个研究室主任之一。

1960年，"东风一号"仿制成功后，梁思礼受命从事中近程液体地地导弹的设计和试验，虽经历了多次失败，却从失败中找出成功的秘诀，获得了理想的结果。2006年，"长征二号丙"运载火箭创造了十六次发射全部成功的记录。正是多次的失败、多次的探索，让自动化专家梁思礼开创了航天可靠性工程学。

梁思礼一生酷爱音乐，音乐陪伴他80余年。五六岁时，哥哥、姐姐们送给他一套贝多芬交响曲作为生日礼物。他最爱第五交响曲《命运交响曲》，常在家中从头哼到尾。即使在"文革"期间，依然保持听音乐的习惯。关上门窗，拉上厚厚的窗帘，悄悄地给孩子放《天鹅湖》《胡桃夹子》。在生命最后的日子里，音乐也是梁思礼的精神慰藉。

梁思礼继承了父亲平等、豁达、开放的胸襟，把满腔的爱给予孩子。他的女儿梁旋最温暖的记忆是全家夜读的场景：晚上，父母下班归来，大家聚集在一起，轮流朗读，有时是《西游记》，有时是《骑鹅旅行记》，父母坐在大椅上，三个孩子在小板凳上，围坐着，大家聚精会神地聆听动人的故事。

由于梁思礼在航天科学中的杰出贡献，1987年当选为国际宇航科学院院士。1989年出任航空航天部科学技术委员会副主任。1993年当选为中国科学院院士。1994年当选为国际宇航联合会副主席。2016年4月14日，因病在京逝世，享年91岁。

对梁思礼的不幸病逝，中共中央总书记习近平发了唁电。唁电指出："新中国成立之初，梁思礼同志毅然归国，为发展我国航天事业鞠躬尽瘁，并作出了重要贡献，他的爱国情怀、奉献精神和严谨作风令人敬仰。"

长女梁思顺，中国诗词研究专家，中央文史馆馆员。从小随父逃亡日本，在日本读完小学和师范，是梁氏儿女中唯一未受过高等教育的一位。日文、英文水平极高，从小便是其父出色的"小秘书"。其夫周希哲毕业于美国哥伦比亚大学，曾任国民政府驻菲律宾、缅甸、加拿大领事或总领事。

二女梁思庄，曾留学加拿大，获加拿大麦尔吉大学文学学士。著名的图书馆学家，一生致力于西文编目工作。

三女梁思懿，社会活动家。曾任燕京大学"中华民族解放先锋队"大队长。"一二·九"运动中，为燕京大学学生领袖。中华人民共和国成立后，曾任第六届全国政协委员。

四女梁思宁，早年就读于南开大学。1940年冒着生命危险，投奔新四军，在支队司令部从事宣传工作。中华人民共和国成立后，陈毅元帅曾对梁思成说："当年我手下有两个特殊的兵，一个是梁启超的女儿，一个是章太炎的儿子。"说的"梁启超的女儿"就是梁思宁。

梁氏家族的孙辈，亦有不俗表现。

梁思成与林徽因所生的儿子梁从诫，就是一位非同凡响的人物。

梁思成对《营造法式》的作者李诫，充满敬意，他为独子取名"从诫"，表达乐意跟从李诫的愿望。

梁从诫以优异成绩考上北大历史学系，毕业后分到云南大学任教。后来，在中国大百科全书出版社任编辑。20世纪80年代，梁从诫在《百科知识》杂志当编辑，收到一篇来稿，文中提道：在经济快速发展的同时，乡镇企业势必成为污染源，对生态和环境将会产生严重的破坏。让梁从诫心灵上受到很大的震撼。

1993年3月，梁从诫与王力雄、梁晓燕等人探讨在民间建立组织，投身民间环保事业，其宗旨为"保护环境，善待自然"。

这个名为"自然之友"的民间组织，先后接受了上百次国内外媒体的采访。1998年，美国克林顿总统访华，梁从诫应邀代表"自然之友"参加克林顿总统与中国民间人士关于环境问题的圆桌讨论。1999年9月，《财富》全球论坛在上海举行，梁从诫应邀与会，并以"环境与能源"为主题，做大会发言。

目前，梁从诫和他的"自然之友"组织，正积极活跃在城乡环保第一线。

梁启超的家族是一个新型的知识分子群体，这个群体大致有以下几个鲜明特点：

其一，浓厚的、矢志不渝的爱国情怀。

深爱祖国，这是梁门儿女共同的情愫，亦是梁家极为珍贵的精神遗产。

梁启超的九个子女中，有六人曾留学海外，凭其家庭声望和个人出众的才华，完全可以在国外谋一理想之职业，过着安宁而富裕的生活。然而，他们一个也没有留在海外，无论是艰难，还是挫折，都不可能动摇他们报效祖国的决心和热忱。

其二，学贯中西，融汇古今，潜心钻研，耕耘专业。

受父亲之影响，其子女既尊重传统，有深厚的国学修养，又经受过西方现代科学教育，懂得最新科技知识。中西并举，学贯古今是梁氏弟子的一大特色。在他们身上既没有旧知识分子的僵化和迂腐，又没有像某些留洋学生那样只懂得A、B、C，对传统文化一无所知。在他们身上既存在了中华传统文化的许多闪光之处，又汲取了西方文化中科学与民主的精神。

其三，各师所长，致力创造，坚持不懈，成绩斐然。

梁启超深知"兴趣是最好的老师"这个道理，他让子女根据各自的志趣，选择所学的专业。九个儿女中，既有杰出的学者，又有著名社会活动家；既有人文科学的高手，又有尖端技术的能人；既有钟情诗书的文人，又有投笔从戎的军人，真是百花齐放，景色喜人。这些子女各师其长，致力创造，不懈进取，每个人都获得了骄人的业绩。特别是九人中，有三人为国家科学院院士，实为人间奇迹。

历经百年沧桑，今日之梁家，仍然为人们所乐道。时光在流逝，但梁氏家族延续的宝贵家风及其曾展现的不朽精神与魅力，决不会因时光的流逝而湮没，它的真理性的光辉，必将永驻人间，成为中华家族发展史中一个典型的范例。

周叔弢与东至周氏家族

　　东至县位于安徽的西南部,距芜湖不远,古称"尧渡",是一处山清水秀,风光怡美之地。

　　从唐至今,东至城东的纸坑山下,曾住有一户周姓人家,官居要职,兴办实业,涌现了众多不凡之才,成为名扬四方的名门望族。本文将对这一江南的周氏家族,作一扼要叙述。

一、显赫的周氏家族

　　东至县城的东面,山峦起伏,其中有座小山叫纸坑山,山下有一村庄,村民多为周姓,当地人习惯称"纸山周"。

　　据《周氏家谱》记载,他们的上祖原居婺源。三十四世祖周访,曾任御史中丞。唐高宗时,不满武则天篡唐,举家迁至秋浦纸坑山。"纸山周"第六代周繇(841—912),咸通年间考中进士,官至御史中丞,有诗名,享"咸通十哲"之誉。

　　清末太平军起义,东至居皖赣要冲,为太平军与清军必争之地,战事连绵,房舍数度焚毁,百姓匿居深山,甚至有数日不得食之苦。为求一线生机,周家让年青的周馥,出山寻找机遇。

　　周馥在安庆,巧遇驻扎省城的淮军,因能写一笔好字,颇得李鸿章赏识。后来,一路升官,直至两江总督。

　　周馥之长子学海,两榜进士,却钟爱岐黄之术,最终成为医术精良的名医。四子周学熙为工商界之巨擘,曾两任民国时期财政总长。其孙周叔弢从事实业,追求进步。中华人民共和国成立后,曾任天津市副市长,后任全国政协副主席。

　　周氏儿孙中,涌现了不少学有专长、成绩斐然者。

周氏家族的近代振兴，应该从周馥开始。周馥是再兴周氏家族的有功之臣。下面让我们了解一下周馥其人。

二、周氏家族的崛起者周馥

周馥（1837—1921），原名宗培，字玉山，号兰溪。因门前有一兰溪水，屋后有一玉峰山，收入字号中，含不忘家乡之意。

其曾祖父周礼俗，经商致富，置田产、茶山，收入丰厚。至其父周光德，家道稍落，仍不失小康。

周馥自小体质较弱，母亲对其呵护有加，却从不娇纵。周家一直"以诗书培其脉，以勤俭植其基"。周馥除平时随祖父读书外，亦上山砍柴、采茶，下田栽秧。13岁时，步行七十华里，受业于儒生王介和。勤练书法，16岁便能写一手漂亮的毛笔字。

在安庆时，周馥有一同乡在淮军当伙夫，通过老乡认识了伙房采办。采办识字不多，遂请周馥代为记账。

一天，李鸿章查阅账本，见上面字体清秀，定非市井小民所为，经查问见到了周馥，深有遗珠之憾，便将周馥引入淮军帐中。不及，便破格提升他为"总文案"。此后，一直追随李鸿章，达四十年之久。

同治十年（1871），李鸿章调任直隶总督兼北洋大臣，周馥亦随行至天津。此时，正值直隶水灾。李鸿章命周馥负责治水要务。周馥周密考察，提出天津乃九河下梢，宜泄不宜堵，应在海河上游另辟减河，以泄水势，并在下游屯田，变害为利。由于采纳了周馥方案，开挖兴济减河七十六公里，灌溉小站，由此开辟出水田数千顷。

周馥积极协助李鸿章操办北洋新政：建立天津工程局、天津电报官局；兴办天津武备学堂、北洋水师学堂；修建从胥各庄至阎庄铁路，满足了唐山煤运出之需……应该说，周馥是晚清洋务运动中，一位注重实干的代表。

周馥虽为李鸿章手下幕僚，却并不事事依附李，人云亦云。甲午战争前，李一直抱着"以夷制夷"方针，寄希望于国际干涉，认为中日战争不会发生。周馥根据自己对日本的细心观察和分析，认为战争不可避免，须立足于打，及早准备。李鸿章不听周馥敦促，迟迟不向朝廷痛陈利害。结果，北洋海师一触即溃，损失惨重。周馥见此情景，十分痛心。他在《感愤》一诗中写道："岂真气数力难为？可叹人谋著著迟。自古师和方克敌，何堪病急始求医。"他对"人谋著著迟""病急始求医"的做法深怀不满。

1902年，周馥任山东巡抚。1906年，调任闽浙总督，未到任旋调补两广总督。次年，周馥以年老多病为由，奏请回籍就医。1907年，卸任，在芜湖定居。1911年，辛亥革命后，周馥和一批遗老移居青岛德租界，以示"不食周粟"，表现了政治上极为落后的愚忠意识。尔后，又回到天津，1921年，病逝于天津寓所。

三、身手不凡的周氏两兄弟

周馥育有六子，其中以长子学海、四子学熙最为突出，是才华横溢的两兄弟。

周学海为周馥之长子，光绪十四年（1888）中举，光绪十八年（1892），以三甲第三十九名进士及第，殿试得三甲第十九名。后官至浙江候补道。

周学海淡泊名利，专爱读书。因体质孱弱，30岁后，立志学医，后成为一名医术精湛的名医，对脉理、药学皆有深入之研究，尤擅长治伤寒。曾有《周氏医学丛书》三种，初集为校订的宋元医籍，二、三集为自撰或评注本。

四子周学熙，因在其父身边生活，目睹了洋务活动，有时亦参与其事。又受"中学为体，西学为用"思潮之影响，决心放弃科举，走实业救国之路。1897年，进开平矿务局，派驻上海负责监督推销开平煤矿之产品，后升任会办、总办。1901年，任山东大学堂总办。1902年，筹办直隶银元局和官银号。1906年，接办唐山启新洋灰公司。该公司当时为国内最大的生产水泥的企业，周学熙亦被誉为"水泥大王"。1908年，创办京师自来水公司。民国时期，两次出任财政总长。

因反对袁世凯称帝，被软禁。袁死后，恢复了自由。

1918年至1924年，先后创办中国实业银行、华新银行。兴建华新纺织有限公司，在天津、唐山、青岛等地开设纱厂，成为华北棉纺业的巨擘。

1947年，病卒于北京寓所。

四、有识之士周叔弢

周叔弢（1891—1984），原名明扬，后改为暹，字叔弢，1891年生于扬州。他是周学海的三子。

周家十分重视对儿女的教育，重金礼聘宿儒，为儿女传授传统典籍。

周叔弢5岁入家塾，练大小楷，亦习英语。幼年起，养成嗜好读书的习惯。一生坚持读书，收藏好书。

1910年，周叔弢的母亲病故，他家经营的"泰会城"盐号，在江北有一定名望，若是接承祖业，做个优哉游哉的乡绅，完全没有问题。可是叔弢不愿在扬州做个锱铢必较的盐商。1911年，他随祖父到了青岛。青岛有位德籍牧师卫礼贤，对中国儒学很感兴趣，为沟通中西文化，办了礼贤书院。周叔弢与卫礼贤相识后，向他学习德文。还与卫礼贤合作翻译德国哲学家康德的一封信，名为《康德人心能力论》。由此可以断定，周叔弢应是第一个翻译康德哲学著作的中国人。

1914年，周叔弢北上天津。此时，四叔周学熙正着手筹建华新纺织有限公司，拟在天津、青岛、通州、郑州、石家庄建立五个纱厂。周叔弢在四叔的指导下，参与纱厂的兴建和管理工作。其好学的态度、认真负责的精神，得到了叔父的高度肯定。此后，又在启新洋灰公司任协理、总经理，直至1949年之后。这些创业经历，表明周叔弢是一位有才干的实业家。

周叔弢思想开明，追求进步。天津解放前，他的堂侄周骥良是我党地下工作者，经常将一些革命报刊带给他看，让他从中了解党的基本政策。周叔弢和李烛尘共同团结了工商界人士，抵制了国民党要将一些工厂南迁的企图。

1949年4月，刘少奇来天津，对周叔弢等为发展民族工业所作的贡献，予以肯定，鼓励他们继续为繁荣新中国经济再做努力。1949年9月，周叔弢应邀参加中国人民政治协商会议，被选为政协常委。1950年，周叔弢当选为天津市副市长。1954年，周叔弢率先提出启新洋灰公司实行公私合营。"文革"结束后，周叔弢作为追求进步且有广泛社会影响的工商业者代表，被选为全国政协副主席。

1979年1月16日，胡厥文、胡子昂、荣毅仁、古耕虞、周叔弢五位工商界的杰出代表，受到邓小平的邀请，赴人民大会堂开小型座谈会。会上，邓小平同志强调："要发挥原工商业者的作用，有真才实学的人应该使用起来。""我们现在搞建设，门路要多一点，可以利用外国的资金和技术，华侨、华裔也可以回来办工厂。"改革开放的新风，让五位工商界人士激动不已，大家敞开心扉，畅谈建议。到了中午时分，邓小平邀大家一起用餐。后来，有人把这次聚会诙谐地称作："六个老人，一只火锅，一台大戏"。五老中，周叔弢岁数最大，由于年事已高，原不打算在企业中担负什么职务。后来，天津工商界为贯彻邓小平同志指示精神，筹备成立国际信托投资公司，周叔弢还是欣然同意出任董事长，再次为推动我国经济新发展谋划、出力。

周叔弢酷爱典籍，是一位当代著名的藏书家，他毕生精力和一生经营的大部分收入几乎全部用来购置善本图书和金石文物。1931年北平"文德堂"书肆，以一部《后山诗注》宋刊本求售，据说此书为清宫藏物。北平图书馆拟出七百元购入，周叔弢闻讯，毫不犹豫地以一千四百元买下。有人认为此举近乎奢侈，叔弢则认为：人生几何，好书难遇，此举值得。

对流失海外的古代典籍，周叔弢总是极力赎回。1933年，他偶然发现日本文求堂有宋、元、明古籍百余种，不少是海内孤本，便想方设法购入其中的部分。

周叔弢重金购入珍本、善本图书，绝不是为一己之私利，而是为了保存民族之珍品。据统计，周叔弢一生收藏古籍达三万七千余册，从宋以降至清，有刻本、稿本、影本，经、史、子、集，无所不包。

中华人民共和国成立后，周叔弢将珍藏的数千册宋、元、明版本图书，无偿赠予故宫博物院、南开大学图书馆、天津图书馆。

1984年2月14日，周叔弢吟诵着杜甫诗句："千秋万世名，寂寞身后事"，平静地走完了他94岁的人生历程。

五、周氏子孙多俊彦

周氏家族的后人，由于有优裕的家境，完善的教育，良好的家风，不少人都出类拔萃，成了杰出人才。下文仅就周叔弢这一家系为例，其子女中涌现了多位学者、名人，如：

周一良：赴美就读哈佛大学历史系七年，学过梵文、希腊文、拉丁文、德文、法文，涉猎日本史、梵文、密宗等方面的研究。归国后，任北京大学教授，为著名史学家。1998年《毕竟是书生》一书出版，引起社会关注。2001年看完电视剧《张学良传》，熟睡中与世长辞，享年88岁，恰为米寿。

周珏良：赴美就读芝加哥大学，主修英美文学。回国后。任北京外国语学院英语系教授、外交部翻译室副主任。

周艮良：曾就读于唐山交通大学。抗战时，赴滇缅路工作。后任天津建筑设计院副院长。

周杲良：赴美就读哈佛大学，毕业后留校工作。后成为斯坦福大学神经学教授。

周以良：清华大学生物系毕业。著名的植被及植物分类学专家。东北林业大学教授。

周与良：赴美芝加哥大学就读，获植物学博士，回国后，任南开大学生物系教授。其夫查良铮，笔名穆旦。著名诗人、翻译家。南开大学外国语系教授。

此外，周一良的堂弟周绍良，曾任人民文学出版社古典文学编辑室编辑。在红学、敦煌学、吐鲁番学、佛学、民俗学、语言学、历史学诸方面，造诣颇深，是当代的一位著名学者。

综观上述内容，可以看到：东至周氏家族的四代中，有内阁大臣、有地方要员、有工商巨子、有名校教授、有专业精英、有济世良医……可谓人才济济，蔚为大观。

人总是在具体环境中生活着。人可以去改变环境，却又在潜移默化中深受环境之影响。家园、家族正是人成长的环境，亦是人才诞生的土壤。如若对家族和人才成长的种种状况，进行一番深入的剖析和研究，对促进人才的健康成长，必将会产生积极作用。

叶圣陶与苏州叶氏家族

被称为"东方威尼斯"的苏州，是一处文脉昌盛之地。这里，曾诞生过我国现代文学史上著名的文学家、教育家、出版家叶圣陶。从叶圣陶开始，至叶至善、叶至诚，再至叶兆言，叶氏三代都钟情文学，投身编辑出版事业，在当今文坛，留下了不可多得的佳话。

一、江南水城育文杰

叶氏家族是徽商后代，其先祖在明末，为躲避战乱，由歙城转徙苏州。

俗话说，一方水土养育一方人。河网交错的苏州，是一处美丽的园林城市，这里曾流传过有关文豪唐伯虎的故事，亦曾滋养了不少名扬中华的文杰。现代著名的文学家、教育家、出版家叶圣陶亦出生于此。

"上有天堂，下有苏杭。"苏州有荟萃优美的江南景色。20世纪初，苏州拥有私家园林多达200余处，享有"江南园林甲天下，苏州园林冠江南"的美誉。苏州又是一座历史名城，经历了2500个春秋。春秋时期，吴王阖闾曾在这里建都。

叶圣陶1894年10月28日，诞生于苏州城内悬桥巷一个平凡的家中。

文化氛围极为浓厚的吴地，远山近水，斋堂殿馆，园林楼阁，小桥亭院，每一处路名都有来历，每一块匾额都有故事，这些都让幼小的叶圣陶经受了最好的文化熏陶，为他以后的写作奠定了基础。

景色绝佳的园林，自然是孩子们喜爱光顾的游嬉之地。生在苏州的叶圣陶，早就"爬熟了"这些园林中怪石嶙峋的假山和巍峨壮观的楼台。他在《拙政诸园寄深眷——谈苏州园林》一文中写道："想童时常与窗侣嬉游，踪迹遍山径楼廊汀岸。"

叶圣陶祖籍徽州，其先祖明末转徙苏州，在城南盘门定居，经营猪行和丝绸生意，靠勤俭和智慧，生意做得红火，买下了齐门的半条街，故人称"叶半街"。后来，太平军攻下苏州，叶家在战火中败落。

叶圣陶之父叶钟济，在当地一家姓吴的财主家当账房，全家七口人，仅靠父亲工资为生，从小备尝"冷月峭然袭衣襟"的清贫滋味。家境虽困苦，深知文化重要的父亲却时刻牢记对儿子的文化启蒙，很小就教他识字，走在街上常向儿子诉说曾经发生的动人往事。回家后，还让儿子把这些见闻一一写下来，这就是叶圣陶开笔前的写作训练，父亲正是他人生的第一任老师。外祖母、母亲常常吟唱一些民歌、童谣，亦是叶圣陶童年所受的最好的文学启蒙。后来，他在编小学国文课本时，就收入好几支经他加工的苏州童话。有时候，父亲还带他到茶馆听说书或昆曲，像《金珠塔》《描金凤》《三笑》等故事，他曾听过不止一遍，直至晚年，还记忆犹新。他对温柔圆润、抑扬婉转的昆曲，特别喜爱。他少年时，曾学过吹箫，还曾想成为一名能歌善舞的演员。

叶圣陶3岁时便在父亲指导下，写描红纸。6岁时，进私塾，能识三千多字，字也写的端庄秀丽。1905年夏天，叶圣陶尚不满11岁，父亲便让他参加了一次考秀才的科举考试。叶圣陶在贡院见到了黑压压的一大片人，气氛颇为紧张。年幼的他，只感到十分口渴，把竹篮中的一个马铃瓜全吃了。经义考题的内容一时不知出处，匆忙中完成了三百字的策论。因准备不足，自然是名落孙山。到了第二年，清廷宣布废除科举，这次科考成了叶圣陶的特殊经历。

1906年，叶圣陶告别私塾，考入洋学堂——长元吴公立高等小学，这是长洲、元和、吴县三地会办的学校。学校里有不少留日归来的教师，他们深受日本"明治维新"的影响，倡导爱国自强。叶圣陶在这所三年制小学仅读了一年，便考入草桥中学，这也是一所洋学堂，不仅开设国文、英文、算学、经学，还开设修身、地理、唱歌、图画，鼓励学生自由发展。这所名校曾培养了一批优秀人才，与叶圣陶同窗的就有：顾颉刚、王伯祥、范烟桥、郑逸梅等，这些人后来都成了名家。

1912年1月15日，苏州光复后第一个元宵节，全城张灯结彩，补庆新元。19岁的叶圣陶，一方面对国民革命成功，内心由衷地高兴；一方面直面种种社会问题，似乎跟理想的革命不大一样，又十分忧虑。于是，写了一篇题为《革新》的文章，寄给一家报纸，居然刊登出来了，文中强调"改革犹须改革心"。一个19岁的少年，能有这样的心胸和认识，真是十分难得。从此，叶圣陶拿起了服务于社会和人生的笔，终生都未放下。

二、终生伏案为读者

叶圣陶对文艺产生兴趣，可追溯到他十二三岁之时，在家中偶然发现一部《唐诗三百首》、一部《白香山词谱》，读后爱不释手，对唐诗中的乐府与绝句、《词谱》中的小令和中调，觉得新鲜有味，反复吟诵。在草桥中学时，还与顾颉刚、王伯祥发起组织诗会，名为"放社"。同学们见叶圣陶的诗作率直深细，用律最工，高出一般，便推他做盟主。

在草桥中学，叶圣陶接触到了一些外国文学作品。英文课用的是华盛顿·欧文的《见闻札记》（又译作《见闻录》），里面有小说、散文、杂感。《见闻札记》中幽默风趣的笔调和富于幻想的浪漫色彩，引起了叶圣陶极大的阅读兴趣。后来，他回忆说："作小说的兴趣可说由中学时代读华盛顿·欧文的《见闻录》引起。那种诗味的描写，谐趣的风格，似乎不曾在读过的一些中国文学里接触过，因此这样想，作文要如此才佳妙呢。"1914年，叶圣陶开始用文言写小说，作品有《穷愁》《博徒之儿》《孤宵幻遇记》《贫女泪》等，在《礼拜六》《小说丛报》上发表。这些作品"有意模仿华盛顿·欧文的笔趣"。

中学读书时的叶圣陶，不仅是"放社"盟主，而且显露出编辑出版的才华。三年级时，和顾颉刚、王伯祥创办《学艺日刊》的油印刊物，内容是不易见到的秘籍。他还和王伯祥创办年级小报《课余丽泽》，自己撰稿，自己刻写，自己印发。互相切磋，砥砺学问，以文会友，以友辅仁。

1912年元月，叶圣陶完成了中学五年的学习，受聘到苏州中区第三初等小学任教。工作了两年，厚道的叶圣陶受守旧派排挤，失业在家，又不愿厚着脸皮求人。为了补贴家用，开始"卖文"。那时，上海《礼拜六》杂志销行颇少，叶圣陶便给这家杂志写小说，共有十余篇，均被采用。这是他卖稿生涯的开始。

1915年4月，叶圣陶少年时代的好友郭绍虞应上海进步书店邀请去当编辑，介绍叶圣陶到自己任教的上海尚文学校补他的缺，于是，叶氏赴沪任教。教学之余，为商务印书馆编小学国文课本，从此开始了与商务印书馆的交往。

1916年8月13日与受过高等教育的新女性胡墨林结婚。胡氏温婉淑静，成了叶圣陶的贤内助。他俩相濡以沫，度过了数十载春秋。

1917年，叶圣陶从上海回苏州度寒假，收到中学时的同学吴宾若和王伯祥来信，邀请他到甪直镇吴县第五高小任教，感于同窗之盛情，叶圣陶来到苏州东南18公里的古镇，一待就达四年余。他在日记中写道："我真正的教书生涯，是从甪直开始的。"在甪直，他发现了一本《文三桥印谱》，豪兴大发，课余便操刀治印，还兼任了各班的篆刻课。他和老校长沈伯安及王伯祥合编剧本《春雷》，叶圣陶还登台参与演出。他还指导学生将都德的《最后一课》、莫泊桑的《二渔夫》，改编为话剧，自导自演。

1918年秋，新文化运动汹涌澎湃，北大学生顾颉刚、傅斯年、俞平伯等建"新潮社"，出版《新潮》月刊。顾颉刚给甪直的好友叶圣陶写信，约他给《新潮》写稿，还邀他加入新潮社。此后，叶圣陶在《新潮》杂志上，陆续发表了小说《这也是一个人》《春游》，新诗《春雨》等。这年冬季，叶圣陶与王伯祥创办了《直声》文艺周刊，通过文艺作品，传播新文化思想，呼吁人的觉醒。

1921年1月4日，文学研究会在北京中山公园来今雨轩成立。沈雁冰主编的《小说月报》，成为研究会的机关刊物。同年4月，叶圣陶应邀赴上海鸿兴坊沈雁冰寓所，与沈雁冰、郑振铎见面，商讨有关文学研究会事宜。从此，叶与沈、郑情同手足，很快团结了一批作家，发展会员200余人，可以说当时中国文学界的精英，近乎一半都集中于文学研究会。叶圣陶为研究会事务，频繁往来于苏州与上海之间，成为文学研究会出色的实干家。

在此期间，叶圣陶又全身心地投入文学创作，出版了长篇小说《倪焕之》。这部长篇小说的问世，被誉为"我国现代小说发展史上一座巍峨的里程碑"。还出版了我国第一部现代童话集《稻草人》。他的小说名篇《多收了三五斗》，反映了"丰收成灾"的惨痛现实，揭示了腐败政治制度下民生的疾苦。《潘先生在难中》塑造了一个生动的小人物形象，成为我国现代文学史上不可多得之佳作。

1921年9月，叶圣陶应上海中国公学代校长张东荪和中学部主任舒新城之邀，到中国公学中学部教国文，同时被邀的还有朱自清，两人成了同事，开始了相互之间的友谊交往。朱自清在《我所见的叶圣陶》中写道："他的年纪并不老，只那朴实的服色和沉默的风度与我们平日所想象的苏州少年文人叶圣陶不甚符合罢了。"确实如此，叶圣陶是一位言语不多、敦厚稳重的人。

不久，中国公学闹起了风潮，学校整顿改革的主张遭到守旧派的强烈反对，朱自清和叶圣陶都离开了公学。朱自清到杭州第一师范教书，校方亦请朱自清邀其好友叶圣陶来师范任教。这样，他俩又相聚杭州，教学之余，常共游西湖。

1922年2月，应北大校长蔡元培、中文系主任马裕藻邀请，叶圣陶任北大预科讲师，教作文课。这是叶氏第一次在京工作。因不愿远离家乡，1923年春，经朱经农介绍，到上海商务印书馆编译所国文部任编辑。

1922年7月，在福州协和大学任教的郭绍虞来信，动员他到协和大学任教，讲授新文学。经不住好友的催促，叶圣陶来到了福州，亲睹南国风光，无比新鲜，都又抵挡不了思乡之情。到了寒假即辞职返沪，又回到商务印书馆任职。

叶圣陶一生从事的职业，主要是教书和当编辑。他曾多次说过："如果有人问起我的职业，我就告诉他，第一是编辑，第二是教员。"看来，他很喜爱编辑这一职业，他是我国现代出版史上的一位出色的编辑。

商务印书馆为当时国内最大的一家民营书馆。叶圣陶同在那里任职的沈雁冰、胡愈之、郑振铎一起认真工作，以高度的社会责任感编书、选书、出书，先后出版有：《文学研究会丛书》《俄罗斯文学丛书》《童话小丛书》《文学小丛书》等大量中外新书，为读者提供了宝贵的精神食粮。

三、育人为先家风扬

育人为先是叶氏一以贯之的家风。根据祖传的家训，叶圣陶在任小学、中学、大学教师时，一直把引导学生走正路，堂堂正正地做人，放在教育的首位。同时，鼓励学生依照自己的兴趣，自由地向上发展。

他在商务印书馆当编辑时，仔细阅读各地来稿，力争在大量来稿中，发现有无限生机的写作新苗。

1927年5月，郑振铎赴欧，委托叶圣陶代为主编《小说月报》。此时，沈雁冰的小说《幻灭》完稿，交叶圣陶审阅。叶氏阅完书稿，觉得写得很好，决定出版。沈氏拟用笔名"矛盾",但是"矛盾"一名,让人一看就知道是假名,国民党当局若查真名,就麻烦了。叶圣陶建议在"矛"字上加上草字头,这样就可以不露痕迹了。从此,沈雁冰就以"茅盾"之笔名发表作品。尔后,读者只知道茅盾,而对沈雁冰却知之不多。

女作家丁玲的处女作《梦珂》、代表作《莎菲女士的日记》,都曾经叶圣陶指导作过修改,然后在《小说月报》上发表。这些描写近代女子苦闷伤感的小说,曾轰动了文坛,让丁玲成了引人注目的女作家,而发现并让这位女作家崭露头角的,是编辑大家叶圣陶。

巴金在旅法期间写了长篇小说《灭亡》,1928年8月,将稿子寄给开明书店李非,托他代印数百册。叶圣陶在李非处看到巴金的书稿,觉得写得不错,便决定在《小说月报》上发表,还亲自为《灭亡》写"内容预告"。巴金每当回忆这段经历时,总满怀对叶圣陶的感激之情,他说:"倘使叶圣陶不曾发现我的作品,我可能不会走上文学的道路,做不了作家,也很可能,我早已在贫困中死亡……我感激叶圣老,因为他给我指出了一条宽广的路,他始终是一位不声不响的向导。"

1927年夏,年仅23岁的戴望舒写了《雨巷》,抒发大革命失败后他精神上的彷徨与惆怅。诗写成一年,未寄出发表。直到叶圣陶代理主编《小说月报》时,戴望舒才想到寄给《小说月报》。叶圣陶读了此诗,深深被诗中抑郁寂寥的意境与优美和谐的旋律所打动,当即写信给戴望舒,称赞他"为新诗的音节开了新纪元",并且在《小说月报》上发表了戴望舒的六首新诗,让年青的戴望舒赢得了"雨巷诗人"美誉。

新感觉派小说家施蛰存的处女作《绢子》,同样也是经叶圣陶之手,发表在《小说月报》上的。

上述事例说明,叶圣陶在当文学编辑时,慧眼识文杰,让一批颇具实力的年轻作家在文坛崭露头角。

在叶圣陶的影响和带动下,全家都热爱编辑工作,重视编辑工作。一家上下投入编辑《十三经索引》的故事,成为我国编辑史上的美谈。

1930年,叶圣陶决心编辑出版《十三经索引》。由于工作量庞大,他带领全家投入"手工作坊"的辛勤编纂工作。叶圣陶负责断句,妻子和老母帮着做剪贴和编排,二姑妈胡铮子也常来帮忙。一家人日夜操劳,经四年劳作,大功告成。1934年,开明书店出版了这部书,为学术界从事我国古代典籍的研究，提供了极大的方便。

人们常说父母是孩子的第一任老师。叶圣陶在家庭中，既是孩子们慈祥的父亲，又是孩子们十分尊重的老师。他从不向孩子提出不切实际的要求，总是以自己的行为潜移默化地影响着子女，让子女顺其自然地成长。

一个文风昌盛的家庭中，子女无形之中受其父亲的深刻影响。孩子们总忘不了小时候见到的父亲写作的情景：

"父亲坐在那张大书桌前，手里握着一支大号派克自来水笔，橘红色的笔杆镶着乌黑一道边，看上去沉甸甸的。明亮的光线从窗口射进里屋，书桌上摊着带格子的稿纸……"

在父亲的影响下，三个子女从小就试笔作文，叶圣陶引导他们"由散文入手开始学写，从自己熟悉的生活里取材"，还告诉他们写文章"不是只有一种写法，而是想出好几种不同的写法，拿来反复掂量比较，选出最好的，写到稿纸上去"。三个孩子写成的文章，都由父亲帮助修改，修改的过程就

是一堂生动的写作指导课。请看这些动人的记叙：

"吃罢晚饭，碗筷收拾过了，植物油灯移到了桌子的中央。父亲戴起老花眼镜，坐下来改我们的文章。我们各据桌子的一边，眼睛盯住父亲手里的笔尖儿，你一句，我一句，互相指责、争辩。有时候，让父亲指出了可笑的谬误，我们就尽情地笑了起来。每改罢一段，父亲朗诵一遍，看语气是否合适，我们就跟着默诵。我们的原稿好像从乡间采回来的野花，蓬蓬松松的一大把，经过了父亲的选剔和修剪，插在瓶子里才像个样儿。"

经叶圣陶的悉心指导，三个孩子的写作大有长进，先是三人的作品全部出版，题为《花萼》，由宋云彬作序。后来，三人的作品又汇集成册，名为《三叶》，由朱自清写序。1984年8月，三联书店出版了叶氏兄妹三人的作品全集《未必佳集》。真是笔耕不辍，文脉相传，堪为文坛佳话。

抗战期间，叶圣陶举家西迁，先是在乐山武汉大学任教，后来到成都教育科学馆任专员，为省教育厅编撰《国文教学丛刊》。尔后辞去教育科学馆职务，专事开明办事处工作。

困难当头，生活艰辛。子女们跟着父母度过了一段颠沛流离的日子。

抗战胜利，蒋介石的独裁统治日趋猖獗。1946年10月31日，叶圣陶接到蒋介石六十寿辰的请柬，目睹蒋氏的所作所为，叶圣陶自然不会去捧场。他在日记中写道："今日为蒋氏之六十寿辰，各报一片祝寿声……士之无耻，

有如是者。"

中华人民共和国成立前夕，叶圣陶和大批民主人士应邀北上，参加政治协商会议。

中华人民共和国建立后，叶圣陶先任新闻出版总署副署长，后来任教育部副部长，虽身负重任，依然保持着敦厚朴实的本色，为人低调，从不张扬，上班坚持步行或坐公交车，不问职务大小，一贯以平和态度待人。

叶圣陶这些美好的品格，深刻影响着身边的子女，他的子女同样践行着这些做人原则。

四、"三叶"勤勉留佳话

叶圣陶育有三个子女，两男一女，至善、至美、至诚。三人均秉承家传文脉，都有作品刊发，都是一流的编辑。

叶至善跟随父亲时间最长，是叶氏子女中最能继承叶圣陶气质的一位。他一如其父，勤勉、谦逊、平和、真诚、质朴、厚道，给人留下深刻印象。

叶至善晚年曾对记者说：自己童年"很傻、很笨"，以至于小学的几次升级考试，竟有四次不及格。父亲从不逼着他考个好分数，也从不强迫他一定要考上大学，而是让他做自己喜欢做的事。他小时候把父亲买来的玩具，拆了又装，装了又拆，兴趣盎然，表现了对科学的喜好，这与后来他成了科普作家不无关系。

叶至善从22岁开始，跟随父亲学习编辑和写作，从事图书编辑工作长达半个多世纪。曾先后主持与编辑《开明少年》《中学生》《旅行家》《农村青年》《我们爱科学》等深受青少年读者欢迎的多种刊物，还参与和策划编辑了《叶圣陶集》二十六卷。

叶至善是著名的少儿科普作家，曾为少儿撰写了大量优秀科普散文和图书。其中科学家传记小说《梦魇》，获第二届全国优秀科普作品一等奖。科普作品《失踪的哥哥》获全国优秀少儿读物二等奖。

叶至善办事极为认真，尤其是对儿童读物出版事业，更是到了极其苛刻的地步，他曾不止一次地说："编辑就是咬文嚼字。""书里搞错一个字或搞错一个答案，就有可能误导读者一辈子。"他给自己立了三条规矩："第一条，要跟孩子们讲清楚的事儿，先问问自己是否弄清楚了；第二条，要让孩子们感兴趣的事儿，先问问自己是否感兴趣；第三，要让孩子们感动的事儿，先问问自己是否被这件事儿感动了。"

叶至善同其父一样，十分关心写作中的新人。有一次，中国青年出版社副社长、副总编辑交给他名为《小布头奇遇记》的书稿，说是别的出版社的退稿。叶至善认真审读后，觉得文笔流利，故事情节生动，对少儿很有教育意义。他还让女儿小沫，作为第一读者，阅读了此书。女儿爱不释手，叶至善更增加了对此书稿的肯定，决定刊发此书，还亲自为这一少年科幻小说写了别具特色的内容提要。后来，此书作者孙友军成了一名优秀的少年科幻小说作家。

著名学者朱正在《平生风义兼师友》中，回忆叶至善给自己改稿的情形，他深有感触地写道："至善兄不愧是编辑专家，他看我的稿子，有时候也添一两个字，改一两个字。尽管这情形不多，但是凡有改动都是很精彩的。我其实是个颇有自负的人，不太乐意接受别人的修改，可是至善兄的改动，我却总是心服的。"

叶至善是一位出色的编辑，出色的工作是基于对读者和作者的高度责任心。他在《叶圣陶作品精选》的序言中，告诉大家："我做编辑工作，主要跟父亲学。受了他的影响，我给自己立下了两条规矩：一是得对得起读者，二是得对得起作者。"

叶至善曾任中国少年儿童出版社社长兼总编辑，一生从事编辑大业，且陶醉于编辑工作中。在《贺新郎》一词中，抒发了内心感受："矻矻何为者？事雕虫，咬文嚼字，灯前窗下。烟蒂盈盘茶重沏，忽忽秋冬春夏。且不悔为人作嫁。"编辑干的是"为他人作嫁衣"的工作，叶至善都丝毫不悔，这是多么高尚的品格。

叶至美，叶圣陶唯一的女儿，亦为叶家二代中唯一读过正规大学的人。抗日烽火中，她念完了高中，流亡到乐山，考上当时在乐山的武汉大学，后转入当时在成都的金陵女子大学。她在最初的写作中，把目光注视到了身边的下层人民。如《花萼》中收入了她的《江大娘》，写的是家里的一位佣工，一个身世凄惨的老太婆，但她却十分关心叶家兄妹，认真地担负起"管束"他们的责任，让他们感到离开母亲的种种不便都在她那里得到了补偿。

叶圣陶对这位女儿十分疼爱，却又坚持从严要求。在乐山读大学时，至美向基督教会申请了两百元补助金，用其中的一百二十元买了一双皮鞋，这在当时女大学生中是件极平常的事。其父知道了此事，十分生气。不仅对女儿进行了严肃的批评，还在当天日记中写道："今日学生请贷金、补助，而消费于无谓之途者，颇不乏人，我不愿二官亦如是也。""二官"指的就是至美。

至美在大学参加了一个文学社，名为"现实学社"，经常聚会讨论文学创作问题，叶圣陶十分支持，还应邀参加他们的文艺茶会，讨论"我们需要怎样的文艺"。

至美大学毕业时，正好中华人民共和国成立，被分配到出版总署编译局工作。1951年，调到中共中央联络部，为民主党派培养干部，教他们语文。1957年，调至中央人民广播电台国际台当英语编辑。她在这个岗位干了三十年，除了负责对外通讯外，还为国际台采写英文通讯，经常收到国际友人饱含深情的来信，她把这些视为"远隔重洋的拥抱"。在一篇回忆文章中写道："我喜爱我的这份工作。日复一日，我阅读外国朋友的来信，品尝着从世界各地飞来的友情。""我们可一点都不敢怠慢，只有兢兢业业地工作，才能继续赢得远隔重洋的外国朋友的热烈拥抱。"

这位出身于文学编辑世家的女翻译家，与外文编辑打了数十年的交道，编辑之余，还写了不少作品。

叶至诚是叶圣陶的小儿子，为叶家扎根南京的一支。聪慧多才，却一生坎坷，满腹才华未能得到施展，是一位过早凋零的优秀作家与编辑。

父亲伏案写作的身影，在至诚幼小的心灵中留下了难以磨灭的印象。叶氏填完一首词，常常会挽着至诚的小手，给他解说其中的含意。虽不能完全明白词中的深意，却也体验到了一些文学的奥妙。

至诚少年成名，在《开明少年》上发表过很多文章。他喜爱阅读，往往从稿费中抽取一部分钱，购买古今中外名著。他博览群书，知识丰厚，是叶家最有希望成为大作家的人选。然而，叶至诚的一生都是一个令人惋惜的悲剧，一个特别热爱文学写作的人，最终都因文学写作而饱受煎熬。

1944年，18岁的至诚辍学进了开明书店当职员。后来，考入上海戏专学习。1948年，追求光明，毅然来到苏北解放区，参加部队文工团。中华人民共和国成立后，在江苏省委宣传部文艺处工作。怀着创作的美梦，1957年，他和高晓声、方之、陆文夫等一批青年作家，酝酿创办文艺刊物《探求者》，因经费等原因，虽刊物未办成，但被扣上"取消党的领导""搞同人刊物"

等大帽子，被打成"右派"，下放劳动。后叶至诚又被调到江苏省锡剧团当编剧。1979年获平反，回到省文联，任《雨花》主编。

读书、藏书是叶至诚一辈子的嗜好。他对书的欲望几乎到了"饕餮"的程度，有钱就想到书店购书，没有钱买书时，就千方百计向别人借书，只要有人说："来吧，陪我回家，有书借给你！"他就会十里八里跟着跑。大家给他取了一个外号，叫"书朋友"。他在中学时，把买来的书都堆在他睡觉的竹榻枕头边，一本摞一本，渐渐的摞一行，不够堆，又分成两叠。后来，买来藤制的书架，专门放书。由于叶至诚藏书颇多，在南京市评选藏书状元时，他力拔头筹。

1956年，刚满30岁的叶至诚已是江苏省文联党组成员、创作委员会副主任，妻子姚澄是著名锡剧演员。叶至诚为锡剧写过很多剧本，其中参加华东戏曲会演的现代戏《走上新路》，获得六个奖项，包括剧本奖。然而好景不长，年轻气盛的叶至诚同几位青年作家发起创办《探索者》刊物，虽未办成，仅在小范围内传闻过有关《启事》《章程》，但却惊动了组织，最终参与者无一逃脱厄运：首先想起办刊物的作家高晓声，作为主谋，被遣送原籍务农；方之、梅汝恺被劳改；曾华被迫害屈死；翻译家陈椿年被发配至青海；就连对创办《探求者》表过态的人都被打成"右派"；叶至诚因《探求者》一案，被下放至江宁县劳动改造。

叶至诚的儿子叶兆言写道："父亲似乎生来就像当作家的，也许是家庭环境造成，也许是命中注定适合写东西。多少年来，没有什么比作家梦更折磨父亲。"从小怀揣作家梦，作家梦都让他大吃苦头。政治风暴让他从一个探求狂士，变成了一个逢人便弯腰的"老好人"。

叶氏三兄妹中，原先人们预料最有可能成为大作家的是叶至诚。其一，至诚从少年开始，就显露了"写作方面的特殊才能"；其二，至诚从少年开始，就大量读书、藏书，具备了丰富的学识；其三，至诚是叶氏兄姐中，唯一把写作当终生职业的。然而，事与愿违，"反右运动"中，因"《探索者》事件"而被划为"右派"。尔后，尽管得到平反，让他主编《雨花》。他把刊物办得有声有色，自己却再也没有写出一部轰动文坛的文学作品。

1992年，叶至诚患病毒性脑炎与世长辞。令人动容的是，他临终前去住院时，还带去了一大沓稿纸。或许他还想为世人留下他的心血之作。然后，天公让他驾鹤而去了。在另一世界中，叶至诚仍然执着地追逐他的写作美梦。

五、文脉相传堪典范

苏州叶氏家族从叶圣陶，到叶至善，到叶兆言，到叶子。四代人中，均表现了对文学的特别爱好，写出了让读者首肯的好作品。这是一个文风昌盛的著名家族。

叶家第三代人员中，叶至诚之子叶兆言，是一个引人注目的实力派作家。有人把他冠以"先锋派"，其实叶兆言众多的作品，很难用"先锋"二字来概括，其作品取材广泛，既有历史的，亦有现实的；既有传统的手法，亦运用现代的表现技巧。所以，他是一位真正意义上的实力派。

叶兆言的名字是父母爱情的产物，母亲姓氏中"姚"的一半，父亲名字中"诚"的一半，合起来成了他的大名。1974年，兆言中学毕业，进了一家二三百人的小厂，当了工人。希望读书的念头，一直在他心中燃烧，恢复高考后，立即报名应考，第一次未能如愿，接着再考，被南京大学中文系录取。大学毕业后，又考上了研究生。1988年，研究生毕业，被分配到江苏文艺出版社，做了文学编辑。他继承了叶家的编辑传统，负责编纂《20世纪文史哲精义》，出版后，赢得了读者的广泛好评，从中亦显示了叶兆言的博学多才。其后，还编辑出版了《世界著名作家访谈录》《名人日记》等。就在此时，叶兆言创作的中篇小说《悬挂的绿苹果》《夜泊秦淮》《状元镜》《枣树的故事》连续发表，引起了文坛的关注。后来叶兆言被调到江苏省作家协会，成了专业作家。

叶兆言投身文学创作，无疑是受到家庭的深刻影响，他在文章中这样写道："在我的记忆中，我祖父到了八十岁，他每天都在写字桌前坐八个小时，在那里写信、看书。他让我明白了一个非常简单的道理，你作为一个作家，你是要工作的，工作是美好的，成功不成功都是身外之物。"

"文革"时期，兆言上初中，在祖父身边生活了一段时间。爷爷寄信，他跑腿；爷爷散步，他陪伴；爷爷洗澡，他擦背。这时，他成了爷爷的拐杖。有一次，在祖父跟前背了一大段辛弃疾词，祖父颇为惊喜，便教他对对联。老人报一个，孙子答一个，"云对雨，雪对风，晚照对晴空，杨柳绿对杏花红"，对得熨帖，对得恰当，令老人十分欣喜。

酷爱写作的叶至诚对儿子的影响，自不必说。兆言曾这样表白："父亲把热爱写作的激情传给了我。"叶至诚因执着于写作而遭受折磨，一开始并不主张儿子走写作这条路。后来，看到兆言确有这方面的才华，他也十分高兴。他告诫儿子，唯有真心所爱，百折不回，方可获取成效。

叶兆言在当代作家中，有其明显优势：一是，他曾经经历过高校的科班训练，这在当代作家中并不多见；二是，他的阅读量很大，同辈作家中，很难有人在博览群书中超过他；三是，他写作从容，不仅小说，散文、文论亦颇有特色。他是一位极具潜力的学者型的作家。

叶兆言在接受《南方周末》记者采访时指出：写作有修行那一方面的意义，"它会使你少想一点庸俗的东西。你写的是堆废纸，谁也救不了，自己也救不了，但是它有一个好处，它可以起到修行的作用，在写作的这段时间你可以变得比较纯粹。"叶兆言就是这样不停地写作，不停地修行，以期不断地超越自己。

叶三午，叶至善的长子，叶圣陶的长孙，关于三午的命名，叶圣陶在日记中有叙述："余早已拟定此儿之名为'三午'，缘余生于甲午，小墨（即至善）生于戊午，而今为壬午也。"

三午早慧，三四岁就能自编故事，尚未到入学年龄，家人即送他上学。在学校，并不安心学习，曾有五、六门功课成绩不及格，老师下的评语："品学俱劣，屡戒不改"。叶老见此评语，十分气愤，在成绩报告书中写："不能同意，尚宜善导。"由于孩子实在不愿上这所学校，只得换了另一所。

后来，三午到了北京市郊当了工人，不幸得了风湿性关节炎，病情不断发展，以致腰背也弯曲了，过早地离开了人间。

三午具有文学和艺术的特质，他喜欢摄影，经常拿着相机为家人拍照，还学会了冲洗照片。他爱好音乐，称得上是玩音乐的好手。他还经常在家中举办沙龙聚会，不少人前来参加，有作曲的、演唱的、画画的、摄影的，还有诗人，研究哲学的人。大家一起倾听音乐，或高声朗诵自己的诗作。

个性鲜明、多愁善感的三午，是一位富于诗情的年轻人，他写了不少反映内心感受的好诗。在一首题为《戏》的诗中，写道："戏/由着你的性子演/可为什么/偏要拉着我来看!？/你尽可/把脸画黑表现刚强/涂红显示忠烈/鼻子沾点黄来个奸诈/要不，全脸抹白涂着阴险……/你尽可/把戏演得轰轰烈烈/缠缠绵绵/也可以演得蹦蹦跳跳/凄凄惨惨……/戏/由着你的性子演/可为什么/偏要拉着我来看!?"三午对"文革"中的种种倒行逆施,十分愤恨。他对这场人间闹剧揭露程度之深刻,是旧时代一般人很少达到的。由于叶三午所做的诗,有深刻的时代内容,当时曾在京城年轻人中流传。

三午沉迷于音乐,对堂弟兆言亦产生了很大的影响,听音乐成了兆言的嗜好,他说:"至今我仍保持着这样一个坏习惯,那就是写作时,耳边一定要放着音乐。"

叶家第四代,在文学上仍保持着不俗的表现。叶兆言的女儿叶子,虽是"80后"的年轻人,已单独出版了三本书:《带锁的日记》《苏苏的幸福开始》《马路在跳舞》。她会弹钢琴,会讲流利的英语,在复旦文学院读研究生,获得出国留学一年的机会。

叶至善的孙女叶家和的女儿叶扬,清华大学建筑系硕士研究生毕业,在《世界建筑》杂志社当编辑,工作之余爱写小说,以"独眼"之笔名,出版了《比如,单身》《胖子》等书。

叶至善的孙子、叶大奎的儿子叶刚,从一所技校计算机专业毕业,先是自己办书店,后来到中国少年儿童出版社一个部门负责文化产业开发。工作之余从事童话创作,他写的童话曾被收入年度优秀童话选。

叶圣陶先生将"善、美、诚"镌入子女名字之中,他的后辈谨遵父教,一直以这三字作为立身做人的准则。时至今日,他的儿孙辈,乃至曾孙辈,一直笔耕不辍,以自己的心灵之火,去点燃旁人之火,为缔造一个美好的世界而不懈努力。

冯友兰与唐河冯氏家族

　　唐河是一方古老的中原热土，北亘嵩洛，东通宁沪，既承续着古代黄河文明的辉煌，又感受着楚汉大地长江文化的气息。这里经济繁荣，文化底蕴丰厚，曾衍生了扬名中外的文化大族冯氏。唐河学人的杰出代表"唐河三冯"：冯友兰，著名哲学家，一个在中国现代哲学史上，最先具备哲学史家资格的学者。他筚路蓝缕、殚思竭虑，第一个写出系统完整的中国哲学史著作，此书不仅在中国，而且在东南亚，乃至欧美各地，都有广泛影响。冯景兰，著名地质学家，我国近代矿床学的奠基人，对金矿地质尤有深入研究，1936年完成《山东招远金矿纪略》专著。冯沅君，20世纪初最早从事文学创作的女作家之一，与丁玲、凌叔华、苏雪林齐名。尔后，潜心研究古典文学，其鼎力专著《古剧说汇》，是继日本青木正儿的《中国近世戏曲史》、王国维《宋元戏曲史》之后，中国戏曲史研究上又一重要成果。冯氏三杰，皆留学海外，著作传世，文名远扬。

一、唐河冯氏家族的兴起

　　唐河位于河南省西南端，行政区划虽属于豫，而经济活动却与湖北武汉息息相通。它处于中原腹地，交通四面畅达，人文积淀丰富雄厚。在唐河东南二十多公里处，有一个位于祁河和仪河之间的小镇，名为祁仪镇。祁仪人依地域方位，称祁河与仪河为东河。冯友兰晚年怀着深厚的桑梓之情，对来自故里的人说："我是吃东河水长大的，我们兄妹三人能有今天，忘不了老家的左邻右舍，忘不了祁仪镇上的父老乡亲。"

　　祁河与仪河在祁仪镇附近交汇，汇入清水河。祁仪镇不仅是一处山川秀美的宜居之地，亦是一处商务繁华的农村集镇。

　　冯氏家族于康熙五十五年（1716），自山西高平县经商落户于此，至冯友兰出生时，已繁衍十余代，历时一百余年，从商致富，被当地人称为"复盛馆"冯家。冯友兰故居上方，曾悬一方匾额，上书"派衍始平"，标明祖上的籍贯。

据老年人回忆，唐河祁仪在地理位置上与湖北的枣阳、随县，河南的桐柏接壤，是鄂豫两省四县交界地带，明清两代常遭兵燹之灾，祁仪土著在战乱中屡遭杀戮，致使此处"乡乡几断人烟"。故于明清之际，大量移民由外地迁来新居。如今，祁仪附近尚有"蛮子营""回子庄"之类的村名，即为清初移民之历史遗迹。冯氏家族迁徙祁仪，是否与上述情况相关，尚无定论。

祁仪人所称之"复盛馆"冯家，大约是从冯友兰的祖父冯玉文这一辈开始的。其始祖冯泰由晋来到祁仪，后又回原籍。其子冯珽屿曾在祁仪继续经营，由小摊贩发展至经销纺织品，大有盈利，购置田产，挣下了相当大的一份家业。

冯珽屿生有两子汝南和籹南。籹南之子殿吉，生前习武，为清道光年间的武秀才，慷慨好施，不善事田产，家产典当甚多，家道衰落。冯殿吉去世时，其子冯玉文年仅8岁。冯玉文之母除悉心抚育玉文外，至勤至俭，苦心经营家业，陆续赎回冯殿吉生前典当的田产，使冯氏家业得以复兴。

冯玉文知书识礼，学业优异。他也曾应试，虽成绩突出，因与"学使者"，即主持考试之人，关系不谐，致使落选，遂决心不走科举之路，一边读书，一边专心治理家业。他不仅购置了1500亩土地，还在镇上开设酿酒作坊，经营布匹、客栈，生意兴隆，渐成祁仪巨富。冯玉文善于理财，他积累的大量财富，为后来冯家子弟的教育成长，奠定了雄厚的物质基础。

冯友兰的祖父冯玉文不仅是理财高手，而且受传统文化滋润颇深。他对人生的理解、对财富的追求，同其前辈有很大的不同，从他的诗作中可见端倪："富贵何足荣，清贫岂为苦？试观富贵人，谁免一抔土！我无旷达识，至理颇先睹。"诗中表明，冯玉文不再单一地追求财富，更关注人生的真实与价值。

冯玉文有三子：冯云异、冯台异、冯汉异。三子均受到良好的传统文化教育。冯云异、冯汉异先后考中秀才。冯友兰之父冯台异，更是一枝独秀，于光绪十五年中举，后又被赐予同进士出身。

冯家有善诗之家风。冯玉文有《梅村诗稿》，冯云异有《知非斋诗集》，冯台异有《复斋诗集》。冯玉文有一女，名士均，天资聪颖，亦善诗文，不幸18岁时病逝，冯家将她生前诗作辑为《梅花窗诗草》。冯氏一家先后出了四部诗集，足见其文风极为兴盛。

二、哲学大师冯友兰

冯友兰（1895—1990），现代著名哲学家、哲学史家，从中原热土走向全国，走向世界的杰出学者。

冯友兰之父冯台异，为冯玉文的第二个儿子，精通传统文化，善诗文。先在武昌方言学堂任职，后来得缺署理湖北崇阳县政。

冯台异与妻吴氏生有三男三女。长子冯新兰早夭；长女冯温兰早为人妻；次子冯友兰、三子冯景兰、次女冯恭兰（后改为淑兰、沅君），皆学有所成，同为五四后中国学术文化领域中的知名人物。冯友兰弟妹三人能有事业上的辉煌，除自身禀赋与勤奋外，还得益于自小在家庭中受到良好的传统文化教育。

冯家对子女的教育极为重视，自设学堂，延聘名师，为子女施教。依照冯家的规矩和传统，孩子7岁时，即入家塾就读。冯友兰仅6岁，便入塾读书，先生为其表叔刘自立。

冯友兰幼年读书，从《三字经》开始，渐及《论语》《孟子》《大学》《中庸》等国学经典。为了科举考试的需要，亦安排熟读《龙文鞭影》《幼学琼林》等蒙学读物。

冯家在要求子女接受传统文化教育的同时，亦注意与时俱进，让孩子学习新知。据冯友兰回忆，在家塾中曾读过一本《地球韵言》之书，这是一本讲地理的普及读物，在当时标作"新学"。由此可见，冯氏私塾中可谓是"新旧兼备"。

冯友兰的父辈为读书人，家中藏书丰富。在冯友兰发蒙读书时，冯家藏书除经、史、子、集一类传统书籍外，亦有《泰西游记》《地球韵言》之类属于新学的书籍。这表明冯氏家族具有热爱传统，但不保守；注重国学，亦向往新学的开放式的家风。

冯家是一个依赖勤勉走上致富之路的家庭，对孩子读书求学的要求亦相当严格。据冯友兰回忆，其母亲在没有钟表的年代，为了严格作息时间，让孩子按时读书，划线于地，以志日影，影至某线休息，影至某线读书写字，皆有定规。在严格家规约束下，冯友兰从小养成勤奋读书的好习惯。

冯友兰在清水河边生活了九年，父亲到武昌方言学校任职，他随母亲、弟妹一起到了武昌。故土难忘，清清的河水，雄伟的石柱山，滴翠的竹林，神秘的龙泉，以及家宅院内的银杏、腊梅，都深深地留在他儿时美好的记忆中。

武昌方言学堂，实际上是清末洋务运动的产物，由湖北总督张之洞创办，晚清名士梁鼎芬任学校负责人，冯台异担任学校的总务工作。因孩子尚小，言语不通，冯台异决定将子女留在家中，自己施教。由于其父忙于公务，冯友兰在武昌家中的读书生活，主要由他的母亲安排。吴氏教孩子读书之方法，秉承其夫同一教育理念，认为一个人念书，不论将来去做什么工作，都需要有一个好的文字基础，这就叫作打好中文底子。吴氏教孩子读书重点让孩子熟读课本上的文字，而对义理上的理解，并不十分重视。这种读书方法，对冯友兰在中国文字方面的训练很有帮助。吴氏教孩子读书极为认真，有时遇上自己不熟悉的字，等丈夫回府，请教丈夫后再教孩子。

冯台异在方言学堂任职，对当时新式教育十分了解。公务之余，除解答妻子不能解读的文字，他还注意将新式教育风气带进自己的家庭。武昌新式学堂时兴穿统一的学生装，冯台异就让自己的孩子也穿上这种服装。张之洞为新式学堂撰写的《学堂歌》，冯台异在家里也教孩子们唱，一时间，"天地泰，日月光，听我唱歌赞学堂；圣天子，图自强，除却兴学别无方。"歌声响彻冯家的院内。

后来，冯友兰随父在崇阳县衙门中生活。崇阳是鄂东的一个小县，到达崇阳，先寓茶厘局内，行装甫卸，即教友兰及弟妹读书，屋宇逼仄，书声闻于外，冯台异的幕僚有人感叹："吾作幕多年，未见太太、少爷如此好学者。"冯友兰课余之时，泡在父亲签押房内，翻阅新旧书刊，增长了不少见识。光绪三十四年夏，冯台异病卒于崇阳任所。这一年冯友兰仅14岁。

冯友兰之母吴清芝，祖籍福建，是一位十分干练的女性，其夫辞世后，她挑起了支持全家生活的重担，冯氏兄妹的成长，与这位不凡的女性有极为重要的关系。

父亲病故后，在异乡生活四年多，冯友兰与弟妹在母亲的带领下，又回到了家乡。此后大股土匪进攻祁仪，烧杀戮掠，冯家遭受严重损失。"莱根切莫多油煮，留点青灯教子书"。即使生活再艰难，也得让孩子读书。吴氏继续延聘教师，让孩子求知明理。在一位年轻先生指导下，冯友兰读了黄梨洲《明夷待访录》，颇受教益。此时，冯友兰已15岁，在家塾中念书近十年。家塾中的教育已不能完全满足冯友兰的求知欲望，吴氏决定让冯友兰及弟弟，报考唐河县立高小。因高小学历偏低，又决定去省城开封，报考中州公学，冯友兰以初试第二，复试第一的成绩被录取。就这样，冯友兰进入了省城最好的中学，开始了中学生活。1911年暑期，他回到祁仪与表妹吴淑贞成亲。同年，其母吴清芝应族弟吴简斋之邀，出任唐河端本女学学监。吴氏乘机将女儿冯沅君、儿媳吴淑贞带到女学念书。至此，冯沅君亦有了进一步求学的良机。

因不满中州公学的办学状况，冯友兰决定转学武昌中华学校就读。进入中华学校不久，即得到上海中国公学在全国招生的消息，当时河南计划派20名考生到中国公学学习，决定每年对每一位进入中国公学的河南籍学生资助二百两银子。冯友兰决定放弃在武昌中华学校刚开始的学业，回开封参加入选中国公学的考试。1912年冬，冯友兰如愿以偿，以河南官费生的资格，来到上海，就读中国公学。历史证明，不论是武昌中华学校，还是上海中国公学，都是当时中国最好的中学。我国现代史中的精英人物恽代英、胡适之等人曾分别在这两所学校受过中等教育。冯友兰本人后来的学习生活与学术事业，则紧紧地与他在上海中国公学的一段学习生活相关联。当时上海的学校为了求新，发给学生的教材都是英文原本，中国公学也不例外。冯氏进入中国公学后，逻辑课的教材即是耶芳斯的《逻辑初级读本》。这样的教学方法使冯友兰对英文的学习，得到了强化。以往通过多年的私塾教育，让冯友兰在汉学方面具备了厚实的功底。而在中国公学的学习，则使他在西学方面有了很大的进步。在中国公学的学习中，他初涉西方逻辑理论，其内容与传统的中国学问全然不同，这不能不引起冯友兰极大的关注和兴趣。冯友兰对逻辑的兴趣使得他向往学习西方哲学。他曾说道："我学逻辑，虽然仅仅是一个开始，但是这个开始引起我学哲学的兴趣。我决心以后要学哲学。"这可以说为冯友兰今后立志专攻哲学，以至成为一名出色的哲学家，开辟了道路。

1915年从中国公学毕业，冯友兰考取了北大法科，进入北大后，从法科转学到文科，进入中国哲学门学习。冯友兰是北大中国哲学门开办以来招收的第二批学生。在这一班学生中，唯有冯友兰一生中从未改变自己的专业方向，始终致力于哲理的思考，终成一代哲人。

北大课堂完全是开放式的。正式注册的本科生，办了听课手续的"旁听生"，以至什么手续均未办的"偷听生"，都可以随意选听北大教授讲课。冯友兰常去中国文学门听黄侃讲课。黄侃博学专断，论学严谨缜密，自成一家之言，不能不让人折服。他的课扩大了冯友兰的学术视野，让他受益匪浅。暑期返乡，以黄侃之方式念诵诗文，令其妹沅君羡慕不已。他还以黄侃选择文献和讲解文章的方式教沅君读书，亦使沅君深感大有收获。冯友兰说到自己在北大的课外学习对妹妹的影响："我的这种课外学习，倒是在我家发生了作用。那就是：我把我的一知半解传授给我的妹妹沅君，引导她走上文学的道路。"

在北大为冯友兰讲授过中国哲学课程的先生主要有马叙伦、陈介石、陈汉章。马叙伦讲授过宋学，陈介石、陈汉章讲授过中国哲学史。这三位先生，在中国近代学术史上均为饱学之士。其中陈汉章博学强记，在京师大学堂读书，获文科第一名。他把《十三经注疏》《二十四史》《九通》读得烂熟，记忆力极强，任何一个中国历史上的问题，询问他，均可原原本本地解答，学生称他为"两脚书橱"。冯友兰在北大的学习，让他在两个层面有了提升，一是深化对中国文化传统精神的体认和领悟，使他对中国文化的理解达到了新的认识境界；二是在深化对中国传统文化理解的同时，转而渴求了解西方学术文化，希望用新的学术方法，重新诠释自己民族的文化传统，追求学术上的中西文化的融汇与贯通，实现中国传统文化的创新与发展。在北大的求学中，冯友兰曾感到对中国哲学史课程的难以满足，一是因教员博而寡要，未能勾勒出中国哲学发展的历史线索，清理出中国哲学史的思想系统。二是当时哲学史教员知识结构老化，对哲学的理解仍囿于传统，不能融合西方现代的学术观念。因此，冯友兰热切期望了解西方最新学术成果，接触高层面的西方学术文化。

冯友兰的第一次婚姻，由母为其操办，他进入上海中国公学读书不久，其妻便病故。1914年经同学金松岑介绍，与任载坤订婚。金松岑是任载坤之父任芝铭的学生。任芝铭为清光绪年间举人，后参加同盟会，思想开明。有六个女儿，其中长女馥坤、二女纬坤、三女载坤都曾入北京女子师范学校读书。二女纬坤早年参加革命工作。六女任均奔赴延安，投身革命。1918年，

冯友兰与唐河冯氏家族

冯友兰北大毕业之时,任载坤亦从北京女子师范学校毕业。两人结伴返回开封,举办了婚礼。从此,任载坤相夫教子,主理家政,全力支持冯友兰从事教学与研究。冯友兰后来的生活虽坎坷曲折,而个人情感方面却十分美满。

冯友兰于1918年9月开始,在河南第一工业学校开始教书生涯。他到开封不久,即联系学术文化界人士,自筹资金创办《心声》杂志。他认为:"凡社会之进步,必有少数之人,立于大多数人之前,为真理而战……因此,尽一份中国知识分子对于民族文化新生的责任。"《心声》除组织有关河南文化教育问题的讨论外,常刊发一些随想、陈词。冯友兰的妹妹冯沅君,任馥坤的丈夫孙炳文的诗词,都曾由冯友兰编辑刊发于《心声》杂志。1920年1月出版的《心声》第二卷第一期刊发郭须静的《理想家的社会主义》,可视为河南最早公开传播马克思主义理论学说的先声。

1919年,河南官费留学人员中,计划有一名哲学生名额。经考试,冯友兰获得公派出国留学的机会。冯友兰的弟弟冯景兰,1916年夏,考入北大工科地质门预科。1918年春,参加河南省留美学生考试,顺利录取。冯景兰比其兄早一年,考取公费赴美留学,进入科罗拉多矿业学院,学习矿山地质,1921年考入哥伦比亚大学研究院攻读矿床学、岩石学、地质学。1919年9月,冯友兰考入哥伦比亚大学研究院,开始留美生活。两年中,友兰、景兰两兄弟,先后以公费生留美,一文一工,可谓"冯氏双雄",这是中华文化史上少有的奇观。1923年,景兰获硕士学位,友兰通过论文答辩,次年荣获博士学位。兄弟俩与其他同学一起,途径加拿大回国。

冯友兰初到美国,对一切都感到新奇,他曾把自己的感受写成一篇文章,题为《中国的官气与美国的商气》,寄往国内刊物发表,文中说:"中国是一个'君子喻于义,小人喻于利'的国度,中国人往往是'有孔不入',崇尚道德价值,漠视商业活动;而在美国,人们为了金钱、利益,常常是'无孔不入',极有心计。"为了适应美国生活,冯友兰不得不每天都安排时间自学英文,大大提高了英语会话能力。暑期中,他还前往科罗拉多州暑期学校进修英文、德文,以求更好适应哥伦比亚大学对留学生的外语要求,经刻苦努力,外语水平大有提升,使他在专业学习上,开始获得更大的自由。

冯友兰在哥伦比亚大学的学习,不是停留在研读教科书式的读本上,而是注重研读真正代表西方学术传统和文化精神的经典著作。他先后认真研读过杜威的《思维术》、罗素的《神秘主义与逻辑》、笛卡尔的《方法论》、卢梭的《民约论》、罗依斯的《近代哲学精神》、费希特的《人之职业》、伯格森的《形而上学导论》、洛克的《人类理智论》、贝克莱的《人类知识原理》等。由于冯友兰关于中国传统文化的知识和对于西方学术文化的理解，主要是通过研读原典的途径形成的，因此他对中西文化的思考，很少人云亦云，总是包含了自己的深入思考。

1920年印度著名诗人泰戈尔访问美国。这一年的11月30日，冯友兰在纽约的一家旅馆中，探访了这位名人。泰戈尔热心向西方传布印度文化，同时又将西方文化传入印度，他对东西文化的异同以及两者的价值，都有自己深刻的理解。冯友兰在与泰戈尔的交流中，请教有关东西方文化比较中的一些问题，颇有收获。泰戈尔主张东方民族对于自己的文明应当用"自己的眼光来研究"，这对冯友兰很有启示。冯友兰把泰戈尔的谈话整理成文字，寄给国内的罗家伦，刊发在1921年《新潮》三卷一期。

冯友兰在哥伦比亚大学研究院，师从实用主义大师杜威和新实在论者蒙塔古。1923年完成博士论文《天人损益论》，顺利通过答辩。次年，获得博士学位。这篇博士论文对中国和西方的不同哲学派别进行了具体比较，认为人类哲学不分东西，只别于"见"与"蔽"，这是20世纪20年代中国人写成的一部系统地比较中西哲学的著作。博士论文的完成，为冯友兰在美国哥伦比亚大学的留学生活，画上了一个圆满的句号。

回国之时，河南省决定以原河南留学欧美预备学校为基础，组建一所省立大学，后来定名为中州大学。冯氏兄弟回到河南，在中州大学任教。正式聘定冯友兰为中州大学文科主任、哲学系主任兼教授，冯景兰为矿物地质系主任兼教授。1925年暑假，冯友兰离开中州大学到广州的广东大学任教；不久北上，任燕京大学教授。1927年，冯景兰也到了广州，任两广地质调查所技正；1929年转赴天津，任北洋大学教授；1933年抵京，任清华大学地学系教授，不久任系主任；中华人民共和国成立后，任北京地质学院教授；1957年，当选为中国科学院学部委员。冯景兰还是中华人民共和国成立后，第一批研究生导师，从事高教五十余年，为国家培养了一批学者、教授、院士。

1928年，罗家伦被任命为清华大学第一任校长。他考虑应当组织一个在学识和能力诸方面都值得信赖的班子，将眼光投向当年在北大求学的同学，在燕京大学任教的冯友兰、杨振声进入了他延聘的范围。罗家伦亲自动员冯友兰、杨振声转至清华工作，让他俩分别担任秘书长和教务长。于是，冯、杨二人便进入新成立的清华大学，协助罗家伦创办清华。

冯友兰在清华任秘书长，是一个与教务长并列的重要行政职务。当时清华设教务处和秘书处，秘书处由秘书长主管，分管文书科、庶务科、会计科，主要负责学校的文秘、财务、后勤等方面的事务。冯友兰在担任清华大学秘书长期间，曾组织清查清华基金，参与拟定清华发展规划，在这些工作中展现了他从事行政事务的能力。1929年开学不久，冯友兰辞去秘书长职务，专任哲学教授，一心致力于哲学教学与研究。此时，他的两卷本《中国哲学史》上卷已脱稿。后来，这部专著受到清华教授陈寅恪和金岳霖的充分肯定，被作为清华大学丛书中的一种，于1931年正式出版。

"九一八"事变发生的第三天，冯友兰以清华校务委员会秘书长和文学院院长的身份主持清华大学教职工大会，会上决定成立清华大学教职员公会对日委员会，冯友兰是这个委员会的主要成员，积极支持和参与师生声讨日寇罪行的正义行动。按照当时清华大学的规定，在该校任教满五年，可由学校出资送出国游学一年。1933年暑假后，冯友兰享受他在清华第一次出国休假的机会。1933年8月，由上海乘意大利邮轮赴欧，因有在英讲学计划，他决定用半年时间，应"英国各大学中国委员会"之约，在英讲学，用半年时间游访欧洲的一些主要国家。10月抵意大利，顺访罗马、佛罗伦萨、米兰，11月经巴黎抵伦敦。在英期间，他先后在牛津大学、剑桥大学、伯明翰大学、爱丁堡大学等十余所著名大学讲学。访英时，冯友兰曾拜访维特根斯坦，同维特根斯坦讨论哲学问题。结束在英讲学活动后，冯友兰先后游访法国、瑞士、德国。在德国还与该国对外文化联络委员会商谈选派赴德交换研究生简章，这一简章得到梅贻琦校长的支持。1935年开始实施，选派乔冠华、季羡林、郭福堂三人赴德学习，这是为国家培养人才的有效措施。著名学者季羡林曾说道："如果没有人帮助，一个人会是一事无成的。在这方面，我也遇到极幸运的机遇……一个是冯友兰先生，如果没有他同德国签订清华交换研究生的话，我根本到不了德国。"

冯友兰这次游学，还有一项重要内容，就是对苏联的访问。1934年6月进入苏联，在苏生活了一个多月。在中国大使的帮助下，通过苏联学术界了解了苏联教育状况，还曾留意苏联民众的社会文化生活。通过实地考察，他对苏联新型社会有了一定的好感，认为社会主义社会"尚贤"，新的社会生活仍然有自己立足和发展的空间，这对中华人民共和国建立之际，冯友兰没有打算离开祖国有明显的思想影响。其实，冯友兰在游访欧洲时，就关注新的事物，开始阅读马克思主义典籍。他承认："1933年，我在英国住了半年，看了一些共产主义的书。历史唯物论帮助我解决了中西文化问题。在抗战时期，我所写的《新事论》那本书，就是这时期的思想的结晶。"

　　1934年10月，冯友兰返回祖国，在他发表的访欧演讲和有关访欧印象的文章中，影响最大的是《游苏联所得之印象》。冯友兰在美国哥伦比亚大学接受的是自由主义观念。所以，他秉承了一个学者的良知，毫无顾忌地说自己对苏联的印象，公开阐述他所理解的历史唯物主义，认为唯物史观"以为社会政治等制度，都是建筑在经济制度上的，实在是一点不错"。1934年11月25日，应邀到北京大学作题为《秦汉历史哲学》的学术报告，强调"历史是变的"，"历史是不错的"，"历史之演变是循环或进步的"。他还指出"我们不忽视人力及领袖，不过我们反对那专就人力及领袖的力量来看历史的说法"。这次学术报告触犯了国民党当局的大忌，在报告的第二天，冯友兰在文学院办公室，被北平市警察戴上手铐，以共产党嫌疑犯罪名，关进了监狱。国民党当局将冯氏投入监狱，实际上是抓到了一个烫手的山芋，给自己制造了很大的麻烦。逮捕冯友兰事件在北平、上海等大城市引起了强烈反响。《北平晨报》仍旧刊登冯氏这篇报告。清华校长梅贻琦、北大校长蒋梦麟、著名学者胡适等纷纷参与营救冯友兰活动，弄得国民党当局十分难堪。无奈之下，只好由时任军政部长的何应钦出面，电令保定方面将冯友兰释放。从冯氏的家庭出身和所受教育来看，他也不可能完全与国民党决裂。保持思想自由，只不过是一位正直的知识分子的基本要求。作为大学教师，他也没有为了政治上避嫌，对清华学生中那些倾向共产党的爱国青年有所疏远，而对学子们的爱国行为，总是采取理解和保护的态度，曾无私地保护过进步学生，让他们躲过军警的搜捕。原清华学生黄秋耘在《血泪文章骨肉情》一文中，深情地写道："我在清华大学读书时，宗璞的父亲冯友兰老师是我们的文学院院长，当时我年少气盛，又是一个响当当的'左派'，对冯老师的哲学观我是不敢苟同的。但是在'一二·九'运动之后，1936年2月29日，清华大学被国民党的军警大搜捕时，冯先生冒着风险，掩护一些'榜上有名'的同学，包括目标最大的黄诚同学，这是使我肃然起敬的义举。"黄诚后来参加新四军，走上抗日的战场。"皖南事变"后被捕，最终没有逃过国民党法西斯的魔掌，牺牲时，年仅28岁。与黄诚一起受到冯友兰保护的还有姚依林。当年在清华读书时，姚依林名为姚克广。冯友兰去世时，姚依林送了一个花圈，表示对当年保护过自己的清华师长的感激和怀念。胡乔木原名胡鼎新，20世纪30年代清华大学史学系学生，在清华读书时，从事革命活动，创办工友子弟夜校，在同学中散发革命传单。1985年，冯友兰年届九十，仍然坚持写作。这一年，胡乔木曾来到冯家，关心冯友兰的工作情况，亲自致信北京大学，促使学校解决冯友兰工作中的实际困难。胡乔木造访冯府，可理解为主管意识形态的党的负责人，对老一辈知识分子的关心，也可看作曾为清华史学系的学生，依然惦记着当年的文学院院长。冯友兰辞世后，胡乔木曾致信冯友兰的女儿宗璞，不仅肯定冯友兰一生学术成就"可谓空前"，而且承认冯先生的学术思想对自己的影响："我在中学时即受人生哲学课，所用教材即冯先生所著，对先生思路之清晰，文字之富于情趣，印象甚深。其后，凡所见冯先生著作，无不阅读。"由此可见，胡乔木一生始终不忘自己的师长冯友兰先生。

1931年日本侵略者大举入侵中国，冯友兰随同清华师生南迁办学。先是来到湖南衡山，尔后又来到云南昆明。在危难中，砥砺德行，在艰苦中，勤研学问，这是中国知识分子沿袭的优良文化传统。虽遭世变，冯友兰在逆境中仍坚持《新理学》的写作，研究学问的热情丝毫未减。在战争年代，仅靠薪酬难以维持家计。为了补贴家用，冯家只得靠典当接济，他还准备参加西南联大卖字教授的队伍，拟以卖字之收入补贴生活之所需。1945年初，冯友兰在唐河祁仪的老母病故。冯友兰幼年丧父，全凭慈母把他养育成人，母爱如山，难以忘怀。接电后，他即回老家料理其母后事。在缅怀与悲痛中，他写了一篇感人肺腑、脍炙人口的《祭母文》。著名文学家朱自清读了此文，深为感动，特系之以诗，称赞冯友兰"长君理学尤沾溉，锡类无惭古立言"。冯友兰在《新理学》中体现了对于民族文化的强烈责任意识，抗战时曾获重庆教育部颁发的学术研究一等奖。基于民族主义的立场和强烈的爱国情怀，冯友兰将其长子冯钟辽送上了抗日的战场。冯钟辽1941年考上西南联大先修班，后来参军，奔赴抗日战场。冯友兰在《祭母文》中，特意提及长子奔赴抗日战场之事，告慰家母，表明自己忠于国家民族的心迹。

1945年8月15日，日本宣布无条件投降，中国人民十四年的浴血奋战，迎来了胜利。清华师生于1946年5月开始迁回北京，随着清华恢复建制，冯友兰也结束了南渡生活。

1946年8月，冯友兰应美国学者卜德的邀请，赴宾夕法尼亚大学担任客座教授，讲授中国哲学史。卜德是冯友兰《中国哲学史》的英文翻译者，同冯友兰在中国哲学史研究方面，有着长期合作的关系。在宾夕法尼亚大学讲学时，结识了夏威夷大学校长。这位校长邀请冯友兰到夏威夷大学讲学。从1947年秋开始，冯友兰又在夏威夷大学任客座教授，讲授中国哲学史。此时，国内内战已爆发，冯友兰不想寄居在别人的土地上，求个人生活的舒适与安逸。1948年初，夏威夷大学讲学活动一结束，冯友兰立即回到战火纷飞的祖国。民族意识，故土情结，这是中国知识分子心灵深处的优良文化传统，冯友兰不愿滞留美国而急于归国，只有一个简单的原因，那就是想做一个生活在自己国土上的中国人。

　　面对国内政局的变化，冯友兰可以有两种选择，一是回清华，继续自己的学术生涯，一是到解放区，参加革命工作。此时，冯氏的亲属，冯友兰的夫人任载坤的二姐任锐早就在解放区。冯友兰尚在美国时，任锐就给妹妹打招呼，欢迎他们到延安，若他们决定要去，可直接和叶剑英联系。作为学者的冯友兰钟情于自己的学术事业，还是回到了清华。1948年9月，国民党政府为粉饰太平，召开"中央研究院"院士会议，冯友兰出席了这次会议，并在会上当选为"中央研究院"院士。但是，在清华学生与国民党军警作殊死斗争时，冯友兰又以教授的身份，竭力保护自己的学生。他还在清华大学河南同乡会发表的宣言中签了名，谴责国民党军队空袭开封古城。清华校长梅贻琦离校后，冯友兰被推选为校务委员会临时主席，一方面组织师生照常上课，一方面成立学校保卫委员会，维持校内秩序，保护学校资产。在主持校务工作期间，他没有用这一身份去公开谴责国民党，也没有利用这一身份去靠拢共产党，他最为关心的是让清华园免于战争的毁坏，为国家和民族完整地保留这块科学文化教育园地。

　　1949年1月10日，钱俊瑞、张宗麟代表中国人民解放军北平军管会正式接管清华大学。冯友兰以校务委员会代理主席的身份，在全校师生员工大会上宣布："清华大学从即日起，正式成为人民政府主管的大学。"

　　冯友兰在清华工作达二十年，最后他把这所著名大学完整地交到了人民手里，应该说他是这所大学的有功之臣。

　　冯友兰任清华大学文学院院长有十八年之久，他长于哲思，工于文字，被人誉为"大手笔"。他为西南联大所写的校歌，取自词牌满江红，其中云："千秋耻，终当雪，中兴业，须人杰。"歌词起伏跌宕，令人奋发不已。2000年，杨振宁还在一次讲演中提到冯友兰教授这一激动人心的杰作。冯友兰撰写的《西南联大纪念碑碑文》亦是一篇"有见识，有感情，有气势，有词藻，有音节，寓六朝之俪句于唐宋之古文"的佳作，勒于石上，现仍立于昆明云南师范大学的校园内。1989年北京大学与原西南联大的校友决定，将此纪念碑复制一方，立于北京大学校内未名湖之西北处，让学子们永久观瞻。

冯友兰对清华大学建设的贡献，突出表现为：他把清华文学院建设成一个具有鲜明学术风格的学术团体，那就是十分注意吸纳新的学术方法，开辟新的学术天地，不拘泥于"信古"与"疑古"，而追求"释古"。其核心内容即是融合中西文化，改变中国学术文化的陈旧形态，使中国的人文科学具备现代科学文化的类型和特质。1995年清华大学举办纪念冯友兰百年诞辰学术讨论会，原清华大学文学院的一批毕业生联名宣读了一篇论文，其中谈道：冯友兰先生"与清华诸师长一起，开一派之学风，在文史哲各方面钻研精进，形成了清华学派，后人总结为四个要点：中西结合、古今结合、宏观与微观结合、海派活泼创新的见解与京派扎实严肃的研究相结合，为我学术界、教育界做出了多方面的贡献"。

1949年后，冯友兰不单注意检讨自己的过去，也积极参加新的社会工作。1950年1月，他报名参加北京郊区的土改，其夫人任载坤也参加了土改工作队。据别人回忆，当时参加土改者多为青年学者，在哲学系教授中，报名参加土改的仅冯友兰一人。

1951年9月，中华人民共和国成立后，派出第一个大型文化代表团，访问印度和缅甸，代表团人选是周总理亲自过问确定的，汇集了当时中国科学文化界的代表人物，有钱伟长、季羡林、郑振铎、吴作人、常书鸿等，冯友兰亦名列其中。访问期间，冯友兰不仅生活上得到照顾，而且印度德里大学还授予他名誉文学博士。

1951年底，"三反""五反"运动全面展开。随之对冯友兰的思想批判也逐步升级。据清华大学西语系47级学生高望之在一篇回忆文章中写道："对他最猛烈的一次批判是在1952年的'三反''五反'运动中，我现在回想起来还有点毛骨悚然。那次文科师生大会事先没有说是对他的批判会，但临时有社会学系的教师走上讲台，对冯先生做突击式的长篇政治批判，内容无非是说冯是国民党蒋介石的'御用文人'，由蒋介石聘为'家庭教师'，'一贯为国民党效犬马之劳'之类。批判中虽没有什么实质性的揭露，但由于批判人声嘶力竭的表情，摩拳擦掌的姿态，再加上当时群众反蒋的政治热情，气氛确是很吓人的。"

常年的政治运动使冯友兰无法把哲学研究继续下去，曾一度想离开清华，自谋职业，自己去安排自己的生活。在思想上受到严格批判的同时，生活上也受到不公正的待遇，原先的一级教授被降到四级。直到1954年，北大才重新将冯友兰定为一级教授。这一年，他被任为北大哲学系中国哲学史教研室主任。他还和翦伯赞、汤用彤、陈岱孙、李达、张友渔等参加宪法草案初稿讨论会。1955年4月，北大公布了《关于出版北京大学学报的决定》，冯友兰被任命为北京大学学报人文科学版的编辑委员之一。1955年6月3日，周总理签署了中国科学院学部委员名单，冯友兰被聘为中国科学院哲学社会科学部委员。院校调整后，冯友兰从清华调入北大，住入燕京园56号，后又迁入57号，住房条件有较大改善。晚年，冯友兰将自己的住所定名为"三松堂"，亦将自己著作总名定为《三松堂全集》，因"庭中有三松，抚而盘桓，较渊明犹多其二焉"。1956年是冯友兰四十余年教书生涯中，最为舒畅的一年。这一年，他曾力劝在美国的长子冯钟辽回国工作。

然而好景不长，1957年"反右斗争"开始，大批知识分子遭受沉重打击。在这场疾风暴雨式的斗争中，冯友兰没有直接成为打击对象，这主要是他在与新社会的沟通中，不断端正认识，遇事谨慎处之。冯友兰是一位深受儒家文化熏陶的人，在待人接物中信奉"君子绝交，不出恶言"之古训，因此不大可能公开发表在政治上与新社会政治制度相对立的见解，也就是没有明显的"右派言论"。1956年11月16日，冯友兰应邀到中国人民大学做学术讲演，题目为《中国哲学史中思想的继承性问题》。冯友兰认为：要认真地继承中国哲学遗产，必须区别哲学命题的抽象意义与具体意义。他举了一个例子，《论语》中所说"学而时习之，不亦乐乎"，从此话的具体意义看，孔子让人学的是《诗》《书》《礼》《乐》，从这方面了解，这句话对于现在就没有多大用处，不需要继承它，因我们现在所学的不是这些东西。如果从这句话的抽象意义看，这句话就是说无论学什么东西，学了以后要及时的，经常的温习和实习，这就是很快乐的事。这样认识，这句话到现在还是正确的，对我们还是有用的。虽被视为异类，却也未因此而被打成"右派"。

1965年11月，冯友兰随全国政协参观团赴西南参观。游成都、上峨眉、宿遵义、下渝州，走访革命遗址，参观工农业建设，历时四十余天，12月中旬返京。

次年，"文化大革命"狂潮来临。冯友兰被冠以"资产阶级反动学术权威"等罪名，遭到抄家和批斗。1968年11月，驻北大宣传队负责人宣布对冯友兰解除"监改"，允许他回家居住，并将其生活费提高到每月125元。

1973年开始的"批林批孔"运动，是"文化大革命"中的一个重要阶段，亦是冯友兰人生旅途中的一个重要经历。1972年2月，美国总统尼克松访华，冯友兰应邀出席了周总理举行的欢迎宴会和尼克松的告别宴会。这表明，冯友兰的政治待遇，有了显著提高。此前驻北大宣传队责任人谢静宜，曾到冯家，带来了毛主席的问候。冯友兰也写上感谢信，并呈诗一首，由谢静宜转达毛主席。地位的改善，组织的器重，让冯友兰备受鼓舞，便着力发挥自己在"批林批孔"中的作用。他在系和校"批林批孔"大会上，作过两次发言，第一次题为《关于孔子的批判和对于我过去的尊孔思想的自我批判》，第二次题为《复古与反复古是两条路线的斗争》。这两篇文章刊于《北大学报》，后来《光明日报》又予以转载。由于冯友兰的声望和学识，迟群和谢静宜在组织清华、北大两校大批判写作组时，亦让冯友兰参与其中，从事对于有关文史资料的咨询和把关工作。当"四人帮"反党集团粉碎时，其后迟群、谢静宜在万人大会上接受批判，"梁效"的主要成员被拉到会场陪斗，陪斗的人员中没有冯友兰。事实表明，冯友兰并没有直接参与"四人帮"的阴谋篡党活动，他是被"四人帮"利用，做了一些不该做的事，以致留下了污点。由于这些原因，1978年2月，冯友兰的全国政协委员资格被取消，学术活动也受到限制。1978年10月，美国学者卜德访华，就致信冯氏，希望老友重逢。但卜德来华后，组织上未让他们见面。1977年，开罗大学来函邀请冯友兰参加国际哲学会议，1978年联合国东京国际大学，也函请冯友兰参加一个学术会议，校方均以冯友兰身体不好，不能出国为由，拒绝与会。对于"批林批孔"中，所走的这段弯路，冯友兰也如实解剖了自己，他承认："我当时也确有哗众取宠之心，有了这种思想，我之所以走了一段极'左'路线，也就是自己犯了错误，不能说全是上当受骗。"他还说道："如果一个学术工作者，不注意独立思考，坚持真理，而是附会时论，以求取某种荣誉和利益，那就不是'诚'，而是'伪'了。"

1979年9月，北京大学重新聘请冯友兰担任校学术委员会委员，这种聘任实际上是北京大学组织上在冯友兰讲清自己在"批林批孔"阶段同"四人帮"的关系后，对冯所作的一种政治结论。

冯友兰在自撰的一幅堂联中，这样写道："阐旧邦以辅新命，极高明而道中庸。"上联表达冯友兰学术工作的目标与志向，下联体现了冯友兰所理解的一种人生方式和思想境界。虽年已耄耋，仍醉心于学术研究。他告诉亲人，《中国哲学史新编》虽在"文革"前已出版一、二册。但他决心全部重写，要在辞世之前完成这一工程。此时，他已八十多岁。他清楚自己在工作中会面临政治、业务乃至生活上的许多困难，但他在有生之年，决不放下手中的笔，决不放弃大脑的思索。1979年，太原召开中国哲学史讨论会，会前有人劝他不要与会，免得会上有人可能批判他的"抽象继承法"，而引起尴尬，但他坚持出席会议。1981年杭州召开宋明理学讨论会，他也执意前往与会。他之所以不顾年迈还多次参加学术会议，是为了增进人们对自己的理解，同时更是为了广泛接触学术界人士，获取新的营养，有助于《中国哲学史新编》的修改。1981年美国学者陈荣捷致信冯友兰，邀请他参加在夏威夷召开的国际朱熹学术讨论会。为了获得自己重返国际学术舞台的机会，他反复申请，不断呼吁，后来由于胡耀邦的过问，教育部终于批准冯友兰赴美。在女儿宗璞的陪同下，他出席了这次国际学术会议。

1983年6月，冯友兰重新当选为全国政协常委。这一年岁末，北大哲学系为冯友兰从教六十周年举行隆重的茶话会。北大和清华的校领导在会上高度评价冯友兰在教育工作和科研工作中取得的巨大成就，特别肯定冯友兰在中华人民共和国成立前夕，放弃国外优裕的物质生活条件，毅然回到祖国的爱国行为。这是中华人民共和国成立近四十年来，冯友兰第一次听到学校领导对自己所作的正面评价。

1984年《中国哲学史新编》已出版六卷。1990年7月，冯友兰完成《中国哲学史新编》最后一卷的写作，这一年他已经95岁。冯友兰完成了一项生命奇迹，在他高龄之际，用他生命中的最后十年，完成了《中国哲学史新编》的重写任务，构筑了他人生中最光彩的一段时光。

1990年12月4日，是冯友兰95华诞。早在半年前，北大汤一介教授主持的中国文化书院，即联络海内外学术界同仁，筹备"冯友兰哲学思想国际研讨会"，并将会议定为12月4日，以便同冯先生的生日庆典联结在一起。但冯友兰没有等到这一天，他于1990年11月26日，在北京医院溘然辞世。有一位学术界同仁，在送给冯先生的挽联中写道："为天地立心，为生民立命，求仁得仁，安度九十五岁；誉之不加劝，非之不加沮，知我罪我，全凭四百万言。"

冯友兰著作等身，留下有六百余万字。他在生命的最后十年，以惊人之毅力，完成了七卷本《中国哲学史新编》。他将哲学的历史和历史的哲学两线索交织在一起举行论述，不仅成就了一部中国哲学的历史，而且成就了一部中国历史的哲学。他的"贞元六书"——《新理学》《新事论》《新世训》《新原人》《新原道》和《新知言》，建立了他的新理学体系，完成了中国传统哲学向现代哲学的转化，继承和发展了中国哲学"极高明而道中庸"的优秀传统。冯先生的哲学著作语言深入浅出，文笔舒畅，能用大众化的语言，把深奥的哲学原理，清晰地表达出来，其轻松驾驭语言的工夫，已达化境，这是其著作能吸引人的成功之处。他在美国宾夕法尼亚大学讲课的教材《中国哲学简史》，其思想、语言、风格以及文化、哲学涵蕴都别具风采，深受外国读者欢迎，先后有法、意、日、韩等十二种语言译出，可谓中国学术史上之壮举。

冯友兰是一位写作高手，他笔下的哲理散文，文笔清新，文字晓畅，娓娓道来，启人心扉。他撰就的文章，在刊物上发表后，深受读者喜爱。如他在《哲学与人生之关系》一文中，对哲学在教育上的功用，归为四种：学哲学可以养成清楚的思想；学哲学可以养成怀疑的精神；学哲学可以养成容忍的态度；学哲学可以养成广大的眼界。他对这四点一一加以阐述，读者立马就可以认识到学哲学的重大意义。又如，他在《人生成功之因素》中，指出"人生成功的过程中，须具有三种因素"：天才；强调禀赋对人的重要性，告诉人们"教育功能只能使天赋的才能充分地发展，而不能在天赋才能之外使之成功"。努力；强调应当艰苦付出，"如果非常懒惰，而想成功的人，正如希望苹果落在自己嘴里，一样的不可能"。命；不是一般迷信的命，而是机会，即机遇。如一个人有天赋才能，且十分努力，如果没有机会，也是"英雄无用武之地了"。再如，他在《青年的修养问题》中，把"感觉责任"放在青年修养的首位。他指出："社会越是进步，一切越是社会化。越是社会化，人也越是不能离开社会。""我们既然不能离开社会，而去索居，那么，对于社会，就应该负起责任来。"也就是说，作为一个有为的青年，首先应做到对社会尽责。他还在《我的读书经验》中，畅谈了自己的读书体会。文中写道："我今年八十七岁了，从七岁上学起就读书，一直读了八十年，其间基本上没有间断，不能说对于读书没有一点经验。""我的经验总结起来有四点：一、精其选，二、解其言，三、知其意，四、明其理。"冯老先生四点读书经验说得中肯，对读书求知的众生，会有极大帮助。总之，冯友兰先生的名家随笔，言之有物，文笔舒畅，是读者的良师益友。

著名学者梁漱溟健在时，有人访问他，向他提出："除了您自己以外，在现代，最具有代表性的儒家人物是谁？"梁氏回答："我说不上来，说不上来，我还有说几句话。有一个人叫冯友兰，我在北京大学教书的时候，他是我班上的学生。他是留美的，在美国。他留美的时候还常常从美国写信给我。从美国回来就做大学教授，很出名。""他知道的东西多，精通英语，其中有些著作还是用英文写的，而且著作等身，很出名。"从晚年梁漱溟对冯友兰的评价可以看出，他认为冯友兰是一位学识丰富的著名学问家。

三、文史女杰：冯沅君

冯沅君（1900—1974），原名冯淑兰，冯友兰的妹妹。据冯友兰先生回忆，其妹从小有两大特点：一是绝顶聪明。"1916年夏天，我从北京大学回家过暑假，沅君跟着我又开始读书。那时候北京大学国文系的教师大部分是章太炎的学生，文风是学魏晋，我就在这一方面选些文章叫她抄读。她真是绝顶聪明，只用了一个暑假，不但能读懂那些文章，而且还能模拟那些文章，写出作品。"二是性格倔强。"有一天，沅君写大字，不知道先生说一句什么批评的话，沅君生气了，第二天就不去上学。母亲生气地说：不上学，就要把她送到上房后边的一间黑房子里。她宁愿上小黑屋，也不去上学。母亲劝说解释，亲自把她送到书房门口，先生也出来接她，她无论如何也不进门槛。"沅君小时跟两个哥哥读了两年私塾，哥哥进了学堂，沅君只能在家中，靠母亲指点和兄长辅导读点诗文。不过，她悟性极好，国文的基础很好。

1917年北京女子师范升格为北京女子高等师范学校。沅君决心报考这所学校，她说服了母亲，在大哥陪同下前往应考。当时，国文科仅考一篇作文，沅君秉性聪慧，竟榜上有名。

北京女子高等师范学校是我国第一所女子高等学府，聚集了一批优秀教授，李大钊、胡适之、陈中凡、胡小石、陈衡哲、周作人、吴贻芳等人，曾在该校任教。冯沅君在北京女子高等师范学校读书时，喜爱写作，她接二连三地在刊物上发表诗词和论文，较有价值的文章有：《历代骈文散文的变迁》《释贝》。冯沅君喜欢咬文嚼字，在故纸堆中找乐趣，显示了与一般女子不同的志趣。当时正值五四运动前后，冯沅君和同学们阅读进步书刊，参加民主活动，反封建的热情极高。北京女子高等师范学校的学生自编自演了《孔雀东南飞》，由冯沅君、程俊英等编剧，李大钊先生导演，冯沅君出演剧中的焦母，在京演出三天，掀起了一股巨大的旋风，对争取妇女生存权利的斗争起了推波助澜的作用。

1922年，冯沅君从北京女子高等师范学校以优异成绩毕业，随即进入北京大学研究所国学门，当了研究生。原来北京大学是不招收女生的，她的入学，破了北大不招收女生的先例。在北大读研的三年，陆续发表了不少论文和文学作品，如发表于《语丝》的《〈镜花缘〉和中国神话》，发表于《北大国学门周刊》的《老子韵例初稿》《楚辞韵例》等，在《创造季刊》《创造周刊》《语丝》等刊物上，还发表了若干小说、散文、随笔。此时，冯沅君一面当研究生，一面俨然成了一位新女性作家。

1924年春，冯沅君在上海创造社刊物上连续发表了以淦女士为笔名的，一组反对封建家长、旧礼教对女性迫害，歌颂恋爱自由、婚姻自主的小说。她的小说创作活动，集中在早年。从1923年开始创作《旅行》，到1927年《春痕》问世，大约五年时间，共创作小说二十余篇。1930年前后，由北新书局出版《劫灰》《春痕》和《卷葹》。《卷葹》为其代表作，所收六篇多写母爱和爱情的冲突，表现了争取婚姻自主、反抗封建礼教的战斗精神。《劫灰》收入作品八篇，杂取各种题材。《春痕》假定一少女寄给情人的五十封信，从爱苗初长到摄影定情。

冯沅君是20世纪最早从事文学创作的女作家之一。与著名女作家丁玲、凌叔华、苏雪林齐名。1935年，鲁迅先生把冯沅君创作的《旅行》和《慈母》编入《〈新文学大系〉小说二集》，在前言中对冯氏小说作了很高的评价，指出其中的《旅行》是提炼了《隔绝》和《隔绝之后》的精粹名文。虽嫌过于说理，却还未伤其自然。其具体描写，是毅然和传统战斗，而又怕不敢毅然和传统战斗，遂不得不复活其"缠绵悱恻之情"的青年的真实写照。

和"为艺术而艺术"的作品中的主角，或夸耀其颓唐，或衔鬻其才绪，是截然两样的。

冯沅君创作的小说数量不多，但在文坛上的地位，并未因时光的流逝而被忽视，在此后学者撰写的《现代文学史》中，均有论述。田仲济、孙昌熙主编的《中国现代小说史》，对冯沅君的小说，用了两个半页码进行评述，指出冯沅君的小说"以男女青年的爱情为题材，塑造了一些向封建传统大胆挑战的新女性形象，为知识妇女继续争取'个性解放'和'人的尊严'的斗争，留下了一幅幅生动的面影"。陈敬之在《现代文学早期女作家》一书的第三章，专门论述了"淦女士"，谈及"她的小说所以受到青年读者的重视，是因为她有着比同时代的女作家更大的胆量。敢于挣脱一切旧礼教的束缚，也敢于揭开一切虚伪的面目，赤裸裸地把女性的心理和隐秘，于小说中为之和盘托出"。

尔后，冯沅君中止小说的文学创作，集中转向对古典文学的研究。鲁迅先生颇为惋惜，他读了《春痕》，感慨地写道："诚然，三年后的《春痕》，就只剩了散文的断片了。更后，便是文学史的研究。"

1932年，冯沅君赴法国留学，获巴黎大学文学博士学位，这是我国女性在巴黎大学首次荣获的文学博士学位。1935年学成回国。当时，国内研究宋元南戏之风方兴未艾。冯沅君与其丈夫陆侃如，看到了徐于室、钮少雅的《九宫正始》，从中得知宋元南戏七十二种，辑出四十三种南戏佚曲，著成《南戏拾遗》。这是他们夫妇学术上的合作，却成了冯沅君治学方向的转折，由对古典诗词的研究，转向对古典戏曲的研究。先后出版了《古优解》《古剧说汇》。《古优解》论述了古代社会中，"优"这类人的地位、职能、特点，对了解古代戏曲颇有帮助，是一部古代社会学和戏曲史学的经典性的学术专著。《古剧说汇》收入了冯沅君1936年至1945年十年间有关我国古代戏曲的考证文章。

冯沅君一生从事古典文学研究，主要成就在古典戏剧的研究方面。《古优解》和《古剧说汇》，则是她最卓越的学术成果。她的学术成就的另一方面，是和丈夫陆侃如合作编著的《中国文学史》，本书以史为序，着重论述诗体兴替、评论风格不同的重要诗人，展示出中国诗歌发展的面貌，还将当时尚不登大雅之堂的元明散曲与清代俗曲，当作中国诗歌的主流，丰富了诗史的内容。陆侃如、冯沅君的《中国诗史》，是继王国维的《宋元戏曲史》、鲁迅的《中国小说史略》之后，问世的又一部具有开拓性的中国文学专史的力作。

20世纪60年代，冯沅君受高教部委托，和北大林庚先生合编《中国历代诗歌选》，林庚主编上编，冯沅君主编下编。上编于1965年，由人民文学出版社出版。下编因"文革"而搁浅，直至1979年才由人民文学出版社出版。许多大学中文系将此书选作教材，印刷达十多次，获国家教委统编教材一等奖。这是林庚和冯沅君两位杰出学者送给后学的一份厚礼。

冯沅君历任天津女子师范、武汉大学、中山大学、东北大学教师，中华人民共和国成立后，长期任山东大学教授、副校长，山东文联副主席，全国人大代表。数十年在高校从事教学、科研工作，学德高尚，学风严谨，堪为学人楷模。她明白治学之甘苦，懂得尊重别人的劳动成果。治学过程中，她既不轻易否定别人的见解，也不埋没别人的发现和创见。她在学术上，从不主观武断，从不抓到点滴材料就大做文章，发现了新的证据，则及时修改自己原来的见解。她教导学生"功夫要死，心眼要活"。既肯花时间，花力气，下死功夫；又善思考，有创见，勇立新说。她总是拉着学生的手，既循循善诱，又严格要求，一步一个脚印地将他们领入古典文学的研究大门。

1974年6月17日，冯沅君因患结肠癌病逝于济南。一代文史女杰虽告别了人间，但她的学术著作仍成为学子们捧读的精品。她和陆侃如合撰的《中国诗史》，被多家出版社再版，印数屡创新高，这本初版于七十多年前的专著，至今仍充满活力，为人称道。

四、写作高手：冯钟璞

冯钟璞（1928—），当代著名女作家。冯友兰的次女，笔名宗璞。1948年开始发表作品，成名作为1957年刊发的短篇小说《红豆》。短篇小说《弦上的梦》，获1978年全国优秀短篇小说奖。中篇小说《三生石》，获第一届全国优秀中篇小说奖。1988年出版第一部长篇小说《南渡记》。1996年出版四卷本《宗璞文集》。近年创作系列长篇小说《野葫芦引》。

冯钟璞自幼深受家学熏陶，毕业于清华大学外文系。先后就职于中国文联、中国社会科学院外国文学研究所。由于宗璞是在校园中长大，且长期生活于知识分子中间，其小说基本取材于大学校园生活，致力于刻画20世纪各个不同时期中国知识分子形象，这些知识分子既继承了中国传统文化中忧国忧民、爱国爱民、坚守节操的优秀品质，又吸收了现代西方民主自由、人格独立的理念，他们大多秉持高尚的人格情操，经受着历史的磨难以及血与火的陶冶。

深谙西方现代文学的宗璞，以娴熟的现代主义手法，表现了一个充满荒诞的年代，写下了《我是谁?》《蜗居》《泥沼中的头颅》等堪称现代派的小说。作者借用意识流的手法，表现了人物内心迷乱、痛苦和各种幻觉，从而激发读者对人与非人的冷静思考。

宗璞创作的小说，追求典雅的艺术风格。这种风格的形成，与作者描写的对象以及她本身的修养、素质密切相关。她擅长刻画文化层次较高，且有多种艺术爱好、情感丰富的知识分子，尤其是同作者的身世、经历、性格相近的女性知识分子，寥寥数笔就十分逼真地把她们性格表现出来，而在这些人物身上往往可以看到作者的身影。高洁的人生带来高雅的创作风格。写法上，不过多依靠外部动作和对话，常常是通过人物内心世界的揭示去挖掘性格内涵，从而显示知识分子的气质特点。正如评论家所言："她所着眼的是人物的性格，人物的气质，人物的精神世界。她笔下人物的悲欢离合，矛盾冲突大部分展开于内心深处。"她的小说不注重情节的曲折、矛盾的尖锐，而意在用有情的笔写出感情，创造情景交融、诗情画意的意境。宗璞作品的语言，如诗般优美，有诗般韵味。著名作家孙犁十分赞赏宗璞笔下的语言，他指出："宗璞的文字，明朗而有含蓄，流畅而有余韵，于细腻之中，注意调节。每一句的组织，无文法的疏略，每一段的组织，无浪费或蔓枝，可以说字字锤炼，句句经营。"这是明细而又十分中肯的评价。

唐河冯氏家族，是一个文传数代的文化家族。冯氏兄弟冯友兰、冯景兰所生的子女亦好学上进，其中不乏出众人物。

冯友兰夫妇育有二子二女，长女冯钟琏，毕业于西南联合大学外语系，1975年去世。长子冯钟辽，锅炉专家，现居美国。次子冯钟越，毕业于清华大学航空系，长期从事飞机结构强度研究，对新型歼击机结构强度计算与实验等方面作出过贡献，1982年因病去世。次女冯钟璞，著名女作家，长期与父相伴，为其父《中国哲学史新编》的重新出版发挥过极大的辅助作用。

冯景兰夫妇育有三男三女：冯钟豫、冯钟芸、冯钟潜、冯钟广、冯钟燕、冯钟潮。冯钟豫，水利专家，居台湾。冯钟芸，北京大学中文系教授，继承其姑妈冯沅君对中国古典词曲的研究，著有《略论关汉卿及其作品》《芸叶集》等。她的丈夫任继愈，著名哲学家，著有《汉唐佛教思想论集》《中国哲学史论》《中国道教史》《宗教词典》。冯钟潜，物理学家。冯钟广、冯钟燕，均继承父业，从事地质研究。冯钟潮，毕业于清华大学，为金属专家。

冯沅君和陆侃如，膝下无子。1985年，山东大学设立"陆侃如、冯沅君文学研究奖"，定期奖励有成就的文学研究新生力量。

"江山代有才人出，各领风骚数百年。"河南唐河冯氏家族，是现代一个中外知名的文化望族。这个家族中培育了冯友兰、冯景兰、冯沅君这样杰出的哲学家、地质学家、文史学家，其后代人才众多，非同凡响。立志高远，致力创造，是这个文化家族在人才培育上的成功妙诀。面对这样辉煌的文化家族，如同仰望满天的繁星，我们定会感奋不已，亦会从中吸取有益的养分。

俞平伯与德清俞氏家族

在我国近现代史上，有一个以文传世的著名家族，那就是浙江德清的俞氏家族。这个家族的数代人，都驰骋文坛，擅长著诗，留下了大量诗作。其中，俞樾，为享誉中外的经学大师，章太炎、吴昌硕均出其门下；俞陛云，为清末探花，其专著《诗境浅说》，至今仍为学写旧体诗的重要入门教材；俞平伯，清华大学、北京大学的著名教授，在诗歌、散文、红学研究方面，均有很深造诣。这里，将对文风鼎盛的德清俞氏家族，作一简要评述。

一、祖籍德清　后迁苏州

德清，浙江省的一个县级小城，属湖州市管辖，距省会杭州不远，与著名风景区莫干山相邻。这里，交通便捷，山清水秀，是一个宜人宜居的江南福地。俞平伯的上祖便生活在此处。后来，几经迁移，定居苏州，其父俞陛云便出生于苏州。俞平伯因长期在北京高校任教，一直寓居北京。

虽远离故乡，俞平伯对乡土的情意一直未减。1956年5月，俞平伯作为浙江省推选出的第一届全国人大代表，赴故乡德清视察，游览了德清县城，出席了县长召集的座谈会，受到了家乡人民的热烈欢迎。此后，他一直保持着与故乡人民的联系。1962年秋，德清县文化馆举办历代名人书画展，俞平伯捐赠了曾祖父俞樾生前所临秦篆条幅，自己也应邀书写了杜甫《秦州杂诗》相赠，还应嘱为家乡书画展向郭沫若、沈钧儒、夏衍、叶圣陶、沈伊默、丰子恺等名家求赐墨宝。1980年，俞平伯已属81岁高龄，应嘱为德清师范题词"博学、审问、慎思、明辨、笃行"，以此勉励未来的从教者做一个有学识、有德行的人。1989年，俞平伯已是90高寿的老人，应德清县地方志编纂委员会之请，为《德清县志》题写书名。凡此种种，可以看出俞平伯老先生对桑梓的一片赤子之心。

俞平伯曾祖父俞樾的故居曲园，原为大学士潘世恩故宅，占地2800平方米。居住区西北有一隙地，形如曲尺，取老子《道德经》"曲则全"之意，构筑小园，故命名"曲园"。

宅门悬有李鸿章手书"德清俞太史著书之庐"之匾额。俞樾晚年定居于此。俞平伯年少之时，亦随曾祖父生活于曲园。后来，平伯赴京读大学，其父母为照料平伯，移家京城，居东华门箭杆胡同，与北京大学后垣毗邻。1919年俞平伯父母买下北京朝内老君堂79号宅。屋内前院有一棵年代久远的老槐树，大树密荫下的三间北屋，就是俞平伯所称的"古槐书屋"。此后，俞平伯留居于此，再也没有返回江南了。

1954年，俞平伯将苏州祖屋曲园捐献给国家，被苏州市政府定为市级文物保护单位。1986年，在苏州市纪念建城两千五百周年之际，俞樾故居曲园的主要部分春在堂、乐和堂、小竹里馆维修完工，对公众开放，成为苏州市第一个对外开放的名人故居。

二、经学大师：俞樾

俞樾（1821—1907），字荫甫，号曲园。1821年12月25日生于浙江省德清县。清道光二十四年（1844）中式甲辰恩科举人，与李鸿章有同年中举之谊。曾任翰林院编修、河南学政。罢官后，寓居苏州，主讲紫阳书院。晚年又主讲杭州沽经精舍。他是清代后期有影响的学者，长于经学、诗词、小说、戏曲研究，所作笔记搜罗甚广，其中有中国学术史、中国文学史的珍贵资料。一生著述不倦，主要著作有：《春在堂全书》《右台仙馆笔记》《茶香室丛钞》等。他还从事通俗小说的修改，特别是对《三侠五义》的删改，使这部小说大为增色，得以广泛流传。

俞樾与曾国藩均为清末知名人士，曾国藩可称作俞樾之恩师，俞樾曾为曾府之幕僚。俞樾同曾国藩的相识源于道光三十年（1850）的礼部复试。当时，曾国藩为阅卷官。复试诗题为："淡烟疏雨落花天"。这是一道有些不吉祥的诗题，容易引起惆怅之情。俞樾却突破了原诗的限制，先作一首五言律诗："花落春仍在，天时尚艳阳。"接着洋洋洒洒地撰文阐述这道难题。作为阅卷官的曾国藩对俞樾的试卷十分赞许，力排众议，认为"此与'将飞更作回风舞，已落犹成半面妆。'有暗合之处，咏落花而无衰讽之意，此生他日成就，未可量也！"

在曾国藩的力荐下，俞樾不但考中进士，而且被任命为翰林院编修。

为了纪念这次京试中的恩遇，俞樾将自己在苏州曲园的住处，取名为"春在堂"，还将自己一生撰述的辉煌巨著定名为《春在堂全书》。

曾国藩受命督抚两江，驻节于虎踞龙盘的南京，俞樾亦以羽扇纶巾出入于曾国藩帐中。

李鸿章和俞樾同为曾氏赏识的两大弟子。曾国藩对他们的评价是"李少荃拼命做官，俞荫甫拼命著书"。确实如此，这两人走的是从政与从文两条不同的道路。俞樾在给曾国藩的信中，将自己比作当年袁枚从游于君相幕府，而曾国藩对俞樾则常有"阂才不荐，徒窃高位"之叹。

俞樾一生不恋仕途，始终自乐于书论之中。他潜心于案头文字，"学究天人之际，名垂宇宙间"。他身继王念孙父子之学业，下承晚清国学大师孙诒让和章太炎、吴昌硕，是晚清时期一位对中国学术贡献巨大、具有硕硕文名的大儒。

俞樾生前曾写下一副自挽联，充分表露了他的心迹，亦揭示了这位经学大师的坦荡人生。全联如下：

"生无补乎时，死无关乎数，辛辛苦苦，著二百五十余卷书，流播四方，是亦足矣；

仰不愧于天，俯不怍于地，浩浩荡荡，数半生三十多年事，放怀一笑，吾其归与！"

三、清末探花：俞陛云

俞陛云（1868—1950），字阶青，号乐静居士。近代知名学者、诗人，精通书法。清末闻名中外的经学大师俞樾之孙、现代著名文学家俞平伯之父。同治七年（1868）生于苏州。其父俞祖仁体弱有病，出生后随祖父俞樾生活，由祖父教育长大。1881年，与尚书彭雪琴之长孙女彭见贞成亲。光绪十年（1884），应乡试中举人第二名。1889年中戊戌科进士，参加殿试，以一甲第三名，赐探花及第，授翰林院编修。其祖父俞樾闻讯，十分欣喜，在《曲园自述诗》中记云："金榜传来满县夸，补全鼎足免龃牙。状元榜眼吾乡有，二百余年一探花。"诗后有注："德清自入国朝来，有状元两人，榜眼两人，惟探花无有，至光绪戊戌吾孙陞云以第三人及第，邑人皆喜曰三鼎甲全矣。"

1902年钦命出任四川副主考。1912年任浙江省图书馆监督（即馆长）。1914年聘为清史协编，不久即移居北京。

俞陞云幼承家学，从小接受祖父俞樾的悉心教导，在国学方面打下了良好的基础。他在文学、书法两方面均有很高的建树，尤精于诗词。自16岁开始写诗，牢记祖父"诗贵真，而忌浮"的教导，着力表现真情实感。其主要著述有：《诗境浅说》《唐五代两宋词选释》《梅花纪事百咏》等。

《诗境浅说》，1936年开明书店首次出版，1984年再版。这是一本学习作诗的好书，在广大读者中有深远的影响。

《唐五代两宋词选释》，书收唐词二十三家，作品六十首；五代词二十五家，作品一百八十三首；宋词七十二家，作品六百六十六首。总计词人一百二十家，词作九百零九首。这是一本介绍古代词作的上乘之作。

俞陞云晚年尤爱梅花，见涉及梅花的故事，便亲笔录下，并缀以诗作，日久汇成《梅花纪事百咏》，读之颇有兴味。

1937年，卢沟桥事变爆发后，俞陞云不愿出任敌伪工作。居京郊寓所，以卖字为生，保持了高尚的民族气节。

1950年10月12日，在北京病逝。

四、现代文学家：俞平伯

俞平伯（1900—1990），原名俞铭衡，字平伯。我国五四以来的著名诗人、散文家、红学家，古典诗词曲研究专家。

1900年1月8日，俞平伯生于苏州其曾祖父俞樾的老宅曲园。他的诞生给全家带来极大的欢愉，其曾祖父俞樾在诗中情不自禁地写道："夜阑回忆我生前，尚有先人旧句传。七十九年春不老，又吹喜气到幽燕。"曾孙的问世，让这位耄耋老人，看到了绵延世泽的希望，因而有"春不老"之振奋。

俞平伯6岁，入家塾读书，其曾祖父俞樾有诗记之："厅事东偏隔一墙，卅年安置读书床。今朝姊弟新开馆，当日爷娘上学堂……"7岁时，从塾师背诵经书，并开始学习写字。俞樾有诗记："娇小曾孙爱似珍，怜他涂抹未停匀。晨窗日日磨丹砚，描纸亲书'上大人'。"10岁，除入家塾学古文外，另从姐姐学琴。11岁时，因塾师教学不严，恢复由父母督课。16岁，入苏州平江中学读书，半年后，北上求学。考入北京大学文科国文门，与俞平伯同班学习的有傅斯年、许德珩。18岁，作《秋夕言怀》，其中言："既怀四方志，莫使景光追。君子疾没世，戒之慎与嬉。勉力信可真，长叹亦何为。"表现了作者"既怀四方志"，惜时奋发的抱负。这一年里，俞平伯选定自己的研究科目为小说，该科目的指导教师是周作人、胡适、刘半农。同班同学中，志在研究小说的，只有傅斯年。

1917年10月31日，俞平伯与舅舅许引之的女儿许宝驯成婚。宝驯长平伯四岁，杭州人，在北京长大，自幼受到良好的家庭教育，能弹琴、谱曲、作诗、绘画，还善书法，是一位多才多艺的开明女子。

1919年12月，俞平伯毕业于北京大学国文系，获文学学士学位。

1920年1月4日，与傅斯年一道赴英留学。3月4日因英镑涨价，自费筹划尚有不周，决定返回祖国。同年九月，经蒋梦麟推荐，到杭州第一师范学校任教。同样为蒋梦麟所荐，朱自清亦来一师任教。朱自清比俞平伯大一岁，在北京大学比俞平伯低一年级。此次两人同时就职一师，并结为终生好友。

1922年，俞平伯作为浙江省视学，受浙江省教育厅委派，赴美考察教育。同年11月19日结束在美考察，回到上海。

1923年9月，在上海大学中国文学系任教。次年2月，辞去上海大学教职，前往北京。

1925年3月，在北京外国语专门学校，任中文教员，时间仅数月。此后，曾在燕京大学、北京大学、清华大学任教。

中华人民共和国成立后，任北京大学教授，中国社会科学院文学研究所研究员，九三学社中央委员，全国文联一至四届委员、全国作协一、二届理事，第一、二、三届全国人民代表大会代表，第五、六届全国政协委员。

1990年10月15日，病逝于北京，葬于北京福田公墓。

俞平伯最初的文学创作以新诗为主，1918年以白话诗在诗坛崭露头角。1919年与朱自清创办我国最早的新诗月刊《诗》。至抗战前夕，先后结集的诗集有：《冬夜》《西还》《忆》等。他对古典诗词有很深的造诣，尤善词学，著有《读词偶得》《古槐书屋词》等。

　　俞平伯是承认"天分"存在的，他认为："大约天分、学力缺一不可，而天分尤要。生而知之虽无其事，却有此境界。一学就会，即近于生知矣。"俞平伯虚6岁时，家中便让他学外文，曲园老人俞樾诗云："膝下曾孙才六岁，已将洋字斗聪明。"在俞平伯的一生中，没有在欧美留学的经历。仅曾赴英、赴美做过短期访问。可是，他的外文有一定的修养。

　　俞平伯不但善写诗，而且对诗有其深刻理解。他在《做诗的一点经验》中谈道："从七年（指民国七年，即1918年）春天，我尝试用白话作诗，同小孩学走路一样，语法调子都很招笑的，那时候新诗正在萌芽，不但没有法则，也没有很多的模范；所以，我不知道什么作诗应守的戒律，但我很感谢欣幸这个机会，使我能离开一切拘牵，赤裸显出诗中的自我。"1920年元月，他在致新潮社的信中，阐述了对诗的看法："诗人的本责是要真挚活泼代表出人生，把自然界及人类的社会状况做背景，把主观的情绪想象做骨子，又要把这两个联合融调起来集中在一点，留给读者一个极深明的印象，引起读者极沉挚的同情。"1935年3月24日，俞平伯出席在朱光潜家中举行的朗诵会，会上朗诵的大多是新诗。俞平伯认为：新诗的生命在一定程度上依赖于朗诵，正如音乐作品要靠演奏一样。

　　俞平伯笔下的新诗意蕴较深，一时难以摸透其底里，有些人以为"艰深难解"，甚至有些"神秘"。对此，朱自清有过评论说："平伯的诗，有些人以为艰深难解，有些人以为神秘，我却不曾觉得这些。我仔细地读过《冬夜》里每一首诗，实在嗅不出什么神秘气味，况且作者也极反对神秘的作品，曾向我面述。或者因他的诗艺术精炼些，表现得经济些，有弹性些，匆匆看去，不容易理解，便有人觉得如此么？那至多也只能说是'艰深难解'罢了。但平伯的诗果然'艰深难解'么？据我的经验，只要沉心研索，似也容易了些。作者的'艰深'，或竟由于读者的疏忽哩。"看来，朱自清对俞平伯的新诗是十分赏识的。

　　俞平伯在新文化运动中，先是以创作白话诗的新诗人进入文坛，后又以散文小品作家闻名于文坛。

　　他的散文小品属于周作人的"美文派"。正如阿英所说："周作人的小品文，在中国新文学运动中，是成了一个很有权威的流派。"而在周作人"很有权威"的散文流派中，俞平伯和废名占有极为重要的地位，他们构成了"这一流派的两翼"。阿英还指出："这流派的形成，不是由于作品形式上的

'冲淡和平'的一致性，而是思想上的一个倾向。那是必然的，在新旧两种势力对立到尖锐的时候，就是正式的冲突的时候，有一些人，不得不退而追寻另一条安全的路。这是周作人与鲁迅思想所以后来分裂了的原因，也是周作人一流派的小品文获得生存的基本的道理。"由于怕冲突，且又感到自身的无力，就在自己的艺术世界里，寻求寄托和慰藉，因此，"冲淡和平"是周作人这一流派散文艺术的一个重要的特征，也是俞平伯散文小品的共同特色。在文学技巧上，周作人、俞平伯，并不固执地专用一种语言，他们的目标是要有趣味，要有知识，要有雅致。讲究"以口语为基本，再加上欧化语，古文、方言等分子，杂糅调和，适宜地或各啬地安排起来"，他们的作品，不像新文化运动初期有些作品那样，欧化现象十分严重，而是更多地从现实生活和古代佳作中汲取营养，有着较为浓厚的民族气质和生活气息。俞平伯的一些散文佳作，当时颇受读者欢迎。如《桨声灯影下的秦淮河》，当时俞平伯与朱自清同游南京秦淮河，各自留下了各富特色的同名游记，堪为文坛佳话。俞平伯的《桨声灯影下的秦淮河》，笔触细腻，情景交融，充满了朦胧美，十分耐人寻味，为其散文的代表作。再如《陶然亭的雪》，将情、景、理、趣水乳交融，笔浓而意淡。又如《西湖六月十八夜》，以精细之笔描绘出倦意朦胧的西湖夜色，形成一种变幻空灵的意境，给人留下难以磨灭的印象。总之，俞平伯的散文别具一格，在文坛颇有影响。

俞平伯还是一位知名的红学大家，曾与胡适、顾颉刚并称为"新红学三剑客"，举凡考证、校订、批评都有涉及。

俞平伯13岁时，在上海开始读《红楼梦》，那时是当闲书读的，"且并不觉得十分好"。他说："那时我心目中的好书是《西游》《三国》《荡寇志》之类，《红楼梦》算不得什么的。"

1921年，俞平伯22岁时，受胡适《红楼梦考证》和顾颉刚研究《红楼梦》意兴的感染，开始和顾颉刚通信讨论《红楼梦》。俞平伯通过考证与分析，认为《红楼梦》后四十回是高鹗补上的。顾颉刚认为俞平伯的推测理由充分，便把这一观点转告胡适。同样，这一观点也得到胡适的重视。1922年俞平伯建议顾颉刚共同将相互讨论的通信，整理成一部有关《红楼梦》辩证的书。顾因工作太忙，送请俞独自完成。这样，该年七月，俞平伯整理成《红楼梦辨》书稿，全书共三卷十七篇。关于《红楼梦辨》还有一则俞平伯坐人力车丢失原稿又重新获得的故事。事后，俞平伯感叹说："如果稿子丢掉了，我就不再从事这方面的工作，以后的'批判'也就不会发生了。"

俞平伯1921年开始研究《红楼梦》，两年后，由亚东图书馆出版《红楼梦辨》。1952年棠棣出版社出版《红楼梦研究》。1954年，在《新建设》杂志，发表《红楼梦简论》，同年9月遭非学术的政治批判，俞平伯百思不解，十分震惊，从此不再涉及红学，转入对古典诗词的研究。此后，他一直对《红楼梦》不作具体谈论。如1973年12月26日，回复一位相关人士的信中就表示："以《红楼梦》已成显学，自不免有人附会编造，辨别真伪匪夷。我对于此事久已抛荒，亦无精力也。"1978年，又开始撰写有关《红楼梦》的文章，在《乐知儿语说〈红楼〉·漫谈"红学"》中写道："《红楼梦》好像断纹琴，却有两种黑漆：一、索隐，二、考证。自传说是也，我深中其毒，又屡发为文章，推波助澜，迷误后人，这是我平生的悲愧之一。"看来，俞平伯老先生，心有余悸，仍以检讨之口吻，重申曾以"自传说"误导读者，深怀"悲愧"之意。

俞平伯一直坚持从文学角度来看待《红楼梦》，反对将《红楼梦》过分政治化。1985年5月，他在接待来访者时，谈道："《红楼梦》说到天边，还不是一部小说？它究竟好到什么程度，不从小说的角度来理解它，是说不到点子上的。"

俞平伯是一位颇有影响的红学家。1985年11月，应香港中华文化促进中心和香港三联书店的邀请，由外孙韦奈陪同，飞抵香港讲学。当他在中华文化促进中心会议厅，出席记者招待会时，有记者称他"红学权威"，俞平伯谦虚地回应："从不承认自己是红学家，只是个看过《红楼梦》的人，懂得一些而已。"1980年，美国威斯康星大学召开首届"国际《红楼梦》研讨会"，俞平伯是第一位被邀请的中国红学家，因年老体弱，未能与会，书赠旧作诗《题〈红楼梦〉人物》一首，托冯其庸带至会上。当时很多人为俞平伯未能到会，深感遗憾。

俞平伯还是昆曲的痴迷者和呵护人。其岳父一家均为昆曲爱好者。岳父许引之是名副其实的业余昆曲家。其夫人许宝驯会填词谱曲，嗓音颇好，唱起来字正腔圆。

1919年，俞平伯在北大上学时，向擅长昆曲的吴梅先生问学，从吴梅先生处学会了《南吕宫》《绣带儿》两支曲子。1924年冬，认识了善吹笛子的昆曲艺术家陈延甫。俞平伯请他到家中吹曲，每周两次。1930年秋，搬至清华园南院七号，书房取名"秋荔亭"，常请笛师何金海前来伴奏，此处成了昆曲爱好者聚会和演唱之场所。为研习和推广昆曲，俞平伯发起成立曲社，定期举办昆曲爱好者的切磋与交流会。

俞平伯是一位重情重义的文人，他与当时文坛许多名家均有交往，其中与朱自清、叶圣陶可谓友情弥深，终生不渝。1975年4月24日，俞平伯致叶圣陶长信中，称朱自清、叶圣陶是他"生平的两个畏友"，"不论一般言行或写作俱然，绝非过于推重，却有事实可凭。仅就最小者言之，佩公行文仔细，自不待说。其文字学稿，弟曾看到，真一清似水，即涂改处，亦很认真"。1920年，浙江杭州第一师范学校校长请北大校长蒋梦麟推荐其高足赴杭州一师任教，蒋梦麟介绍了朱自清、俞平伯。于是，俞平伯在杭州与朱自清共事数月，互相结识，引为知己。1924年，朱自清在宁波白马湖春晖中学任教，特邀俞平伯到白马湖一聚。3月份，俞平伯专程来到白马湖，还应朱自清、夏丏尊之邀，为春晖中学学生作了《诗的方便》的讲稿，俞平伯告诉学生："诗实无方便可言"，"诗的写和做是内心的自然而然的两条出路"。当然，作诗的前提是"具有诗的素质"，作诗可"从无方便中想个方便，是从做人下手，能做一个好好的人，享受丰富的生活，他即不会作诗，而自己就是一首诗"。俞平伯主张诗人首先要有人格，他对朱自清为人处事的人格是十分敬佩的。1928年，与朱自清相处十二年的妻子武钟谦病逝，丢下六个孩子，生活艰难，饭食也无法自理。笃于情义的俞平伯，挺身相助，每日为朱家送来三餐，朱自清坚持结算伙食费，俞平伯坚持不收，相持不下，互为推让。最后，俞平伯答应每月暂收15元。随即，暗中又将这15元用于朱家的伙食之中。这一举动，让朱自清深切地感受到了俞平伯深厚的友情。1948年8月12日，朱自清病逝，俞平伯痛失良友，心情无比悲痛。8月24日，俞平伯发表悼念文章《诤友〈朱佩弦兄遗念〉》，刊于《中建》半月刊第三卷第七期。谢冰莹在《自清先生二三事》中写道："俞平伯先生对于好友之死，感到莫大的痛心，他不能写文，甚至任何人提起朱先生，他就难过。当笔者会见平伯先生时，他除了不断地叹气说：'自清死得太早，连五十寿诞也不能过，这真是文坛的损失。'外，什么话也没有。"1978年，清华大学为纪念朱自清先生逝世三十周年，于园内荷塘东侧修葺一方亭，命名自清亭。俞平伯因病未能前往观瞻，特撰《咏自清亭》诗一首，并附序，借以抒发对老友的深情。

叶圣陶也是俞平伯长期交往的挚友。在新潮社和文学研究会中，两人就有交往。后期俞平伯和叶圣陶定居北京，两人常书信相通，亦登门畅叙。叶老的长子叶至善在《两位学者七十年的情谊》一文中说："还有一件事许多人都知道，那是'文革'后期了，每年海棠盛开的时候，我父亲总要郑重其事地请王先生（指王伯祥先生），还有章元善先生、顾颉刚先生、俞平伯先生，一同来我们家赏花。赏花不过借个名目，五位少年时代的朋友都已白发萧疏，几经沧桑，还能够相聚在一起，纵情地喝酒谈笑，这样的机遇怎么能不珍惜，怎么能轻易放过。"秋来菊花盛开，叶老还命家人将自己栽培的名菊，送一盆到俞府。1986年俞平伯应出版社之邀，拟出版《俞平伯旧体诗抄》，盛情恳请叶圣陶作序。叶老年高体弱，难以动笔书写，但还是毅然接受了俞平伯的嘱托。他口述序文内容，由孙媳姚兀真笔录，最终完成了写作任务。俞平伯接到序文，十分高兴，又极其感动，认为这可能是他们六十余年的友谊中，最后一次文字纪念。

俞平伯潜居书室，畅游书海，是一位学识深厚的大学者，但他绝不是一位两耳不闻窗外事，一心只读圣贤书的人。他关心时局，追求进步，爱国情深。

俞平伯出身书香门第，受过正统的儒家教育，对修身立人十分重视，他认为文品在于人品，有了好的人品，才会有好的文品。俞平伯有强烈的爱国情愫，1932年《中学生》月刊第21期在《贡献给今日的青年》的总题目下，发表了来自五十二人的短简，俞平伯亦在其中，他教导广大青年：要相信自己的力量可以救中国，应当救中国。同时，要积极创造救国的条件。他还强调："不存此心，不得名为中国人。"1937年，日寇大举侵犯我国，12月13日，南京沦陷，俞平伯闻讯，思绪万千，十分悲愤，特撰《寄题莫愁湖一联》："依稀兰桨曾游，只而今草长莺飞，寒艳不招春妒；叹息胜棋难再，又何论龙盘虎踞，伤心付与秋烟。"亡国之痛深嵌联中，读之令人断肠。

清华大学南迁时，俞平伯因上有老下有小，难以长途跋涉，只得留居北平。他除了在私立的中国大学任教外，还在家里辅导几位学生，靠微薄的收入，维持困顿的生活，表现了中国知识分子的浩然正气。

抗战胜利后，国民党当局实行独裁统治，疯狂镇压民主力量，著名教授闻一多被暗杀，而国民党北平党部主任委员吴铸人竟在"总理纪念周"中警告教授们不要再演第二次闻一多事件，引起北大、清华高校教授们强烈不满。俞平伯与北大、清华等四校九十名教授发表《质询书》，对吴铸人的无理叫嚣，严正驳斥和质疑，发出了维护人权、捍卫民主的正义呼声。1948年8月17日国民党政府发布所谓清除"匪谍"令，大肆逮捕学校中的进步学生。8月21日，俞平伯与许德珩等五十六人联名写了《北平北大师院二校教授对于当局拘传学生抗议书》，对当局者"不依照正当法律程序，而随便包围学校、搜捕学生"的做法，提出强烈抗议，表现了大学教授对求学的进步青年十分关切和无比爱护。

北京和平解放后，北京大学回到人民怀抱。1949年5月，北京大学最高行政机构——北大校务委员会成立。俞平伯因其崇高声望，成为北大校务委员会委员。1953年俞平伯由北京大学中文系调至中国科学院文学研究所古典文学研究室，任研究员。1954年8月，由浙江省推为全国人大代表。

1966年"文化大革命"爆发，俞平伯深受迫害。他在该年所写的一诗中，反映了他悲凉的处境。诗云："人老无惊谢管弦，雁书疏阔不相便。一生几值交秋雨，冰簟炊凉胜似眠。"这一年的八月至年底，在"破四旧"的名义下，俞平伯被街道红卫兵数次抄家，藏书、著作几乎被洗劫一空。全家由居住数十年的朝内老君堂79号宅南院被撵至跨院的两间破屋中居住，俞平伯本人亦被当作"牛鬼蛇神""资产阶级学术权威"揪出、批斗。

1969年11月15日，俞平伯偕夫人离开北京，随中国科学院哲学社会科学部文学研究所赴河南"五七干校"。乘车抵息县包信集，住小学一间小西屋。房屋简陋窄小，无煤无电，室温仅在零度左右。生活极为艰苦，俞老却十分精神，他在《绩麻》一诗中写道："脱离劳动逾三世，回到农村学绩麻。鹅鸭池边看新绿，依稀风景似旧家。"从中可以看出中国知识分子是何其善良，何其坚韧。

粉碎"四人帮"后，俞平伯获得了新生。1986年1月20日，中国社会科学院文学研究所为俞老从事学术活动六十五周年举办庆贺会。俞平伯在亲属陪同下出席了会议。中国社会科学院院长胡绳在大会致辞，为俞平伯在1954年因《红楼梦》的学术问题而受到的不公平待遇彻底平反。会上，对俞平伯先生的高风亮节，给予高度评价。

1990年10月15日，俞平伯在北京寓所安然辞世。

中国社会科学院文学研究所全体同志敬送挽联，写道："临大节而不可夺也，举世咸推真名士；论古今而无所名焉，后生痛失大宗师。"

　　1993年，俞老的故乡浙江省德清县，为俞平伯建立纪念馆。俞老的家属提供了很多家藏珍品，在纪念馆中展出。

　　德清的俞氏家族，是我国一个典型的文化家族，延绵数代，以读书治学为生，他们中的佼佼者，既有科举考场中的明星，又有吟诗作文的高手，为后世留下了宝贵的文化史料。这一文化世家，应当引起今人的关注和研究。

戴安澜与无为戴氏家族

为国捐躯的戴安澜将军是享誉世界的抗日英雄，其长子戴复东，秉承忠厚奋发之家风，刻苦攻读，学有专长，是一位著名建筑家，中国工程院院士，本文拟对这一典型家族，作一简要梳理。

一、耕读之家　培育英才

戴安澜诞生于安徽省无为县南部的一个乡村中，此村现为洪巷乡练溪社区风和村。戴将军故居为前后三间的老式住房，木制梁柱，顶盖小瓦，中间一天井，极为简朴。

戴家原是一户读书求仕的小康家庭，伯祖父戴昌淦为清末贡生。因社会动荡，灾荒频发，戴家渐渐衰落。其父戴礼明以养鸭为生，年头岁尾常随戏班演出，以补贴家用。戴安澜共有兄妹七人，他排行第三，又字衍功，父亲见他天资聪颖，便在6岁时，送他到本村私塾就读，此时村中请来了一位国学颇有功底的老先生，名叫周少峰，这位周先生是桐城县里有名的大文人。他教了数月，见衍功是一位少见的好学生，便赞许衍功，此时禀赋优异后必有成，他经反复推敲，将衍功的名字改为炳阳，如旭日东升，前程无量。

炳阳18岁时，考入安徽公学高中部，安徽公学前身为创办于长沙的旅湘公学，后迁至芜湖，改名为安徽公学，曾一度停办，1923年，在著名教育家陶行知的努力下，选址南京重新复校，炳阳在南京安徽公学期间，接受了五四新思想的影响，尤其是受到孙中山先生革命精神的感召。他当时与学友谈论最多的是"国家兴亡，匹夫有责"，希望建设一个"幼有所教，壮有所归，老有所养"的理想社会。在安徽公学，炳阳接触到了数、理、外语等新知。后来由于时局变化，安徽公学停办，炳阳回到了故乡，曾经的求学经历，让他对教书育人十分看重，于是在故里当了私塾先生。

人在教书，心"慨有匡时之志"。一天，炳阳的叔祖父戴端甫从广州寄来了一封信，捎来了佳音。

戴端甫早年毕业于保定陆军军官学校第三期，与张治中、徐庭瑶是同学，参加过1911年的辛亥革命，当时正在广州国民革命军中任团长，写家信到故里，动员有志青年到广州报考黄埔陆军军官学校。

接到叔祖父的来信，炳阳十分欣喜，决定赴广州投身革命事业，他在日记中这样写道："人生如白驹过隙。二十岁前是浑浑噩噩的时候，五十岁之后血气就衰萎了。总计人的一生，成功立业，不过二十到五十之间短短的三十年而已，不趁这时候埋头苦干，有所成就，光阴一去便不可挽留。"他决心接受艰苦的考验，让人生焕发光彩。1925年1月，炳阳考入黄埔军校第三期步兵科，入军校时，他将名字改为安澜，自号海鸥，表示要力挽狂澜，振兴中华，要像不畏狂风暴雨的海鸥一样勇敢地搏击时代风云。

二、国难当头　奋勇抗日

步入军途后，戴安澜努力钻研军务，大力提升自身素质，一直从士兵到排长，从连长到营长，从团长到师长，进入了军队的领导层，在众多以剽悍为荣的军人中，戴安澜显得与众不同，他温文尔雅，颇具儒将风度，熟读文史，博览群书，戏曲、音乐、绘画无所不通，有人这样推测，倘若不是内乱与外敌入侵，戴安澜可能同其他皖籍人士一样，成为一名风雅文人。

读书是安澜一生的嗜好，他曾经这样说，做人长官，而知识不如人，则危险实甚。在练兵的同时，他苦学数学、英语，没有老师，就向身边士兵中的大学生请教。即使在炮火连天的指挥所里，也见缝插针地坚持学习，他给自己立下规矩："一事不知，不更二事，一书不解，不更二书。"在他遗存的大量日记中，不少内容记的都是读书的状况和学习的心得。他未曾在高校学过英语，靠日常艰苦自学，达到能熟练交流的程度。赴缅作战时，他可以用英语同英美军官自如的交流。

1928年，戴安澜随军北伐抵山东，亲历日寇制造的"济南惨案"，对日本侵略者染指中华的狼子野心，无比愤怒。

七七事变后，日寇大举侵犯华北，古北口为长城东部之要塞，日军为夺取华北，向古北口发起猛攻。此时，戴安澜任十七军二十五师一四五团团长，率部在古北口右侧高地与日军主力激战。这是戴安澜在抗战中首次与日寇交锋。日军装备精良，训练有素，而中国士兵多来自农民，缺乏训练，又不懂战术，作战中伤亡惨重。为了摸清敌人部署和战术特点，戴安澜不顾个人安危，登上长城，仔细察看敌方阵地。由于知己知彼，指挥若定，这次战役中，我军仅以七人伤亡，换取歼敌一百余人的胜利。

1938年日寇为打通津浦铁路，使南北战场连成一片，先后调集二十五万兵力，南北对进，进攻战略要地徐州，敌我双方在台儿庄爆发了一场极为惨烈的争夺战。此时，戴安澜为十三军七十三旅旅长，率部于外线侧击日军。他火攻陶墩，智取朱庄，激战郭里集，压倒了日军嚣张的气焰，迫使日军不得不从台儿庄后撤，为整个战役赢得了主动权，立下了不朽战功。

昆仑关，位于广西南部，为南宁北侧的天然屏障，日寇为夺取南方重镇南宁，发动了昆仑关战役。此时戴将军任二百师师长，奉命担负正面攻关任务，日军指挥官少将中村正雄凶狠无比，他在日军中被称作"一把折不断的钢刀"。两军在昆仑关展开激烈的交锋，戴安澜虽身负重伤，但顽强战斗，率部歼敌六千余人，击毙日军前线指挥官中村正雄少将，日军吹嘘的这把"折不断的钢刀"，被智勇双全的戴安澜将军及其英勇无畏的部队给折断了。

1941年底太平洋战争爆发，日军席卷东南亚，滇缅公路这一中国抗战唯一补给线，随时有被切断的危险。应英美盟国紧急要求，中国决定派出10万远征军赴缅甸抗击日寇。

1942年4月16日，深入缅甸的戴安澜部队，已进入作战位置，准备为克复棠吉而战，然而，由于史迪威、罗卓英的错误指挥，致使日军第五十六师团乘虚北进，形成了对远征军的大包围。在战局极为不利的情况下，第二百师官兵奋勇战斗，经多次殊死争夺，我军终于完全控制了棠吉城。对这次战役的胜利，史迪威将军深为感动，他称赞说："近代立功异域，扬大汉之声威者，当以戴安澜为第一人。"

第二百师攻占棠吉后的5月3日，日军先头部队侵占了我国境内怒江畔的惠通桥，形成对远征军的战略包围。从此，中国远征军陷于被动无援的境地。史迪威、罗卓英先后弃军入印度，中英联军解体。5月18日夜，二百师在郎科地区，通过细摩公路时，与埋伏的敌第五十六师师团遭遇，激战一夜，终摆脱敌人袭击。但二百师伤亡惨重，师长戴安澜身先士卒，冲杀在前，身负重伤。他当众宣言，若以身殉职，即由步兵指挥官郑庭笈带领部队返回祖国。5月26日，第二百师行进至缅北茅邦村，此处离国门不过三五日路程。但戴安澜将军深情地向祖国凝望，嘴里喃喃地说："反攻！反攻！祖国万岁！……"下午5时余，壮烈殉国。时年38岁。

1942年10月29日，美利坚合众国国会授权总统颁发军团功勋勋章（武官级），授予在卓越的军事行动中功勋彪炳的中国陆军戴安澜少将。1942年10月6日，国民党政府追赠晋升戴安澜为陆军中将。1943年4月1日，国民党政府在中国远征军出发地广西全州，为戴安澜将军举行隆重的国葬。国共政要均撰挽诗、挽词、挽联。中共中央主席毛泽东为悼念戴安澜撰写了挽诗："外侮需人御，将军赋采薇。师称机械化，勇夺熊罴威。浴血冬瓜守，驱倭棠吉归。沙场竟殒命，壮志也无违。"毛泽东主席一生只为两位将军写过悼亡诗，一是共产党的开国元帅、主席的同乡战友罗荣桓，另一位就是"公忠体国，清介廉洁"的国民党儒将戴安澜。

1947年秋，戴安澜将军灵柩移葬在与其故乡一江之隔的芜湖市内小赭山南麓。

中华人民共和国成立后，1956年9月21日，中央人民政府内务部追认戴安澜为革命烈士。

2013年政府决定在戴将军墓地附近，建立戴安澜将军纪念馆，将这位效忠祖国的抗日英雄的光辉业绩公之于世，让中华儿女世代瞻仰与传承。

戴安澜将军曾说过："祖国的存亡完全操之于我们自己"，"兴亡是我们应负的责任。"他的崇高品格和不朽精神，将激励千千万万中华儿女为振兴中华而奋发努力。

三、将军之妻　深明大义

戴安澜将军的夫人王荷馨，是一位贤惠通达的农家女子，丈夫在前方为国效力，她一直在后方勤俭持家，悉心抚育子女。

王荷馨与戴安澜生活在同一个村子里，从小由父母做主订了婚。王荷馨的家境比戴家更贫穷，从小未上过学，当初到广州与安澜成婚时，没有自己的名字，只称王氏。安澜对妻子说，你生于农历六月，又是荷花盛开的季节。你是军人的妻子，做军人的家属十分辛苦，丈夫在前方作战，妻子孤独的在后方养儿育女，就像荷花果实的内心，其苦不堪，你要有这个思想准备。于是，为贤妻取了个名字叫荷心。后来发现荷心聪慧明理，教她读书，让她写字，费时不长，竟然能书写家信了。她就像可爱的夏荷，让人闻到了阵阵清香，将军又决定将妻子的名字改为荷馨。

王荷馨是一位一字不识的农村妇女，经丈夫启迪与帮助，具备了一定的文化素养，成了一位深明大义的将军夫人。

戴将军为国捐躯后，国民政府颁发了特恤金20万法币。戴夫人毅然决定将这笔钱用于为民办学。在戴将军灵柩暂厝地广西全州创办了一所安澜高级工业职业学校，专门培养当时急需的机械、土木、汽车方面的技术人才。荷馨女士认为，戴将军生前极其重视教育，将这笔特恤金用在办学上，是对戴将军的最好纪念。学校兴办后，王荷馨既不愿任董事长，也不愿任校长，并且禁止子女到学校沾一点点光。这种不图名、不图利的精神，正体现了戴将军淳良的家风。

戴将军牺牲后，王荷馨带着四个儿女四处漂泊，从全州到昆明，从昆明到贵阳，后来举家来到南京。在南京时，住所旁是一家大型旅馆。选国大代表期间，那些争当代表的人天天在旅馆行贿请客，花天酒地。王女士见此情景心如刀绞，她想到戴将军以身殉国，却换来了一批鱼肉百姓的贪官污吏，内心愤恨不已。

1949年，国民党政府在大陆节节败退，退居台湾。去台前曾派人找王荷馨，要她带四个孩子，一起撤退，王荷馨对这个腐败政府早已失去信心，她严词申明："我丈夫葬在哪里，我就带着孩子一辈子在哪里，别的地方绝不会去。"就这样她一直住在南京，迎来了中华人民共和国的诞生。

中华人民共和国成立后，王荷馨靠劳动为生。她到居委会办的生产自救的粉丝厂当工人，靠微薄的工资收入维持全家的生活。

王荷馨年轻丧偶，辛辛苦苦将四个儿女抚养成人。她经常告诫孩子的三句话是："要做一个好人"，"国家兴亡，匹夫有责"，"人穷志不穷"。并对子女说："这是你们父亲的遗训。"

四个儿女，有父亲的光辉榜样，有母亲的谆谆教诲，个个奋发向上，先后都上了大学。女儿藩篱，一心以父为楷模。中华人民共和国成立后，参加了抗美援朝，成为一名英姿飒爽的女军人。三个儿子学有专长，都在各自岗位上积极奉献，其中以长子复东成就最为突出。他是一位杰出的建筑家、中国工程院院士。下文将对戴复东院士作一重点介绍。

四、将军长子　荣任院士

戴将军育有三子一女，复东，藩篱，敬东，澄东，给儿女取的这些名字，都寄予了将军誓死保卫祖国，让日寇覆灭的赤诚爱国之心。

戴复东作为长子，跟随父亲的时间最长，受父亲的影响最深，他在耄耋之年，写过一篇《欲报之恩，昊天罔极》的回忆父亲的文章，文中这样写道："时间的波涛奔腾向前，很多东西都随着它漂流而去，逐渐淡漠乃至于忘却，但我对先父的怀念和追思却不曾有少许的减弱，一些琐碎小事至今仍历历在目"。

复东还是四五岁时，将军就带他到河边游泳，让他将两手撑在河底沙子上，让身子浮起来。稍大一些，就让他在河中间去搏击碧水，这一方面锻炼了身体，另一方面培养了孩子的勇敢精神。部队在驻地举行军事训练，将军把复东带去，让他参加露营，培养不怕艰苦、积极向上的精神。

戴将军希望子女以平常人自居，不要有丝毫的特殊化。有一次全家乘车到师部，到了门口，卫兵向他们立正敬礼，孩子们一时不知所措。将军对卫兵说："以后他们到来，你们不要行礼，更不要叫少爷、小姐，直接喊他们的名字就行了。"经父亲教导，孩子们和营区的战士，始终保持平等的关系与真诚的情谊。

喜爱读书，是戴将军的生活特色。长子复东有这样的回忆："他晚上都是和我在一起，我在这里做功课，他就在这边看书。那时候，只有一个很小的碟子，里面有两根灯草，就是菜油灯，灯光很暗。到九点钟，我就不行了，打瞌睡要睡觉了，他就叫我去睡觉。有时候我也睡得迷迷糊糊的，发现他还在那儿看书。"父亲的好学精神，从小就深深影响着孩子。复东从小就酷爱学习，而且智力非凡，学的知识能牢固把握。每次父亲寄来的家信，复东都仔细阅读，读后竟过目不忘。有一次将军回家时，复东当着父亲的面，将他的来信，像学校里背书一样，一字不差地背诵起来："东儿：你对我的想念我是知道的。其实，我对你们兄妹弟的想念，比你更甚呢。不过，当这个时候，只有按下私情，为国效力了。你总要这样想，你有个英雄父亲，当然是常常的离别。如果我是田舍郎，那么我们可以天天在一起了，但是你愿意要哪一种父亲呢？我想，你一定是愿意要英雄父亲。所以对于短时间离别，不要太看重了才好。"儿子顺畅地背诵父亲的家书，其实也是在聆听慈父恳切的教诲。有其父，必有其子。在父亲高风亮节的熏陶下，儿子才能摆正人生的航向，做出不平凡的业绩。

由于天资聪明，读书用功，复东顺利完成中学学业，并以优秀成绩考入中央大学建筑系。他在大学悉心学习建筑专业知识，深入钻研建筑原理，以优异的成绩毕业，被分配到同济大学任教。复东一走上工作岗位，就将全家接到上海定居，以自己的薪金负担起全家生活。

戴复东后为同济大学建筑与城市规划学院教授，博士生导师，名誉院长，同济大学规划建筑设计总院总建筑师。他是一位出色的建筑设计专家，曾主持参与众多建筑工程的设计。

武汉东湖梅岭一号别墅，是戴教授早期的杰出作品。梅岭工程位于武昌东湖北岸一个小山坡上，这里曾经是毛泽东主席在武汉时生活、工作之处。戴教授依据"人在自然之中，领袖在人民之中"的设计思想，做了精心的设计。工程完美动人，现已成为一个成功的建筑典范，公开对外开放，让公众参观。

河北遵化，乃千年历史名城，清代东陵的所在地，但这里一直没有一座涉外旅馆饭店。遵化市领导慕名找到戴教授，请他设计一座高规格的新饭店。因地方财政并不宽裕，要求用少的不能再少的费用，设计一座富有特色的漂亮的大饭店。根据当时政府的意见，戴教授迎难而上，设计出淡泊中呈现华彩的新作，白色主体建筑呈弧形展开，屋顶多弧形廊，体现游憩潇洒的气息。花钱不多，却特色鲜明。如今这座醒目的建筑，屹立于冀中平原，在平凡中展现出极不平凡的风采。

1983年，著名美籍华人建筑师贝聿铭，荣获人称建筑学界诺贝尔奖的普利兹克奖。他用所得奖金设立"在美华人学者奖学金"，恰好当时戴复东正以访问学者身份，在哥伦比亚大学建筑与规划学院学习。经过严格审查和挑选，戴复东教授成了第一位"贝聿铭奖学金"的获得者。他将这笔奖金用作考察费用，周游全美，考察各类著名的建筑。此时戴教授年届56，不顾劳累，全身心投入建筑实践，热衷求知的精神实在令人感佩。

夫妇同心，比翼双飞。戴复东教授的夫人吴庐生，亦为同济大学建筑设计研究院教授，国家特许一级注册建筑师。夫妻互相切磋，经常共同设计一项工程。他们是你中有我，我中有你。在《中国当代建筑师》中，戴复东、吴庐生夫妇，合为一卷，吴庐生教授的作品占有三分之一。

戴复东教授如同其父，爱乡情深。改革开放之后，无为县政府拟将纪念大书法家米芾的米公祠修葺再建，特请无为籍著名建筑家戴复东担任规划设计。戴教授接受了家乡的重托，他以明代嘉靖年间《无为州志》有关图例为依据，完成了设计图纸，恢复了"宝晋斋""聚山阁""红雨亭""竹深处"等景观，使米公祠一带形成了绿荫环绕，亭阁相间，景色宜人的一处人文景观。

由于戴复东教授在建筑设计上的深厚造诣，1999年被评选为中国工程院院士。

一个来自乡间的普通家族，在两代人中，既有精忠报国的抗日英雄，又有专业精良的工程院院士，这正是无为戴氏家族让人仰慕的一面。梳理这一家族相关史实，对我们仍有深刻的现实教育意义。

赵望云与西安赵氏家族

我国现代画坛上，有一个著名的长安画派，其代表人物赵望云，原籍河北束鹿，奉行"一手伸向传统，一手伸向生活"的创作原则，曾作为《大公报》旅行写生记者，深入大江南北，描绘农村人民的真实生活，引起社会强烈反响，被誉为"平民画家"。他钟情于黄土高原的壮美风光，后半生定居西安，创作了大批呈现西北风土人情的国画，作品刚健雄浑，质朴中透露出风雅，为长安画派的开创大师之一。其长子赵振川，出生于西安，继承父业，在国画创作上且有新的突破；应文化部之邀，为中南海怀仁堂创作巨幅山水画《春山连碧波》；他是北京大学中国画赵振川工作室导师，陕西省"德艺双馨文艺工作者"。次子赵季平颇负音乐天赋，是当代一位多产的作曲家。曾任西安音乐学院院长，中国音乐家协会主席，创作的乐曲多次在国内外获奖。为电影《红高粱》配乐，获"金鸡"奖最佳作曲奖。为电视连续剧《水浒传》配乐，获"飞天"奖最佳音乐奖。为电影《五个女子和一根绳子》配乐，获法国"南特"国际电影节最佳音乐奖。总之，他是作曲家中在电影和电视剧音乐创作中，获奖最多的人士。

西安古代又称长安，其丰厚的历史积淀，多彩的文化资源，滋养了赵望云及其后代，使得赵氏家族成为现当代知名的艺术家族。

让我们对西安赵氏家族作一研究，了解其中曾发生的动人故事。

一、立足关中　兴创画派

赵望云（1906—1977），现代著名画家，20世纪中国画坛大众化艺术思潮之先驱，在我国现代美术史上占有重要之地位。

1906年9月30日，赵望云生于河北束鹿周家庄一个兼营皮行的农民家中，从小对绘画、音乐、戏曲有浓厚兴趣。父亲早逝，家道衰落，使15岁的赵望云被迫去皮店当学徒。20岁时，由表兄资助，赴北京私立京华美专学习。半年后，转入北京艺专。因不满艺专的教育，愤然离校，独居陋巷，刻苦自学。结识王森然，受王森然的影响，学习进步文艺理论，决心"走出象牙之塔"，创作"为人生的艺术"，用绘画表现民众苦难的生活。

1928年在北京师范任教。1932年任上海中华书局编辑。1933年至1935年，任天津《大公报》特约旅行写生记者，深入山东、江苏、浙江、河南、河北等地农村，描绘饱经战乱的贫苦农民，引起社会极大关注。1935年，应布衣将军冯玉祥之邀，合作出版《泰山社会写生石刻诗画集》。抗战期间，获冯玉祥资助，与老舍在武汉共同创办《抗战画刊》，积极宣传抗日救国。

中华人民共和国成立后，曾任西北军政委员会文化部文物处处长，陕西省文化局副局长，陕西美术家协会首任主席，中国美术家协会常务理事。

赵望云主张绘画创作应"一手伸向传统，一手伸向生活"，也就是认真继承民族传统中的不朽精华，积极吸取民众生活中丰富的创作源泉。

早年赵望云与王森然、李苦禅组织的"吼虹艺术社"与1937年创办的《抗战画刊》，都主张艺术面向时代，面向生活。赵望云曾表示："我是乡间人，画自己身临其境的景物，在我感到是一种生活上的责任，此后我要以这种神圣的责任，作为终生生命之寄托。"在艺术走向民众、表现民众的世纪大潮中，赵望云以其无与伦比的影响，成为艺术大众化当之无愧的先驱。

布衣将军冯玉祥在为赵望云的《农村写生集》所作的序言中写道："近年来中国农村的破产，可以说达到了极点，这是毫无讳言的事实。但是人民究竟在一种怎样痛苦的状况中生活着呢？恐怕是很少有人去注意到吧！在赵君这一部写生画里，却已很生动地告诉我们了。"正是赵望云关注社会，悉心反映农村人民的痛苦生活，才给我们带来了鲜活的写照。

从"九一八事变"到"七七事变"，《大公报》有两个专栏，最吸引广大读者：一是范长江的"旅行通讯"；一是赵望云的"农村写生"。足见，赵氏着力描绘农村不断贫困化的现实生活，引起了读者强烈的共鸣。

1937年，第二届全国美术展览中赵望云的《鲁西水灾忆写》一画入选。这是该次全国美术展览中，唯一反映农村现实生活的画作。这也表明赵望云一直坚持美术创作面向现实生活。

赵望云又是一位勤于向传统学习的杰出画家。抗战期间，赵望云在重庆、成都结识了包括张大千在内的许多名画家，虚心地向他们学习传统的表现技巧。他写道："与著名的古典派画家张大千的来往，使我欣赏了很多的古代绘画名作。那时，张大千正在作画准备展览，得以临案学习他作画的方法和风格，使我在传统技法上获得很大益处。"

1943年，赵望云与关山月、张振铎一道赴西北写生，专程来到敦煌。以后又多次亲临观摩敦煌璀璨的艺术。他说："到敦煌，在千佛洞得览古代美术之精华，并对历代壁画作临摹研究。我对于佛教虽缺少知识，但对其表现形式的吸取，确使我在一个时期里的绘画形式带有显著的古典色彩和情调。"

赵望云学习传统，面向生活，毕生致力国画创作。画风质朴浑厚，骨高气雄。前期侧重于人物，后期侧重于山水。作品内容颇为广泛，农民、工人、少数民族的劳动生活，村野的田园风光，塞外之辽阔草原，风沙弥漫的戈壁滩，终年积雪的祁连山，三门峡水电工程，宝成铁路工地，沟壑纵横的西北风光，碧波万顷的南海佳景……凡是他足迹所到之处，都留下了他传神的画作。他所描绘的题材，前人很少涉猎，因而无成法可循。赵氏往往根据内容和形式之需要，大胆地进行探索和创新。

在赵望云看来，笔墨本身的表现并非目的，它只应该为表现个人的感受和志趣服务。"浓也好，淡也好，作画的人和看画的人都各有偏爱。不过，要画好一张画，除了应注意笔墨与取材外，更重要的是使画面具有一种意境，以及由这种意境带来的艺术情趣。"看来，赵望云十分注意吸收传统画论中的精髓，强调作画以意境为先，讲究绘画的艺术情趣，使作品产生画有尽而意无穷之佳效。

他的早期作品，注重捕捉人物的情感与神态，所绘形象，构思生动，韵味无穷。

20世纪40年代中期以后，笔墨趋于成熟，无论是挥洒，还是求工，均能形神兼备，意境深远。

20世纪50年代以后，其笔墨技巧已达驾轻就熟的程度，线条刚柔相济，墨色溶润靓美，给人以气象万千之感。

赵望云笔下之山水，旨在反映社会生活，表现人的精神风貌。他很少画纯风景性质的山水画，更不画闲情逸致的骚人雅士和达官贵人之仕女图。赵望云认为："一切快乐都是劳动换得，风景的优美亦多因为人的活动。"所以，他特别注重景中之人的精妙刻画。

赵望云晚年之佳作《深夜行》，用笔极为放松，运用泼墨晕染和大笔写意等传统手法，成功地营造了一种寂静的深夜气氛。山腰间，一人独马，行进在羊肠小道之上。通过冷清的情景，暗示了深夜的独特时光。构思之巧妙正如古人所绘"深山藏古寺"之意：只画一僧下山挑水，不露一瓦一檐。赵望云《深夜行》的卓越构思，深得古人含蓄蕴藉之精妙。中国画表现夜景有较多困难，前辈画家大多以空中勾画月亮来标明。赵氏不愿重复这一刻板的表现方法，追求更为含蓄洗练的表现形式，在艺术创造上颇有新意。

20世纪40年代初，赵望云在重庆、成都分别举办个展。周恩来曾光临赵望云的画展，还曾定购他的画作。郭沫若亦参观过赵望云的画展，深为他的作品所感动，称"对此颇如读杜少陵之沉痛绝作"，并赋诗赞曰："独我望云子，别开生面貌。我手写我心，时代惟妙肖。从兹画史中，长留束鹿赵。"

赵望云钟情于关中山水，喜爱勤劳纯朴的西北人民，定居西安，热衷于描绘西北的壮美风光和那里人民的朴实生活。他曾在西安美院任教，为培育艺术人才，倾注了大量心血。经他悉心调教，为国家培育了一大批国画优秀人才。如今，仍活跃于陕西及全国画坛的崔振宽、王宝生、王子武等长安画派的知名画家，均为赵望云的弟子，在西安美院得其亲授。

西安为我国著名的古都。秦始皇统一中国的壮举，在这里上演；汉武帝征战匈奴的伟业，从这里出发；盛唐联系东西方的丝绸之路，这里是起点……有多少动人的历史故事，发生在西安。

西安处于富饶的渭河盆地，因古代秦人长期在这一带活动，故又称"秦川"。秦汉时代，这里东有函谷关（在今河南灵宝），西有大散关（在今陕西宝鸡），南有武关（在今陕西丹凤），北有萧关（在今宁夏固原）。秦川处于四关之中，故又称"关中"。在我国历史上有西周、秦、西汉、前赵、前秦、后秦、西魏、北周、隋、唐十个王朝定都西安一带。后来，西安即使不再为国都，亦为我国西部重镇。

悠久的历史，灿烂的文化，让赵望云醉心于西安，把西安作为他的第二故乡。其子女，亦先后诞生于大西北。

西安是长安画派的产生地。这一画派，画风朴实淳厚，在刚健中透露出秀美，具有浓郁的大西北风采。其作者大都生活于古都西安。20世纪60年代，以赵望云、石鲁为代表的西安美术团体，在北京等地组织巡回画展，展出的作品有以表现黄土高原古朴倔强为特征的山水画、以表现勤劳淳朴的陕北农民形象的人物画，在画坛引起了极大轰动。由于西安古代又称长安，人们把这些生活于西安的国画家及其作品，称为"长安画派"。这个画派的代表性画家有：赵望云、石鲁、李梓盛、康师尧、何海霞、方济众、黄胄、刘文西、赵振川等。

在长安画派中赵望云成名最早，影响最大，画派中不少著名画家曾是赵望云亲授的学生，或深受其影响。所以，人们把赵望云视为长安画派的首创者，是理所当然的。

赵望云的画作自然质朴，笔力苍劲，注重生活气息，善于从平淡的农家生活中发现意味隽永的画面。除了现代山水、人物画方面取得突出成就外，还善于绘毛驴，笔下之毛驴造型准确，笔墨简润，形象生动。中华人民共和国成立前，人们曾送给他一雅号，叫他"赵望驴"。画驴高手黄胄，就是在赵望云的影响下，有所发展，从而成为画驴名家。

赵望云的主要绘画作品有：《农村写生集》《塞上写生集》《黄河写生册》《林区写生册》《西北旅行画集》《埃及写生画集》《赵望云画集》等。

1957年，这位思想先进、关注社会现实的杰出画家，被错打成"右派"。政治、社会的巨大压力，让赵望云的生命后期罩上了浓重的阴云。1977年3月29日，病逝于西安。一个有思想、有抱负、有才华的大画家的离世，这应是人间的大悲剧。

二、子承父业　辉映画坛

赵振川，赵望云之子。1944年生于西安。自幼随父习画，深得其父之言教心传。1959年考入西安统计学校。1962年入陕西省美术家协会创研室学员班学习，受教于石鲁、何海霞、方济众等名师。1964年上山下乡，到陕西陇县山区插队劳动。1971年调陕西文工团，从事舞台美术工作。1978年调陕西美术家协会，从事中国画专业创作。

赵振川的画作，有其父遗风，厚重深沉中不失灵动，宏润幽远中饶有意趣。1964年其作品《山林新声》入选第四届全国美展。

1981年，赵振川的画作《信天游》，参加中国画研究院首届画展，入编画展之画集，原作被中国画研究院收藏。

1994年，赵振川在北京中国美术馆举办个展，赢得画坛好评。著名老画家张仃撰文《长安画派后继有人》，对赵振川的国画创作给予高度赞扬。

1996年，其作品《好大雪》入编《中国现代美术全集》。2000年，其作品《汉江侧畔》入选《近现代中国画精品选集》。2001年，其作品《戈壁春居》入编《画坛巨擘》画册。2004年，其作品《秋源》参加"黄宾虹国画学术研讨会暨系列展览"，获"黄宾虹学术成就奖"。他还应邀为中南海怀仁堂创作巨幅山水画《春山连碧波》，气势雄浑，春色喜人。

赵振川的国画作品先后在日本、美国、新加坡、马来西亚、韩国等地展出，深得海外人士好评。

赵振川为当代长安画派的重要画家。中国美术家协会理事，陕西美术家协会名誉主席。长安画派艺术研究院院长。北京大学中国画赵振川工作室导师，还受聘为中国人民大学、西安美术学院、西北大学客座教授。

三、乐坛神笔　硕果累累

赵季平，赵望云之子。1945年8月生于甘肃平凉。家住西安碑林博物馆旁。从小酷爱音乐，且颇有灵气。

赵望云不仅擅长丹青，同时喜爱戏曲艺术，对秦腔、豫剧、京剧都有浓厚兴趣，拉得一手好京胡。艺术门类之间是相通的，父亲的艺术禀赋也影响了季平。他从小看父亲画画，与父亲一道听戏，还拉着同学挤进"狮吼剧团"看豫剧，混进"易俗社"听秦腔。小学三年级，在铅笔盒里放了一张纸片，上面写着："长大要当作曲家。"

1961年考入西安音乐学院附中，1964年考入西安音乐学院，开始学拉二胡，在乐队中担任打击乐手。1965年跟郭石夫、屠治九、饶余燕学习作曲。大学毕业后，进入陕西戏曲研究院负责作曲。在戏曲研究院从业的二十一年中，深入关中、陕南、陕北等地，钻研秦腔、碗碗腔、眉户腔、铜川梆子等地方戏曲。投身民间，接收地气，使其音乐创作具有丰厚的底蕴。

其父曾对季平说："你不要满足于课堂上学的洋理论，一定要接地气，去学习民间艺术，从中吸取营养，才能创作出反映人民心声，为人民喜闻乐见的好作品。"赵季平一直照父亲的话去做，认真向传统学习，向民间学习。他的音乐作品既有浓郁的民族性，又有强烈的时代感，给人以气象万千的感觉。他为影视作品的配乐，采用的乐器丰富多样，给人留下鲜明的印象，如：《红高粱》中的唢呐；《菊豆》中的埙；《五个女子和一根绳子》中的南八音;《天出血》中的排箫;《心香》中的古琴;《霸王别姬》中的京胡;《活着》中的板胡;《风月》中的琵琶;《往事如烟》中的三弦;《月光山谷》中的马头琴;《黄土地》中的腰鼓与打击乐等等。他使相关乐器发挥了最大的效能，使作品极富地方民族特色。

谈到创作体会，赵季平说："我的艺术实际上继承了先父的东西。老父亲一直在民间，追求作品的人民性。音乐作品不单要进音乐史，更要进入人心，这样才能成为经典。"

赵季平是一位谦虚好学的作曲家，待人谦和仁厚，为了音乐"读千卷书，走万里路，采四面风，交八方友"。他虚心地表示："我深知自己的不足，当我发现别人的长处时，我会非常敏感地去学"，"最聪明的人，是把别人的东西拿过来，为我所用"。

为了进一步提升自己，1978年赵季平进入中央音乐学院作曲系进修。

赵季平是一位多产的作曲家，他所作乐曲之范围，几乎囊括了音乐的各个门类：

为电影配曲，计有四十余部，其中有：

《黄土地》《红高粱》《老井》《菊豆》《大红灯笼高高挂》《大阅兵》《烈火真钢》《心香》《霸王别姬》《活着》《变脸》《风月》《秦颂》《孔繁森》《大话西游》等。

为电视剧配曲，计十多部，其中有：

《好男好女》《大秦腔》《燕子李三》《绍兴师爷》《倚天屠龙记》《大宅门》《射雕英雄传》《乔家大院》《青衣》《天下粮仓》《中国往事》《曹操与蔡文姬》《水浒传》等。

赵季平获奖很多，曾荣获下列奖项：

为《水浒传》配乐，获第十六届"飞天"奖最佳音乐奖;《好汉歌》获最佳歌曲奖。

为《孔繁森》配乐，获第十六届"金鸡"奖最佳作曲奖。

为《红高粱》配乐，获第八届"金鸡"奖最佳作曲奖。

为《嫂娘》配乐，获第十八届"金鹰"奖最佳音乐奖。

歌曲：《黄河鼓震》《西部扬帆》，"五个一工程"入选。

歌曲：《祖国强大、国旗增色》，获建国五十周年歌曲征集一等奖。

民族的艺术，必为世界的艺术。赵季平创作的具有浓郁中国民族特色的音乐，亦受到世界各地音乐人士的好评。

他与日本JVC唱片公司合作推出的唱片《黄河遥遥》，向世界发行。

1995年，他作为亚洲唯一的代表，参加在瑞士举行的第二届国际电影音乐节，拍摄了专题纪录片《音乐家——赵季平》，在世界各地播放。

1998年，作为大陆唯一的一位音乐家，其作品被美国华纳·特得克古典唱片公司签约录制。

2000年，其作品交响音乐《太阳鸟》，交响叙事诗《霸王别姬》，由柏林爱乐交响乐团，在一年一度的"森林音乐会"演出，备受欢迎。

2000年，其室内乐作品《关山月——丝绸之路印象》被著名大提琴家马友友选中，在美国成功演出。

赵季平颇具开放意识，注意向海外音乐家学习，洋为中用。他曾访问美国，会见好莱坞著名音乐大师约翰·威廉姆斯，听他指挥波士顿交响乐团演奏。他感到："威廉姆斯是个音乐精灵，神了，很现代，但是很好听。"他参观大都会博物馆，见到画廊的装饰真是异想天开，体现了多民族的融合。由此，他"对美国印象最深的是，它是一个包容性很强的国家"。

音乐应具有包容性。赵季平正是包容各种音乐元素，将具有地域特色的旋律，融入创作的乐曲中，形成富有表现力的新曲。如他创作的电视剧《水浒传》的主题曲《好汉歌》，是将山东地方小调《锯大缸》，略加改造，一气呵成。他创作的电影《红高粱》插曲《酒神曲》，吸收豫剧行腔和民歌《抬花轿》的音乐元素，融汇而成。

由于赵季平创作的乐曲，融汇了多种音乐元素，极富艺术张力，被国外同行称为最具东方色彩和中国风格的作曲家。

《大宅门》主题曲的演唱者胡晓晴对赵季平说："赵老师，我唱你谱的歌曲时，把自己多年的磨难都唱进去了，唱得我心都醉了，真过瘾！你真厉害，这首主题曲揉进了七种音乐元素——京韵大鼓、京剧、评剧、豫剧、梆子、民歌、通俗歌曲。悦耳动听，让人热血沸腾。"

有其父，必有其子。从小受家庭熏陶，赵季平的儿子赵麟，从小喜爱音乐，长大成了一位颇有发展前途的年轻作曲家。

2002年，赵季平作曲的电影《美丽的大脚》，获第二十二届"金鸡"奖最佳电影奖。其子赵麟作曲的影片《和你在一起》，获第二十二届"金鸡"奖最佳音乐提名。父子俩同台竞选"金鸡"奖，这在电影界尚属首次，被传为乐坛之佳话。

西安历史悠久，文化积淀丰厚，悠久的传统文化滋润着赵望云及其子孙。赵氏三代沐浴着关中大地的星光雨露，经受了汉风唐韵的洗礼，加之自身的颖慧与勤奋，各自均有非凡之表现。他们中有的泼墨丹卷，创作了巧夺天工之画卷；有的写歌谱曲，创作了震撼人心的名篇。总之，他们尽情地在艺术的天地中翱翔，并取得了骄人的成果。

西安的赵氏家族，是一个德艺双馨的艺术家族，其文化成果在中国文化发展史上，留下了浓墨重彩的一页。

傅雷与南汇傅氏家族

　　傅雷是当代杰出的翻译家，他把毕生的精力都贡献给翻译法国文学作品，他以心血凝结的十五卷《傅雷译文集》，共五百余万字。他用手中的笔，化为一座架在中法之间的文学桥梁，让灿烂的法兰西文化永驻中国人民的心田。

　　傅雷养育的两个儿子，都有杰出的表现。长子傅聪，闻名世界的钢琴演奏家，尤其擅奏肖邦的作品，被誉为"钢琴王子"。次子傅敏，有超群的英语水平，被保送至北京外交学院，因其父被错划为"右派"，只得任中学英语教师，坚守教学岗位，悉心育人。赴伦敦进修后，仍返回祖国，继续教学工作。

　　这是忠贞爱国的一家，有高度文化修养的一家，代表了中国知识分子刚正纯净的高尚品格。

一、家居南汇　命运多舛

　　黄浦江穿越上海，注入大海。黄浦江的东岸，是繁荣的商业区；西岸则是大片农田。今日，已变成高楼林立的"东方曼哈顿"。从浦西乘车越过南浦大桥，沿高速公路行驶十多分钟，便抵达了南汇境内。

　　傅雷，1908年4月诞生于南汇县周浦镇，如今周浦镇老城依旧保留着窄窄长长的街道。从三米宽的东大街60号，拐进一条一米宽的小胡同，便到了傅雷的故居。走进有飞檐的大门，里面有一大院，房屋呈深褐色，这就是傅雷母亲租下的住宅。傅母在丈夫病故后，为了免除族人干扰，让儿子有个好的学习环境，决定从下沙的祖屋搬到周浦镇上。

　　傅雷的祖父傅炳清，有四五百亩土地，在当地属大户。次子傅鹏，又名鹏飞，即傅雷的父亲，有较好的文化修养，曾任周浦镇杨洁小学教员。

1912年，傅雷4岁，其父受当地土豪诬陷，被捕入狱，其母李欲振多方奔走，花费了大量钱财，傅鹏飞终于在三个月后出狱。经这次折腾，傅鹏飞极度苦闷，不久便离世。丈夫辞世的一年中，三个孩子也先后因病夭折，仅剩下傅雷与母亲相依为命。

傅雷的母亲是一位性格坚强，颇有见识的女性，她在多舛的命运面前并不示弱，决心将傅雷抚育成人。

孤儿寡母，生活艰辛，童年痛苦的生涯深深刻在傅雷的记忆中。他曾用"只见愁容，不闻笑声"来形容儿时生活的情景。母亲把未来的希望都寄托在傅雷身上，期盼儿子将来有一番出息。

傅雷原名怒安，号怒庵。据说他出生时大哭不止，且哭声震天。据《孟子》"文王一怒而安天下之民"之意，遂取名"怒安"。又，大发雷霆谓之怒，故取名"雷"。这大致是傅雷名字的来历。

起初，傅母让账房先生教儿子识字。傅雷7岁时，便送他上私塾学古文。还请了数学、英语教师，上门教傅雷。1919年，傅雷11岁，在周浦镇上高小二年级。翌年，考入上海南洋中学附小，从此开始了在上海的上学生活。

二、刚直做人 潜心译著

傅雷在上海南洋中学附小读书时，因离开母亲严格的管教，变得十分顽皮，遭校方以"顽劣"开除。1920年，12岁的傅雷，以同等学力考入上海天主教会学校——徐汇公学初中学习，学校管理严格，主课为法语，每天要上两节法语课。傅雷在该校学习三年，为他尔后从事法国文学翻译工作，打下了最初的基础。

在徐汇公学，傅雷非常爱读杨贤江主编的《学生杂志》，还订阅了《小说月报》，尽管神父没收了他订阅的刊物，都无法阻挡他对文学的热爱。他还和几位同学共同编辑了一个手抄的文艺刊物，在同学中传阅。这些，显示了傅雷在中学读书时，对文艺就有浓厚的兴趣。

傅雷虽在非教友班学习，却仍然被要求念《圣经》。他反对宗教，反对迷信，对念《圣经》十分反感，结果被校方开除。

1924年，16岁的傅雷以同等学力考入上海大同大学附中。1925年，伸张正义的傅雷参加了五卅运动，上街游行，愤怒声讨反动当局。

就在这一年，傅雷写了短篇小说《梦中》。翌年一月，在孙福熙主编的《北新周刊》上发表，这是他文学生涯的开端。

1925年，17岁的傅雷和表妹朱梅馥定亲。朱梅馥家在南汇县城西门，她比傅雷小五岁。梅馥的祖姑母姓傅，与傅家有远亲关系，梅馥算是傅雷的表妹。梅馥的父亲朱鸿，清代秀才，后来以教书为生。傅雷的外婆家与朱家是邻居，傅雷与朱梅馥从小就认识。在上海市区念中学、大学时，寒暑假常住外婆家，与梅馥常有机会见面，彼此产生了感情。傅朱两家决定亲上加亲，办了订婚手续。朱梅馥原名"梅福"，因嫌"福"字有些俗气，在与傅雷订婚时，改为"梅馥"。傅雷个性刚烈，梅馥则个性柔顺，两人成了绝佳的互补。梅馥先在教会学校上海裨文女校读初中，后在另一所教会学校上海晏摩氏女校读高中，懂英文，也学过钢琴，是一位端庄文静的大家闺秀。

1926年，傅雷在大同大学附中，参加进步学生运动，校董吴稚晖诬陷傅雷为"共产党"，下令欲将其逮捕。傅母闻讯赶至学校，强令儿子回乡。同年秋，傅雷以同等学力考入上海持志大学。

傅雷表兄顾伦布在法国勤工俭学，学纺织。受顾之影响，傅雷产生赴法留学的念头，经反复做母亲的工作，傅母终于同意儿子远离家乡，变卖家产，让傅雷自费留法。

在赴法求学的1927年，遵母之言，与表妹朱梅馥订婚。其时，傅雷19岁，朱梅馥14岁。

1927年岁末，傅雷在上海黄浦码头，踏上法国邮轮"昂达雷·力篷"号，开始了赴法的航程。船一路行，傅雷一路写，这些长信每篇都叙事记景，记录了一路的风光及作者内心的感受，共十五篇，汇成《法行通信》，寄往孙福熙主编的《贡献旬刊》，连载于1928年第一卷第六期至第四卷第一期。这些作品，后来被曹聚仁编入《名家书信集》。

在赴法的船上，巧遇一位法语十分熟练的安南（越南）青年，请他每天教授法语一小时。一个多月后，船抵法国，傅雷已可以用法语与人会话了。

1928年2月3日，傅雷抵达马赛。他在巴黎稍事逗留，便前往法国西部的贝蒂埃，在那里补习法语。傅雷寄宿在一位法国老太太家里，老人出身上流社会，受过良好教育，她既是房东，又是傅雷的法语老师。傅雷还聘请了另一教师，专门讲授法语课本和语法。此后，傅雷考入巴黎大学文科，一边在大学主修文艺理论，一边去卢浮美术史学校索邦艺术讲座听课。

1928年，年仅20岁的傅雷，着手翻译都德的短篇小说和梅里美的《嘉尔曼》。此时仅为试译，未投刊物发表。傅雷还开始研读罗曼·罗兰的作品，受罗曼·罗兰的影响，他十分关注音乐，喜爱音乐。傅雷还对世界美术史，产生了浓厚的兴趣。巴黎卢浮宫是世界艺术瑰宝的大本营，是世界美术的历史长廊，傅雷常前往参观，并记下详细笔记。1931年，傅雷回国后，曾在上海美术专门学校主讲西方美术史，完全得益于这段巴黎的学习和考察经历。

1929年刘海粟和妻子张韵士带着儿子来到巴黎，傅雷经朋友介绍与刘海粟结识。他们一见如故，从此成为挚友。刘海粟回国后，创办上海美术专科学校，聘请傅雷主讲西方美术史，完全出于两人之间的真挚友情。

1932年元月，旅法归来后，24岁的傅雷，与朱梅馥在上海"一品香"饭店举行婚礼，定居在上海吕班路201弄53号，当时属法租界，因傅雷熟悉法语，在那里生活较为方便。1934年3月10日，长子傅聪诞生。1937年4月15日，次子傅敏出生。一家四口，组成了温暖的小家庭。

傅雷生性耿直，对所有的朋友都一片赤诚，也常常会产生一些误会或歧见，闹得面红耳赤，大家都不愉快。他和刘海粟在法国就建立了亲密的友谊。后来，却因为同事鸣不平，竟不同刘来往。张弦亦为美专老师，家境贫寒，薪金较低。傅雷多次向校长刘海粟提出，应为张弦加工资，一直未如愿。1936年夏，张弦患急性肠炎去世。傅雷更为张弦鸣不平，认为张弦是被美专"剥削"而死。在讨论举办张弦遗作展的会上，与刘海粟发生了激烈的冲突，以致愤然中断了与刘海粟的友情。直至中华人民共和国成立后，傅雷才消弭了先前的不满，恢复了与刘海粟的友谊。傅雷曾自嘲本人为"墙洞里的小老鼠"，他狷介耿直的个性，在与人相处时，会让他成为"孤独的狮子"。

傅雷有深厚的艺术修养，对古今中外的文学、绘画、音乐都有渊博的见识。他从巴黎回国后至1933年，曾在上海美专讲授西方美术史。1935年受"古物保管会"派遣，短期赴洛阳考察龙门石刻。由于和流俗气氛格格不入，加之与人共事会引发矛盾，最后，他选择了闭门译书。

傅家原有四五百亩土地，经多次变卖，还剩二百亩。田租、卖地、译书稿酬，这三项就是傅雷1949年前的经济来源。

傅雷除翻译外，还写了不少评论文章，评论文学、美术、音乐以及翻译作品。中国画坛素有"北齐南黄"之说，南黄指的就是黄宾虹。1939年5月，

231

傅雷购到《黄宾虹山水画册》，第一次领略黄氏山水画之美，拍掌赞叹，深为他的艺术创造所折服。傅雷主动与黄宾虹联系，肯定其不朽的艺术作品。在傅雷的书信中，除了给傅聪的以外，要数写给黄宾虹的最多，现保存下来的有101封。

傅雷发现黄宾虹这样的大画家，竟没有举办过一次画展。1944年，在黄氏80大寿之际，傅雷和黄先生弟子裘柱常商议，在沪举办"黄宾虹八秩书画展览会"，同时出版《黄宾虹先生山水画册》《黄宾虹书画展特刊》。傅雷化名"移山"，用典雅的文言文，为《黄宾虹书画展特刊》写了《观画答客问》，用一问一答的形式，介绍评论黄氏的作品，对黄氏的绘画特色，做了精辟分析，指出：其画"兼采众长，已入化境，故家数无穷"。办展之时，正值日军侵华，面临诸多困难，书画展仍如期在上海西藏路宁波旅沪同乡会开幕，这是傅雷为从事艺术的友人做出的真诚努力。傅雷自称"中国美术的局外人"，但他对弘扬我国传统艺术的贡献，应该是功不可没的。除了"黄宾虹八秩书画展览会"外，他还办过"张弦遗作展""庞薰琹画展"。他还参与举办"梅百器追悼音乐会"，参与组织作曲家谭小麟遗作保管委员会。

有人说，如果把傅雷比喻为一只鸟，翻译法国文学是他的躯干，而美术和音乐如同他的双翅。

1945年8月，十四年抗战终于画上了句号。在上海，戴大盖帽的国民党警察取代了戴铜盔的日本宪兵。1946年柯灵在他主编的《周报》上，发动了一场对国民党上海警察局长宣铁吾的围剿，傅雷也著文参加了这次笔战。他结合自己在法国的亲身经历，指出宣铁吾宣扬的"警管区制"，绝不是"西方的民主样式"，而是纳粹德国的中国版，让国民党上海警察局十分狼狈。最后，撕下了言论自由的假面具，查封了《周报》社。

傅雷痛恨国民党的专制独裁，但对共产党却不甚了解。在时局动荡的情势下，他卖田典屋，携家带眷离开了故土，先是在昆明住了一段时间，又转住香港。前后达一年，长期奔波，又无分文收入，耗费了不少财力。当时，中共通过陈叔通、马叙伦做傅雷的工作，劝他返回。1949年12月初，傅雷携家人从香港乘船经天津，至北京访友。当时，吴晗希望傅雷留清华大学教法语，请双方的老朋友钱钟书夫妇从中促成。但傅雷不愿教法语，只愿教美术史，当时清华大学却没有这门课。傅雷对教学并不热心，决定回沪，重操他的翻译工作。1949年12月20日，傅雷回到了上海，租房住入江苏路284弄5

号一幢三层花园洋房。

中华人民共和国成立后，中国的社会制度发生了巨大的变化。除了农民外，几乎每个人都隶属于一个单位，人人都在单位中工作。按傅雷的状况，找个单位并不困难，当时人才匮乏，在大学当个法国文学教授还是可以的，但傅雷还是选择了闭门译书。他自己曾经说："我茕茕独立，既无叔伯，终鲜兄弟，复寡朋友。"他在登记社会关系一栏，仅填了三位：妻舅，朱人秀，上海统计局局长，中共党员；朋友，周煦良，著名学者，社会科学研究所工作；朋友，楼适夷，著名学者，北京人民文学出版社工作，中共党员。这三位与傅雷经常交往，互为挚友。傅雷沉潜于青灯黄卷，致力于法文翻译，虽寂寞孤独，心底却十分坦然。

傅雷的翻译作品，被尊称为"傅译"，他是我国一流的翻译大师。傅氏对自己的翻译工作要求极高、极严。他认为："理想的译文仿佛是原作者的中文写作"，译者"要以艺术修养为根本，无敏感之心灵，无热烈之同情，无适当之鉴赏能力，无相当之社会经验，无充分之常识，势难彻底理解原作，即或理解，亦难深切领悟"。"鄙人对自己译文从未满意……传神云云，谈何容易。""文学总难一劳永逸，完美无瑕，当时自认为满意者，事后仍会发现不妥。"他动手翻译之前，总要把原著看四五遍，弄懂弄通了，领会其中的神韵风格了才动手翻译。遇到不清楚之处，从不马虎，往往写信向法国友人请教，弄明白了才写上稿纸。在翻译对话时，尽力做到口语化。为了使语言丰富生动，他曾经多次阅读老舍、赵树理的作品，因为老舍的北京化语言，赵树理的农民语言，都精彩生动，值得学习。傅雷翻译巴尔扎克的《都尔的本堂神甫》，三易其稿，三部译稿，一页一页，字迹端庄清秀，真是文如其人。傅雷的翻译文学，是翻译界公认的一流翻译文学，读傅氏译文，感受畅达清新、真切动人，读者仿佛身临其境、回味无穷。

傅雷从1929年开始，从事法国文学的译介工作，一生所译世界名著达30余部，其中巴尔扎克的名作有14部，因他对法国著名作家巴尔扎克深有研究，被法国巴尔扎克研究会吸收为会员。

1981年，安徽人民出版社开始出版《傅雷译文集》，用了四年时间，出齐了五百万字十五卷本《傅雷译文集》，这是傅氏一生译作的大检阅，亦为中国译界之丰碑。2002年，在《傅雷译文集》的基础上，辽宁教育出版社出版了二十卷本《傅雷全集》，傅雷次子傅敏是《傅雷全集》的"幕后总编辑",他为其父的遗稿,做了大量编辑整理工作。

傅雷不仅是著名的翻译家,还是一个颇有社会影响力的作家,1952年起任上海作协理事,1955年至1957年任上海市政协委员。

1957年,本来蜗居书斋的傅雷,在屋外热流推动下,频频鸣放。这一年的三月,傅雷以特邀身份,赴京出席中央宣传工作会议,聆听毛主席讲话,深受鼓舞,他"知无不言,言无不尽",就知识分子问题、整风问题、文艺界问题、出版界问题发表意见,在《文汇报》上发表文章12篇,8月22日,上海报纸点了傅雷的名,认为他"亲美""反苏""对党心怀不满",从此傅雷陷入被批判的困境。

当时,上海市市委的有关领导,认为傅雷是个有才学、个性耿直的知识分子,没有反党的政治野心。市委宣传部部长石西民,曾找傅雷谈话,让他把检讨的调子唱得高些,求得"认识深刻",免戴"右派帽子"。当时上海市市委负责人曾在党内会议上说:"有两人要保,一个是傅雷,一个是赵超构"。赵超构"保"下来了,而傅雷却在1958年被划为"右派"。他曾对组织说:"没有廉价的检讨,人格比任何东西都可贵!我没有反党反社会主义,我无法做那样深刻检查!"后来,石西民无限感叹地回忆:"傅雷是个有个性有思想的铁汉子、硬汉子。作为知识分子,他把人格看得比什么都重,他不认为错误的东西,是不会检讨的,他不会口是心非"。

一向以译书为生的傅雷,出版译著成了难题。1958年,他将巴尔扎克的《赛查·皮罗多盛衰记》译出,寄到人民文学出版社,被束之高阁。1958年至1959年,他译完了丹纳的《艺术哲学》,寄出后又遭搁浅,出版社要求:"改个名字,用笔名出版。"傅雷断然拒绝,他认为:"给他戴帽子本来就是错误的,因戴帽而改署名则更是错上加错,宁可不出书,坚决不改名。"

在苦风凄雨的日子里,傅雷与中国书法结伴,他研究碑帖,练字入迷,以传统文化修身养性,书法大有长进。傅雷的手稿,成了书法艺术的珍品。后来举办"傅雷家书墨迹展览",曾让许多观众赞叹不已。

1961年9月30日,报纸上刊出一则消息:"摘去傅雷'右派'分子帽子。"看着报纸上的消息,傅雷脸上并没有笑容,他重申:"当初给我戴帽子,本来就是错的。"

"反右"的惊涛骇浪,并未让傅雷走上绝路,他最后还是挺过来了。1966年开始的那场"文化大革命",却让傅雷断绝了活路,痛心地告别了这纷纷扰扰的世界。1966年8月30日，傅家遭到上海音乐学院红卫兵的"抄家"。

1966年9月3日凌晨，傅雷和夫人朱梅馥在家中自缢，并留下遗书一封，其中有这些内容：

委托梅馥胞兄朱人秀代办数事：

"武康大楼（淮海路底）606室沈仲章托代修奥米茄自动男手表一只，请交还。"

"六百元存单一纸给周菊娣，作为过渡时期生活费。她是劳动人民，一生孤苦，我们不愿她无故受累。"

"现钞53.30元，作为我们火葬费。"

即将告别人间之人，此时定会思绪万千。然而此时的傅雷却如此冷静，如此安详。似乎忘却了自身的痛苦，处处在为别人着想，磊落坦荡，委实令人敬仰。这份独特的遗书，是一份不朽的精神遗产，它展示了中国优秀知识分子纯洁的心灵和不屈的脊梁。

傅雷夫妇的遗体火化后，按当时规定，不让亲属领取，这样他们的骨灰随时都有丢失的危险。然而，就在此时，一位自称是傅雷干女儿的人，前来办理索取骨灰的手续。

这位姑娘名叫江小燕，其父是一位身世坎坷、正直清贫的画家，从小受父亲影响，喜爱绘画和书法。她爱读傅雷译作，景仰傅雷为人，得知傅雷夫妇被迫害致死，心中愤愤不平，决心冒着生命危险，担负起保存傅雷夫妇骨灰的任务。当时，她年仅27岁，是一位无业女青年。这个平凡的女子有着不平凡的胸襟和见义勇为的高尚品德。也许是傅雷的为人和崇高的风范与这位奇女子互相能激起共鸣，促使这位姑娘做了一件让世人齐声赞誉的大好事。

著名学者刘再复对傅雷的不幸离世，写下了这样一段话："翻译家死了，留下洁白的纪念碑，留下一颗蓄满大爱的心。"

傅雷离开我们已有数十年了，但他充满大爱的五百万翻译文字，依然温暖着众人的心。傅雷的人格和精神不会泯灭，必永驻中华儿女的心中。

三、钢琴王子　琴艺精湛

傅雷的一生中，除了译出大量法国文学名著外，还有一件突出的功绩，就是他培育了一位世界级的杰出钢琴家——傅聪。

傅雷的长子傅聪，心中的音乐种子是其父亲手播下的。傅雷在《傅聪的成长》一文中写道："傅聪三岁至四岁之间，站在小凳上，头刚好伸到和我的书桌一样高的时候，就爱听古典音乐。只要收音机或唱机上放送西洋乐曲，不论是声乐还是器乐，也不论是哪一乐派的作品，他都安安静静地听着，时间久了，也不会吵闹或是打瞌睡。我看了心里想：'不管他将来学哪一科，能有一个艺术园地耕种，他一辈子都受用不尽。'我是存了这种心，才在他七岁半，进小学四年级的秋天，让他开始学钢琴的。"

开始，傅雷求助于当年大同大学附中的老同学雷垣。雷垣是一个兴趣广泛的人，从理学院毕业后，又在上海音专念了三年，与贺绿汀、丁善德是老同学。傅雷先是让保姆领着小傅聪到绍兴路雷伯伯家学弹琴，每周一次，学了一两年，傅聪就能在琴上弹出自己创作的曲子，他音乐感极强，琴艺进步飞快，雷垣感到已教不了小傅聪了，让傅家另请高明。

著名男中音歌唱家林俊卿是傅雷的朋友，他在回忆往事时写道："我是看着傅聪长大的，我曾在杨嘉仁家里，看到九岁的傅聪去学钢琴，夹着一大沓乐谱，那样子给我留下很深的印象。"尔后，林俊卿把傅聪介绍给他的老师，上海工部局交响乐团指挥梅百器，让傅聪跟他学钢琴。百器的学费昂贵，傅雷为了让儿子能得到一流的钢琴教育，花费了不少钱。傅聪在百器门下学了三年，受到了正宗的钢琴指导，为他后来的演奏打下了坚实的基础。

为了培育音乐幼苗，傅雷倾注了大量心血，1944年3月10日，是傅聪10周岁生日，傅雷为儿子举办了一个钢琴演奏音乐会，他把小傅聪的朋友邀请到家中，一边吃生日蛋糕，一边轮流弹琴，让傅聪在甜蜜的琴声中，愉快地度过了10岁生日。

1952年12月，傅聪在上海兰心剧场，与上海交响乐团合作，演奏贝多芬《第五钢琴协奏曲》，这是他生平第一次登上乐坛。那时他18岁，便开始了钢琴演奏事业。

1953年7月在罗马尼亚举行"第四届世界青年与学生和平友谊联欢节"。傅聪被选上参加联欢节的钢琴独奏比赛，荣获钢琴独奏三等奖，得到一枚铜牌。8月16日，新华社发了电讯，报道了傅聪获奖的消息。据当时和他一道赴罗马尼亚，后来成为中央音乐学院教授的周广仁回忆："傅聪的音乐感极强，他的演奏以此取胜。他喜欢弹抒情的曲子，弹得很有感情。""他的琴声富有诗意，这是他的特点。观众常常被他琴声中的诗意吸引住。"

联欢节结束后，傅聪作为中国艺术团成员，访问东德和波兰，傅聪十分喜爱波兰作曲家肖邦的作品，他家里的唱片中，肖邦的最多。傅聪喜欢肖邦的钢琴曲，也深深地被他的生活经历所感动。

肖邦是一个伟大的爱国者，在他的人生道路上布满了荆棘。他20岁被迫离开祖国，客居巴黎。死的时候年仅39岁，他留下遗嘱，请求友人将他的心脏带回波兰。

傅聪觉得，肖邦的乐曲宛若李后主的词，充满了生死之痛和家国之恨。傅聪在波兰多次演奏肖邦的作品，深得波兰专家的好评。

波兰政府正式向我国政府提出，邀请傅聪参加1955年2月至3月在波兰首都华沙举行的"第五届肖邦国际钢琴比赛"。

傅聪出国前，举行了告别音乐会，著名音乐家贺绿汀主持音乐会，并在会上发表热情洋溢的讲话，对傅聪寄予莫大期望。

1954年8月，受我国政府派遣，傅聪来到波兰，十分荣幸的在波兰"肖邦权威"杰维茨基教授亲自指导下学习。傅聪充分利用这一良机，勤奋的学琴，在他写给父亲的信中，有这样的描述："我一直在紧张的练琴，每两天就上一次课。教授的脾气可不小，我上课真有些害怕，但学到的东西真多，这回我才知道天高地厚了，才知道好教授是怎么回事了。"

第五届肖邦国际钢琴比赛，于肖邦145周年诞辰——1955年2月22日，在华沙新落成的人民音乐厅揭幕。1955年3月15日傅聪进入第三轮比赛，他的十个手指在钢琴的黑白键上自由的挥洒，琴声刚刚消逝，台下立刻爆发出雷鸣般的鼓掌声，他接连三次出台谢幕，经久不息的掌声才慢慢平静下来。

闭幕式上，评委会宣布傅聪荣获第三名，他还荣获比赛中唯一的"玛祖卡"最佳奖。

"玛祖卡"为波兰民间舞曲，情绪饱满，感情纤细，变化多端。肖邦谱下的"玛祖卡"被认为是用地道的波兰方言谱下的珠玉般篇章，是肖邦作品中最难掌握的，无异于外国人学唱京戏一样困难。

波兰《人民论坛报》刊登评论，认为傅聪"以抒情的手法诗意地完满地表达了肖邦乐曲中的幸福情感"。

南斯拉夫报纸以《钢琴诗人》为题，对傅聪高超的琴艺进行了精湛的分析："傅聪的演奏艺术，是从中国艺术传统的高度明确性脱胎出来的，他在琴上表达的诗意，不就是中国古诗的特殊面目之一吗？他镂刻细节的手腕，不是使我们想起中国册页上的画吗？"

确实如此，傅聪的演奏，渗透了民族文化的深刻影响。傅聪能一举成名，在于他有一位从严要求的父亲。

傅雷要求儿子学艺必先学做人。他在家庭中对儿子一贯严格要求，即使在就餐时，亦"约法三章"："食不语即吃饭时不许讲话，咀嚼时不许发出很大的声响；用匙舀汤时，不许滴在桌上；吃完饭，要将板凳放在桌下，以免影响家中'交通'。"即使在儿子成名之后，傅雷还经常叮嘱远方的儿子："你能始终维持艺术的尊严，维持你严肃朴素的人生观，已经是你的大幸。还有你淡于名利的胸怀，与我一样的自我批评精神，对你的艺术都是一种保障。但愿十年二十年之后，我不在人世的时候，你永远能坚持这两点。"傅雷还教育儿子懂得"自爱"，指出："自爱即所以报答父母，报答国家。"他要儿子牢记："你是以艺术为生命的人，也是把真理、正义、人格等等看作高于一切的人。"

在傅雷被打成"右派"的时候，也是傅聪在国外处境十分艰难的时候，为了避免被召回国内，面临批判父亲的局面，傅聪"出走"伦敦，他给自己定下"三原则"："一是不入英国籍；二是不去台湾；三是不说不利于祖国的话，不做不利于祖国的事。"他一直保持着一颗对祖国忠诚之心，他是一位被迫"出走者"，绝不是一位"叛国者"。

粉碎"四人帮"后，吴祖强积极促成傅聪回国探亲，傅聪给邓小平写了一封信，说明国内的弟弟是他唯一的亲人，希望回国看看，同时愿为祖国做点工作。邓小平及时在信上批示："傅回国探亲或回国工作都可以同意，由文化部办理。"

1979年4月24日，傅聪转道香港，抵达广州，终于回归阔别22年的祖国。26日回到故土上海，住在舅舅朱人秀家。傅聪兴奋地对大家说："国家让我回来了，我肩上沉重的担子卸了下来"。有一次，服务员在他的餐桌上放了"英籍钢琴家傅聪"的牌子。傅聪见了，立即将英籍两字涂掉，并说："我不是外宾，我是中国人。"从此，傅聪差不多年年回来一次，讲学、演奏，尽力为祖国做些有益工作，他仍然保留着一颗爱国的赤子之心。

四、英语俊彦　毕生育人

　　傅雷的次子傅敏，也是一位聪颖懂事的孩子，他崇尚父亲的文学翻译事业，一心想成为一名翻译家。1956年高中毕业，他心目中的第一志愿是复旦大学外国语文学系，但他所在的中学决定把他保送到北京外交学院，培养他成为外交家。组织上的考量是正确的，首先，傅敏成绩优异，特别是英语更为出众。在父亲的影响下，他有超群的英语水平。其次，外交工作需广博的学识，傅敏出生书香世家，终日在书海中遨游，储备了丰富的学识。他顺利被北京外交学院录取，在同学们羡慕的眼光中，步入了北京外交学院的大门。

　　天有不测风云，1958年4月30日，傅雷被错划为"右派"，八个月后，傅聪从波兰"出走"，双重打击，一起朝傅敏袭来，使得他处于危机之中。在政治风云突变的形势下，北京外交学院忽然将傅敏作为"代培生"，调入北京外国语学院，插入英语系三年级学习。从此，结束了他的外交家之梦，在冷漠的眼光中，1962年结束了大学的学习生活。同班同学一个个先后都收到了分配工作的通知书，有的到了研究所，有的到了出版社，唯有他总不见分配通知，最后被分配到北京市教育局，这意味着他将去当中学教员。后来，他才知道，因为家庭背景竟然没有一个单位敢要他。此时，北京第一女子中学校长杨滨，挺身而出，说："这个高才生，你们不要，我要。"等待了半年，傅敏终于拿到了分配工作的通知书，跨入了北京第一女子中学的大门。

　　虽在北京，刚开始的教学生活还是较为艰苦的。1962年12月2日，傅雷给傅聪的信中，这样写道："敏于十一月底被分配到北京第一女中教英文，校舍是民房，屋少人多，三四个人住一间。青年人应当受锻炼，已尽量写信去给他打气。"傅敏如其父，认认真真的教书，一板一眼的工作，他勤奋的工作态度和扎实的专业知识得到了杨滨校长的赏识。杨滨校长让他开实验班，上观摩课，把他作为教学骨干来培养。许多外校的教师都前来听傅敏上的英语课，称赞这位上海小伙子有两下子。学校的教师和学生都不知道傅敏是傅雷的儿子、傅聪的弟弟，只知道他是北京外国语学院毕业的高才生。

　　1964年4月12日，傅雷在给傅聪的信中，十分满意地介绍了傅敏的生活状况："阿敏去冬年假没回来，工作非常紧张，他对教学相当认真，相当钻研，校方很重视他。他最近来信说：'我教了一年多书，深深体会到传授知识比教人容易，如果只教书不教人的话，书绝对教不好，而要教好人，把学生教育好，必须注意身教和言教。更重要的是身教，处处要严格要求自己，以身作则。'……你看我多高兴，阿敏居然成长得走正路，这正是我俩教育孩子的目的。我们没有名利思想，只要做好本门工作就好，你做哥哥的知道弟弟有些成绩，一定也庆幸。"

然而，就是这样一位潜心做好本门工作、在教书育人岗位上无私奉献的年轻人，在"文革"的狂风中，也横遭迫害，曾数度自杀。天不灭其人，终于让他挣扎着活了下来。

傅敏曾为自己订立"十年规划"，一边努力搞好教学，一边着手翻译有关英文书籍。他选了《英文史》，译了前两章寄到上海，让父亲指正。傅雷对次子的译文详加批改，写了一封二十页的长信，指出翻译中要注意的问题以及继续努力的方向。

"文化大革命"中，傅雷夫妇以死抗争，含冤告别人间。如果将傅家比喻为一张四条腿的方桌，傅雷夫妇双双离世，失去了两条腿，傅聪身处国外，这一条腿成了虚空的。现在桌子的全部压力落在傅敏的身上，他处境的艰难和险恶，可想而知。

"文革"中北京第一女中校长杨滨这位老革命，被作为"走资派"揪出来，有人还抛出傅敏的档案，揭发他是"大右派傅雷之子""叛国投敌分子傅聪之弟"，杨滨是"阶级敌人傅敏的保护伞"。

傅敏为人正直，常说些公道话，此时亦遭到"清算"。一位学生因说了句"毛泽东思想也可以一分为二"，被打成"反动学生"。傅敏却同情他，声称"毛泽东思想可以一分为二"。这样的话，居然出自一个"反动家庭"教师的口中，于是一顶"现行反革命分子"的黑帽戴到了傅敏的头上，他成了囚徒，被关押在学校的土班房内。在种种迫害下，他全身浮肿，脸也走样了。厕所靠护城河边，趁上厕所之机他投河自杀，谁知河水太浅，竟没有被淹死。他还趁上厕所的时候，手触电闸，以求电死，可是恰好脚穿胶鞋，未达到电死的目的。大概是苍天不想让这位德才双佳的年轻人离开人世，让他在痛苦的煎熬中活了下来，目睹了"四人帮"的倒台，迎来了改革开放的春天。

在邓小平同志特批下，傅敏到广州迎来了阔别二十余年的胞兄傅聪，兄弟俩"相对无言，唯有泪千行"。

1979年5月，傅敏赴英国探望其兄傅聪。趁探亲之机，他报考了英国一所语言学校，进修现代语言专业。报考者达160余人，只取30名，傅敏以扎实的英语基本功考上了。组织上批准他赴英进修，同事热情相送。大家以为，这次出国后，他会随兄定居英国了。其中原因，大家可想而知：他的双亲被迫害致死；他本人亦受尽"文革"的折磨，差点丧生；他在英国有一位颇有地位的亲兄；他本人英语水平极好，在英生活绝无语言障碍，凭他本人才干，在英国找个理想的工作不会有困难。

但是，出乎众人的意料，傅敏在英国进修一年有余，结束学业之后，如期返回生育他的家园。

他在给友人的信中说道："来此后，感想很多。总的感觉是：西方确实走在我们前头，但毕竟是资本主义，前途没有什么希望。相反我觉得中国今天虽落后，但有潜力，只要政治稳定，彻底清除极'左'路线的流毒，我们的国家是最有希望、最有前途的国家。""许多人都不理解我为什么回去，其实，我出来时从没有不回头的念头；出来之后更坚定了回去的念头。""我觉得回去能尽自己的能力为国家做点有益的工作，我这一生才算没有白白度过，我也心安了。"

质朴的语言，彰显出一颗忠贞的爱国之心，"能尽自己的能力为国家做点有益的工作，我这一生才算没有白白度过"，这就是傅雷一家历尽磨难，从未改变的对祖国赤诚的爱。

傅敏在接受作家叶永烈采访时说道："我大学刚毕业，对中学教师工作平凡而伟大的意义毫无认识。当时，《世界文学》的主编陈冰夷找我爸爸，想把我调走，结果爸爸说：'他现在工作得很好，也很安心，不要去干扰他，引起思想上的波动。'就这样，我一直在中学教英语。""如今，我是有二十多年教龄的中学教师了，我深深地爱上了自己的职业。"

光阴荏苒，傅敏一直在教书育人的岗位上默默奉献着，他说：在英国，学校条件很好，"可惜教师缺乏事业心，缺乏高尚的献身精神，他们教书是为了赚钱，上课时学生听不听他不管，一看手表，到了时间，课没讲完也马上下讲台回去。"而中国的教师，讲究师德，不仅教书，更要教人。

傅敏没有著书立说，也没有琴声震世，他却丝毫不逊色于他的父兄。他坚持着："不管做什么，首先要做一个真正的人。"

这就是傅雷夫妇所教育的儿子的本色。

以傅雷为代表的上海南汇傅氏家族，是当代闻名于世的一个德高望重的家族。从傅雷到傅聪、傅敏，他们在政治风雨中，虽命途多舛，生活艰困，但从未改变对祖国的赤诚之心，他们坚守着中华民族的高尚节操和优良品德，他们为中西文化交流做出了杰出的贡献。

这个文化家族的功绩，将永存于中华民族的史册。

钱学森与杭州钱氏家族

浙江钱塘的钱氏家族，起始于五代十国时期的吴越国国君钱镠，历经1100余年，人丁兴旺，涌现了众多辉映史册的杰出人物，其人才之卓越，成就之突出，令世人为之惊叹。本文拟将有关情况，向读者作一介绍。

一、锦绣钱塘孕显祖

有一流行极广的谚语："上有天堂，下有苏杭。"杭州是一个气候宜人、物产丰富、文化底蕴深厚的城市。钱塘江从这里入海，京杭大运河从这里北上，直通京畿。杭州的开发，应该是吴越国国君钱镠执政之时。经吴越国国君的悉心整治，杭州才有了巨大的改变。

钱镠，唐末宣宗大中六年（852），生于杭州。镠，意指美好的黄金。据说，其出生时相貌丑陋，哭声怪异，其父钱宽认为不祥，想将他弃于屋后井内，幸亏阿婆不许，留下了一条小生命。故而，钱镠小名"婆留"。如今，这口"婆留井"，依然保存在临安。

钱镠小时候，家境贫穷，中途辍学，16岁即贩运私盐，21岁加入董昌的部队，被提为偏将，后任杭州刺史兼防御使，镇东、镇海节度使，曾获唐僖宗钦赐铁券。他在剪除刘汉宏、薛朗、董昌等势力的过程中，占据了两浙之地。唐昭宗天复二年（902），被封为越王。904年改封为吴王。朱温建梁，始封为吴越王。钱镠一面向中原朝廷称臣，一面自立为小朝廷，且自立有天宝、宝大、宝正三个年号，直至其子钱元瓘继位，才改用中原朝廷年号。

钱镠经历了唐朝覆灭，目睹了群盗如毛、军阀割据、百姓罹难的乱世，深知安宁繁荣对民众的意义，执政期间积极推行"保境安民"措施，强调社会稳定，大力兴办教育，致力消除水患，积极发展生产，为太湖流域成为"鱼米之乡"、杭州成为"人间天堂"，奠定了良好的基础。宋代大诗人苏轼称道钱镠治理两浙的历史功绩，他说："其民至于老死，不识兵革，四时嬉游，歌鼓之声相闻，至于今不废，其有德于斯民甚厚。"显然，钱镠比一般的执政者要高出一筹，他在促进两浙的繁荣发展上，功不可没。

以布衣之身而位列王侯的钱镠，生有三十三个儿子，其后裔分布于苏浙沪一带。据清末民初修撰的《长乐钱氏宗谱》载，钱氏宗脉在浙江一带有五十九支；据钱文选于民国十三年（1924）编撰的《钱氏家乘》载，国内有迹可循的钱氏宗脉有一百余支。

为了教育好后代，钱镠60岁时，曾立下家训八条，告诫后代"莫纵骄奢，兄弟相同，上下和睦"，指出："子孙若不忠不孝，不仁不义，须是破家灭门，要鸣鼓而攻之。"

钱镠后人，将其先祖言行记录整理为《钱氏家训》，内容分个人、家庭、社会、国家四大部分。个人部分有："心术不可得罪于天地，言行皆当无愧于圣贤。""持躬不可不谨严，临财不可不廉介，处事不可不决断，存心不可不宽厚。"等要求；家庭部分有："欲造优美之家庭，须立良好之规则。""勤俭为本，自必丰亨；忠厚传家，乃能长久。"等要求；社会部分有："信交朋友，惠普乡邻。""私见尽要铲除，公益概行提倡。不见利而起谋，不见财而生嫉。小人固当远，断不可显为仇敌；君子固可亲，亦不可曲为附和。"等要求；国家方面有："执法如山，守身如玉，爱民如子，去蠹如仇。""兴学育才则国盛，交邻有道则国安。""利在一身勿谋也，利在天下者必谋之。"等要求。这些，均为闪耀着真理光辉的良言。

《钱氏家训》是钱氏祖先留给其后代的一份珍贵的精神遗产，亦是一份天价的文化宝典。《钱氏家训》主张忠孝传家，爱国恤民，执法如山，守身如玉，不只是钱氏后人立身处世的准则，更是每个中国家庭应当认真学习的至理训言。据说，钱塘钱氏家族对这份祖传《钱氏家训》极为重视，家族中每个新生儿诞生时，全家人都会聚集在一起恭读《钱氏家训》。著名科学家钱学森的父亲钱均夫说："我们钱氏家族代代克勤克俭，对子孙要求极严，或许是受祖先家训的影响。"

钱镠对杭州的安定与开发曾有过杰出的贡献，杭州人民十分爱戴这位有功于家乡的国君，如今，在西湖边的南山路上建有钱王祠。这是一座恢宏的仿古建筑，外面有红色围墙，祠前有轩昂的牌坊，祠内有威武的钱镠铁塑像。杭州市中的滨江公园内，建有一座巨大的"钱王射潮"雕塑，钱王头戴战盔，坐镇江边，目视前方，弯弓欲射波涛汹涌的海潮。这是著名艺术家韩美林的精心力作，充分展现了钱镠英姿勃勃的雄心气概。

钱塘钱氏家族，历代涌现了众多杰出人才，下面重点介绍几位现代的佼佼者。

二、自学成才的国学大师：钱穆

钱穆（1895—1990），我国近现代学术史上，很有影响力的国学大师，一生以读书为正业，致力于文化学术研究，学贯四部，著作等身，被誉为"中华最后一位国学宗师""当代朱子""一代儒宗"。

钱穆原名恩铄，字宾四，光绪二十一年（1895）七月三十日生于无锡七房桥。

坐落于鹅湖水乡的荡口，距县城约二十公里。由荡口西行两公里，有一条小河，名为啸傲泾，由啸傲泾东行千步，即至一乡村，名叫七房桥，此处即为钱穆之故乡。

七房桥聚集的钱姓，来自浙江临安。据《钱氏宗谱》所载，居住七房桥这支钱氏第十八祖叫钱心梅，他是吴越王的二十二代孙，大约在明朝后期，张居正推行一条鞭法时，钱心梅由临安迁徙至此，以田为业，逐步发展起来，成为当地巨富，拥有啸傲泾两岸良田十万亩。钱心梅死后，七个儿子继承了父亲田产，每房分得良田一万余亩。七子中，各户人口多寡不一，发展前景也不一样，有的依然富庶，有的则朝不保夕。钱穆所出的长房，人丁最多，到他的伯父、父亲之时，已无一寸土地，沦为赤贫。虽经济状况不佳，但五世同堂之大族，书香未断，仍重视让儿孙上学念书。钱穆之父钱承沛，自幼聪慧过人，有神童之誉。家贫无专门书房，素书堂后进两边，有破屋三间，他一人读书其中，寒暑不辍。钱承沛在无锡县投考秀才，得取案首之佳绩。因自幼体弱多病，三次皆病倒于考场，未终试而出，遂绝意仕途，在家乡设馆授徒。钱承沛与亲族交游间，和蔼可亲，语不及私，颇受全族和社会普遍尊敬。

钱穆有兄弟四人，长兄原名恩第，后易名挚，字声一，著名科学家钱伟长之父。

1901年，丹桂飘香之时，钱穆在父亲带领下，前往私塾就读，同塾共读有四人，长兄钱声一，伯父家一堂兄，还有私塾先生之子。钱穆自幼记忆力极强，由每日读生字二十，增至每日七八十，皆强记不忘。有一次读朱子《大学章句》序，读至"及孟子没"，父亲指着"没"字问他："知道这个字的意思吗？"钱穆回答："如人落水，没头颠倒。"其父又问："你何以知道这个字乃落水之意？"钱穆又答："因字旁称三点水，猜测之。"其父对儿子通过字的偏旁部首解出字意，十分满意，高兴地说："此儿前生曾读书来。"父亲十分重视儿子的读书生涯，希望他能从读书中成就一番大业。

1904年，荡口镇兴办乡间新式小学，名为果育小学，钱穆与兄一道考入这所学校，开始了四年的小学生活。果育学校师资力量甚佳，既有旧学根底深厚的宿儒任教，又有从海外学成归来、具有新思想的学人传授。这使钱穆既接受了良好的传统国学的熏陶，又得以接触新学，大大的开阔了眼界，为他日后形成博学多思的治学风格，打下了良好的基础。

1907年，常州府中学堂兴办，近代著名史学家屠寄的长子屠孝宽为监督（即校长），钱穆及兄声一均考入该校。在常州府中学堂教书的先生中，我国现代著名的史学家吕思勉对钱穆的影响最深。吕思勉担任历史、地理两门课的教学。钱穆在《师友杂忆》中，对吕思勉上课的情景有专门的描述。尔后，钱穆喜治历史、舆地之学，与吕思勉对他的影响有很大关系。

中学四年级时，发生了反对舍监陈士辛的学潮，钱穆是学潮中的学生代表，五位学生代表中，有来自江阴的刘寿彭，即后来任教北京大学、积极为《新青年》撰稿的刘半农。钱穆因闹学潮而退学，返回了故乡七房桥。

1911年春，钱穆转入南京钟英中学读五年级，在此期间，钱穆读书甚勤，他曾写道："年十七，负笈金陵，常深夜倚枕，继烛私诵。"

1911年10月10日武昌起义爆发，全国响应，时局动荡，南京钟英中学停办。钱穆投军未成，只得又返回家乡。在家乡附近的农村，担任小学教员，达十年之久，一边教书，一边开始了自学生涯。他曾回忆说："穆早孤失学，年十八，即为童蒙师。"辗转乡间，执教为生，固然艰辛，亦磨炼了坚毅的意志。他在梅村县立四小，教授《论语》，精读《马氏文通》，仿其例，写成《论语文解》，1918年11月，由商务印书馆出版，这是钱穆生平出版的第一部著作，亦是他一边教书、一边自学获得的最先成果。商务印书馆酬赠作者原著百部，以作稿费，钱穆要求改发商务印书馆书券百圆，以用来购买自己所需书籍。他在无锡书肆购得孙诒让《墨子闲诂》，读至墨经部分，觉其解释有未尽惬意之处，遂逐条举证详说，积久竟有数十条，写成《墨经暗解》，此为他治墨学之发轫，亦为其第二部有意义之撰述。

自1912年春至1922年秋，钱穆在家乡附近的乡村，担任了十年半的小学教师，虽然他常常以自己未能进入大学继续学习深以为憾，然而深信"学问来自功夫"，虽蛰居农村，以教为生，"未尝敢一日废学"。他在一篇文章中写道："我没有机会进大学，从18岁，即已抗颜为人师，更无人来作我师，在我旁指点领导。正如驾一叶舟，浮沉茫茫学海中，四边无际，亦无方针。何处可以进港，何处可以到岸，何处是我归宿，我实茫茫然不知。但既无人为我做指导，亦无人对我有拘束。我只是一路摸黑，在摸黑中渐逢光明。"十年乡教，十年苦读。乡间从教的十年，是钱穆冥思求索的十年，亦是他奋力开拓，为丰收奠定基础的十年。

受聘厦门集美学校，是钱穆到中学任教的开始。钱穆赴集美，得力于同乡施之勉的推荐。施之勉，无锡施家岩人，时任集美学校教务长，见钱穆在上海《时事新报》副刊《学灯》上发表文章，知其国学功底深厚，故向校方荐举他任集美中学国文教师。1923年5月，集美发生爱国学潮，校长处置不当，开除了两名学生代表。钱穆不满学校的做法，辞去了聘请，重返无锡。回乡不久，经近代著名学者、钱钟书之父钱基博的介绍与推荐，进入江苏省无锡第三师范学校任教，为二年级学生主讲《论语》，自编讲义，成《论语要略》一书，1925年底，被列入"国学小丛书"，由商务印书馆出版。1927年秋，经无锡第三师范学校同事胡达人推荐，钱穆转入苏州中学任教，并任全校国文科的主任教席。钱穆在无锡第三师范学校时，为毕业班讲授《国学概论》，写成讲义七章。到苏州中学时，继续讲授此课，撰完全部讲义，由吕思勉介绍给商务印书馆，1931年5月，此书分上、下册出版。《国学概论》为钱穆早年研究中国学术思想史之力作，书中扼要叙述了上自春秋孔子，下至晚明心学，各个时期的学术思想及其变迁轨迹。该书第九章专论清代考据之学，常有精辟之论。全书最后一章为近期之学术思想，对近期学术思潮及相关论辩，亦有言简意赅之评述。

墨学与儒学，先秦时期号称"显学"。秦汉以降，墨学中绝。直至近代章太炎、梁启超、胡适诸大家倡导墨学研究，遂至墨学又兴盛起来。钱穆早年在学术研究中，对墨学倾注了大量精力。在梅村县立四小任教时，撰有《读墨暗解》《墨经暗解》两文。在集美学校任教时，写成《墨辩探源》（上篇）。无锡第三师范学校任教时，对集美旧稿加以整理、增补，成《墨辩探源》一文，1924年刊于《东方杂志》。在苏州中学任教时，写成《墨辩碎诂》。1929年，商务印书馆编《万有文库》，钱穆承担了《墨子》《王守仁》二书的撰写工作，1930年付梓。

正当钱穆一心向学、致力国学研究之时，1928年夏秋之交，钱穆之妻和新生儿相继去世。其兄钱挚归家为弟媳料理后事，因操劳过度，旧病复发，亦溘然辞世。两月之间，家中连遭三丧，让钱穆深陷万分悲痛之中。

钱穆与兄长钱挚情深意笃。兄喜音乐，善多种乐器，尤擅琵琶与笙。钱穆曾习昆曲，喜箫笛。寒暑假期间，兄弟常合奏为乐，家庭趣味无穷。如今痛失长兄，使钱穆"椎心碎骨，几无人趣"。经受巨大悲痛之后，钱穆以顽强的毅力奋力投入学术研究，在"枯槁之余，重得生理，颇有意刊《系年》"。1929年，顾颉刚应燕京大学之聘，离开中山大学北上，途经家乡苏州小住，专访了钱穆，见其桌上《先秦诸子系年》文稿，征得主人同意，带回家中拜读。因读《先秦诸子系年》文稿，顾颉刚对钱穆的史学功底和才华，十分赞赏。且对钱穆说："君似不宜长在中学中教国文，宜去大学中教历史。"顾颉刚亲自与中山大学副校长朱家骅联系，推荐钱穆到中山大学任教，中山大学来电相邀，苏州中学校长汪典盛情挽留，钱穆只得谢却中山大学之聘。1930年，得益于顾颉刚的鼎力相荐，燕京大学聘请他北上任教。这年秋天，钱穆乘海轮北上，开始了他在北平的八年大学教书生涯。

1929年秋，顾颉刚任《燕京学报》编委会主任，向钱穆约稿，钱氏将《刘向歆父子年谱》寄给了他。钱穆仿王国维《太史公行年考》的体例，以年谱著作的形式，排列刘向、刘歆父子生卒、任事年月及新莽朝政，用具体史实驳斥康有为《新学伪经考》不可通者28处，解决了近代学术上的一大疑案，震动了史学界，致使清以来经学上激烈的今古文之争顿告平息，亦奠定了钱穆在国学研究中的重要地位。在燕京大学朗润园中，钱穆又整理并最终完成了他的学术名著《先秦诸子系年》，书中对先秦诸子的年代、行事及学术渊源，进行了考订，对战国史进行了深入的研究，它为诸子学与战国史，开了新的纪元。

钱穆在燕京大学执教一年，因不适应教会大学的环境，辞职南归。1931年夏，在苏州家中，接到北京大学聘书，赴北京大学历史系任教，给学生上必修课"中国上古史""秦汉史"，选修课"中国近三百年学术史"。

钱穆1930年秋去北平，1937年冬南下，在北方生活八年之久。早年蛰居乡间，即有嗜书之习。在北平生活稳定，薪资又丰，常乐游于书海，琉璃厂、隆福寺为书肆集中地，亦是钱氏经常光顾之所。他写道："北平如一书海，游其中，诚亦人生一乐事。"

钱穆在北大，前后任教五载，"粗成首尾"，完成了《中国近三百年学术史》的著述，1937年由商务印书馆出版。《中国近三百年学术史》为钱氏研究清代学术史的力作，全书共十四章，上自黄宗羲、王夫之、顾炎武等晚明诸老，下至晚清龚自珍、曾国藩、康有为，共叙述五十一位学术人物的思想，为我国近代学术发展状况的重要研究成果。

1937年7月7日，觊觎中国领土已久的日寇炮轰卢沟桥，进攻宛平县，抗日战争全面爆发。同年7月28日，驻守北平的宋哲元部撤离。次日，北平沦陷。十月下旬，钱穆与汤用彤、贺麟同行，取道天津乘海轮抵香港，由香港转湖南，至长沙临时大学。日军层层进逼，长沙地处前线，国民政府决定临时大学迁昆明，组成西南联大。1938年秋，文学院前往昆明。钱穆因爱宜良山水，卜居宜良岩泉寺，撰写《国史大纲》，每周去昆明讲课三天。曾在西南联大听过钱穆先生通史课的何兆武回忆道："当时教中国通史的是钱穆先生，《国史大纲》就是他的讲稿，和其他大多数老师不同，钱先生讲课总是充满了感情，往往慷慨激昂，听者为之动容。"1939年，顾颉刚受聘任齐鲁大学国学研究所所长，邀钱穆参与该所的研究工作。钱穆接受了顾颉刚的邀请，告假一年，赴苏州侍奉老母，隐居苏州耦园，易名梁隐。钱穆在耦园，半日习英语，半日撰《史记地名考》。1940年夏，由香港飞抵重庆，转成都，在齐鲁大学国学研究所任职。1943年至1944年间，完成《中国文化史导论》有关篇章的撰写，该书为钱氏第一部系统阐述他对中国文化看法的专著，亦为钱氏一生中重要之学术代表作。1943年秋，齐鲁大学国学研究所停办。钱穆应华西大学之邀，在文学院任教。又受到四川大学之邀，在川大历史系，讲授"中国政治制度史""中国政治思想史"。

1945年8月15日，抗战胜利。1946年夏，钱穆由重庆飞抵南京，再由南京转苏州家中。虽未重返北大，在沪高校争相聘请。钱氏未定在沪任教，欲择一安静之地，倾力著述。此时，滇人在昆明筹建五华学院，托钱穆学生李埏热情相邀。钱穆素爱昆明的气候、风光，欣然接受聘请，入滇任教。1948年春，受荣氏兄弟之邀，在无锡江南大学任文学院院长，课务轻松，笔耕不辍，完成了《湖上闲思录》散文小品集的著述，又撰写了《庄子纂笺》，后者为近代庄子研究之突出成果。

抗战胜利不久，内战爆发，经辽沈、淮海、平津三大战役，国民党军队主力丧失殆尽，人民解放军直逼长江。1949年春，钱穆受广州私立华侨大学之邀，南下广州。在广州街头巧遇老友张其昀，得知他拟在香港办一学校，名为"亚洲文商学院"，后称"新亚书院"，培养具有通识而擅专长的人才。于是，钱穆决定赴港，参与这所学院的创办工作。钱氏一生讲学有六十余年，而在香港创建新亚书院，是他一生中最为艰辛，也最著精神的一段经历。从艰苦创业，到略具规模，历时十年，至1959年秋，学院也已拥有8系1所，500余名学生，办学成绩卓著。后来，香港当局决定将崇基学院、联合书院、新亚书院三校，合并为香港中文大学。至此，新亚书院完成了既定的办学任务。

1959年秋，钱穆受美国耶鲁大学邀请，到该校东方研究系讲学半年。在美期间，他一方面补读英语，一方面撰写《论语新解》。1960年6月，在耶鲁大学第259届毕业典礼上，为表彰钱穆在教育和学术上的成就及为东西文化交流所作的贡献，耶鲁大学特授他人文学名誉博士学位。

1967年10月，钱穆偕夫人胡美琦赴台湾定居，开始了晚年居台二十多年的著述讲学生涯。1969年11月完成了《朱子新学案》的撰写。全书逾百万言。钱穆对朱子十分推崇，认为朱子"不仅是北宋以来理学思想的集大成者，而且也是自孔子以来，中国学术思想的集大成者"。

钱穆70岁时，已患青光眼，因此视力日减。1977年，83岁的钱穆，大病一场。第二年春，双目完全失明。但他以超乎常人的毅力，在夫人的帮助下，仍著述不辍。1986年11月，告别杏坛后的五个月，完成了一生中最后的一部著作——《晚学盲言》，全书共九十篇，中心为讨论中西文化之异同，阐述中国的文化精神。

钱氏自18岁初登讲台以来，以读书、教书、著书为正业，一生致力于育人，勤于学术研究，著作等身，成果丰硕，是一位学而不厌、诲人不倦的国学大师。他热爱祖国，认为："'台独'主张对中国历史毫无所知，必无出路。"他还指出："只有全中国和平统一，始是大前途、大希望。"

1990年8月30日，钱穆心力衰竭，在台北无疾而终，平静地、安详地走完了令人景仰的一生。

三、学贯中西的语言巨匠：钱钟书

钱钟书（1910—1998），一代才子，博学多才的语言巨匠，宣统二年农历十月二十日（1910年11月21日），生于江苏无锡。无锡，位于大运河边，京沪线上的一个交通枢纽。距上海128公里，距南京183公里，南濒太湖，北临长江，山水之胜甲江南，气候温润，物产丰富，被誉为太湖明珠。

无锡钱氏是一门望族，乃源自五代十国。钱穆曾读到："江浙钱氏，同以五代吴越武肃王为始祖，皆通谱。无锡钱氏在惠王有同一宗祠，然余与子泉（指钱钟书之父钱基博）不同支。年长则称叔，遇高年则称老长辈。故余称子泉为叔，钟书亦称余为叔。"钱钟书的上祖可追溯至唐末，武肃王起兵临安，奄有吴越开始。钱钟书的祖父钱福炯，为武肃王第三十一世孙。

钱钟书的父亲钱基博，是一位学淹贯博的鸿文大儒，为近代古文大家，先后任教于无锡师范、清华大学、上海圣约翰大学、光华大学、无锡国学专修学校、武昌中华大学。1952年，执教于华中师范大学，1957年，病逝于武汉。重要著作有：《经学通志》《韩愈志》《版本通义》《古籍举要》《中国文学史》《现代中国文学史》等。钱基博是一位律己甚严的儒家学者，这些对其子钱钟书影响甚大。

钟书的问世，给钱家带来一片喜悦，因他伯父没有子嗣，依照旧俗，钟书便出嗣给长房。钟书出生的那一天，刚好友人送来一部《常州先贤丛书》，所以伯父就为他取名"仰先"，字"哲良"。孩子满周岁时，要抓周，钟书抓到的是一本书。按"钟"字辈分，就取名为"钟书"。10岁时，父亲为钟书取字"默存"，出自《易·系辞》："默而存之，不言而信，存乎德行。"因见儿子快言快语，故以"默存"引导之。钟书4岁时，伯父便教他识字。6岁时，上了秦氏小学。上学不到半年，生了一场大病，辍学在家。11岁时，和堂弟钟韩一道考上东林小学（无锡县立第二高小）。东林小学是一所条件较好的新式小学，藏书亦颇丰富。钱钟书回忆说："商务印书馆发行的那两小箱"林译小说丛书"，是我十一二岁时的大发现，带领我进了一个新天地。""假如我当时学习英语有什么自己意识到的动机，其中之一就是有一天能够痛痛快快地读遍哈葛德以及旁人的探险小说。"

东林小学毕业后，钟书和钟韩一起考上苏州桃坞中学。这是一所由美国圣公会办的教会学校，很注重英文。1927年桃坞中学停办。钟书与钟韩又考进了圣公会办的无锡辅仁中学。兄弟俩学业成绩俱佳，在学校举办的国语、英语、数学三项比赛中，钟书夺得国文、英文第一名，钟韩获得数学第一，国文、英文第二。钱钟书文科成绩出类拔萃，与其父的严格管教和积极影响，密切相关。

1929年，钱钟书考入清华大学，谣传他数学考0分，而中、英文都特别优秀，被破格录取。1982年钱钟书夫人杨绛，应胡乔木之请，写了一篇《记钱钟书与〈围城〉》，其中提道："钟书考大学，数学只考得15分。"实际上，钟书的数学成绩很差，而国文和英语成绩都极为优秀，清华对这位偏科的特长生，能破格录取，亦为人才培养上的成功突破。

钱钟书就读于清华大学外语系，该系系主任王文显，曾留学英国，他的牛津英语发音清脆悦耳，韵味十足，即使在英人中亦不多见。王文显还是一位研究莎士比亚戏剧的专家，为学生讲授莎翁名剧和戏剧概论。他的学生中，不少日后成了名家，如曹禺、李健吾、张骏祥等。清华外语系师资颇有实力，其中中、英文俱佳者，有：吴宓、叶公超等。吴宓擅长旧体诗，叶公超擅长书画。钱钟书回忆说："我有大学时代五位最敬爱的老师，都像蒲柏（Pope）所说，以哲人导师而更做朋友的；这五位老师以及其他三四位好朋友，全对我有说不尽的恩德。"这五位老师中自然少不了吴宓与叶公超，其他三位应为：张申府、冯友兰、温源宁。

《清华周刊》是一份富有影响力的刊物。1930年11月，钱钟书的《小说琐证》，在《清华周刊》第三十四卷第四期上发表。钱钟书将小说、正史、佛典、经书、文集、诗话、戏剧相关的同一故事摘录下来，分析比较，从而考证小说中某项记载的来历。这种考证，是钱钟书最喜欢做的，也是最拿手的。清华大学的教授除教书外，还兼编刊物，如叶公超先编《新月》，后又编《学文》，张申府编《大公报·世界思潮》，吴宓编《大公报·文学副刊》《学衡》杂志，温源宁编《天下月刊》。这些教授十分欣赏钱钟书的学识和文采，纷纷向钱约稿。因此，钱钟书在清华大学求学之时，正是"与贤往还，文字大忙"的季节。未进清华大学前，钟书已被其父训练成小学者，到了清华大学更是如虎添翼，更胜一筹。

1933年，钱钟书大学快毕业之时，日寇侵犯热河，华北局势恶化，为了学生安全，学校提前放假，来不及举行大考、毕业考，钱钟书从此结束了多姿多彩的大学生涯。这年秋天，钱钟书应聘到光华大学任教，其父钱基博亦在光华大学任中文系系主任，后来又兼文学院院长，父子同住教员宿舍，两人经常挑灯夜读，深宵不寐，一时传为佳话。钱钟书除在光华大学任教外，还担任《中国评论周报》的编辑委员，还为周报写过一篇论中国诗的文章。

在光华大学期间，钱钟书诗兴大发，写了很多旧体诗，其中最为瞩目的为《论师友绝句》。钱诗大都先后发表于《国风》半月刊上。1934年，他将过去所作旧体诗结集付梓，题为《中书君诗》，仅印100册，赠好友，不作卖品。胡适曾说："律诗难做，做得好要几十年功夫。"钱钟书十四五岁开始学做律诗，到了20岁左右，其旧体诗不仅做得四平八稳，且"斐然可观"。

钱钟书的夫人杨绛，是一位江南才女，夫唱妇随，在我国现代文人学者夫妇中，是十分让人仰慕的一对。杨绛，本名季康，江苏无锡人，杨荫杭之女，杨荫榆之侄女。杨荫杭曾留学日本早稻田大学，毕业后又赴美国宾夕法尼亚大学读法律，获硕士学位，为著名律师、法学专家。杨荫榆亦留学日、美，获美国哥伦比亚大学教育学硕士学位，曾任北京女子师范大学校长。1938年，因积极从事抗日活动，在苏州被日寇杀害。杨绛出生在书香世家，为名门闺秀。

钱钟书与杨绛初识于1932年春，是年上海"一·二八"之役，苏州东吴大学停课，一部分学生到北平各大学借读，杨绛恰好来到清华园。钱钟书在清华园中，是众人熟知的年轻才子，而杨绛则是风度不凡的佳丽，两人在接触中，自然产生了爱情火花。杨绛将钱钟书介绍给父亲，其父对钱钟书的丰富学识深有好感。1933年暑期，钱钟书与杨绛在苏州举行了订婚仪式，钱穆也参加了他们的订婚喜宴。1935年7月13日，钱钟书与杨绛在苏州举行了新式婚礼，宾客中有诗人兼学者陈梦家和夫人赵萝蕤。

1935年8月13日，钱钟书偕杨绛乘海轮离沪赴英。钱钟书为中英庚款公费留学，杨绛则自费赴英留学。按安排，钟书进入牛津大学学习。牛津大学为英名校，英国历史上的首相、大臣、外交家大多毕业于此校。牛津小城在伦敦西北六十英里，横跨泰晤士河上游，风景幽绝。牛津大学图书馆藏书达500余万册，钱钟书给它起了一个典雅的中文译名"饱蠹楼"，钱氏把大部分时光都消磨于此楼，这座楼成了他在牛津大学的第二个家。"饱蠹楼"有一特殊规定，馆内图书概不外借，只能在室内阅读。钱钟书只有带上笔记本，边读边记。就这样，钱氏在牛津大学养成了读书记札记的习惯。抗战时期，他利用札记写成了《谈艺录》。1949年以后，又利用札记完成了巨著《管锥编》。钱钟书与杨绛在牛津大学时，有比他高一、二年级的杨宪益和史学家向达此时亦在牛津"饱蠹楼"整理中国典籍、抄敦煌卷子。

1937年夏，钱钟书在牛津大学获得学位后，又赴法，在法学习一年，他选择在巴黎大学进修。巴黎大学始创于12世纪，为欧洲最古老的大学之一。在巴黎大学，钱钟书结识了不少旅欧的中国人，如：吴玉章、王辛笛、吕叔湘、刘佛年等。在法期间，除了写几首旧体诗外，没有留下什么作品。这段时间中，他将1932年阴历除夕与石遗老人（陈衍）谈话的记录整理出来，题为《不语》，这是一本有趣的小书，它是别开生面的邑中访问记，或近似口述历史。在巴黎大学，钱钟书全身心研习法文，使法语水平有极大的提高。著名学者夏志清评论说，钱钟书"法文咬音之准，味道之足，实在令我惊异"。显然，钱氏法文造诣特别深厚，当得力于在法一年的留学生活。

1938年9月，钱钟书偕夫人及一岁多的女儿钱瑗乘法国游轮离开马赛回国，应聘清华大学外文系教授。此时，全面抗战进入第二年，华北及江南大部已沦入日寇之手，清华等高校也迁至昆明及西南各地。钱钟书于十月抵香港，由香港直赴昆明，杨绛带着女儿乘轮船赴上海。

钱钟书在西南联大外文系开三门课：英文、文艺复兴时期的文学、现代小说。他年甫28岁，风华正茂，用英语授课，谈笑风生，妙语如珠，深受学生欢迎。钱钟书住在昆明文化巷联大教员宿舍里，房舍很小，钱钟书说是"屋小如舟"，他把所居之斗室命名为"冷屋"，并在冷屋中开始了写作，先后在报刊发表了：《论文人》《释文盲》《一个偏见》《说笑》等，这些妙文均收入1941年上海出版的《写在人生边上》。

为了照顾老父，钱钟书辞去西南联大教职，决定到湖南安化蓝田师范学院任教，以便与父一同生活。蓝田小镇生活刻板单调，但有利于伏案写作，为士林所重的《谈艺录》，即在蓝田时开始撰写。《围城》一书虽成于沪，而构思、布局实在湘西穷山中。

1941年7月，钱钟书回到上海。数月后，太平洋战争爆发，钱氏身陷上海，进出不得，他在光华大学、震旦女子文理学院任教。"故国同谁话劫灰，偷生坯户待惊雷。"上海环境复杂，钟书名气又大，当时打他主意、拉他"落水"的人不是没有，都被他严词拒绝，表现了中国知识分子"富贵不能淫，贫贱不能移，威武不能屈"的浩然正气。

1945年8月15日，日本宣布无条件投降。抗战胜利不久，钱钟书被聘为南京中央图书馆英文总纂，负责编辑该馆的英文刊物《书林季刊》。因编《书林季刊》的关系，钱氏于1948年3月，以中央图书馆工作人员身份，随教育部主办的文化访问团赴台湾，在台北主办文物展览，钱钟书还担任了一场讲演，讲题为：《中国诗与中国画》。

抗战胜利后，钱钟书出版了三本书。他的短篇小说集《人·兽·鬼》，1946年6月，由上海开明书店发行，列为"开明文学新刊"之一。1947年6月，他的长篇小说《围城》，由上海晨光出版公司出版，列入"晨光文学丛书"。《围城》讲述知识分子的故事，象征之处很多，是钱氏最成功的文学创作。1948年钱氏终于出版他匠心经营多年的《谈艺录》，用文言文写成，不是一本一般谈艺之书，而是一部功底深厚的学术著作。

1949年春，国民党败退大陆，京沪不少知识分子，亦向外转移，钟书望治心切，不愿再过流离生活。他在清华大学的同学吴晗力劝钟书北上，回母校任教，吴晗的夫人袁霞又里杨绛的好友。这样，钟书于1949年8月，举家毅然北上，重返清华园，迎接中华人民共和国的诞生。此时，他39岁。

钱钟书夫妇在清华大学外语系授课时间仅两年多，1952年，各大学院系调整，清华大学改为工科大学，钱钟书被调至北京大学新成立的文学研究所。那时所长为郑振铎，还兼古代文学研究组组长。钱钟书分到古典文学组，即着手编撰《宋诗选注》。以钱氏中国旧诗的根底以及对宋诗的把握，让他来选注宋诗，实在是十分适当的人选。1957年杀青，1958年付梓。参与选目的有何其芳、余冠英、王伯祥等人。选目完毕，"注"与"诗人小传"均由钱钟书一人负责撰写。不仅"注"写得确实不错，"诗人小传"也撰写得极其出色。胡适读到这本《宋诗选注》后谈道："从注解可看出钱氏对宋诗谙熟，而且旁征博引的脚注随处可见，足见钱钟书阅读广泛，且互为印证。"日本汉学家小川环树对《宋诗选注》亦交口赞誉，认为在所有选本中，该书是最好的一本选注。

"文化大革命"是一场破坏性运动，知识分子受到极大冲击。杨绛在《从丙午到"流亡"》中，记述了他和钱钟书受到的迫害和所吃的苦头。钱钟书的罪名是"资产阶级学术权威"，杨绛的罪名则是"资产阶级学者"。他们受尽侮辱，女婿王德一被逼自杀。

"四人帮"垮台后，邓小平主持工作，实行改革开放新政策，对外文化交流亦恢复。1978年，中国派代表团出席在意大利召开的欧洲汉学家会议，钱钟书除参加这次会议外，翌年随中国社科院代表团访美，又于1980年访问日本。钱氏在意大利欧洲汉学家会议上，作了《古典文学研究与现代中国》专题讲演，直接用英语演说，言谈风趣，学识渊博，受到与会者的热烈欢迎。讲演完毕的提问答话中，钱钟书对英、法、德文学中的掌故、民间谚语，信手拈来，如数家珍，引起会场一片赞叹声。巴黎的《世界报》报道这次会议时，对钱钟书有这样的评述："听着一位才气横溢、充满感情的人讲话，人们有这样的感觉，在整个文化被剥夺十年后，思想的世界又开始复苏了。"

钱钟书访问欧洲、美国、日本获得很大成功。此时，在国内，他的四大册毕生杰作《管锥编》陆续出版。《管锥编》并不是有系统、有架构的大书，只是一种传统式的读书笔记，同《谈艺录》一样，用文言文写成。为什么采用文言文？因书中引文大都为文言文，如处处译成白话文则有诸多不便。据说，还有另一层意义，则是驳斥黑格尔鄙薄中国语文不宜思辨的谬论。此书告诉大家：即使传统的中国文言文，亦宜于思辨。《管锥编》是一部不容忽视的学术巨著，有人指出："尤其经过了'文革'……《管锥编》的出现更有特别的意义，简直像在宣告天意不欲丧斯文于中华，中国文化经过了那样的磨难，仍然能放出如此绚丽的异彩。"

从1994年7月开始，钱钟书发热不适入住医院，前后四年，一直在病榻上度过。1998年11月21日，在医院度过88岁生日。同年12月19日晨7时，因病逝世。一位天赋过人，勤勉好学，神采飞扬的语言巨匠，驾鹤西去了，他留在人间的文学作品和学术专著等依然成为广大读者钟爱的精神食粮。

一个温馨的家庭，本来是"我们仨"。然而噩运袭来，先是爱女病故，接着丈夫辞世，留下了一位年近九十的老太婆。这使杨绛陷于极度悲痛之中。然而，她深感肩负"打扫战场"的重要任务，必须顽强地活下去。她不顾年迈体衰，重新开始案头工作。她将自己最小的妹妹杨必翻译的《名利场》，重新"点烦"，修改达上千次，使得这部名著更加简洁、通俗、典雅。她还知难而进，翻译了柏拉图的名篇《斐多》，以便摆脱孤独，重获生机。她还以惊人毅力整理钱钟书留下的七万余页中、外文手稿、读书札记，让这些珍贵资料与读者见面，以促进传统文化的弘扬和中外文化的交流。

杨绛晚年最爱英国诗人沃尔特·兰德的一首小诗："我和谁都不争，和谁争都不屑；我爱大自然，其次是艺术；我双手烤着生命之火取暖；火萎了，我也准备走了。"2016年5月25日，杨绛走完她105岁伟大而淡泊的人生之路，在京仙逝。仁者寿，杨绛是我国文坛最长寿的作家和学者。她在生命最后一段历程的拼搏和创造，是激励后人前进的巨大精神力量。

四、中华火箭之父：钱学森

钱学森（1911—2009），他是中国人民无比敬仰的伟大科学家。不顾美国的阻挠和迫害，毅然返回祖国，为中国航天技术突飞猛进做出过巨大的贡献，居功甚伟，他被亿万中国人民尊敬为"中华火箭之父"。科幻小说家阿瑟·克拉克在小说《2010：奥德赛Ⅱ》中，以他的名字为一艘中国飞船命名。

1911年12月11日，钱学森诞生于杭州芳谷园路的一所深宅大院里。取名为"学森"，"学"为辈分，"森"寓意"好学而睿智"，寄托了父辈对儿子的殷切希望。

钱家为丝绸富商，钱学森之父钱家治曾留学日本，专攻教育学和哲学。曾任浙江省立第一中学校长，后赴北平，在国民政府教育部任职。钱学森的母亲章兰娟，大户之女，受过正统的古文教育，思路敏捷，文静的外表下充满活力，因无须担负家务劳动，有足够时间引导和教育抚养儿子。

钱学森的父亲是多年从事教育的行家，他对儿子的学习做了精心安排。到了学森的读书年龄，就把儿子送到北师大附小、附中去念书，因为那里汇聚了一批身体力行"教育救国"理念的学者，办学思想十分先进，是北平远近闻名的名牌学校，可以说是乱世中基础教育的"诺亚方舟"。学森念高中时，附中校长是林砺儒，中华人民共和国成立后，曾任教育部副部长。教他几何的傅种孙，是著名数学家，后来任北师大副校长。教他语文的董鲁安，中华人民共和国成立后，被评为北京市优秀教师。正是在这基础教育的"诺亚方舟"中，钱学森得到了良好的引导和训练，打下了扎实的基本功。学森十分感激父亲对他的得力帮助，曾深情地说："父亲是我的第一位老师。"

举家迁居北平时，钱学森还是一位蹒跚学步的幼童。他在小学读书时，学习成绩优秀，课业超出同学一筹。他的老师发现他天资过人，特意安排他跳了一级。他很擅长叠纸飞机"叠的非常精细，非常小心，让机身严格对称，折痕又光又平。这样，当飞机掷出时，就可以很稳定地飞得很远"。钱学森还是一个业余标本制作家，他做的乌鸦麻雀标本，足以办个小型展览。

1923年，钱学森考入北师大附中，这所中学为当时北平城中最好的男女生合校的中学。一如既往，在中学，钱学森学业成绩依然遥遥领先。他给别人的印象，可以用"安静""规矩"来形容。

1929年，钱学森考入上海交通大学，他以第三名的成绩，被录取到工学院机械工程系，主修铁路工程。钱学森以班级成绩最好的学生而闻名，他与众不同的地方在于，其他同学关心的是通过考试，而钱学森不费吹灰之力就都能通过，他把全身心都放在自己所喜欢的科目上。

1930年，暑假即将结束之时，钱学森得了斑疹伤寒，只得休学回家。休学养病期间，他对政治产生了浓厚的兴趣，买了不少哲学、政治以及与马克思主义相关的书。后来，钱学森回忆说："我读了一些科学社会主义的书，学到了一些关于宪政运动的背景知识，我对人生的认识提升到了一个新的层次。"

在大学的四年里，钱学森致力于成为一名优秀的铁路工程师，他以第一名的优秀成绩，从中国最好的工学院毕业。他可以万无一失地在交通部，谋一份起薪60大洋的铁路设计师的美差，足以让他过着十分舒适的生活。但他放弃了这样的安排，选择庚子赔款的留学之路。经考试，他成了唯一一名攻读航空学的留美学生。

1935年，钱学森来到了麻省理工学院，在这座闻名于世的工科学府，开始了不平凡的留美生活。

钱氏在麻省理工学院，成绩依然保持着一贯优异出众的风格。他曾选修一门课，考试时，教授出题非常难，绝大多数考生都未及格，大家经一番讨论，决定向授课的教授提出抗议。当他们来到教授的办公室前，发现钱学森的试卷正贴在门上，用钢笔写的答案工工整整，没有一点错误，也没有一丝橡皮擦拭或涂改的痕迹。于是，再也没有人向那位教授抗议了。这个故事，说明钱学森在麻省理工学院学得极为成功。

一年后，钱学森转到加州理工学院，那里有航空领域的学术巨擘冯·卡门。他是加州理工学院一位传奇人物，一个充满神秘色彩和矛盾的老头。他的思维非常敏捷，可以在餐巾纸上，片刻解出其他教授几个星期都无法解出的数学难题。在钱学森攻读博士的三年中，卡门对钱学森欣赏有加，两人情同父子。卡门在空气动力学的学术发展中，几乎每一项革命性成果，钱学森都起着不可或缺的作用。1945年夏，欧洲战事结束，受冯·卡门教授的邀请，钱学森与恩师一起赴德，考察德国的火箭研究所。此时，美国政府放宽了限制，批准他参加军事研究，钱学森奔走于五角大楼和帕萨迪那喷气推进实验室之间，深得美国军方的欣赏。在二战的中后期，钱学森已成为全美顶尖的空气动力学家、航空工程与火箭技术专家。诚如冯·卡门所说：钱学森的研究成果为美国航空工业和火箭技术提供了"强大的发展原动力"。

1947年，钱学森回国度假，并与蒋英完婚。蒋英为著名军事家蒋百里之女，留学欧洲的歌唱家。钱、蒋两家为世交，如今结为连理，堪为佳话。婚后，夫妇同赴美国。

钱学森虽一心从事科研，对艺术却有浓厚的兴趣。小时曾师从国画大师学画，大学时是校乐队中音喇叭手。其夫人蒋英是一流的欧洲古典音乐教育家和声乐家。每当要登台演唱，她总会在家演练，而钱学森就是她最先的听众，并且会向她提出改进的建议。钱学森十分赞赏夫人优美的演唱，给自己带来了良好影响，他说："正是她给我介绍了音乐艺术，使我丰富了对世界的认识，学会了艺术广阔的思维方法。或者说，正因为我受到这些艺术方面的熏陶，所以我才能避免死心眼，避免机械唯物论，想问题能够更宽一点，活一点。"这说明艺术对科研是大有促进的。

时光到了1949年，钱学森不仅在加州理工学院从事教学与研究，还继续担任航空喷气公司顾问，薪金十分可观。由于他做的一些设计，受到广泛的重视，《时代》周刊曾刊发了他的一组照片。

1950年美国麦卡锡主义兴起，参议员麦卡锡宣称，掌握了205名在国务院的共产党员名单。这时，美国各地抓叛徒，弄得人心惶惶。钱学森竟成了怀疑对象，理由是他和当时美国共产党的一个支部有关联。钱学森不承认自己是共产党员，亦拒绝揭发自己的朋友。1950年7月，军事部门突然吊销了钱学森参加机密研究的资格，使钱学森的自尊心受到严重的伤害。他深深感到："在这个国家，我显然是一个不受欢迎的人。"他决定预定回国船票，以返回祖国。

在华盛顿五角大楼，钱学森找到丹·金布尔，向他诉述有关情况。金布尔曾任航空喷气公司负责人，对钱学森欣赏有加，他现在是杜鲁门政府的海军助理部长。金布尔厌恶麦卡锡浪潮，他相信钱学森不是共产党员。金布尔亲自给司法部打电话，强调"无论如何都不能让钱学森回国，他太有价值了。在任何情况下，他都抵得上三至五个师兵力……"金布尔的努力未收到效果，1950年9月7日，钱学森在家中遭到无理逮捕。

杜布里奇和金布尔分头活动，竭力让钱学森尽快出狱，钱学森最终获得保释，保释金为1.5万美元。坐牢两周，让钱学森受到极大伤害，返家时几乎失语。

杜布里奇立即恢复钱学森在加州理工大学的教授工作。钱氏在进退不得、失去人身自由的处境下，开始了潜心的学习与研究，不到半年时间，在工程控制论和理论力学两领域，取得了开创性的研究成果。

时至1955年，轰动世界的钱学森案，有了解决的可能。这一年，中美政府谈判有了进展，以扣留在美的留学生、学者，交换留在中国的传教士、教师和商人。也在这一年，一些在中国领空被击落并被扣留的飞行员，可作为交换条件交换回国。此时美方认为，钱学森所掌握的国防机密，也已过时，已无太大的危险性。美国媒体报道，几乎可以肯定，钱学森是美国非公开的与中国交换在华美国人计划的一部分。

1955年8月4日钱学森接到准许他离境的通知，立即订购了船票。这样，他很快就可以回到阔别多年的祖国了。

回到祖国的钱学森，脱下穿了二十余年的西服，换上了朴素的咔叽布中山装。他对新生的祖国，一切都倍觉新鲜，拿着相机，到处拍照。一个月下来，光胶卷和冲洗费竟花费了三百多元，这是他一个多月的工资。

回到祖国的怀抱，摆脱了在美国遭受的政治恐怖，钱学森憋了一股气，一心想为国防现代化出力，尽快造出自己的火箭和导弹。

一年多后，"反右"运动开始，钱学森遭受了回国后的第一次震撼。无数有才华有风骨的知识分子，被打成"右派"，下放农村，判处劳改。其中就有与钱学森关系密切的"海归"人士，如清华大学副校长钱伟长。即使伟长被打成"右派"，钱学森还多次去看望他，因为钱学森十分赏识钱伟长的卓越才华。由此，引起了不少蜚语，说他政治立场不坚定，思想上未划清界限。然而，钱学森确实是一位追求进步的科学家，他一回国，就急着要将杭州老家的房产交给国家。经过不懈努力，1959年11月，钱学森加入中国共产党。

钱学森认为：要创造奇迹，必须有相应的研究机构，光靠一两个科学家创造不出导弹。众多的科学家和技术人员齐心协力，在一个基础上分工合作，才能干成大事。钱学森最伟大的成就之一是推动《国家科学发展纲要》的确立，并领导了中国第一个导弹设计研究所，即国防部第五研究院。

钱学森回到祖国时，当时的中国没有一家工厂可以生产出所需的复杂材料，没有大型风洞，没有引擎测试基地，没有发射基地，没有专攻火箭推动问题的大学研究所。甚至，连一本拿得出手的有关这一学科的教科书都没有。一切从零开始，举步维艰，困难重重。然而，穷则思变，钱学森和团队的伙伴们，树立起信心，稳扎稳打，步步推进，终获重大突破。

1960年11月5日早上9点，我国自制的、由无线电控制的R—2火箭，在酒泉基地发射成功。亲临现场的聂荣臻元帅举行庆功宴，频频向科学家祝酒。聂帅激动地说："这是飞过中国上空的第一枚由中国人制造的导弹，标志着历史的一个转折。"以后的数年中，原子弹爆炸成功，氢弹爆炸成功，人造卫星遨游太空，表明中国的航天事业和核工业研究，已有了一个突飞猛进的巨变。这当中许多科学家和技术人员都洒下了辛勤和智慧的汗水，而首先应提到的，当然是钱学森。张纯如在《蚕丝：钱学森传》中写道："他让一个在1955年的时候，还造不出一台像样的汽车或自行车的国家，在太空科学发展上作出了革命性的突破。"有人这样评论："美国政府迫害钱学森，最后不得不让其返回祖国，这是美国有史以来最蠢的一件事。"

鉴于钱学森在"两弹一星"上的突出贡献，被授予"两弹一星"功勋奖章。1991年10月，中央授予他"国家杰出贡献科学家"称号和"一级英雄模范"奖章。他还被选为中国科协主席、全国政协副主席。

1989年6月，在美国召开"国际技术与技术交流大会"，会议授予钱学森"小罗克韦尔奖章"和"世界级科学与工程名人""国际理工研究所名誉成员"称号，以表彰他对火箭导弹技术、航天技术和系统工程理论，做出的重大、开拓性贡献。对美方授予的种种荣誉，钱学森反应冷淡。美方曾同我国有关方面商谈钱学森访美之事。钱学森曾在美工作多年，特别是二战期间及战后一段时间，对美国的科技作出过很大贡献，后来又无端受到迫害，这极不公平。美方表示愿意授予钱学森美国科学院院士、工程院院士称号。对此，钱学森明确表态，他说："这是美国佬耍滑头，我不会上当……美国政府如果不公开给我平反，今生今世绝不再踏上美国国土。"作为一个正直的科学家，钱学森维护了自身的尊严，也表达了他赤诚的爱国情怀。

钱学森是一位生活简朴、严于律己的高尚的人，他一生致力科学研究，从不谋取私利。他曾语重心长地说："我作为一名科技工作者，活着的目的就是为人民服务。如果人民最后对我的工作满意的话，那才是最高的奖赏。"他还幽默地对人说："我姓钱，但我并不爱钱。"1995年钱学森荣获何梁何利基金优奖金100万港元，他将这笔奖金如数转付西部治沙奖励基金，用于大西北治沙工程，为祖国增添绿色。

1955年，钱学森回到祖国定居北京。组织上分给他一套位于中关村的普通三居室，他跟孩子说：虽然这个家比不上美国的大房子，但这是咱自己的家，是自由的、受尊重的土地上的家，孩子们照样可以在这个不宽敞的家里好好学习，努力成才。后来，搬进了航天大院，一住就是几十年，再也没有搬家了。组织上曾动员钱老迁入条件更好的新居，钱老一再谢绝，他对相关人士说："把我折腾到新房里，我于心不安，心情不好，能有利于健康吗？"他就这样安心地住在老房子中，人们戏称他是"蜗居里的大人物"。钱老本人一直心净似水，他把待遇享受看得比一池清水还淡。

2009年10月31日，钱学森在北京病故，享年98岁。中国科学院院长路甬祥指出：钱学森"既是一位杰出的科学家，也是一位伟大的爱国主义者，始终将个人的前途与祖国的命运联系在一起"。2007年"感动中国"组委会给钱学森的颁奖词指出："在他心里，国为重，家为轻；科学最重，名利最轻。五年归国路，十年两弹成……他是知识的宝藏，是科学的旗帜，是中华民族知识分子的典范。"

五、文理兼备的卓越科学家：钱伟长

钱伟长（1912—2010），是文理兼备、思路开阔的举世闻名的科学家。中学时代因家学影响、环境所致，文科成绩特别优秀。抗战时期困难当头，为科技救国，毅然在大学选择了理工专业，经不懈努力，终成一位杰出的科技尖端人才。

钱伟长故乡在无锡。当地有句老话："东有七房桥，西有七尺场。""七房桥"与"七尺场"都是钱氏的聚集地，但同宗而不同支。钱伟长的祖先为钱弘佐。北宋时，六世孙钱进从浙江嘉兴迁隐无锡湖头，人称湖头支；钱钟书的祖先是钱镠之孙钱弘俶。南宋时，十一世孙钱迪从吴兴迁至无锡堠山，人称埂山支。虽不属同一支脉，仍同为吴越钱镠之后裔。

1912年10月9日，一个小生命降临于无锡鸿声乡七房桥的钱家大宅。钱氏为当地一大户人家，明中期曾为地方首富，至清末开始衰落。钱伟长的祖父钱季臣，一个县学秀才，以私塾教书为生。育有四子：钱挚、钱穆、钱艺、钱文。钱季臣39岁时，因积劳成疾而去世，当时长子才15岁，全家陷入困顿之中。钱伟长之父钱挚幸得荡口义庄资助，顺利从常州中学师范科毕业，返乡在当地小学任教。伟长尚有一姐，未满周岁便夭折了。喜得伟长，全家自然十分珍爱。为其取名伟长，来自建安七子徐干的字，有见贤思齐之意。

伟长的几位叔父都是博学笃厚之人，在传播中国传统文化上各有建树。四叔钱穆，字宾四，取名"四宾穆穆"之意，是近代中国著名的国学大师。六叔钱艺，字漱六，取名"六艺漱石"之意，以诗词、书法见长于乡里，登门求其墨宝者，不绝于途。八叔钱文，字起八，取"文起八代之衰"之意，善写小品、杂文、笔记，以笔名"别手"，常在《小说月刊》《国闻周报》发表文章。伟长小时和八叔一起生活。八叔文章写得好，常教伟长作文，其训练方法很特别，拿出两期《小说月刊》，让伟长为其中的短文另拟题目，越短越好，即便是一个字也无妨。这样的作业既新鲜又有趣，锻炼了孩子的语言表达能力。

1917年，伟长进入复盛桥东岳庙初级小学念书，他每天还必须另外做两件功课，一是记日记，二是帮奶奶记账。伟长的父亲、叔父都爱下围棋，伟长经常观战，成了他们热情的"小尾巴"。后来，在小学、中学、大学中，伟长在校内围棋比赛中，均获得过非凡的成绩，围棋成了他终身的业余爱好。

钱伟长的母亲，是一位既善良又勤劳的农村妇女，为了补贴家用，她起早贪黑，养蚕、挑花、糊火柴盒。为了减轻家庭负担，伟长一边用心读书，一边跟妈妈学挑花。挑花一般是女孩的活计，但迫于生活，一些家境不好的男孩也从事这一劳动。挑出一个椅垫能挣五六分钱，挑出一块窗帘才挣一两毛钱。伟长心灵手巧，挑花又快又好，经常得到妈妈的赞许。

1925年，伟长之父被无锡荣家办的公益学校聘为教务主任，薪水有了提升，其上中学的费用可以顺利解决。他随父一起到了这所公益学校，插班在小学六年级，恰好与荣毅仁同班。1927年，无锡县立初中成立，其父被聘为教务主任兼历史教师，伟长又随父入县立初中读初中一年级。1928年，苏州第二中学改组为苏州中学，设高中部和初中部。改组后高中部师资力量雄厚，国文首席教师为钱穆、英语首席教师为沈同洽、中国历史首席教师为吕叔湘、外国史首席教师为杨人楩。四叔正好在苏州中学高中部，伟长一心想赴苏州上高中。因连年战乱，小学、初中本应读11年，伟长仅念了5年。平面几何仅学了一学期，立体几何、三角函数根本未学，外语和物理也未学过，只是国文和中国历史学得较好。能否考上苏高，还是一个未知数。发榜那天，伟长在榜上的最后一名，见到了自己的名字，总算被录取了。钱伟长到苏州中学高中部还不到一个月，父亲就因病撒手人寰。在伟长的心目中，儒雅的父亲就像一座大山，为他遮挡了风雨，是他的安全港。如今离他而去，使他极为哀痛。他决定退学回家，帮助家庭克服面临的困难。四叔坚决反对侄儿退学，承诺负担他的全部求学费用。这样，父亲去世半月后，伟长又回到了苏州中学高中部，他深知能获得学习的机会实属不易，要加倍努力搞好学习。

1931年，钱伟长以优异成绩完成了高中学业，报考了清华大学、中央大学、浙江大学、唐山交通大学、武汉大学五所高校，全部被录取。还获得了实业家吴蕴初设立的清寒奖学金，每年300元。选学校时，家庭出现了分歧，祖母、母亲希望孩子离家近些，想让伟长上南京中央大学。四叔钱穆却认为清华大学为最佳选择。最后，大家采纳了四叔的意见，决定让伟长北上赴清华深造。

钱伟长考清华时，国文试题是由陈寅恪出的，其中有一道题为对对子，上联是"孙行者"，标准答案为"胡适之"。钱伟长用了"祖冲之"，陈寅恪认为也很好。作文题是《梦游清华园赋》，钱伟长写得文采斐然，颇为动人。后来，钱文被选登在清华大学《周刊》上。国文一项，伟长得了一百分。历史试题中，陈寅恪出了这样一道题：写出二十四史全部书名、作者、卷数以及注者。这道题难倒了不少学生，有的甚至交了白卷。伟长从小广览史书，记忆力极好，他得心应手地完成了这道考题。历史一项，也得了满分。不过，理科成绩却不好，数、理、化、英语总共考了25分，总分225分，最终以第七名的成绩被清华大学录取。

钱伟长最初读的是中文系。入学后，正值"九一八"事变爆发。他深感只有掌握科技才能救国，苦苦恳求转学物理系，最终获得批准。物理系教授全部用英语教学，伟长英语很差，给学习造成极大困难。于是，他日夜猛攻英语，大幅度提升英语水平，亦使物理成绩有了一个很大的提高。有一次，系主任吴有训教授问他最近看了些什么书，伟长一一作了禀告。这时，吴先生大声地对伟长说："不要以为书上的东西都是正确的，都已经完善了，每读一本书要看到没有完成的部分，发现新的问题。"吴先生对学子这一番恳切的教诲，让伟长受益匪浅。从此，他牢记心中，一直注意培养自己发现问题的能力，奋力做新领域的开拓者。

1935年12月29日，中国现代史上著名的学生运动——"一二·九"运动爆发。当时，钱伟长在清华大学读研究生，强烈的爱国热情使他积极地投入了这一运动，和同学们一道开展了南下抗日宣传活动。在学生运动中，认识了孔祥瑛，让他们收获了一世的爱情。孔祥瑛为同盟会成员孔繁蔚之女，清华大学文学院国学系学生。此后，孔祥瑛随清华大学一路内迁，钱伟长则因路费问题暂留北平。1939年元月，两人才在昆明重逢。同年孔祥瑛从西南联大毕业。8月1日钱伟长与孔祥瑛举行简朴的婚礼，结为连理。1940年1月，中英庚子赔款留英公费生放榜，钱伟长被录取。1940年9月，由上海乘船赴加拿大，开始了新的留学生活。六年后，伟长从加拿大辗转回国，夫妻二人才再度相聚。

1940年9月，钱伟长和其他21名同学进入加拿大多伦多大学学习。多伦多大学为加拿大规模最大、专业设置最齐全的综合性大学，亦为世界最优秀的公立研究性大学之一。此时，英联邦著名的辛格教授，正在加拿大避难，亦在这所大学授课。钱伟长选择了应用数学系，专攻弹性力学。在国内，钱伟长曾在西南联大教授王竹溪处，看到一本拉夫的《弹性力学的数学理论》，借来读后，发现当时国际上的弹性板壳理论十分混乱，决定自己研究一套系统的、以三维弹性力学为基础的内禀理论。这次在多伦多大学见到辛格教授，他将自己在西南联大的研究计划和初步成果，交给辛格教授，让他点评。辛格教授对钱伟长的设想十分赞赏。辛格教授认为自己研究的是宏观方程组，而钱氏研究的是微观方程组，两者所用的力学量和符号有所不同，但实质是相同的。辛格教授建议钱伟长在统一数学符号的基础上，把这两种理论结合在一起，写成一篇论文。在两个月里，钱伟长夜以继日地工作，终将论文撰出，署名"辛格教授和钱伟长合著"，寄往美国，发表在为冯·卡门教授六十寿辰的祝寿论文集中。这篇题为《弹性板壳的内禀理论》的论文，当时轰动了世界物理界。1982年在中国举行的有限元会议上，执行主席

钱学森与杭州钱氏家族

盖拉格教授还大力赞扬钱伟长教授在有关板壳统一内禀理论方面的卓越贡献，他说："钱教授有关板壳统一内禀理论的论文，曾是美国应用力学研究生在20世纪四五十年代必读的材料，他的贡献对以后的工作有不可估计的影响。"1941年6月，钱伟长从多伦多大学应用数学系毕业，获硕士学位。同年10月，他对《弹性板壳的内禀理论》的思路作进一步拓展，完成了《薄板薄壳统一内禀理论》的博士学位论文，于1944年，分三部分，在美国布朗大学《应用数学季刊》上连载。

1942年，已从多伦多大学取得硕士学位的伟长，从加拿大来到美国，在加州理工学院附设的世界火箭喷气技术的中心——喷射推进研究所工作。他在著名教授冯·卡门的引导下，从事火箭起飞、飞行中火箭的翻滚、火箭的弹道控制等研究。伟长既学过物理，又学过应用数学，从事这一工作，可谓得心应手，他接连发表了多篇论文，研究成果多次受到冯·卡门教授的赞扬。1946年，在美国《航空科学月刊》上，发表论文《变扭的扭转》，署名是冯·卡门和钱伟长。1945年8月，日本无条件投降，钱伟长经过一番深思熟虑，向冯·卡门教授提出了回国探亲的请求。

在异国他乡漂泊了六年，钱伟长终于回到祖国的怀抱，他来到母校清华大学，被聘为教授。他继续从事前润滑理论、圆薄板大挠度理论、锥流和水轮机曲线导板的水流离角计算等多项科研，先后发表了八篇科研论文。他十分关心政治，关注时局与发展，与吴晗交往甚密，经常在吴晗家中秘密聚会。当时，地下党员陆琳被秘密派往北平，在清华、北大从事地下工作，其间曾在钱伟长家中住过数月。

1948年12月，北平和平解放。1949年3月，清华大学成立管理委员会，叶企孙任主任委员，张奚若、吴晗任副主任委员，周培源为常委兼教务长，钱伟长、黄学通为常委兼副教务长。1951年4月，钱伟长参加了全国第一次科学大会，当选为全国科学工作者联合会常委兼组织部副部长。同年，钱伟长被任命为中国科学院数学研究所力学研究室主任。1952年6月，钱伟长被任命为清华大学教务长。1954年，钱伟长当选为中科院学部委员，兼中科院学术秘书。1956年11月，中科院力学研究所成立，钱学森任所长，钱伟长任副所长。钱伟长十分热心科普工作，1953年8月，完成了《我国历史上的科学发明》一书。由于他有丰富的历史知识和扎实的文学功底，使得这本科普读物既通俗又生动，深受广大读者欢迎。

钱伟长是一位关心科技和教育发展，又敢于直接坦陈己见的人。1957年1月31日，钱伟长在《人民日报》发表一篇题为《高等工业学校的培养目标问题》一文，文中写道："今天的教学工作中有一个明确目标是好的，但是目标定得过高过死，是造成学生学习负担过重的主要原因之一。由于过分地强调学生出门就要做某某工程师的要求，专业课就显得庞大复杂，把一切纯经验性的生产知识，不加选择地搬进了课堂。"由于经常陈述己见，"反右"斗争中面临大难，竟被打成"右派"。当时，清华大学的"右派"都被下放到北大荒，进行自我改造。经毛主席点名，钱伟长保留教授职务，仍留清华任教。1958年3月，主动要求工作的钱伟长，被分到材料力学实验室。让一个大科学家，去做实验员的助手，还担负打扫卫生的劳动。这期间，钱伟长被剥夺了参加科学研究的资格。1959年、1960年，国际力学会议主席柯爱特教授两度邀请钱伟长到荷兰主持现代壳体力学研究会，表示将提供往返旅费及生活资助，竟遭清华大学领导的拒绝。在重重打击下，钱伟长甚至产生过轻生的念头，是贤妻孔祥瑛有力地支持了他，让他顽强地活下去。被打成"右派"的钱伟长，把工作从"地上"转移到"地下"，当时各行各业都有人通过各种渠道，悄悄来到钱伟长家中，向他咨询科学问题，请他帮助做工程设计运算，让他解决技术难题……这些人中有部长、厂长、军队的技术干部、工程师、一般职工。从1958年到1966年，钱伟长从事的"地下"工作，达一百余件，其中有：应地质部部长李四光的要求，研究了测量地应力的初步设想措施；代冶金部部长、联合国冶金组顾问叶祖沛教授，起草了加速推进转炉的建议书；为国防部门建设防爆结构、穿甲试验、潜艇龙骨计算提供咨询；提出北京工人体育馆屋顶网络结构的设想，并提供设计方法；为电缆厂提供自己没有发表过的电缆强度计算方法及公式等等。一个正直的大科学家，无端地被戴上了"右派"的黑帽子，但他赤诚的爱国之心仍在熊熊地燃烧，他仍在默默地为祖国、为社会无私地作出奉献。

"文化大革命"是一次破坏性运动，文化人受到了一系列打击。1967年，钱伟长被分派到学校修建科，竟然让一个才华卓越的科学家，去当建筑材料的管理员。钱伟长一家人挤在一个狭窄的房间里，条件再艰苦，钱伟长的大脑也从未停止过对科学的思索。他一直未放弃过手中的科研工作，"文革"十年中，钱伟长靠着纸和笔，完成了一部包括1000余个三角级数之和的大表。国际上，英、美、法、苏都有三角之和的专著，但最多的只收了560种三角级数之和，而钱伟长这本大表比国际公布的级数超过20倍，其内容的百分之八十，都是钱伟长研究计算的新成果。其中大量的特殊函数，在微波计算、电磁场计算、弹性板壳计算和传热计算上都是极其重要的。钱氏是一位有广泛国际影响的著名科学家，"文革"后期，根据周总理的安排，钱伟长在自己的家中，接见了不少国际友人，如美国作家韩丁、荷兰名导演伊文思、英国记者格林、尼克松访华先遣官黑格将军、以任之恭教授为团长的华裔学者回国访问团等。

"四人帮"垮台了，鞭炮声中钱伟长迎来了新生。社会上曾一度谣传，钱伟长要移居海外。记者采访他时，谈起此事，钱伟长激动地说："我就是一匹早已闯入科学园地的野马，要停止前进的脚步，是完全不可能的，我离不开科学，更离不开祖国，因为我相信祖国需要科学。"尽管几十年来，钱伟长曾被误解、被批斗、被侮辱，但他不曾埋怨过，一直尽心尽力地做着造福祖国、造福人民的事。如今，科学的春天到了，虽已年老，钱伟长仍然全身心地投入科研工作，他在完成清华大学外文教研室编写的《英汉科技词典》部分校阅任务后，又参加《物理词典》的编译。他所撰写的《轴对称圆环壳的复变量方程和轴对称细环壳的一般解》《半圆弧波纹管的计算——细环壳理论的应用》《弹性理论中广义变分原理的研究及其在有限元计算中的应用》等科学论文相继在《清华大学学报》《力学与实践》等刊物上发表，引起了学术界的关注。他又一次走上讲台，讲授的《变分法与有限元》吸引了来自各高校和科研单位的研究人员。他还结合开设的《奇异摄动理论》新课程，撰写了六七十万字的讲稿。为了发挥钱伟长育才的重要作用，邓小平提议任命钱伟长为上海工业大学校长，并特批不受年龄限制。1983年1月13日，钱伟长收到清华大学对错划"右派"的改正文件。15日飞往上海，履任上海工业大学校长。1994年以上海工大为主，牵手上海科技大学、原上海大学、上海科技高等专科学校，组建新的上海大学，钱伟长仍身兼上海大学校长。钱伟长长期从事高等教育，他深知其中的弊端。他生动地把这些弊端归结为"四堵墙"，即：学校与社会脱节；校内各系、各专业之间的隔绝；教育与科研之间的隔绝；教与学的脱节。为此，钱伟长着手实施相关的改革，以拆除这"四堵墙"，使高等教育获得新的生机，更好地服务于社会。操劳一生的钱伟长，2010年7月30日，因病卒于上海大学校长任上。

这位文理俱佳、勤学博识、驰名中外的科学家、教育家虽已离开了我们，但他终身追求知识的精神、始终不渝的赤诚的爱国之心，永远让人景仰。

六、诺贝尔化学奖荣获者：钱永健

钱永健（1952—2016），著名生物化学家，原籍浙江杭州，1952年2月1日，诞生于美国纽约。他天性聪慧，勤于求知。16岁时，在美国"西屋科学人才选拔赛"中，荣获一等奖。20岁，在美国哈佛大学求学，获化学与物理学学士学位。25岁，赴英国剑桥大学，攻读博士学位，获生理学博士及博士后。钱永健为美国国家科学院院士、美国国家医学院院士、美国艺术与科学院院士，加利福尼亚大学生物化学及化学系教授。由于研究成果出色，已获取多项"含金量"高的专业奖项，其中包括有"诺贝尔指针"之称的沃尔夫医学奖，拥有不少于六十项的美国发明专利，人们赞扬他有"世界上最美丽的大脑"。

2008年10月8日，因其在发现绿色荧光蛋白方面做出突出成绩，与日本科学家下村修、美国科学家马丁·沙尔菲共同荣获诺贝尔化学奖。获诺贝尔奖之时，钱永健接受了新华社记者的采访，他说："华裔科学家获得诺贝尔奖，会令华人骄傲和自豪，也能激励更多中国年轻人投身于科研事业。"

钱永健的父亲钱学榘，吴越王钱镠的第三十三世孙，中国导弹之父钱学森的堂兄，美国波音公司机械工程师。

钱永健之兄钱永佑，著名神经生物学家，斯坦福大学教授，美国科学院院士。

钱永健之堂兄钱永刚，钱学森之长子，中国人民解放军某研究所高级工程师，上海交通大学兼职教授。

七、千年望族根深叶茂

钱塘吴越王钱镠的子弟，多半被迫派往江浙各地做官，很快在江浙一带繁衍开来，后来又向苏、沪延伸，故江苏、上海一带亦有钱氏后裔。名声卓著者，杭州有：钱均夫、钱学森、钱学榘；湖州有：钱玄同、钱三强、钱壮飞；海宁有：钱君匋、钱境塘；嘉兴有：钱正英；诸暨有：钱之光；无锡有：钱基博、钱穆、钱钟书、钱钟韩、钱伟长；嘉定有：钱其琛。

钱镠出身寒微，以武起家，但晚年好学，在家族中立下家训，要求子孙读经修身，奋发向上，形成了良好之家风，代代相传，培育不少良士英才。宋初，即出现了钱氏文人群，钱惟演、钱易兄弟等。其中钱惟演29岁就与杨忆共创西昆体，影响了诗坛数十年。其他如钱惟济、钱昆、钱昭度、钱藻等亦驰骋北宋诗坛，风流一时。明代钱福，殿试和礼部廷对都名列第一，后任翰林院编修；钱士开为明万历年间殿试第一，后任礼部尚书兼东阁大学士；明末清初文学家钱谦益，万历年间进士，官至礼部侍郎；钱名世，清康熙年间一甲进士，后任翰林院侍讲；钱大昕，清乾隆年间进士，清代著名学者，长于校勘考订，于音韵训诂多有创见。陈寅恪曾谈到，钱大昕治学"精思博识"，"为清代史家第一人"。在清代，还有著名藏书家钱曾；学者钱塘、钱义吉；书画家钱沣、钱陈群；书法家钱坫；画家钱杜；篆刻家钱松；诗人钱鲁斯等，这些名人，均为吴越王钱镠之后裔。

在现代，院士级的钱氏学者有一百余人，最负盛名的"三钱"为：钱学森、钱伟长、钱三强。还有各类专家，如：钱钟韩，机械工程学家；钱正英，水利学家；钱临照，物理学家；钱令希，力学家；钱俊瑞，经济学家；钱易，环境工程学家；钱致榕，生物学家；钱永佑，神经生物学家等。此外，还有著名画家钱君匋、钱松岩。政界、军界的著名人士有：钱其琛，外交部部长、国务院副总理；钱昌照，全国政协副主席；钱李仁，中联部部长；钱信忠，卫生部部长；钱之光，轻工业部部长；钱敏，一机部部长；钱永昌，交通部部长；钱学忠，上海市副市长；钱树根，上将；钱国梁，上将。

钱家还涌现了不少杰出父子。如：钱基博、钱钟书父子；钱玄同、钱三强父子；钱穆、钱逊父子；钱学榘、钱永健父子；钱伟长、钱元凯父子；钱学森、钱永刚父子等。

钱塘钱氏人才辈出，蔚为奇观。有人为这一名门望族，编了绕口令："一诺奖，二外交家，三科学家，四国学大师，五全国政协副主席，十八两院院士。"真是人才济济，天下无双。

钱塘钱氏大族，延绵千余年，出现了"人才井喷"的壮观。这个家族之所以如此，初步分析有以下原因：

其一，《钱氏家训》传世，形成良好家风。钱氏子孙十分看重先祖钱镠留下的遗训，家族中每有新生儿诞生，全家一起恭读家训，日常亦按家训要求子孙。钱学森之父钱均夫曾说："我们钱氏家族代代克勤克俭，对子女要求极严，或许是受祖先家训的影响。"钱伟长也说："我们钱氏家族，十分注意家教，有家训的指引，家庭教育有方，故后人得益很大。"

其二，读书重教，求知为先。钱氏家族始终把读书求知放在第一位，十分重视对子女的教育。他们把"子孙虽愚，诗书须读"作为人生的座右铭，致使"好读书"的家学渊源相传至今。钱玄同父子、钱均夫父子、钱穆叔侄等钱氏后代，均为勤奋好学的典型。据钱穆晚年回忆，他生平所见"治学最勤，用力最够"的学者，是钱基博。而钱穆作为"中国文化的守夜人"也是生命不息，读书不止，他对儿孙的谆谆嘱咐是："吃点苦没有什么，我希望你们做好一个中国人，用功读书做学问。"钱钟书在世的最后时光，在医院的病榻上与夫人商量，将稿费、版税积余的1000万人民币，捐献给母校清华大学，设立"好读书奖学金"，资助勤奋读书、生活贫苦的大学生。

其三，互助互爱，提携族人。从宋代开始，钱氏家族就已形成了在族内互帮互助的风气。为了让族中贫困子弟有书可读，《钱氏家训》规定："家富提携宗族，置义塾与公田，岁饥赈济亲朋，筹仁浆与义粟。"在《钱氏家训》教导下，各地钱氏纷纷设义田、义庄，明文规定其中部分田产或盈利，必须用作教育费用。钱伟长少年丧父，就是靠叔父钱穆和宗族义田的救济，才完成学业，终成一代科学大家。当代不少钱氏企业，都以助学方式，帮助族内家境困难的孩子，读完大学。

由钱镠开创吴越国，五代为钱王，对江南的繁荣和发展，做过不可磨灭的贡献。尔后，主动归顺中原，和平纳入宋朝版图，甚为宋代官员所称道。宋人在编《百家姓》时，将钱氏列在皇家赵姓之后，"赵钱孙李，周吴郑王"，已成了千百年来，百姓耳熟能详的习惯语，足见钱氏家族在人们心目中的崇高地位。

钱塘钱氏宗族绵延千年，历代均有大量杰出人才问世，这是我国宗族史上一朵光彩夺目的奇葩。其珍贵的历史经验，值得我们去探讨和总结。

荣毅仁与无锡荣氏家族

无锡西乡的荣巷，是我国民族资本家荣氏的故里。20世纪20年代，"三新财团"是一个让人眼前一亮的响亮名称，它就是荣宗敬和荣德生兄弟历经数十年打造的"茂新""福新""申新"的统称。"三新财团"雄踞我国面粉业、棉纱业之首，其面粉产量约占全国的四分之一，棉纱产量约占全国的七分之二。荣氏被称作"面粉大王"和"棉纱大王"。

1986年，邓小平在接见来自海内外的荣氏亲属时，曾说过："你们荣家从整个历史角度来看，对发展民族工业作了贡献，是有功的，是推动历史前进的。"

我们在这里对近现代无锡荣氏家族的兴起及其投身民族工业的历程，作一个简明的考察。

一、苏南福地　孕育巨贾

荣氏并非土生土长的当地人，其远祖由山东迁徙至无锡。祖籍山东汶上，是孔子七十二门徒之一荣子旗的后裔，近祖为宋真宗时，济州任城人进士荣湮。荣湮的第十四代孙荣清，字逸泉，号水濂，虽出身官宦，却不愿从仕。明正统初年，与友人南下观光，经金陵抵无锡，登上惠山，见太湖碧波荡漾，梁溪两岸郁郁葱葱，风光如画，景色宜人，遂决定卜居惠山南麓梁溪河旁的长清里。荣清有三子，依次分段居住，分别称之"上荣""中荣""下荣"，统称"荣巷"。后来，这里便成了无锡西乡的一个重要集镇。

朝廷曾授荣清著作郎官衔，荣清没有接受，一直以耕读为生。他给后代立下家训："以耕读为业，潜德勿曜，不走仕途。"

历经数百年风雨，到荣宗敬、荣德生祖父荣锡畴时，下荣荣家已沦为贫寒人家。荣锡畴先在梁溪河以摆渡为生，后在上海、无锡两地，用小船贩运货物，渐有盈利。最后，积攒了一份小康之家的家产。

洪秀全金田起义后，进兵江南，无锡濒临战乱，整个荣巷被战火焚烧，荣锡畴全家大多在战火中丧生，唯有二儿子荣熙泰在上海铁肆当学徒，幸免于难，当时荣熙泰才14岁。

十年后，荣熙泰娶无锡富安乡石巷村石氏为妻，生有荣宗敬、荣德生两子。

正是荣宗敬、荣德生兄弟两人艰苦创业，大力开拓，迎来了大兴实业的春天，在我国近代民族工业发展史上写下了辉煌的一页。

二、兄弟并肩　驰骋商海

荣宗敬、荣德生兄弟，是荣家经济勃起的两大支柱。无锡荣氏由寻常百姓人家，一跃而成江南工商巨富，荣宗敬、荣德生兄弟立下了丰功伟绩。

荣氏兄弟的父亲荣熙泰，为人聪明伶俐，勤奋好学。由于家境衰落，便到上海一家铁匠铺当学徒。几年后，被提拔为会计，做账房先生。为了寻求机遇，荣熙泰从江浙辗转至广东，巧遇族叔荣俊业，荣俊业正在张之洞营务处中做幕僚，人脉深厚。荣俊业与太仓的富户朱仲甫关系密切。朱仲甫24岁捐了候补道台，一直未获实缺。荣俊业推荐他做了广东厘金局总办。厘金局又称厘捐局，为清政府对通过国内水陆渠道的货物设立关卡，征收捐税的机构。得此肥缺，朱仲甫对荣俊业感恩有加，想方设法投桃报李，得知荣熙泰尚无工作，便安排他到三水县（今佛山市三水区）厘金局任司账。荣熙泰能力出众，深得朱仲甫器重，每逢调任，均将其带在身边。

荣熙泰之妻石氏，出身农家，贤惠勤劳，嫁至荣家后，利用自家的土地植桑养蚕，纺织缝制，补贴家用。她为熙泰育有两子，长子宗敬，生于同治十二年（1873），次子德生生于光绪元年（1875）。丈夫常年在外谋生，石氏就主动担当起侍奉尊长和养育儿女的重任。兄弟俩仅差两岁，从小就在一起，互相帮衬。因家境清贫，兄弟俩六七岁便跟外祖母学扎黄纸钱，换回几个铜板以补零用。十二三岁便帮助母亲做些农活，采桑种菜，样样都干，养成了热爱劳动的好习惯。

同胞手足，却性格迥异。宗敬天资聪颖，14岁便被父亲送到上海南市铁锚厂当学徒，次年又被送到上海永街豫源钱庄当学徒。为人要强，办事认真。当学徒时，起早摸黑，端茶送水，不仅照顾老板起居，还得给小东家洗尿布，名为学徒，实为佣工。老板一日提供三餐，发点零花钱仅够洗澡理发，如此状况，使得宗敬愈发勤奋，练习珠算、记账常至深夜。因过度操劳，曾得伤寒病，虽保住了性命，却影响了发育，个子从此长得不高。三年学徒，遍尝艰辛，由此也摸透了金融市场的运行规则和资金调拨的技巧。此后，他到上海森泰蓉钱庄做了一名跑街，专管无锡、江阴、宜兴三地汇总收解业务，开始踏上商业江湖。

相比之下，老二德生木讷寡言，显得十分老实本分，甚至有些"不太灵光"。到了6岁，尚不会讲话，被怀疑为"天生哑巴"，还曾被人称为"二木头"。但德生其实并不愚昧，开始识字时，认字能力极强，有博闻强识、过目不忘之能，深得教书先生的赞赏。14岁离开私塾，被其兄引荐到上海通顺钱庄习业。

上海钱庄界有一传统做法，逢年过节，必在门前贴上票号、庄名，以图吉利。这项工作通常由学徒完成。德生深感办事求人不如求己，习业间隙常苦练写字。三年期满，不仅能打一手好算盘，还会写一手漂亮的毛笔字。事业有成后，荣氏在家乡兴建梅园，而"梅园"两字，则由荣德生亲笔题书，字迹端正，颇富韵味。这一题名至今犹在，凡亲历梅园的游客，都可驻足鉴赏。

荣德生在上海钱庄的工作表现深得老板赏识，希望他继续留用，但德生为了多跑些码头，以扩大眼界，随父到了广东。经朱仲甫安排，在三水县厘金局做了帮账，办理进口税务，因在上海习业得到历练，德生很快就适应了新的工作。

1894年，荣宗敬所在的森泰蓉钱庄出现巨额亏损，宣告歇业。初涉商界的荣宗敬在这次钱庄倒闭中，认识到了市场的翻云覆雨，丢掉饭碗后索性返乡闲居。

1895年荣熙泰任满，因连年奔波得了重病。此时，朱仲甫调离，荣熙泰亦未接到续任通知，遂与次子德生一道回无锡养病，父子三人，在乡闲居无事，开始谋划出路。此时，又兴起一波兴业浪潮，市场上出现了巨大的资金需求，催生钱庄生意转为火爆。1896年春，父子三人商议一番，认为此事本小利大，有利可图。便融资1500银圆办起广生钱庄，取名"广生"，寄托了财源广进的美好祈盼。先在上海立住脚跟，又在无锡设立分店。钱庄开办才半年，荣熙泰因重病辞世，给儿子们留下了"固守稳健，谨慎行事，决不投机"的从商遗训。

父亲去世后，兄弟二人谨从其父遗训，克勤克俭，艰难经营。一年下来，扣除各项开支，几乎没有盈余。合伙的其他三人，见无利可图，便提出退股。兄弟二人东挪西借，终将三名股东的股本1500银圆如数退还。这样，广生钱庄便成了荣家独资经营的。因北方时局动荡，大批客商到沪购面粉，汇兑活跃，荣氏兄弟两年获利近20000元。江浙一带为丝绸重镇，蚕丝需求巨大。荣氏兄弟便拓展业务，开设公鼎昌茧行，价格公道，诚信经营，积累起名声，茧行生意兴隆，每年可从中获利两三千元。虽获利可观，但上海钱庄众多，生存确实不易。1898年，荣德生应朱仲甫之邀，再赴粤，到三水县厘金局做总账。广生钱庄由荣宗敬掌管。荣德生常逛书店，购到一本《美国十大富豪传》，阅读中了解到洛克菲勒、约翰·卡内基等美国著名资本家的创业经历，增强了走实业发家新路之决心。荣德生在三水任职不久，便决心返乡创业。当时，从广州到无锡多从水路，由香港乘船至上海，再由上海转道抵无锡。荣德生途经香港，见英国货轮装满了堆积如山的面粉，深感面粉业未来有很大发展商机，遂产生了创办面粉厂的愿望。到家，与兄一谈，两人不谋而合。于是，开始着手创办面粉厂。

当时，中国仅有四家面粉厂，分别为：轮船招商局总办朱其昂在天津创办的贻来牟面粉厂、洋务知识分子章维藩在芜湖开设的益新米面机器公司、皖人孙多森兄弟在上海筹建的阜丰面粉厂、英商在上海开办的增裕面粉厂。

办面粉厂需到国外购置批量的机器。当时，磨面机以美国货最佳，但价格高得令人咋舌，全套需10万银圆，最便宜的是法国石磨面粉机，每台仅数千银圆，多为初涉此行者采用。购入机器需付出一大笔资金。吸纳大股，筹措启动资金，成了荣氏兄弟当务之急。此时，朱仲甫正赋闲在家，荣氏兄弟上门做其工作，朱仲甫颇有兴趣，出资1.5万银圆，占股50%，荣氏兄弟各出资3000银圆，各占股10%。其余30%，另行招股，亦很快如愿。这样，建厂资金很快解决。

他们在无锡西门外三面环水的太保墩，购入薄田17亩，用作建厂之地。订购了四台法国石磨、两部麦筛、两部粉筛，生产设备大体到位。然而，就在工厂开工之际，却遭到地方豪绅无理阻挠，放出种种谣言，说什么"工厂额外占用田地，侵占私产""烟囱正对大成殿和学宫，败坏地方文风"。荣氏兄弟只得请朱仲甫出面找江苏抚台陈述，江苏抚台向偏袒地方豪绅的无锡知县施压，才达成协议。保兴面粉厂于1902年3月17日正式开工。兴业一年，销路尚未完全打开，年终盘点，收支两抵，几无分红。此时，朱仲甫接到旧僚邀请，决定重返广东，要求撤回投资。祝兰舫，在英怡和洋行做买办，家底殷实，颇具商业眼光，他想全资收购保兴厂。荣氏兄弟认定面粉厂日后必有发展，不愿中断兴业。于是，荣氏兄弟增股至2.4万银圆，祝兰舫认购4000银圆，其余股东亦有不同程度的增持，填补了因朱仲甫退出造成的股份空白。1903年，面粉厂更新为"茂新面粉厂"，从此步入"茂新"时代。

1904年，日俄战争爆发，东三省陷入战火，正常生产和经营秩序遭到破坏，以面食为主的广阔地区面粉需求量猛增。茂新面粉厂趁机派人到东北推销，很快占领东北市场。茂新面临求大于供的有利局面。荣氏兄弟利用祝兰舫的关系，以分期付款方式向怡和洋行订购6台18寸英国铜磨，经数月改造将日产能从原来的500包面粉提升到800包，经上海港，源源不断运往东北，营业额大增，每日获纯利500两白银。1904年年底盘点，共赚白银达6.6万两。依靠东北市场大赢，再着力耕耘华东市场，茂新面粉厂在面粉制造业中迅速脱颖而出。

1909年，得知美国恒丰洋行在沪出售新式面粉机，可办理分期贷款业务。荣氏兄弟决定采购18部新机，一举将产能提高9倍，面粉质量亦随之提高，销路趋旺。两兄弟决定改进包装，统一商标，推出"兵船"品牌，大幅度占领市场，使"兵船牌"面粉成为众人称道的国产品牌。

荣氏兄弟一向认为："发展实业，应从吃穿两门入手。"开办纱厂，亦是他们心中的盘算。早在1903年，荣德生趁到杭州出差之机，考察了一家纱厂的生产，越发坚定了办纱厂的决心。1905年，荣氏兄弟和无锡富商荣瑞馨等人，集资27.08万银圆，购入28台英国纱机，创办振新纱厂。开始因经营不善，导致严重亏损。经股东大会决定，荣宗敬任董事长，荣德生任经理，大力整顿企业，一年后扭亏为盈，所出"球鹤牌"棉纱质优价廉，在沪市场，可同日本"蓝鱼牌"相匹敌。

正当人们沉浸在股价升值的欢乐中，1910年6月，伦敦的橡胶交易价格突然逆势下跌，上海的橡皮股票亦受波及。荣瑞馨曾从事橡皮股票投机，橡皮股票红火时，不惜向汇丰银行举债，大量购入，泡沫破裂后，不仅血本无归，还面临银行逼债。为解燃眉之急，荣瑞馨擅自将振新纱厂地契给汇丰银行作抵押，直到衙门发来传票，荣氏兄弟才察觉问题严重。他们一面向衙门求情，一面四处借款，才凑足16万两白银，将地契从汇丰银行赎回。为了摆脱面临的危机，荣氏兄弟决定"自断一臂"，将广生钱庄收盘停业，将有限资金用于还债和盘活企业，从此，专注于棉纱业和面粉业的生产和经营。

1911年，中华民国成立，次年民国政府在北平召开全国临时工商会议，荣德生以无锡商会会员的身份与上百名全国代表与会。会上，荣德生就发展民族工商业提出三项议案，获得极大认可，报纸纷纷转载。议案中提出："实业基础巩固之时，即国家财源发旺之日，而国亦入于富强之域"，"举国注重国货，不重奢侈，使金银勿流于外国"。让人耳目一新。

荣宗敬认为，办厂与滚雪球是一个道理。他说："采取'驴打滚'的办法，在推进中不断发展。这样，别人尚在彷徨，我已发展壮大。"为了解决资金短缺的困难，他采取了多种办法筹集资金。首先，少发股息，不分红利，将工厂盈余转为建设资金。其次，建立职工储蓄所，吸纳闲散资金。再次，投资钱庄、银行，以股东身份，调动大批资金。由于资金运作流畅，迅速抢占市场，从1914年至1918年，荣氏面粉厂日产能从13900袋，提升至42000袋。随着资本扩大，荣氏开始向外埠进军。1919年，在九省通衢的武汉，筹建福新五厂，两年后投产，日夜出产面粉6000袋，于武汉三镇独领风骚。福新五厂开工之际，荣氏又赴济南兴建茂新四厂，一年后投产，日产面粉3000袋，比济南本地三家面粉厂总和还要多。历经数年的资本扩张以及数地兴办面粉厂，荣氏兄弟独领风骚，成了名副其实的面粉大王。

在棉纱业的创业中，当初荣瑞馨出面请荣氏兄弟掌管振新纱厂，尔后又找借口罢黜二人。1914年秋，关于发展计划的纷争上升至诉讼。此时，荣氏兄弟深感无法留在振新。年底，在无锡商会见证下，荣氏将振新股份与荣瑞馨所持茂新股份互换，尚余3万元留在振新，以示不忘创业之情。从振新退出，荣氏得到一个重要经验：稳定的组织结构是正常经营的保障，必须在企业拥有绝对控股权。为发展棉纱业，荣氏决心重新招股，自己保持55%，另一友人持25%，余下20%为散户持有。他们集资20余万，进口36台英国纱机，开办新的纱厂，定名为"上海申新纺织厂"。开工仅两个月，年底即实现2万元盈余。且利润节节攀高，到1916年达11万元，1919年达100万元。荣氏以40万买下恒昌源，更名为申新二厂，经一番改造，与1919年3月正式投产。接着，又在无锡振新纱厂旁觅得土地，建成申新三厂。还在汉口投资

150万元，筹建规模宏大的申新四厂。1922年3月，申新三厂、四厂同时开工，战果喜人。申新各厂出品的"人钟牌"棉纱，质量上乘，广受欢迎，畅销国内市场，为荣氏兄弟赢得"棉纱大王"的美誉。

荣氏兄弟自1902年投资实业，从资本3万元的保兴面粉厂起步，到1922年，历经20个年头，资本已发展至上千万，成了拥有近20家面粉、棉纱工厂的产业巨头，为数十万员工提供了劳动岗位。

1921年，上海江西路耸立了一座英国城堡式建筑，办公大楼高三层，占地2.8亩，楼顶公司旗帜迎风招展，十分气派，这就是荣氏所属的三新大厦。那时，在沪上，恐怕唯有"状元企业家"张謇的南通大厦方可与之比肩。

荣氏兄弟创办工厂的辉煌业绩，被赞为"国内实业界的骑士"。他们的创业故事，被日本人写入小学课本。

荣宗敬十分注重投资，也很善于理财。他曾对身边人的说："有本事的商人，用一个铜板的本钱做三个铜板的生意，而我荣宗敬用一个铜板的本钱，却要做出十个铜板的生意来。"他苦心经营，有效地实现了资本扩张，不断壮大企业。截至1932年，申新纱厂生产能力，已占全国民资的五分之一，茂新、福新的生产规模，占全国面粉市场的三分之一。1933年，荣宗敬六十大寿时，曾自豪地说："如今中国人，有一半是吃我的，穿我的。"

从1925年到1931年，六年间，正是棉纱业低谷徘徊时期，荣氏的"申新系"却迅速壮大，新增五厂，扩展至九家工厂，纱锭达52.15万枚，布机5000余台，冠绝全国。而这五家新厂，几乎全靠贷款收购。荣宗敬选择的这条举债扩张之路，若在和平时期，或许能创造商业奇迹，不幸的是，战乱频发，市场波动，使荣氏面临破产的厄运。为了渡过难关，荣宗敬向国民党政府实业部、财政部、棉业统制委员会呼吁，拯救企业，准许申新发行500万公司债，由政府保息。当时的国民党实业部部长陈公博对此表现出超乎寻常的兴趣，他组织了对申新和三新总公司的调查，提出了"整理"方案，主张由政府供给300万元作营运资本，将"申新"纳入政府管理。荣宗敬一眼看穿了陈公博的意图，"他们想拿300万夺去我八九千万的基业"。于是，荣宗敬致电蒋介石、孔祥熙痛陈实业部不良用心，又动员国民党元老出面解救。最后，荣宗敬以出让申新部分权益为代价，与中国银行、上海商业储备银行达成借款合同，依靠银行垫款开工，使停工多日的申新各厂，又传来了机器声。

　　然而，棉花减产，洋纱倾销，使棉纱业仍未能走出危机。1935年春，荣宗敬将亏空巨大的申新二厂、五厂暂行停工，导致4000多名工人失业，面对巨大压力，荣宗敬只得找刚刚履任中国银行董事长的宋子文求援。宋子文既不爽快答应，也不明确拒绝，最后对荣氏这样说："申新这样困难，你不要管了，你家里每月2000元的开销由我负责。"宋子文甚至当面表态，将任命中国银行高管霍宝树为申新总经理。宋子文这一番表态，充分暴露了他妄图侵吞荣家资产的狼子野心。到了1936年秋，各地棉花丰收，收购价直线下跌，消费市场也日渐活跃，棉纱、布匹价格开始上扬，持续四年的"棉贵纱贱"的困境有了转机，三新企业又呈现兴旺景象。

　　1937年7月7日，卢沟桥事变发生，抗日战争全面爆发。沿海企业纷纷内迁。荣氏决定将无锡郊外的申新三厂做"开路先锋"，实施拆迁。当装着申新三厂第一批纱机、布机的船队行至镇江时，镇守海关的国民党军强行征收关税，船队被挡在关外。一个月后，第二批船队抵达，再次遇阻，直至无锡沦陷，船仍未驶出镇江。最终，除了三千担棉花转运上海租界，申新三厂资产被日军洗劫一空。

　　淞沪会战爆发，上海火车站附近的仓库被日军炮火击中，所存面粉、小麦全被毁。尔后，茂新一厂被日军焚毁，二厂被日军占用。位于周家桥的申新一厂、八厂均遭日机轰炸，位于杨树浦的申新五、六、七厂亦惨遭日机炸毁。申新八厂，为装备最精良的工厂，其产品可与日纱相匹敌，向为日商忌恨。被炸后，日商趁机派人将126台英式精纺机砸碎。据估计，申新一厂、八厂固定资产损失达383万法币，间接物资损失达134万法币，两者合计超过500万法币。此外，茂新、福新遭受的打击亦不亚于申新。至此，荣氏企业有三分之二被毁。此时，荣德生避难汉口，负责外埠事务。荣宗敬将所剩不多的企业迁入公共租界，图谋再起。那时，社会上出现了一个名为"上海市民协会"的组织，打着"救济难民""重理旧业"的旗号，向荣宗敬伸出了"橄榄枝"。开始，在日军淫威下，他将恢复企业的希望，寄托在这个组织上，很快荣宗敬发现自己犯了一个重大失误。该组织是日军控制下的傀儡，绝没有好的下场。于是乘船匆匆离开上海，赴香港避难。对于一个65岁老人来说，目睹半生兴建的事业被毁，加之恐惧、劳累，抵港不久，即染病住院。1938年2月10日，荣宗敬，一个一生要强的精明商人，因脑溢血辞世，弥留之际尚勉力呼喊："申新复业！"

荣宗敬去世，复兴企业的重任自然落到了荣德生的身上。依据长房、次房之别和各人所长，荣德生对三新总公司的人事做了安排：荣鸿元、荣伟仁任经理，荣鸿三、荣尔仁为协理。荣鸿元、荣鸿三为荣宗敬之子；荣伟仁、荣尔仁为荣德生之子。考虑到复兴三新，尚需时日，荣德生于1941年，建立天元实业公司，独立于三新公司，经营进出口业务。长房一门趁战乱地价贬值之机，做起房地产生意，收益丰厚。二房之中，长子荣伟仁最先崭露头角，却因过于劳累，英年早逝。次子荣尔仁承担重任。1943年被派往重庆，联系当权政要，批准恢复三新总公司，获任三新总公司总经理之职，在名义上成为家族掌舵者。荣尔仁踌躇满志地提出"大申新计划"。不仅振兴面粉、棉纱，还把触角伸向水泥业。此计划招致荣鸿元、大姐夫李国伟等人的反对，不久流产。荣鸿元与宋子文相近，不甘心荣尔仁做大，利用宋氏做靠山，试图将三新公司重收自己门下。大姐夫李国伟主掌内迁企业申四，经营有方，并收复众多亏损企业，已发展为独立系统，也不愿受荣尔仁摆布。家族中的种种矛盾，使荣尔仁难以实现统一指挥。"大申新计划"破灭后，荣鸿元设法入主三新总公司，控制申新一、六、七、九厂；荣德生管辖申新二、三、五厂及茂新一、二、三、四厂；李国伟掌控申四、福五系统。荣氏企业，实际上已分裂为三大体系。

1946年4月25日，荣德生乘专车赴总公司上班，行至弄堂口，突然被埋伏于此的匪徒劫持，这就是轰动上海滩的荣德生被绑架案。此案形迹可疑，种种迹象表明与上海警署有关。荣家不得不拿出60万美元，才使荣德生平安返家。

1948年9月4日，国民党政府又以荣鸿元私套外汇、囤积居奇为由，将其逮捕。事因荣鸿元与盛亨洋行签订合同，购买印度棉花1500包，首付定金18万港币，不料此信为警察局查获，遂以私套外汇为名，敲诈荣家，得逞后此案被搁置。是年8月，蒋经国在沪开展"打虎行动"，又牵出此案，趁机向荣家开刀。为救荣鸿元，荣家四处奔波，不惜层层贿赂，前后花费达50万美金，最终于1948年11月，才使荣鸿元保释出狱。荣德生在日记中沉痛的写道："侄之不慎，法之不法，可悲亦复可恨？天下之乱，从此始矣！"美国学者费正清在《剑桥中国史》中指出："在中国这部历史长剧的发展中，中国商人阶级，没有占据显要位置。它只是一个配角——也许有几句台词——听命于帝王、官僚、外交官、将军、宣传家和党魁的摆布。"以荣氏家族为代表的民族资本家，想大力发展民族工业，在中国这片土地上实属不易，他们要遭受多少挤压和打击。

经商之路实非平坦，有时亦会发生令人扼腕的悲剧。荣德生的六子荣纪仁，1923年生，曾在重庆商船学校学习，后赴美留学，抗战胜利后回国。1945年荣毅仁重建无锡茂新面粉一厂时，荣纪仁是复工筹备处主任。因遇到困难较多，身体又羸弱，大病了一场。1948年春，回厂工作，遭遇厂内各种棘手问题，荣纪仁很不适应，内心极为烦闷。年仅26岁的荣纪仁就以开枪自杀的方式，结束了年轻的生命。

三、明智抉择　步入政坛

荣毅仁，出生于1916年，荣德生的四子。从小受过良好教育，毕业于上海圣约翰大学历史系。先后在茂新面粉公司、上海合丰企业公司、大新贸易公司、三新银行经过一番历练，继承了父辈的经商天赋，办事极为出色，很快便从同辈中脱颖而出。抗战胜利后，因连年战乱，粮食空前紧张。当政者建议由面粉商出面代购，以防刺激粮价上涨。荣毅仁代表茂新与粮食部签订协议，以茂新名义收购小麦。与此同时，茂新迅速控制淮南地区麦源，还以低价购入日本人遗留下的大批原麦。货源充足，荣氏面粉迅速占领了广大市场，带来了滚滚财源，在恢复家族面粉业的同时，荣毅仁声名鹊起，成为荣氏第二代的领军人物。然而，就在此时，危机也在悄然逼近。

1948年，国民党部队在东北战场一败涂地，党内互相指责，荣毅仁竟成了替罪羊。他们向荣毅仁提起公诉，指控他卖给政府的面粉腐烂变质，致使前线士兵食后拉肚子，导致东北战局失利。借此事端，当局趁机勒索巨额赔款，扬言如不缴纳，首次庭审便将荣毅仁拘押。刀下之俎，只能逆来顺受，荣家被逼送上10根金条，5000元美金，方使闹剧暂且收场。

就在荣毅仁被国民党当局迫害、勒索之际，中国正在发生翻天覆地的变化。1949年5月12日，"打过长江去，解放全中国"的声音，已传到上海郊外。人民解放军第三野战军已对上海形成包围之势。风雷激荡，国民党高层退守台湾，他们纷纷为自己寻找后路，反而放过了荣毅仁一马。此时，上海工商界亦密切关注时局变化，采取各种不同对策。荣氏家族的成员，各自都有一套应变方案。荣德生的大女婿李国伟，采取"拆、抽、截"计划，步步为营，将申四资产转移至香港；其大侄儿荣鸿元将国内资产转让他人，自己到香港开设大元纱厂；其二儿子荣尔仁与宋子文共同在广州组建第二纺织厂，后亦出走。荣氏家族大多选择香港为中转站，随后迁至海外。据不完全统计，荣氏一族裹挟至海外的棉纱、棉布、黄金以及各种外币，总价值不低于人民币1580万元。

如果说撤沪赴港为荣氏家族的大趋势，然而74岁的荣德生却不愿离乡出走。生性淡泊的荣德生十分喜爱无锡乡间田园瓦舍的生活，对香港乃至海外的荣华富贵丝毫不感兴趣。当子侄辈纷纷劝他外迁时，荣德生毅然决然地表态："我非但决不离沪，且决不离乡，希望大家也万勿离国他住。"

在父亲的鼓励和支持下，荣毅仁决定留下，坚守上海。上海解放后，市长陈毅立即在外滩的中国银行大楼，邀请实业界著名人士举行座谈会，荣毅仁亦在其中。会上，陈毅操着四川口音，坦诚地对大家说："我知道，你们对共产党是怕的，其实没什么可怕。你们看我们今天到会的几位同志，大概不像是青面獠牙、杀人放火之徒吧？"接着陈毅详细介绍了党的相关政策，表示工商界安心复业，"今后你们有什么问题，可以随时与我们约谈"。几天后，潘汉年邀请荣毅仁、刘靖基、盛丕华在一所大庄园进行非正式会晤，谈话内容从市场行情、经济大势到个人家世、兴趣爱好，气氛十分融洽。作为礼貌，荣毅仁亦回请陈毅和潘汉年到家中，共进晚餐。几番会面，增进了了解，坚定了荣毅仁继续兴办实业的信心。此时，福新、茂新、申新因资金困难，开工不足，市场萎缩，正处于低谷。"三新系"内劳资纠纷时有发生，荣毅仁只身面对，承担了巨大压力。

1949年临近春节之时，国民党飞机轰炸上海，导致工厂停工，秩序混乱，"三新系"面临严重困难，发不出工资，工人意见很大。申新六厂一群性情冲动的青年工人，闯入荣宅，堵在客厅，大有"拿不到工资，不出荣家门"之势。潘汉年得知此事，安排荣毅仁在上海大厦暂住，让上海总工会出面做工作，还帮申六申请贷款，给工人发放工资，事态很快平息。此事对荣家触动很大，如果换上国民党官员，不仅不会帮助调解，甚至会趁乱索取，真是两重天地，大有不同。

第二年春天，全国税务工作会议在北京举行，荣毅仁作为工商界代表参加，并在会上坦陈自己对改进税收工作的看法。一个多月后，荣毅仁作为民主人士，再次赴京，参加全国政协一届二次会议。会前，毛泽东在中南海颐年堂设宴款待工商界代表。周总理向毛主席介绍荣毅仁，毛主席握住荣毅仁的手，颇有风趣地说："荣先生，你是大资本家呀！欢迎你。"周总理也在一旁打趣："他是中国民族资本家中的'少壮派'。"

中华人民共和国成立之初，荣德生常住无锡乡里，生活十分恬淡，尽管人民政府对他十分尊重，让他荣任全国政协委员、全国工商联合会筹委会委员、苏南行政公署副主任等职，但荣德生极少过问俗务，将家族事务全权交给荣毅仁，自己则在家中练字、读书、养老。

荣德生"以小博大，以一文钱做三文钱事"，创立了庞大的家业。但他做人十分低调，决不因财多而张扬。有一次，荣氏家族开祠堂酒，族长请荣德生在宴席上坐首位，荣德生断然拒绝，对众人说："钱不等于地位，我应当坐第几位置就坐第几个。你虽然没我有钱，但'人穷不让辈'，我没资格坐这个位置。"这个真实的故事，说明荣德生十分明理，很注重自身的修养。

1952年5月，荣德生身染紫斑病，多方医治无效，撒手归天。临终前，口述遗嘱，叮嘱海内外荣氏子女，关心国家建设，为祖国出力。苏南行政公署主任管文蔚在悼词中说："荣德生的一生，是为开发民族工商业奋斗的一生，他是一个事业心很强的人，有和困难搏斗的精神，是一位爱国主义者，是一位民族工商业家。"

其父逝世后，荣毅仁遵父"为祖国出力"的遗嘱，积极投身国内建设。

1953年春，全国政协一届四次会议期间，荣毅仁和郭棣活再次受到毛主席接见。毛主席意味深长地对他俩说："你们两位能否在内地生个儿子？"荣、郭当即计划筹建一纺织厂，后因形势变化，由申新、永安公司出资与国有经济联合建厂。四年后，总投资3300万元的安徽第一纺织厂建成投产。国有股仅占25%，75%的股份由荣毅仁、郭棣活承担。

1953年秋，中央提出过渡时期总路线，要求在10至15年内，甚至更长时间完成对农业、手工业、资本主义工商业的社会主义改造。为了加强对市场管理，政府随即对粮食、棉花等关系国计民生的商品实行计划收购和计划供应，这便意味着荣氏半百基业将改名换姓，对此荣毅仁既困惑又苦恼。正当举棋不定之际，陈毅市长又一次开导荣毅仁，要他胆大走正路，前途一定是光明的。1953年将结束之时，申新旗下广州二厂向广州市委递交公私合营申请书，迈开了社会主义改造的步伐。1954年3月18日，申新总管理处授权总经理荣毅仁办理申二、申三合营事业。4月14日，申新召开股东大会，许多股东担心财务无保证，表示难以理解。荣毅仁在会上奉劝大家："社会主义是大势所趋，不走也得走。只要接受改造，大家都会有饭吃、有工作，而且可以保留消费财产。"在荣毅仁的劝说下，会议最终决定，由他申请办理公私合营手续。5月31日，荣毅仁提出的公私合营申请被批准，他被任命为申新合营后的总经理。1956年底，全国范围的资本主义工商业改造基本结束。因在这场运动中荣毅仁所发挥的带头作用，他赢得了"红色资本家"的称号。

1957年春节，已调北京任国务院副总理的陈毅，从北京赶回上海，参加即将召开的上海党员大会。他在大会上说："我这次回来，毛主席交给我一个特殊任务，希望我和上海的同志能够选荣毅仁为副市长，都投他一票。"陈毅还说："毛主席说了，荣氏企业是我国民族资本家中的首户，是中国在国际上唯一一个可以称得起财团的一家。早在新中国成立之初，荣家就一直积极配合党的工作，现在又把全部企业都拿出来和国家合营，这不仅在国内产生了巨大影响，即使是在国际上也产生了轰动。新中国需要人才，需要可以把合营企业搞好的人才，上海要创造经验，完全可以从荣家推选出代表人物来参与市政府的领导。"说完，陈毅当即表态自己要投荣毅仁一票，陈毅还向大家介绍他当市长时的一次经历。中华人民共和国成立不久，一位法国商人到上海访问，点名要和荣毅仁交谈，他们用英语讲了许多，法国人笑逐颜开。后来，陈毅问荣毅仁谈话内容，得知法国人是询问在共产党政权下，生活的如何。荣毅仁对法国人说，如今不用再担心敲诈、绑票，感到一切有奔头，想为国家多做点事，宁愿把定息拿出来，为国家开办工厂。讲到这里，陈毅朗声问与会代表："你们说，把荣毅仁选为副市长该不该?"回答他的是一片热烈的掌声。1957年1月9日，上海市二届人大一次会议闭幕，荣毅仁当选为副市长，主管纺织工业。荣氏家族中，李国伟被选为湖北省人民政府副主席，荣鸿仁出任上海民主青年联合会副秘书长，荣毅仁的六姐荣漱仁当选为上海市妇联执委常委。

1959年8月，荣毅仁被任命为纺织工业部副部长，同时继续担任上海市副市长、全国工商联副主任等职。开始，荣毅仁只分管生产司，从1960年起，主管纺织品出口工作。当时，由于中苏关系转冷，我国纺织品遭到以苏联为首的东欧国家排挤，出口不振，面临向欧美市场出口的转型。荣毅仁针对西方市场特点，利用外交、价格、品质诸因素打开欧美市场。很快，国产棉细纱、府绸、全毛大衣呢、纯毛毛毯、印花丝绸等产品在西方畅销起来。据不完全统计，从1961年至1962年，我国纺织品出口创汇约占全国出口总额的30%，居于首位。

1966年5月，"文化大革命"全面发动，作为"红色资本家"的荣毅仁受到极大的冲击，周总理得知有关消息，指示对荣毅仁采取保护措施，让纺织工业部红卫兵，以带回批斗、交代为名，从北师大附中红卫兵手中解救了荣毅仁夫妇，并送荣毅仁的夫人杨鉴清到积水潭医院治疗。1973年初，中日恢复邦交后，外交部顾问廖承志率团访问日本，周总理力排干扰，促成荣毅仁作为工商界代表随团访日。

1976年，"四人帮"垮台。1977年后，叶剑英多次找荣毅仁谈话，征询他对国内外相关问题的看法，为他正式复出作准备。1978年，中央提名荣毅仁任第五届政协全国委员会副主席，让他为对外开放出力。

1979年元旦过后，恰逢中央统战部邀请各民主党派、工商联代表赴京开会。邓小平提出会见工商界的几位老同志，其中就有荣毅仁。1月17日下午，人民大会堂福建厅非同寻常，邓小平同志正在向五位著名的工商界人士征询发展经济大计。荣毅仁在会上表示："只要国家给我工作，我就做，白天、黑夜，什么时候找我都行。我才六十出头，八十岁还可以做点工作。"荣毅仁还建议说："美国大公司来华还有顾虑，外国朋友建议我们邀请大老板面谈，让他们回去讨论，以改变目前的态度和看法。在美国还有工作要做，可以利用华侨、华裔。"邓小平和五位工商业人士围桌而坐，相谈甚欢。中午已到，小平风趣地说："肚子饿了，该吃饭了，今天我请大家吃涮羊肉。"于是，他们又边吃边议，内心特别舒畅。这就是后来人们常说的"一只火锅，一台大戏"。1979年春，这次"火锅宴"，是邓小平第三次点将荣毅仁。第一次是1959年，点名荣毅仁赴京任纺织工业部副部长。第二次是1978年，让荣毅仁任全国政协副主席。荣毅仁依据多年从商经验意识到，与其像以前那样组建一家单打独斗的公司，不如创办一家国际信托投资公司，因为国际信托投资公司在融资方面有天然的优势，是经济发展的"催化剂"和"融合剂"。几经斟酌，1979年2月，荣毅仁给邓小平写了一封信，正式提出建立"中国国际投资信托公司"的构想。两天后，邓小平批复，华国锋、李先念、陈云等人先后传阅。小平同志还对荣毅仁明确表态："你来带头办实体，搞成对外开放的窗口。人由你找，事由你管，由你负全责。"为了筹办中信公司，荣毅仁召集了数位人士，其中有年过七十的商界老前辈，亦有充满活力的新手。接着，他率团出访欧洲，访问波恩、汉堡、法兰克福、慕尼黑、苏黎世、日内瓦、巴黎等二十多个城市，吸收他们的一些有用的经验。回国后，正式进入筹建工作。一时找不着合适的办公场所，荣毅仁便将自家的四合院辟出一部分，作为中信公司的临时筹办处。一时人来人往，小院顿时热闹起来。

1979年7月1日，全国人大五届二次会议，通过了《中华人民共和国中外合资经营企业法》。7月8日正式公布施行。也就在这一天，新华社发布消息："中国国务院批准中国国际信托投资公司成立。"该公司成立后，吸引了世界各地商人纷纷前来洽谈业务。此时，中信总部已迁至崇文门饭店，累计接待外商达6000余人。

为了产生良好的经济效益，中信公司想到了采取"借鸡生蛋"的办法，选出好的大项目，对外发债融资。

仪征化纤是当时全国规模最大的在建化纤企业。1980年全面展开建设，工程所需8000亩地，全部征用完毕，从德国引进的大批设备、仪器陆续抵达。由于缺乏足够的资金，项目面临下马的危险。在资金不足、进退维谷之际，副总理谷牧发话：钱不够，找荣毅仁。国务院审批通过了中信公司在日本发债融资方案。由日方野村证券作为主承销商，东京银行为代理行，向30家金融机构定向发行100亿日元中信债券，为期12年。日本人看到中信项目潜力巨大，纷纷购入中信债券，很快100亿日元债券被抢购一空。资金充足了，仪征化纤工地，响起了欢腾的机器声。

随着国际交往的日趋频繁，崇文门饭店显然不能完全满足中信的需要，必需另建公司总部。荣毅仁看中了建国门外的一块地，决定自己筹资、自己经营、自己建造，性质为办公兼公寓综合大楼。1982年大厦破土动工，1985年7月交付使用，5万平方米空间，被98家外国银行、公司租赁一空。大厦外墙呈灰黑色，酷似巧克力，被外国人形象地称作"巧克力大厦"。大厦建设成本3000万美元，由银行贷款解决，由于租赁得力，不到三年，便全部还清贷款，从1988年起，每年还可稳定地为总公司赚取1000万美元的租金。

在荣毅仁执掌下，中信发展迅速，自1979年至1986年，短短八年间，中信先后组建中国国际经济咨询公司、中信律师事务所、中信银行、中国租赁有限公司等近百家合资公司。

中信还逐步向海外扩张。1986年向濒临破产的香港嘉华银行注资3.5亿港币，获取该行92.5%的股份，使香港避免了金融市场的动荡。一年后，中信香港以19.36亿港元，收购港股上市公司国泰航空12.5%的股份，成为国泰航空的第三大股东。1989年，中信集团发行5000万美元贷款，与英国大东电报局、香港和记黄埔集团，合资经营"亚洲一号"通信卫星。卫星发射升空，中信成为亚洲地区首家涉足国际商用卫星通讯、运营的公司。1993年，中信集团在美国发行扬基债券，成为中华人民共和国成立后，我国在美国发行的第一笔债券。

1993年3月，第八届全国人民代表大会上，荣毅仁当选为中华人民共和国副主席。随后，在中信第十一届董事会上，荣毅仁辞去董事长之职，与亲手创立并相伴14年的中信挥手作别。

当荣毅仁首选为国家副主席时，德国《柏林日报》发表评论说："首次提升一位商人和百万富翁担任国家副主席职务，不仅仅具有象征意义，它向国内外，特别是向数百万华侨表明中国领导人认真对待改革和向市场经济过渡的决心。"

这位驰名中外的企业家，曾多次面晤前美国国务卿基辛格，甚至成了"博士家中的常客"。基辛格十分欣赏荣毅仁，称荣毅仁是"既了解东方，又了解西方的企业家"。基辛格将苏联改革不利的部分原因，归结为"苏联人面临的最大困难之一，就是他们找不到一个像荣毅仁的企业家"。

2005年，荣毅仁因病告别了这个他曾经创造过辉煌的世界。

四、荣氏子孙　再创辉煌

在我国历史上，有"富不过三代"的禁忌。从荣熙泰开始，经荣宗敬、荣德生，至荣毅仁，已是第三代。到荣毅仁之子荣智健，已是第四代。是不是荣家积累财富的神话已中止了呢？确实没有。从1980年开始，荣智健便在生意场上厮杀，大有其父祖之雄风，甚至成了这个百年巨商家族的"进账大王"。

1944年1月18日，距日本偷袭珍珠港已有一个多月，上海江西路荣公馆内，四房荣毅仁的妻子杨鉴清生下一个男婴。此前，杨鉴清已生有两女，这

287

荣毅仁与无锡荣氏家族

第三胎男孩，为全家带来了欣喜，取名智健。

1946年秋，荣智健便开始了发蒙读书。他就读的学校是中西小学，这所学校为当时上海新式的学校，宋庆龄以及她们三姐妹都是在这里读完小学的。学校中西文并重，培养的学生中英文两支笔都拿得起。祖父荣德生蛰居沪上，喜欢带孙子辈读古书，其中又以"大学之道在明德"说得最多、最详细，不仅讲"德"，而且讲"明"，教育儿孙："只有明德，辨是非，然后努力奋斗，才能事业有成。"

荣智健将满15岁时，完成了小学和初中阶段的学习，进入南洋模范中学读高中。南洋模范中学亦为沪上一所名校，创办人盛宣怀是清末著名的洋务派人士。该校强调中学为体，西学为用，十分重视国文，每年都举行全校国文比赛。学校名师荟萃，校风纯正，曾培养出不少蜚声海外的杰出人才。

17岁时，荣智健出色地完成了中学阶段的学习，选择报考天津大学电机系。之所以选择天津大学，由于天津大学的前身为盛宣怀创办的北洋大学。

1952年全国高校院系调整后，天津大学是全国规模最大的工业大学之一。荣智健如愿地被录取到天津大学电机系，开始了大学的生涯。此时，其父已被调纺织工业部任副部长，北京与天津相隔不远，每逢周末荣智健都可到北京，与父母相聚。

1965年，荣智健完成了大学学业，当时，党号召广大学生到祖国边陲，开发边疆。荣智健一直生活在大城市，过惯舒适生活，毕业之时，他希望到基层锻炼，在艰苦环境中，培养吃苦精神。回家征求父母意见，荣毅仁也认为他年轻，应该到远一点、苦一点的地方去锻炼，也主张儿子下基层，父子意见不谋而合。荣智健被分到水电部某工程局，到吉林长白山区建设水电站。到了小丰满水电站，荣智健担任实习技术员，他勤学好问，天天和工人在一起劳动，在艰苦条件下锻炼着自己。他还坚持在工作中有针对性地读书。每次父母接到他的信，不是让父母寄钱，而是要父母为他买书、寄书。工作之余，他常跑上大堤，看白练悬挂，喷珠溅玉；看江雾蒸腾，野鸭嬉戏。荣智健爱上了小丰满。他曾说："如果没有以后的变故，我也许可能在这里工作，或待上一辈子呢！"

1966年5月，"文化大革命"爆发。荣毅仁这位昔日大资本家，亦面临灭顶之灾。他年过半百，从未干过重活，被造反派勒令推着独轮车，把煤从前院运到后院。荣毅仁患肝炎且眼底出血，未及时诊治，最后造成左眼失明。

由父殃及儿子，荣智健接到调令，让他到三千里外的四川凉山彝族自治州龚咀水电站工作。龚咀水电站于1966年7月初步设计，拟建一座高15米混凝土重力坝，水库总蓄水量18.85亿立方米，装机210万千瓦，年发电量120千瓦，是大渡河第一座大型水电站。荣智健到达之时，正开始兴建。他每天干的全是体力活，生活极为艰苦，远在数千里之外的家人，讯息全无，让他感到十分孤独。就在这最艰难的时刻，他以孟子"天将降大任于斯人"的古训激励自己，寻求心灵的平静。在回忆起这段最困苦的生活时，他深深体会到："当时的经历也不是完全没有好处。当时，我在中国最贫困的地方，接触到下层的群众，使我对中国的实际情况认识更广、更深入。以前家里条件好，又是父母的掌上明珠，就像众星捧月一样，周围的人都只会捧你，使你觉得一切都是那么美好。现在来一百八十度的转变，令我明白起来……自己几乎是一无所能、一无所知。从前以为自己高高在上，但人家把你一推搡，你就应声而倒。因此，经过那几年，我的性格变得更坚强，也更能明白是非，这对我后来的生活、现在做事都有好处。"

1965年，荣智健成家，妻子是当年"汗衫大王"任士刚的孙女任顺弥，尔后生有两男一女。按照荣氏家谱应为"信"字辈，但荣智健记起爷爷对他讲述"大学之道，在于明德"的话，觉得明白事理比"信"更重要。于是，给儿子取名"明杰""明棣"，给女儿取名"明方"。

随着"四人帮"的垮台，荣毅仁的处境不断好转。其子荣智健1972年亦调回北京，参加清华大学电机系的华北电力系统稳定研究工作。1976年7月28日，唐山大地震爆发。电力是城市的生命，恢复电力供应，是大地震的重大任务。荣智健投入唐山大地震后的抢险和电力维修，奋战了数十天，出色地完成了任务。

经历十年浩劫的风风雨雨，荣智健依旧从事他所学的专业，在电子研究所工作。虽然专业对口，学以致用，条件也十分不错，但他却对技术工作逐渐失去兴趣，他血液中扬帆商海的基因在萌动，促使他决心扔下手里的铁饭碗，独身闯一闯"下海经商"之路。

1978年，国家实行开放探亲政策，荣智健第一时间便奔赴香港，在港行商的，有他的堂兄弟荣智鑫。智鑫是大伯父荣伟仁最小的儿子，山川阻隔，当年一同玩耍的两人，如今均步入中年，大家都感叹岁月的流逝。荣智鑫是荣家"智"字辈中，成就最大者。他曾是美国麻省理工学院电子工程专业的高才生，毕业后，在美国电报公司做过三年工程师。1960年回港创业，与三位朋友成立美联烟草公司，取得美国"健牌"香烟在香港的独家代理权，很快便成为香港最有实力的烟草经销商。1970年美联烟草被一家美国企业收购，荣智鑫入账超一亿港元，他用部分资金创建荣文科技公司。

荣智健来港，智鑫之兄智谦亦到住处探望，兄弟三人谈起今后打算，看到内地电子日用品需求甚旺，决定在新界大埔创办一家电子厂，取名"爱卡"，英文ELCAP。先投资300万港元，兄弟三人各出三分之一。荣智健是拿着父母筹集的5000美元闯香港的，要交100万港币作股金，此钱如何着落？荣智健急得去信向父母求救。幸运的是，荣毅仁在香港九龙纱厂、南阳纱厂都占有部分股权，30年来一直未领取股息和分红。他写信给智健，并附上一封亲笔信，让智健持此去纱厂董事会接洽，厂方将股息和红利算出，总数有600万港元。这样，爱卡电子厂顺利开业，项目上马后，因产品质量好，价格合理，顺利打开美国市场，订单源源不断，急需扩大生产。荣智健资金丰厚，遂向爱卡增加投资，将个人股份提高到60%，一举成为控股大股东，不久即当选为总经理。他适时调整了产业结构，将公司主业调到电脑配件领域，集中生产集成电路、电脑随机存储器等优势产品，迎合了市场需求，使爱卡成为制造商眼中"最佳拍档"。从1978年末至1982年，爱卡从一家生产电子表的小厂发展成为颇有名气的计算机配件制造商，走在香港同类行业的前列。就在此时，荣智健作出一个让人目瞪口呆的决定：在全球寻求买家，出售爱卡电子厂。最终，爱卡被一家美国公司买走，以1200万美元成交。这就是荣智健赴港掘得的第一桶金。

在香港四年，从事出口贸易，免不了同各路人物打交道，荣智健的视野豁然开朗，英语交流能力大为增强，他选择赴美国，找唐英生探求发展之路。

唐英生是荣智健五姑父唐熊源之女，现已成为一名声望显著、人脉广泛的IT专家。如若进军IT业，找这个表亲了解行业深浅，会大有收益。唐英生热情相待，领他拜访多家知名公司，还将他引荐给业内朋友，其中包括在微软任工程师的林铭、米歇尔·弗尤尔。在与林铭、米歇尔·弗尤尔的接触中，谈起了CAD技术，荣智健认识到这是一门多维绘图技术，市场前景广阔，他便说服林铭、米歇尔·弗尤尔，三人投资200万美元，在加州圣荷西创办加州自动设计公司，其中荣智健投资120万美元，占股60%，林铭和米歇尔·弗尤尔各投资40万美元，各持股20%。公司成立后，林铭和米歇尔·弗尤尔从微软挖来几名工程师，组成开发团队，很快研发出一系列产品。荣智健利用家族人脉，四处开拓市场，加速产品推广，公司业绩一路飘红，后又登陆美国股市，股价一路飙涨。荣智健将所持原始股全部抛出，套现4800万美元，约3.74亿港元，成为名副其实的亿万富翁。仅仅两年时间，120万投资，获40倍回报，刷新个人投资回报记录。荣智健亦将此视为经商生涯的成名之作。他说："作为一个生意人，我当年最大的成功不是爱卡，而是1982年用爱卡赚的钱，在美国搞的一项创业投资。"

1984年，荣智健返回香港，他深知中国政府收回香港势在必行，香港未来值得期待。此时，香港因前景不明，投资热情减弱，楼市大幅贬值。荣智健乘机大举购入香港物业，以图来日升值。

1985年，中国国际信托投资公司香港分公司（以下简称中信香港）在华润大厦挂名营业。米国钧任总经理，王军、熊向晖为董事。此后，荣智健与中信香港高层交往逐渐频繁，与米国钧、王军的私交也日深。

一边是中信香港急需人才，一边是荣智健暂且尚无具体工作。有人建议他到中信香港谋发展。荣毅仁向来注重企业风气，杜绝任人唯亲，开始不太同意。在众人劝说下，最后同意荣智健来中信香港。王军任公司董事长，荣智健任副董事长兼总经理。第二年，米国钧任董事长，荣智健仍任副董事长兼总经理。

香港地狭人多，交通不便，开辟海底隧道成为缓解交通压力的有效途径。香港公共交通遵循招标投资模式，荣智健建议中信香港参加建设海底隧道的投标，以此趁机介入香港基础设施建设。最终，中信香港独自以3.7亿港元竞得东区隧道10%的股份。而荣智健进入中信香港之后，参与的第一批生意应该是收购国泰航空公司。1987年元月，中信香港以19.36亿港元，收购太古洋行所持国泰12.5%股份，成为其第三大股东。在荣智健的全局计划中，国泰航空仅仅是用作桥梁，通过它与有上百年历史的太古洋行建立联系，这对中信香港今后的发展有非同寻常的作用。1989年12月，中信香港购得港龙航空26.6%股份。对两家航空公司进行整治，将港龙航空公司委托国泰管理，将国泰的北京、上海航线让给港龙航空。这样，垂死挣扎的港龙航空迅速扭亏为盈，1990年当年实现利润1100万港元。

1989年6月，股市震荡，香港电讯股价直线下跌，在企业外迁风潮影响下，几个股东决意出售部分股权。得此讯息，荣智健马上召开董事局会议，建议收购香港电讯，当场获得通过。以香港电讯当时面值，至少需100亿港元，而中信香港仅有20多亿港元现金。中信香港动用一切关系，从数十家外资银行中，贷款54亿港元，又采取融资配股方式，发行10亿港元五年期香港电讯认股权和2.24亿美元零息债券，共筹集资金80多亿港元，完成对香港电讯的收购。中信香港总资产升至200亿港元。英国《世界金融》杂志将这笔交易评为1990年世界最佳融资项目。经此一役，荣智健名震东方。

借壳上升，四两拨千斤，这是荣智健发展产业的高超技能。1990年中信香港以每股1.2港元的价格，购入泰富发展的3.311亿股，获得51%的持股量，尔后又将持股量提升至59.51%，成为泰富发展的控股大股东。后来，荣智健将泰富发展更名为中信泰富，为中信香港上市子公司。这样，中信香港借此打通了股市融资渠道。

恒昌收购战，亦是荣智健在香港商战打得最为精彩的商战之一。恒昌企业业务庞大，跨越贸易、广告、汽修、工程诸多领域，净资产达77.8亿港元。收购恒昌，中信香港高层自认力不从心，持否定态度，荣智健却坚持己见。1991年8月，荣智健联合李嘉诚、郭鹤年等人收购恒昌。10月，荣智健等获得97%的恒昌股份，完成收购。其中中信泰富获得35%股权，将恒昌收入门下，荣智健任董事会主席。次年，中信泰富又将李嘉诚、郭鹤年等股东的股份，悉数收入囊中。这样，中信泰富和荣智健本人持股上升至97.2%。恒昌企业成为中信泰富全资附属公司。1993年6月，中信泰富晋身香港"十大财阀"排行榜第十位。中信泰富在荣智健手中，散发出迷人光彩，经一系列资本运作，净资产到1995年达266亿港元，增长有38倍之多。

改革开放，大大促进了内地经济的发展，对电力的需求十分迫切。荣智健将目光投向内地。2001年11月，中信泰富与华能集团、神华集团、内蒙古电力集团达成合作协议，共同投资100亿，在内蒙古组成北方电力集团有限责任公司，打造超级大型电力企业。尔后，陆续在内地已有近20个发电项目，形成规模优势和产业集聚。1998年下半年，沉寂多年的大陆房地产市场开始火热起来。2001年夏，中信泰富与中远集团联手拿下上海老西门聚集区6.89万平方米建设合同，计划动用15亿资金，打造"老西门新苑""老西门新城"生活社区。又在上海青浦区竞得一处145万平方米地块，开发低密度住宅，还延伸至长三角其他地区，在扬州、无锡等地从事房地产开发，在宁波建成商业中心，冠名中信泰富广场。此外，相继购入上海延安东路隧道、徐浦大桥、南浦大桥、杨浦大桥、沪嘉高速公路等基本项目权益。至2009年秋，上述项目权益全部售完，中信泰富回笼资金61.6亿港元。

2002年秋，《福布斯》杂志刊登了胡润制作的中国富豪榜，60岁的荣智健以8.5亿美元身价当选内地首富。几经曲折，荣氏这个百年家族的第三代企业家，达到了事业的巅峰。对此，某些人颇有微词。荣智健回应说："我已协助中信集团把资产从2.5亿港元，增加到差不多250亿，我为什么不可以也把自己的资产翻一番、翻几番呢？"

在中信泰富调整后的业务版图中，钢铁板块后来者居上，最引人注目。当时的内地，在汽车、机械、基建、家电、房地产等行业的带动下，钢铁产业爆发出旺盛的市场活力。荣智健筹集巨额资产，收购了江阴钢铁厂、湖北新冶钢有限公司、深交所上市公司大冶特殊钢有限公司等多家钢铁企业。2005年，将石家庄钢铁公司收入旗下，由此形成一个支系庞杂的"钢铁王国"。为了解决铁矿石的供应，荣智健将目光投向盛产铁矿的澳大利亚。经漫长的谈判，2006年春，中信泰富获得西澳大利亚某矿区近60亿吨磁铁矿石开采权。接着，荣智健又把触角伸向焦炭运输领域，收购了山东、安徽两处焦炭厂。为了运输方便，特购入12艘12.5万吨载重散装货船，来往于澳大利亚和内地。他甚至计划在长江下游自建码头，成为铁矿石集散中心。然而，世事难料，金融危机不期而至，荣智健携资本之能进军钢铁业，最终都无法摆脱对资本运作路径的依赖，他精心布局的产业宏图尚未完全展开，就被翻云覆雨的资本市场掀下马。荣智健的风格颇似其伯祖父荣宗敬，热衷资本运作，喜于投机而不安分，在瞬息万变的市场中，有时难免也会喝几口水。

荣智健有两子一女。长子荣明杰，从小吃苦不少，敦厚稳健，与荣德生、荣毅仁性格相近；女儿荣明方，性格强悍，作风凌厉，酷似其父；次子荣明棣，为"80后"，开朗阳光，在美受高等教育，曾在摩根士丹利任职。

在荣氏家族中，与荣智健同辈者大多事业有成。荣智鑫创立的荣文科技，2000年与方正公司合并，更名为方正数码；荣智鑫的三姐荣智美，曾任德国尤尼可公司经理，有德国"商界女强人"之称；荣智健二伯荣尔仁的次子荣智宽，为巴西环球公司总裁，在巴西商界享有盛誉。

荣氏家族的后裔，有不少在世界各地经营投资，并且不少取得佳绩。1986年，邓小平提议，趁荣毅仁70岁生日和金婚之际，由中央统战部和中信集团邀请，组织荣氏亲属回国观光，共有二百余人返回祖国，在人民大会堂得到邓小平等国家领导人的接见。这是对一个家族海外亲属的最高礼遇，亦是无锡荣氏家族历史上空前的盛况。

大江滚滚向东流，风流总被雨打风吹去。然而，太湖之滨的百年荣氏家族，历经数代，他们在实业界所创造的辉煌业绩，至今仍然为人民所瞩目，为人们所热论。他们艰苦创业的历史，他们拳拳的爱国之心，他们勇于开拓的精神，都将会感奋着后人，激励着后人去努力拼搏。

邓稼先与怀宁邓氏家族

闻名遐迩的核物理学家邓稼先，出生在安徽怀宁东北一个名叫白麟坂的乡村中。村里有一座名为"铁砚山房"的江南老宅，它是邓稼先的六世祖邓石如建造的住所。邓稼先生活的家庭以书香传世，其祖父邓艺孙，一生从事教育事业，民国六年曾任安徽省教育司司长。其父邓以蛰曾留学日、美。回国后，任清华、北大教授。在美学研究上，有开拓性的贡献。

怀宁白麟坂邓氏家族委实是文化底蕴极为深厚的著名世家。

一、一介布衣　书坛圣师

邓稼先是清代著名书法家邓石如的六世孙。

邓石如（1743—1805），原名琰，号完白山人，《清史稿》有其传。出身耕读世家，祖父、父亲均酷爱书画。

家境贫寒，少时仅读过一年书。10岁辍学，以采樵卖饼为生。

邓家上祖原住于江西，明代朝廷安排大批人口南迁。距今六百多年前，在先祖邓君瑞带领下，举家来到怀宁白麟坂定居。

白麟坂是一个蝉噪林静、鸟鸣山幽的秀美乡村。村中有一座古色古香的民居，那就是邓氏家族的住所，当地百姓称之"邓家大屋"。邓石如因友人赠其四方铁砚，甚为欣喜，遂将自己的书斋命名为"铁砚山房"。此后，这座邓氏民居又有了一个雅号，称之"铁砚山房"。

邓石如自幼就向其父学习书艺，17岁开始以写字、刻印谋生。

21岁，离家求学漫游。乾隆三十九年（1774），在寿春（今寿县），幸遇书法家梁巘，梁巘对邓石如的篆书十分赞赏，称其作品"惊为笔势浑鸷，而未尽得古法"。推荐他到金陵藏书家梅镠的住处，细阅古人之佳作。梅家藏有历代金石善本，让邓石如大长见识。前五年钻研篆书，后三年主修汉隶，书艺大有长进。乾隆四十七年（1782），邓石如在歙县结识了翰林编修张惠言、翰林修撰金榜。金榜精于篆籀之学，对邓石如有较大影响。张惠言和金榜联合向歙县雄村的户部尚书曹文埴介绍了邓石如。曹文埴热情邀请邓石如到京城小住。由此，在京畿结识了一批文人雅士。大学士刘墉、副都御史陆锡熊对邓石如的书法都十分仰慕，称"千数百年无此作矣"。乾隆五十六年（1791），邓石如离京到武昌，任两湖总督毕沅的幕僚。毕沅好客，往来俱衣冠大夫，裘马都丽，唯石如布衣徒步，因感志趣相异，三年后返回故里。邓石如至晚年，书刻均臻化境，"疏处可以走马，密处不便通风，常计白以当黑，奇趣乃出"，倍受时人推重。

邓石如是"开拓万古之心胸，推倒一世之豪杰"的书法巨匠，他在篆书艺术上，有独特之创造。他巧妙地将隶书的笔法用于篆书的书写中，使秦篆那种硬通线条，变成柔和而富于弹性的弧线，获得了既刚健又婀娜的新风格。近代著名学者康有为独赞邓石如书艺，将其推为时代之高标，视为清代书坛的里程碑。

这位从布衣走上书坛的书法艺术大师，一直成为后来者效法之楷模，其后的吴熙载、赵之谦、吴大澂、吴昌硕、黄宾虹等，均为邓篆之习尚者。

直至当代，一些书法名家仍高度肯定邓石如的书法功绩。现代著名书法家沙孟河曾指出："清代书人，共推为卓然大家的，不是东阁学士刘墉，也不是内阁学士翁方纲，偏是那位藤杖芒鞋的邓石如。"

二、学贯中西　耕耘美学

邓稼先之父邓以蛰（1892—1973），字叔存。8岁入本乡私塾，13岁在安庆尚志学堂念书，14岁到芜湖就读于安徽公学，在芜湖逗留约两年时间。16岁东渡日本，在东京宏文学院学习日语，此时与同乡陈独秀结为好友。1917年再度出国，赴美国纽约哥伦比亚大学，攻读哲学与美学。

1923年回国，任北京大学哲学系教授。邓以蛰在北京大学任教时，亦将家迁居北京。先是住北长安街中山公园附近，后搬至丰盛胡同北沟沼甲12号。这是一座大门朝西的四合院平房，院子较宽敞，前院有棵龙爪槐，它给人们带来闲逸与安静，后院有株丁香，它给住户带来清香。后院正中的北房，是邓以蛰读书写作的书屋，正堂上方悬挂"松风水月"四个大字的横匾，并不因它是崇祯的御笔，只因四字切合邓以蛰为人的性情和追求，颇受邓以蛰的尊崇。邓以蛰先生一生轻功名利禄，有强烈的事业心和爱国情怀，追求"松风水月"的恬淡自适的境界。

邓以蛰喜爱实地考察，坚持从探访中寻求新知。1933年至1934年，出游意大利、比利时、西班牙、英、法、德等国，遍访各地艺术博物馆和文化遗址，从事中西艺术比较。回国后，曾在厦门大学、清华大学任教。1952年院系调整，调至北京大学哲学系任教。

1973年5月2日，邓以蛰病逝于北京。其著作，出版有《邓以蛰全集》，共35万字。其中《画理探微》《六法通诠》《书法欣赏》《中国艺术的发展》等，备受艺术界重视。

邓以蛰在论述中国山水画时，提出了"以大观小"的艺术原理。所谓"大"，指"心之所限，庶为无限"的"胸中意境"；"小"，指的是眼之所限的"山水形体"。"以大观小"就是指山水画家创作时，不必局限于眼界中自然之实行，应"胸具丘壑，挥洒自如"。

邓以蛰对"书画同源"说作过深入分析，他指出："评论书画者常说起'书画同源'，实际上二者恐怕是异源同流。字与画只是亲近而已。"他对中国书法十分赞赏，认为书法在所有艺术中，是最不受外界对象所限制的最自由的、最直接诉之于人的心灵的艺术，"不独为美术之一种，而且为纯美术，为艺术之最高境"。

邓以蛰教授学贯中西，有深厚的国学基础，又精通西方艺术，从中西艺术比较中深刻地诠释了中国书画艺术的原理，为建设中国的民族美学，发挥了开拓式的作用，是中国现代美学的奠基人之一，与著名美学家宗白华享有"南宗北邓"之美誉。由于邓以蛰对中国传统书画美学所作的独特贡献，使得他在中国当代美学史上的地位，堪与朱光潜、宗白华两大美学家相比肩。

三、两弹元勋　流芳千古

邓稼先的父亲邓以蛰，是最早在中国研究、传播美学的人，他提倡为民众的艺术，主张通过艺术"澡雪精神"，净化人的心灵。

邓稼先的母亲王淑蠲，贤淑宽厚。其曾祖父亦为文人，本人亦有私塾文化的根底。终年操持家务，坚韧而执着。体贴别人，无微不至。

父母的人格，让邓稼先得到良好的熏陶，从小就懂得明辨是非，努力向上。

1924年6月25日，邓稼先诞生于安徽怀宁白麟坂铁砚山房。刚满八个月，被父亲接到了北京。

邓稼先5岁开始上小学，在离家很近的西城武定侯胡同小学读一年级。课余，父亲又命他去私塾陆老先生的家馆中借读，又特请王老先生教他《左传》《论语》《诗经》《尔雅》等。邓稼先常在父亲书房里，站在比他高得多的大铁火炉前背诵古文。邓以蛰认为："让孩子知道我们中国文化有些什么东西，这是有好处的"。

学贯中西的邓以蛰不仅要儿子读中国古代的经典，而且也要儿子读外国文学名著。上小学时，邓稼先就读了莫泊桑、屠格涅夫等名家的小说。

邓以蛰严格地对待孩子的学习，却不用孔孟之道的严规厉矩束缚孩子。他说："我是孩子亲爱的父母，不是他们的阎王。"总给孩子以自由的空间，让他们呼吸新鲜的空气。

邓以蛰除在清华大学哲学系任教授外，还兼北京大学哲学系主任，收入颇丰，生活宽裕。平时，邓以蛰还用一些余钱，购买喜爱的字画和文物。

邓教授的夫人，是一个在农村小康家庭里长大的女子，操持家务素以勤俭为本。虽丈夫收入可观，却从不乱花一分钱。除了对患肺病的丈夫，生活上有一些特殊照顾外，孩子们的伙食并不好。

邓稼先每天上学，就到街上买点枣糕锅饼之类食物，边走边吃，算是"早点"，其母从未给孩子添上一个鸡蛋或一杯牛奶。邓稼先虽出生于教授之门，却是在这种简朴的生活中度过童年的。

到了中学阶段，邓稼先先是考入志成中学，后又进入宗德中学。邓稼先从小跟父亲学英语，八九岁就能说一口流利的英语。崇德中学是英国人办的教会学校，十分注重英语教学。在班上，邓稼先的英语成绩，一直出类拔萃。他在高中一年级时，就已经能看外文小说了。其他学科，如数学、物理成绩亦十分优秀，常得到任课老师的表扬。

不久，"七七事变"爆发，结束了邓稼先欢乐的少年时光。

那时，清华和北大都撤往西南，因邓以蛰身患肺病，咯血不止，全家不得不滞留北平。崇德中学为英人所办，入侵日军不敢贸然令其停课，邓稼先在该校又继续读了两年。一次，日伪当局为"庆祝皇军胜利"，下令全体市民和学生游行庆祝，邓稼先所在的英国学校也难以幸免。邓稼先内心十分愤慨，散会时，气得将手中的纸旗扯得粉碎。此事让安插在学生中的奸细发现了，他面临着生命的危险。父亲决定让他读完大学的姐姐仲先，带着弟弟转移至大后方昆明。

姐弟两人，从天津乘货轮南下，来到上海。按父亲的安排，到了父亲的老友胡适先生的家中，受到胡适的夫人江冬秀的热情款待。接着，又从上海乘船南行，由香港绕道越南海防，经河内，从老挝进入云南境内。经一个月的艰难跋涉，终于抵达祖国的大后方昆明。

汤用彤教授是邓以蛰的好友，得知邓家姐弟到达昆明，为他俩安排了住所，照料着姐弟的生活。

不久，仲先带着弟弟来到四川江津，找到了家里的四叔，依附于家人，开始了新的生活。稼先进入江津九中，成了一名插班生。

邓稼先生活在那种沉重的民族压迫的环境里，他深知要救我们这个国家，必须有知识，而要拥有知识，就必须学习。所以，他学习一直很努力，成绩一直很优秀。1941年秋，邓稼先以优异成绩考入西南联合大学物理系。这里名师荟萃，其中有为证实康普顿效应作出贡献的吴有训，有参加测试普朗克常数的叶企孙，有证实正电子存在的赵忠尧，有涡旋力学权威周培源等名教授。虽在困难之时，由于这些学者的辛勤教学，让莘莘学子奠定了扎实的学业基础。

邓稼先珍惜着宝贵的时光，孜孜不倦地从事着大学相关课程的学习。他常记起父亲所说的话："我们没有理由浪费任何一寸光阴，因为无限的时光都包含在自己有限的生命之中。"

抗战胜利的一天终于到来。西南联大的校歌："千秋耻，终当雪；中兴业，须人杰。"激励着他为祖国的中兴而发奋读书。邓稼先完成了大学学业，回到了父母身边。1946年，受聘任北京大学物理系助教。虽年纪轻，却因热情儒雅、乐于助人，被推举为北大教职工联合会主席。早在联大读书时，邓稼先就参加了"民主青年同盟"这一共产党的外围组织，并成为"民青"中的骨干。到了北大，他又投身"讲助会"的工作，募集到大量钱款与物品，资助贫困学生。

1947年，邓稼先通过了赴美研究生考试，他选择普渡大学作为深造的学校。我国过去有"清华认麻省，交大认普渡"之说，因为普渡大学的教学水平很高，理工类在美排名前十名之内，且收费又较低。

那时，基本粒子研究刚刚起步，各国都看到了核技术的巨大威力。为了科技强国，邓稼先选择攻读核物理专业。他的导师是荷兰人德哈尔，一位多年研究核技术、经验丰富的学者。经不懈努力，邓稼先各门功课考试成绩均在85分以上，由此获得丰厚的奖学金。在德哈尔指导下，当人类发现同位素氘16年后，邓稼先开始对"氘核光致蜕变"进行研究，仅用了11个月的时间，便完成了《氘核的光致蜕变》博士论文，顺利通过答辩，荣获博士学位。这一年，他刚26岁，被人们称为"娃娃博士"。

此时，德哈尔将邓稼先视为自己的得意弟子，准备带他赴英国，对氘核的物理性能作更深入的研究。虽然邓稼先也很想和导师一道，继续探求未知，但报效祖国的意愿却十分强烈，他毅然决定回国服务。

1950年8月，邓稼先在获得博士学位九天后，谢绝了恩师和同校好友的多次挽留，登上了"威尔逊总统号"轮船，回到了祖国的怀抱。

他被分配到中国科学院近代物理研究所工作，1952年升为副研究员。1956年4月，被批准加入中国共产党。1953年，与许德珩的女儿许鹿希结为夫妻。许鹿希是一位杰出的医生，她有精湛的医术和一颗仁爱之心。

1951年10月，约里奥·居里请中国放射化学家杨承宗回国转告毛泽东："你们要反对原子弹，你们必须有自己的原子弹"。约里奥·居里还将亲手制作的10克放射性镭的标准源送给杨承宗，让他带回中国。

为了在这个现代化的世界中生存下来，中国必须拥有自己的现代化武器。此时此刻，研制核武器，打破帝国主义的核垄断，成为党中央一项极其重要的决策。

核工业创建之初，我国积极争取苏联援助，双方签订了"国防新技术协定"。

我方由谁负责这一重大国防任务，由谁来和苏联专家打交道呢？历史的重任，落到了邓稼先的身上。邓稼先在核科学方面的扎实功底和崇高的为人品格，深被钱三强赏识。经著名核物理学家钱三强的力荐，邓稼先被确定为我国研制第一颗原子弹的主攻手。邓稼先明白，搞原子弹研制必须从此隐姓埋名，不能发表学术论文，不能公开作报告，不能出国，不能同朋友往来，不能和任何人说出自己在什么地方，从事什么工作，总之一切都在绝密之中。

尽管如此，邓稼先还是毫不犹豫地接受了组织交付的重任，义无反顾地走上了研制原子弹的第一线。

他以坚毅的口吻对妻子说：

"我今后恐怕照顾不了这个家了，这些全靠你了。"

"我的生命就献给未来的工作。做好这件事，我这一生就过得很有意义，就是为它死了也值得。"

邓稼先就这样以无私无畏的崇高精神，将自己的一切乃至生命，都献给了国家的核工业。

邓稼先是第一批到二机部九局报到的。

九局后改为九院，即中国的核武器研究院。1958年开始时，设在北京郊外，不久迁至青海大草原方圆数百里的荒漠之处。

苏联援助中国研制原子弹，绝不是真心实意将核技术传授给中国，先是应付一阵，最后撕毁协议，撤走专家，一走了之。

研制开始时，邓稼先带着28位刚分配来的大学毕业生，平均年龄不超过23岁，进行主攻方向的探索。他担任九院理论部主任，实际上就是中国原子弹理论设计的总负责人。

1958年8月，数位大学毕业生，在邓稼先的率领下，开始原子弹的理论研究，为了取得相关数据，依靠四台手摇计算机，艰辛地进行繁复的运算。

邓稼先经常对从事研制的人员说："在我们这里没有小问题，任何一件小事都是大事。任何一个小问题，假如解决不好，就会酿成大祸。"他一直对工作极端负责，要求不能出任何一点纰漏。

一天午夜后，邓稼先刚休息，突然核材料加工车间来电话，说是一个重要部件加工出了点问题。邓稼先放下电话，即刻上了吉普车。此时正下着瓢泼大雨，水已漫过桥面，道路崎岖不平，十分难行。司机担心地说："老邓，你可是大科学家，为了安全，暂时不去吧？"邓稼先严肃地对司机说："他们在等着我处理故障，干咱们这一行的，出了事故就不得了！"他坚持让司机加大油门，颠簸好几个小时，赶到了车间，及时解决了问题。

原子弹爆炸试验前，要插雷管，这是所有危险工作中最危险的时刻。操作者小心翼翼，在场的人鸦雀无声。大家都高度集中于工作，防止任何事故发生。即使如此，每个人仍有随时献身的准备，因为万一发生意外，在场所有的人，都会化为灰烬。在核试验插雷管时，邓稼先总是默默地站在操作者的身后，作为总设计师，他要身先士卒，稳住在场的人心。

由于邓稼先认真负责，处处垂范，保证了试验的顺利进行，取得了预期的效果。

邓稼先销声匿迹，在核试验基地艰苦生活达十年之久，终于迎来理想的实现。1964年10月16日，一声巨响，蘑菇云升空，宣告中国人民拥有了自己的核武器。

美国原子弹委员会中的情报人员一致猜测，我国核试验中放的是一枚钚239制成的原子弹。但是，在捕捉到云尘，经过测试和分析后，他们信服中国人爆炸的第一颗原子弹使用的是铀235，采用了先进的内爆型设计来爆炸裂变材料。他们承认中国的第一颗核弹比美国投在日本广岛的原子弹设计得更加完善，威力也更大。

世界舆论对中国原子弹爆炸成功，作出了极强烈的反响和崇高的评价。

香港《新晚报》1964年10月18日以《石破天惊是此声》为题，指出

"这是几千年来中国人最值得自豪的一天之一"。

新加坡《阵线报》认为："中国核爆炸是改变世界形势的壮举。"

法国总统蓬皮杜1964年11月3日在法国国防机构致辞说："中国第一颗原子弹爆炸，改变了世界的形势和中国的地位。"

法国报纸特别提到中国原子弹的研制人员，指出："中国的科技人员树立了值得深思的榜样"。

香港《大公报》以钦佩与自豪的口气评论说："这些知识分子以他们一丝不苟，持之以恒的工作，证明了中华民族是不可低估的。"

在研制原子弹取得积极进展的同时，邓稼先又率领他的团队，开始了氢弹的研制。

研制氢弹并不像常人所想的那样，只是在制作原子弹的基础上，提高一步就行了。其实两者不是一回事。原子弹是靠原子核一连串裂变，由此释放出巨大能量。氢弹刚刚好相反，它是将两个原子核聚会成一个原子核，在聚会时，放出巨大能量。一个是裂变，一个是聚变，两者根本不同。邓稼先和于敏抓住难点，努力寻求解决难题的办法，制定了一个有充分论证根据的方案，在较短的时间内，成功地完成了氢弹的研制。外国同行把邓稼先和于敏共同研制的方案，称为"邓—于理论方案"。

核武器的研制并非一帆风顺，也曾受到冲击。1966年，"文化大革命"

在全国蔓延，也曾给邓稼先和他的家庭带来极度不安。

邓稼先的妻子是北京医学院的讲师，同时任一个系的总支书记，她遭到了那些叫嚷"踢开党委闹革命"的人的冲击和折磨。

不满16岁的女儿典典，被下放到内蒙古生产建设兵团，孤身"出塞"了。女儿在内蒙古乌拉特前旗、乌梁素海边，生活十分艰苦，所在连队粮食吃完了，连续吃一个星期的野菜糠窝头，干的都是挖水渠的重体力劳动。

"文革"期间，邓稼先三姐夫被诬陷受迫害，殃及三姐。三姐邓茂先是大画家，齐白石的弟子，喜好作画，不善言辞，应付不了造反派的凶恶挑衅，精神上顿失方寸。一天夜里，因关了窗户，致使煤气中毒身亡。三姐的剧然离世，对邓稼先刺激颇大。他比三姐小三岁，从小得到三姐的照料，两人感情很深。中华人民共和国成立后，三姐去捷克，特地给稼先买了一件浅蓝色尼龙衬衣。稼先特别喜欢这件衬衣，藏着舍不得穿。如今，三姐辞世，稼先要把这件衬衣留作纪念，更不会再穿了。

厄运不仅降临到家庭，也降临到作为保护对象的科研单位。这个尖端机密研究院的一些高级专家和科研人员，被集中到青海的一个基地办学习班，"造反派"借口是他们的小试验中，有三次技术上没测到预估的指标，咬定这是反动学术权威在作祟。有一段时间，他们只能待在指定的房间内，不能自由走动。邓稼先一方面坚持实事求是，重大技术问题决不改口；另一方面在小问题上则持灵活态度。反复说明科学实验不可能一次成功，应该允许失败，从失败中找出原因，最终获得成功。他们的坦率和忠诚，感化了不少造反派，获得了大家的理解。

在两派对立，互相对吵、对打之际，邓稼先以其良好的人缘和在干群中的威望，站出来做工作，他提醒大家："一定要加快速度，我国的第一颗氢弹要抢在法国人之前爆炸，这是周总理的嘱咐。"经邓稼先等人率先垂范，大家纷纷动手干起科研，终于在很短的时间内，又一次创造了人间的奇迹。

1967年6月17日，在罗布泊上空，我国研制的第一颗氢弹爆炸成功。

从研制原子弹到制成氢弹，美国用了七年零四个月，苏联用了四年，英国用了四年零七个月，法国用了八年零六个月。而我国仅用了两年零八个月，这在世界科研史上创造了一项人间奇迹。

两弹研制成功，凝聚了邓稼先和他的战友的大量心血，而邓稼先由于在试验中遭受核辐射的严重影响，患上了癌症。

在核试验中，有一次开启密封罐，查看测试结果，原有防护措施挡不住新材料良好的放射性的强度，使邓稼先一下子受到超出常量几百倍的辐射。科学证明：仅仅一克的钚，就可毒死100万只鸽子。由此，不难想象它对人体的伤害。经体检，邓稼先尿里含有很强的放射性，白细胞内呈粉末状。

1986年7月29日，一代英豪，走完了光辉的人生之路，与世长辞。

邓稼先患病住院期间，仍然惦记着我国核工业的发展前景。1986年4月2日，他在病榻上，和核物理学家于敏联合写了一份给中央的关于我国核武器发展的极为重要的建议书。这份建议书为中央领导作最后决策，提供了重要的参考资料。这份宝贵的建议书，充分体现了邓稼先在临近人生终点时，对祖国的最后牵挂。

住院之际，邓稼先常对身边的家人说："这次我出院后，不能再做原来的工作了，我还有好多事情要干，这些工作都很有意义。我想搞原子能的和平利用，它能直接造福于人类。"他还说："我很喜欢自由电子激光，能搞成连续可调控的激光器，非常有意义。"

总之，邓稼先有许多梦想和追求。然而，天不假以寿，这些都无从实现了。

邓稼先是一位热爱生活，追求生活情趣的有志之士。小时候，无论是放风筝，还是抖空竹，在同学面前都是技高一筹。

北京邓家的四合院中，有一株丁香树，每到夏季，树枝上挂满了淡紫色的丁香花，清香宜人，对年幼的邓稼先有极大的吸引力，他时常坐在丁香树荫下，阅读小人书。直到数十年后，邓稼先仍仰慕丁香，喜欢到颐和园后山上，那条长有许多丁香花的小径上走一走，观赏那幽雅的景色。

读书是邓稼先的最爱，特别喜爱书中那些启迪人生的格言。他曾对胞弟槜先说："屠格涅夫在《罗亭》里说：'不要做言语的巨人，行动的矮子'。这句话说得真好。"

他经常上书店，寻找与自己从事的专业有关的新书。有一本《近代物理统计》，内容很好，邓稼先想购一本，却好久未买到。后来，有人帮他买到了这本书。他万分高兴，喜悦之情立刻挂在了脸上。

邓稼先在家中，有一种很别致的生活情趣，他记忆力极好，会背大量英语单词，喜欢让妻子用中文单词问他，让他说出英文单词，以此显示自己掌握的英语单词特别丰富。其妻许鹿希常常用冷僻的医学专业单词来考他。问他"麻醉",居然用英语答上了。后来,再问他"视网膜",邓稼先一愣,一时难以用英语说出。两人相对哈哈大笑,邓稼先用笑声承认了自己的不足。

一首好的古典诗歌,就像一道缓缓无声的细流,天长日久会将自己性情中未雕琢过的粗糙纹面,冲刷得越来越润滑,自己亦会从中得到美的享受。邓稼先喜欢古典诗歌,在自己十分兴奋时,也会写出一两首诗篇。在核试验取得重大突破的大喜日子里,他写下了这首七绝:

红云冲天照九霄,千钧核力动地摇。

二十年来勇攀后,二代轻舟已过桥。

邓稼先对国防科技事业的飞速发展,内心无比振奋。中国人民勇于攀登,已经自立于世界民族之林。邓稼先逝世之时,他的老领导张爱萍将军悲痛不已,陷于沉思。当日作悼词一首,忆及邓稼先的辛勤劳碌、崇高品行、杰出贡献。全词内容如下:

踏遍戈壁共草原,二十五年前,连克千重关,群力奋战自当先,捷音频年传。蔑视核讹诈,华夏创新篇,君视名利如粪土,许身国威壮河山。哀君早辞世,功勋泽人间。

杨振宁博士是邓稼先的挚友,亲临邓稼先墓前,表示对邓稼先的深切悼念。他在致邓夫人许鹿希的信中写道:

"稼先为人忠诚纯正,是我最敬爱的挚友。他的无私的精神与巨大的贡献是你的也是我的永恒的骄傲。"

作为中国核武器的开拓者和奠基人,邓稼先将自己的智慧、个人幸福以及生命,毫无保留地献给了中国人民的国防科技事业。他是祖国的骄傲,也是皖江人民的骄傲。

1998年初,一百多位专家历时数月,从曾经为中国的文化、科技和教育做出杰出贡献和成就的人物中,遴选出四十位代表人物,作为"中华文化名人"。他们的塑像,伫立于北京中华世纪坛三楼的民族文化环廊之内。邓稼先以其辉煌之业绩,名列其中。其高两米,用青铜铸就的塑像,成为广大民众对这位报国赤子的永恒纪念。

朱自煊与月潭朱氏家族

徽州一府六县中的休宁县，历史上科举及第的人数最多，被誉为"状元县"。休宁的南乡，新安江支流率水的南岸，有一个秀美的村庄，叫月潭，此处人丁兴旺，约有二百余户人家，为朱氏家族的集居地。从宋、元、明、清，直至如今，出现了不少举国知名的良才。这是一个引人注目的大家族，本文将对这个家族扼要加以叙述。

一、率水之滨月潭村

新安江支流率水从崇山峻岭中冲决而出，注入一块狭小盆地之中。溪水聚为一弯如月的深潭，秀美宜人，人们便为这个潭边盆地上的村落，取了一个富有诗意的名字，称之"月潭"。关于"月潭"名称之由来，说法不一。据康熙《新安月潭朱氏族谱》卷十《送朱祥辅赴京序》："或曰潭之状如月，故名；或曰月宜于水，潭则静，深莫测，而尤有取之月者也。"

朱兴，月潭朱氏家族的始迁祖。因原先居住地临溪面积狭小，难以适应人口增长的需求，便卜地月潭，见此处前挹天马山，后倚天柱峰，清澈的率水从村北逶迤而过，风光秀丽，环境清幽。风水先生称："此地益秀，必昌其后。"南宋淳熙年间，朱兴携家人，从十华里外的临溪，迁徙至此。

月潭朱氏与理学集大成者朱熹，同为婺源茶院朱氏始祖朱瓌之后裔。朱瓌五世孙朱振育四子：朱立、朱绚、朱发、朱准。

朱熹为二房绚公派曾孙，居建宁府建阳县。

月潭朱氏为四房准公派后裔，居徽州府休宁县。

两者属同宗而不同派，因同宗，血脉相亲，所以月潭朱氏比一般新安人对朱熹更为崇拜，更贴近理学，自称"紫阳世家"。

朱熹不仅是一位独特的思想家，更是一位出色的教育家。因受朱熹思想影响，月潭朱氏家族特别重教崇教，族内设有义田，鼓励儿女求学上进。一直把读书明理，获取功名，衣锦还乡，显亲扬名，作为人生的最高追求。

朱兴迁徙月潭后，第二、三代均为单传。第四代朱应崧育有四子：汝贤、汝清、汝弼、汝辅。

长子汝贤，字震贤。年未二十，即举进士，授奉训大夫，任两浙常平提举，政声颇好。

次子汝清，字震声。由贡士举进士，授奉政大夫，任明州（今宁波）同知。

三子汝弼，字震子。魁梧高大，聪明好学，以贤良荐任瓯宁（今福建建瓯）县丞，深得民心。

四子汝辅，字震辅。襟怀旷达，学识渊博，任湖南承宣使。

四位兄弟，好学上进，同居一门。宋度宗嘉之，特赠"紫阳义居"四字，并赐大宅第一座，以旌其闾。从此，"紫阳义居四杰"之美名，便写入史册。

"三年清知府，十万雪花银。"在封建社会出任官职，必然会获得大量钱财。朱氏兄弟，个个入仕，让他们经济上成了富有之户。于是，他们积极投入周边土地的兼并。史料表明：朱氏兄弟四人，置"庄二十四所"，占"田五千亩"。徽州耕地稀少，一般地主占有田地仅一二百或三四百亩，他们占有田地竟相当于几十个地主拥有田地之总和，数字极为惊人。此时的朱氏四兄弟不仅为达官显贵，而且是拥有数千亩田地的大地主。据民国《新安月潭朱氏族谱》记载，此时朱氏昆季四人，已成为"赫赫为一时之闻人"。明代中期，商品经济不断发展，加之人口激增，耕地面积稀少，大批徽人"弃儒服贾"，行商四方。月潭朱氏子弟中，亦有不少加入徽商行列。他们经商地域在长江中下游一带，主要城市有：武汉、杭州、苏州、上海等。其中不少人经商致富，成为腰缠万贯的素封之家。朱钦所是其中的典型代表，他"累资巨万缗，里几称甲"，成为当时最富裕的大户。

修族谱，建宗祠，是事业有成的徽州人热衷从事的两大义举，因为这样可以光宗耀祖，昭示后代。

《月潭朱氏族谱》，先后纂修过四次。第一次，修于元代大德九年（1305），朱汝贤纂修。这部族谱虽已佚，但朱汝贤撰的《月潭朱氏族谱序》和《凡例》，还保存于后来纂修的族谱之中。第二次，修于明代成化八年

（1472），朱齐宗纂修。此族谱亦未留世，但族谱中夏时正撰写的《成化壬辰重修朱氏会谱序》和《成化壬辰修谱凡例》，均载于后来纂修的《新安月潭朱氏族谱》中。第三次，修于清康熙四十六年（1707），朱国兰纂修，名为《新安月潭朱氏族谱》，十卷五册，为欧苏谱体。魏学成在《月潭朱氏谱序》中，将这部族谱的特色归结为八点："表章绝学""推扬义节""山川景物""起居风俗""岁终伏腊""四时家祭""宦于四方""官于京师"。第四次，修于民国二十年（1931），朱承铎纂修，名仍为《新安月潭朱氏族谱》，二十二卷十四册，木活字本。其体例与康熙谱基本一致，但篇幅大为增加。

《月潭朱氏族谱》尚存康熙、民国两种。《族谱》中追本溯源，阐述家族变迁的历史，使族人之间形成父慈子孝、兄爱弟悌、尊尊亲亲、雍雍睦睦的和谐亲密关系。

祠堂是宗族供奉祖先神位、祭祀祖先的神圣殿堂。

民国时期，月潭朱氏宗族有祠堂十余座，其中朱氏宗祠一座，支祠有彝叙堂、四教堂、宝善堂等十多座。

明末，朱瀛峰儿孙兴建的承志堂，为月潭朱氏宗族，较早的一座大祠堂，经两代人的努力，费十年时间建成。规模之大、用料之良、营造之精、装饰之美，均胜于同类，是一座"甲于郡邑"的人文景观。

在月潭朱氏宗祠的"紫阳世家"大厅的左右两旁，各有一块大粉牌，上书："不孝、不悌、不忠、不信，勿许入祠"；"无礼、无义、无廉、无耻，勿许入祠。"标明了严格的族规，亦是对朱氏子孙后代行为的规范。

太平天国起义之际，徽州为太平军与清军对垒的重要战场。在战争中，"祠庙为墟"。月潭这座规模宏大、做工精美的承志堂宗祠，亦在战火中荡然无存。

清代同治年间（1862—1874），朱氏宗祠重建。新建的宗祠为一座四进五开间的徽派建筑，占地十亩，位于下村头东部。"规制甲于郡邑"，"未可他比"。祠堂内的木雕、砖雕和石雕，构图精妙，刀工细腻。

极"左"思潮中，一些地方干部认为"祠堂是封建宗法制度的产物，不应保存"。1963年这座富有徽派建筑特色的宗祠被拆毁，一部分构件用于建造乡政府办公楼。

历经宋、元、明、清数代的修建，月潭村临山依水，形成了一座状如海棠叶的大村落，平卧于率水之滨。文人墨客在环村的自然风光中选取八景，且定以雅名，分别是："柳堤鸣莺""松石晴岚""钓台烟雨""石门瀑涨""澄潭印月""南屏叠翠""西山晚烟""王峰积雪"。月潭人文荟萃、风光优美，是徽州一座颇有名气的古村落。

月潭，这块风水宝地，亦为朱氏家族孕育了不少国之良才。时至今日，有数位朱氏杰出人才值得向读者一一介绍。

二、清华良师朱自煊

朱自煊，1926年生于休宁，乳名锡麒。6岁时，在家乡月潭上了一段时间小学，后与妹妹一同随母亲来到上海，与在上海工作的父亲生活在一起，并在上海就读小学与中学。1946年夏，考入著名高等学府清华大学建筑系，师从著名建筑学家梁思成，开始了建筑专业的系统学习。毕业时，以优秀成绩留校任教，一直工作到2001年退休。他是清华大学建筑学院的一位知名的建筑设计专家。

其父朱命模（1905—2003），出生徽商世家。十一二岁时，在上海工部局立华童公学读书，未毕业，即考入上海邮政局，一直工作至退休。其母黄翠娥，亦出生于休宁县黄村的一个徽商家庭，初小毕业，喜爱诗文。夫妻两人，性格相异，男的不苟言笑，女的活泼开朗，彼此却相互包容、相互体贴。两人勤俭持家，宽厚待人，一直备受邻友的好评。仁者寿，这对夫妻都寿高近百岁。他们是月潭朱氏宗族中，一对最长寿的恩爱夫妻。

1951年，朱自煊在梁思成、吴良镛教授的领导下，与北京农业大学园艺系，联合在清华大学创办了我国最早的园林专业。尔后，朱自煊把研究重心放在城市规划上。从20世纪50年代初至70年代末，他参加过北京、洛阳、邯郸、新乡等城市的总体和详细规划。还曾受安徽省委万里书记的委托，率清华大学师生赴黄山，完成了黄山风景区总体规划。又应徽州地委魏心一书记的邀请，率清华大学教师与研究生到屯溪，同当地建筑设计部门，共同完成了屯溪的总体规划。

朱自煊多次走出国门，从事国际间的学术交流。1983年，应日本学术振兴会的邀请，考察了东京、京都、奈良等地"传统建筑物群地区"保护工作。后来，他应邀为北京什刹海地区、屯溪老街做保护规划时，吸收国际上有关历史地段的保护理念，提出以保护和发展相结合的方针与方法，进行规划与建设，其成果获建设部1986年度全国优秀规划设计银奖。朱自煊邀请日本京都艺术短期大学大西国太郎教授一行来华考察，共同研究了西安与屯溪等历史街区的保护，合著出版了《中国的历史城市》，获日本城市规划学会年度大奖。又邀请日本法政大学阵内秀信教授一行，共同调研北京历史街区，合著出版《北京——城市空间解读》，获2000年日本建筑史学会奖。

朱自煊对家乡怀有深厚感情，多次到休宁，为道教名山——齐云山的恢复修建献计出力。1979年，他首次考察齐云山，积极向安徽省建设厅建言，让齐云山获得第一批筹款。他还在清华大学图书馆善本书库，找到珍藏的清康熙版《齐云山志》，复印成册，赠齐云山管理部门，为恢复景点提供历史依据。他还登山勘察，选定索道位置，既保护了名山，又方便游客。他还为齐云山申报国家风景区谋划、出力。在他外婆家黄村"进士第"古建筑将被拆卖时，他向休宁县委、县政府及时提出保存意见。现在这座古建筑得到修复和维护，成为全国文物保护单位。今日之黄村，已成为休宁县十大农村旅游景点之一。

三、电子女杰朱敏慧

朱敏慧（1943—），中国科学院电子学研究所研究员、博士生导师。其父朱荣松在上海工作，她随父长期生活在上海。1965年7月毕业于中国科学技术大学无线电电子学系。学业成绩优异，分配在中国科学院电子学研究所工作。曾任中国科学院电子学研究所所长、传感技术国家重点实验室学术委员会主任、微波成像技术国家重点实验室主任、国务院学位委员会信息与通讯工程学科组成员。任《电子信息学报》主编、《电子科学学刊（英文版）》主编，政府特殊津贴获得者，美国IEEE高级会员。

朱敏慧先后从事微波器件与技术、计算机技术与应用、雷达遥控与成像处理等科研活动。20世纪80年代曾在美国康奈尔大学，做过访问学者，从事遥感图像处理与应用研究；在日本大阪大学，做过客座研究员，合作进行并行计算机技术研究。回国后，在分子电子学方面从事研究，主持设计并完成"三维分子模型计算机系统""分子电子结构造型系统"及"超导体模型计算机系统"，为推动我国计算机辅助分子及其在医药、材料、超导等领域的应用，做出了重要贡献。

朱敏慧是我国合成孔径雷达（SAR）与成像技术领域的学术带头人之一。20世纪90年代起，曾分别担任国家重大工程项目总指挥、总设计师，主持多项重大科研项目和基础科研课题。在任国家863—308主题专家组责任专家时，她在建立我国自主研制的第一座大型遥感卫星数据接收处理地面站、研制我国第一颗雷达卫星工程等任务方面，做出了富有成效的工作。她还为我国SAR技术领域的持续发展和海洋微波探测研究的带头引领，做出了重要贡献，被授予中国科学院"巾帼建功"标兵，荣获中国科学院有突出贡献专家等荣誉称号。

1995年，朱敏慧曾代表中国科技界，参加在北京召开的联合国第四次妇女大会。2000年，参加在北京召开的第二届海峡两岸妇女发展交流会。同年12月，她还作为全国杰出妇女文教访问团成员，访问了台湾。

20世纪90年代，朱敏慧曾领导和组织开展中国与俄罗斯航天雷达遥感合作，并为此而荣获俄罗斯宇航协会卡罗廖夫奖章。

朱敏慧积极投入科技攻关工作，并获得重大成效，荣获2005年度国防科学技术一等奖、2006年度国家科学技术进步二等奖。

朱敏慧是中共十五大代表，曾任第十、十一届全国政协委员。

"欲高门第须为善，教好儿孙必读书"。"读书求知"是月潭朱氏家族对儿孙的基本要求。为了让子孙后代有读书升学的经济来源，朱氏宗祠中置有"义田"，将"义田"的收入，用于资助求学的后裔。

朱氏宗族还有这样一种开明的风气，所生子女，不问是男是女，一律享受教育的机会。正是在这种开明的文化氛围中，作为女性的朱敏慧，才能享受到最好的教育，从而成为一位享誉国际的女性电子学专家。

"巾帼不让须眉"。朱敏慧是月潭朱氏家族中，巾帼建功的杰出代表。她的科研事迹，为月潭朱氏家族谱写了新的篇章。

四、数学俊彦朱力行

朱力行（1955—），研究员、博士生导师。现任香港浸会大学数学系主任、统计学首席教授。

朱力行，1973年于屯溪一中高中毕业。曾经历下乡插队务农、进厂做工。高考恢复后，1978年进入大学。1982年、1985年分别在安徽大学、中国科学技术大学获得学士、硕士学位。学业结束，回安徽大学任教两年。又在中国科学院系统科学研究所攻读博士学位。1990年获得博士学位后，在中国科学院应用数学研究所从事博士后研究，并留所工作。1992年，任副研究员。次年，破格升任研究员。1994年，被评为博士生导师。

朱力行多次走出国门，参与国际间学术合作与研究。1995年之后，在德国从事合作研究一年多。赴比利时朗文大学数理统计所，任特邀教授一年。在日本广岛大学数学系做访问教授一年。曾任美国《数学评论》刊物评论员。曾先后受聘中国科学院应用数学研究所、华东师范大学、中国人民大学、南京大学、南开大学、山东大学、东南大学讲座、客座教授。

朱力行系我国1977年恢复高考后，中国自己培养的最优秀的数理统计学家之一。他主要从事统计学理论研究，在该学科的前沿领域，研究面广、成果丰硕。从1983年至今，共发表论文170余篇，出版专著两部，在国际统计学界有相当的学术声誉。曾多次应邀赴美、德、日、埃及参加国际性和区域性学术会议，并做专题报告。

朱力行在统计学理论中，对高维数据分析、模型检验、经验似然理论等方面，均有深入之研究，取得了许多重要成果。2000年获德国洪堡研究奖。他是洪堡基金会从1972年至今的近四十年间，中国自然科学领域获奖第一人、亚洲统计学界唯一获奖者、国际华人统计学界首位获奖者。该奖项是德国政府为促进国际科学交流，专门奖励外国杰出学者而设立的。获此奖项的学者，不得自由申请，须由国际著名学者提名。朱力行获此奖项，系国际统计学界杰出人士德国诺依豪斯教授提名。这位教授在提名报告中，写道："在经验过程及其多元统计中的应用这个专业领域，朱力行教授是一位杰出的、具有独创精神，而且格外刻苦钻研的数学家……我们的合作富有成效……""可以确认他的研究工作已属最高技术水准，并显示出他在数学方面令人印象深刻的广博学识。"洪堡基金会认为："朱力行是世界上最重要的统计学家之一。"

朱力行年龄刚过60，在统计学领域中已取得丰硕的研究成果，成为国际级的杰出统计学家。他的成功，来自家学渊源，与家庭、父母对其深刻影响分不开。

其父朱世良，虽仅读至初等师范，因有强烈求知欲，坚持刻苦自学，奠定了扎实的文字功底。初任乡村小学教师，后入报社从事新闻工作，工作勤奋，曾任《黄山日报》副总编。朱世良孜孜不倦的学习精神和认认真真的工作态度，从小给儿子以潜移默化的影响。

其母朱如圭，黄山市医药公司高级统计师，全国统计学会会员。1945年肄业于上海政法学院经济系。母亲从事的是统计工作，是高级统计师。儿子喜爱数理统计，走上了统计学的研究之路，其中必然会有亲缘之间的内在影响。

朱如圭总是以主动、积极的态度出色地完成本职工作。1986年，被评为徽州地区卫生系统社会主义建设积极分子；1985年，被评为安徽省医药系统先进工作者。临近退休之际，手把手地帮助地区、县医药公司统计新手，系统整理徽州地区中西药统计历史资料，计七十余册。

朱如圭待人极为宽厚仁慈，将年轻守寡的母亲，接到身边，颐养天年。其母八十余岁而病故。表弟扬扬是孤儿，如圭怜其无所依，将他接到家中，悉心照料，让他读完中学，并考上大学。现在是一家市级医院的主任医师。扬扬的成才饱含了表嫂如圭的真诚抚育。

正是父母这种充满仁德之爱的家风，陶冶了朱力行，促使他立身敬业、自强不息、毅然前行。

月潭仅为皖南山区一个普通的乡村，因其历史悠久，长期受徽文化的浸润，而显得不同凡响。

月潭朱氏的远祖同理学大师朱熹为同一祖先。他们恪守儒学正道；他们奉行"读书求知"的追求，主张"教好儿孙必读书"；他们不畏难苦，坚持在逆境中拼搏。由于这些传统家风的长期熏陶，涌现了不少世之俊彦。

时至今日，在月潭朱氏家族中，仍诞生了清华大学著名建筑专家朱自煊、极富创造力的女性电子学专家朱敏慧、享誉世界的统计学家朱力行等。

忆往昔，"左倾"路线猖獗之时，这个美丽的乡村，遭受空前的浩劫，大批古树被砍伐，古老的徽派建筑被拆毁，和谐的生态环境不复存在。朱氏家族的子孙纷纷远离故土，赴外地谋生。现在仍住月潭的朱氏后裔不足三十户。但这个家族的儿孙，仍不忘上祖"仁爱天下"的教诲，不断以新的创造昭示于社会。

英若诚与北京英氏家族

满族入关后，在北京建立了清王朝，大批八旗后裔留在了北京。英敛之籍属正红旗赫佳氏，但其上祖并无显赫背景，全靠自身拼搏，创办了《大公报》，兴办了辅仁大学，成了京津知名人士。其子英千里为著名教育家，余光中为英千里弟子。其孙英若诚是一位精通外文的话剧表演艺术家，曾任文化部副部长。其曾孙英达，是一位杰出的喜剧演员，也是一位电视节目主持人。

关于英氏家族，有不少动人的故事，这一定是许多读者很感兴趣的话题。

一、出身寒门的满族英才

英敛之（1867—1926），原姓赫舍里，名英华，字敛之，号安蹇斋主、万松野人。满族人习惯取一汉人姓名，英敛之的汉人姓名为郭英华。他在同治六年十月二十八日（1867年11月23日），出生于北京西郊黑山扈附近的一个村庄。兄弟五人，排行第二。全家靠父亲摇煤球为生，十分清苦。

年少时，英敛之常到青龙桥茶馆里捡顾客扔下的茶叶包装纸，带回来练书法。一天，他遇到一位游方道士，愿收他做徒弟，未同父母打招呼，便随道士进了京城。在面馆就餐时，又遇一教书先生，认为敛之是可塑之才，转请道士让敛之替他做书童。这样，敛之便随教书先生赴各处教馆，从中也读了不少书，增长了不少文化知识，这便是他改变命运的开始。

在跟教书先生赴各家授课的过程中，敛之认识了一位皇族"将军"的女儿，名为爱新觉罗·淑仲，是雍正十四弟的直系传人。这位皇家小姐在跟教书先生读书时，对敛之颇有好感，彼此产生了爱情。将军发现此事，十分恼怒，不仅将女儿锁在家里，还扬言惩办英敛之。教书先生出面化解，力劝将军成全这对年轻人。将军觉得教书先生言之有理，又看到敛之是个难得的人才，气也消了，竟同意了这门亲事。

康梁变法图存，在全国赢得了大多数人的支持。而英敛之是正红旗满族人，妻子还是皇族，但他却看穿了清王朝的昏聩和腐败，声援维新，公开支持康梁之变法主张，认为康梁的种种言论"实今日之顶门针、对症药，痛快切当，言人之不敢言"，对清廷为了挽救其摇摇欲坠的统治，残杀革命党人，给予无情的揭发和痛击。对徐锡麟之死，他写文章评说："乃既杀而又剖其心，啖食其肉，此等野蛮凶残行径，不期见于20世纪的中国。"对秋瑾被杀害，他写文章指出："既无证据，又无口供，遽处斩刑，斯岂非野蛮已极，暗无天日之世界乎！"犀利的语言，入木三分的揭露，充分表明英敛之是清王朝的彻底反对者。

近代著名女词人吕碧城，早年丧父，家产被夺，旋遭退婚，只得随母寄居天津舅舅家，却又遭舅舅歧视，走投无路之际，遇到英敛之。敛之见碧城书法清秀，词作不凡，便在《大公报》上发表她的力作，让她名扬四方。又请她担任《大公报》编辑，发表了不少震撼社会的社评。正由于英敛之的大力推荐，吕碧城才有机会崭露头角，成为民国四大才女之一。

英敛之婚后不久，便皈依了天主教。他学习法文，找了一份称心的工作，生活亦有极大改善。在与洋人接触中，他对西方文化产生了浓厚的兴趣。热衷于西化，不听家人劝告，找日本裁缝做了一套西服，勇敢地穿上，从天津的四面钟到劝业场，逛了一大圈，为的是让那些"长袍马褂们"见识见识。西方绅士有骑马习惯，英敛之也特意买了马，每到礼拜天领着妻儿骑着马上街跑一圈，这个别出心裁的节目，可苦了娇小瘦弱的妻子。目前英家保存的老照片中，还有一张英敛之一家三口骑在马上的英姿。

戊戌变法失败，清廷大肆搜捕维新党人。竭力主张变革的英敛之亦在缉捕名单之中，他带着妻儿先后避难于香港、越南，其后又辗转落足于天津。在天津紫竹林教堂做弥撒时，结识了天主教总管柴天宠，交往中产生了开办《大公报》的想法。此时，慈禧从西安回銮，下令大赦维新人士，看到开列名单中，有满族人"英华"的名字，特意说了一声："把那个叫英华的，也赦了吧！"从此英华就以英为姓，其以后的子女，都冠以"英"姓了。

《大公报》创办于1912年，大股东为紫竹林天主教总管柴天宠。天津元庆木场老板王郅隆，还有在北洋水师学堂任教的严复，法国主教樊国梁等都

315

英若诚与北京英氏家族

是出资的股东。英敛之任经理和编辑。他虽是天主教徒，但内外分得很清，坚决不让法国人插手报纸，坚决不把报馆设在教堂内，从一开始就保持了报纸的独立身份。《大公报》的办报宗旨定位为："开风气，牖民智，挹彼欧西学术，启我同胞聪明。"他对《大公报》的定名，还作了解释："忘己之为大；无私之谓公。"这就是说，《大公报》应该是一份忘己无私的报纸。他主张将报纸办成国民之喉舌，强调报人要"守正不阿，以身作则"。英敛之本人就以敢言著称。他创办的《大公报》亦是一份敢于直言的报纸。开办第五天，即发表了《论归政之利》的社论，吁请慈禧归政于光绪。这在当时是要担着生命危险的。得罪了慈禧，说不定会一命呜呼。由于敢于道实情、讲真话，《大公报》一面世，便深受读者欢迎。面世头天，便畅销3800余份。英敛之办报十年，成绩斐然。梁启超在《新民丛报》撰文赞扬："天津《大公报》，有特色，有新论，实可称日报进化之一级。"严复亦赠联，赞《大公报》："能使荆棘化堂宇，下视官爵如泥沙。"

英敛之和《大公报》，实是在中国最早提倡白话文的媒体。他在办报之初，即在每天的"附件"一栏中，以白话文写一经文、发一议论，为当时报端最早的白话文范例。彼时，以提倡白话文著称的胡适，也不过是11岁的孩子。

英敛之认为教育为救国之本，他想通过兴办学校，启迪民智，增强国力。1913年，倡立"辅仁学社"，讲学于教会内的青年，以期复兴中国文化。1925年，在北京创办辅仁大学，亲自负责建筑、财务、招生诸多事务，并任国学部主任，却不取分文报酬。英敛之坚持校名为"辅仁"，典出《论语》："会友辅仁。"就是以仁义为先，培育出一批批德才兼备的学子，担负起振兴中华的重任。

1926年，因劳累过度，英敛之倒在育人岗位上，虚龄仅六十。

二、赤诚爱国的教育志士

英千里，英敛之之子，英若诚之父。

戊戌变法受挫，维新人士遭缉捕。英敛之携妻逃亡，在云南蒙自，生下英千里。英千里12岁时，英敛之将独生儿子交给天主教传教士雷鸣远，让他带到英国，在异邦让儿子学习西方强国之术，以便学成回国，为中华复兴出力。在一百多年前，英敛之这一做法，确实是一个具有超前意识的举动。

英千里天资聪慧，记忆超强，据说《韦氏英语辞典》，他可对答如流。在英国，英千里学习认真，成绩优秀，取得英国伦敦经济学院的学位。他还精通英文、法文、西班牙文、拉丁文。这位才子，虽精通西学，但对自己的民族文化却一窍不通，中国字写不好，中国话说不流利，指望他融入社会，推动祖国的变革成了空话。英敛之从儿子身上，看到了问题的严重。所以，在创办辅仁大学时，一定要设立国学系，把传播中国传统文化放到了一个极其重要的地位。

英千里在英国求学十二年，并没有娶一位洋太太回国，而是由父母做主，娶了蔡葆真。蔡葆真为民国教育总长蔡儒楷之女。她从未出过国，父亲为了让她配得上那位留洋的女婿，从小把她送进教会学校。她有很好的文化素养，精通英文和法文。她为英家生了九个子女：长女七香、次子若敬，先后因病早逝。下面依次为：若勤、若诚、若聪、若采（女）、若识、若智、若娴（女）。

英千里婚后六年，仍居英国，偶尔返回。后来回到北京，先是在辅仁大学当教授。后来，接受北大、北师大邀请，为两校讲授英国文学，每月收入颇丰，不仅在北京买了别墅，还购买了一辆福特牌汽车。

英氏家庭民主空气颇浓，蔡葆真奉行"树大自直"的教育理念，给予子女最大的自由空间。英千里知识渊博，常在晚上给孩子们举办"床前故事会"。据英若诚回忆："我父亲有三间书房，里面堆满了各种书籍，我们从小就在里面胡乱看书。晚上他情绪一高，就把我们叫去，他躺在床上，我们站在床边上。他给我们讲希腊神话，《伊利亚特》和《奥德赛》基本上都讲完了。每天讲一段，讲得特别生动，我们特别感兴趣。"

抗战爆发，英家失去了寻常的宁静与欢乐。英千里和辅仁大学的一些爱国人士，秘密组织了地下抗日组织"炎武学社"，在学生中宣传抗日思想，鼓励学生投身抗日斗争。1942年，日伪机关将他逮捕，关在监狱三个月，用尽酷刑，一无所获，只得将他释放。1944年2月，再次被捕。当时，国民政府以为他已英勇就义，在重庆为他举行了隆重的追悼会。一年后，日本投降前夕，英千里在社会各界营救下，顺利出狱。一介书生，视死如归，不屈不挠，表现了中国人的凛然正气。

由于英千里的突出表现，他作为抗日英雄受到国民党当局的重用，先任北平教育局局长，后又任南京政府教育部的司长。由于个性原因，英千里始终与官场格格不入，当官也当得十分痛苦。

1948年12月，北平已被解放军包围。根据国民党当局"大陆人才抢救计划"，胡适、英千里被送往东单机场，匆匆飞往南京，后又转赴台湾。离京前夕，英若诚曾从清华大学赶回家里劝说父亲留下。但英千里担忧："我的宗教信仰怎么办？"最后还是滞居宝岛。他在台湾专心教书，不再与政界发生瓜葛。先是主持台湾大学外文系工作，1955年又全力投入辅仁大学的复校工作。

英千里有精湛的外语水平，他和钱钟书两人被公认是华人中英语水平最佳的学者。他的学生马英九，曾任蒋经国的英文翻译。他的另一弟子余光中，为杰出诗人。余光中曾说道：在英美文学的学习上，他从英千里先生处，受惠最多。

英千里在台湾恪守天主教徒的生活准则，一生从未另娶，收养了邻居家的女儿韩拱辰为义女。

1993年，英千里已病故，在马英九的帮助下，英若诚赴台为父扫墓。此事一时成了岛内媒体争相报道的新闻。后来，英若诚在其回忆录中写道：在父亲的墓碑上，看到了他照片，"样子比我记忆中要衰老"。这也就是他们父子最后的"相见"了。

三、精通外文的表演天才

英若诚，从小在教会学校念书，尔后又以优异成绩考入清华大学英文系，有超水平的英语会话能力，英语讲得不逊母语。

他曾经与美国戏剧家阿瑟·米勒合作，当阿瑟·米勒的翻译。这位美国戏剧家赞叹说："有他在边上为我翻译，我都会忘了我不懂中文，他的翻译出口迅速，毫不迟疑。"

英若诚热爱表演艺术，1950年考入了著名的北京人民艺术剧院，成了一名出色的话剧表演艺术家。从此，一生泡在戏里，为观众塑造鲜活的人物形象。

1948年，英千里离开北平至台湾，丢下七个孩子，由蔡葆真抚养，生活十分艰辛。为了让每个孩子都不中断学业，她只得变卖古董，经常举债度日。

爸爸是潜逃台湾的人物，这对英氏的几个孩子无疑是沉重的政治包袱，无论他们怎么追求进步，靠拢组织，都会被视为异己，受到排挤和打击。

英若聪，在清华大学建筑系任教，是中华人民共和国成立后第一批研究生，当时是梁思成的助教，教师团支部书记，党组织的发展对象，属于又红又专的青年。没想到"反右派斗争"开始不久，他就被错划为"右派"，从清华大学教师队伍中被撵了出来，到建筑单位当了工人，从抹沙工到架子工，建筑工地上什么工种都干过。当时，他精神痛苦，思想消沉。母亲劝他："把眼光放远点。"他回答："我的生活已经看不到什么希望了。"经过这番折腾，英若聪患上了心脏病。

英若聪被打成"右派"，只是英家弟子遭难的开始。很快，他的弟弟英若识也被群众举报了，原因是他托同事的朋友，打听父亲是否还活着，被定下"妄图和海外联系，图谋不轨"的罪名。

喝洋墨水的英若诚，遭遇比几个弟弟更坎坷。他就学于教会学校，同学中有不少外国人。刚工作之时，组织要求填写海外关系，别人仅一二页纸，而他却整整写了十页。

1952年，时为北京市市长的彭真，直接授命他利用海外关系，了解西方动向，为组织获取讯息。为此，他阅读了大量英文读物。

1968年，他以"美苏双重特务"的罪名，被捕入狱。经多次审讯，他才意识到，被捕的真正原因是曾经为彭真工作过。

他在北京、河北等几座监狱，度过了三年的铁窗生活，妻子吴世良在他被捕的第二天也被捕。16岁的女儿英小乐在内蒙古插队。7岁的儿子英达，先是跟奶奶生活，后来被迫流浪街头，住在下水道里。

英若诚的母亲蔡葆真，因丈夫在台湾，自己又懂法文，被套上"法国间谍"的帽子，不许她和子女生活在一起，被隔离到仅七平方米的小矮屋内。

粉碎了"四人帮"，迎来了改革开放的新时代，英家也迎来了阳光普照的好日子。

1980年，51岁的英若诚，第一次出国，他陪同曹禺，先到英国，接着又出访美国。他曾对美国杜克大学教授康开丽女士说道："头一次出国，一开始不敢相信这是真的，后来又时常陷入内疚之中，因为国人中能够亲眼看到外面世界的人太少，也因为国外物价太高，我们花这么多钱感到不自在。"

那时，到国外每人每天只有一美元的零花钱，连一瓶啤酒也买不起。英若诚和曹禺都好喝点酒，却无钱购买。有一天晚上，英若诚买了一瓶发酵的苹果汁，当作酒，与曹禺分享。在美国印第安纳大学访问时，学校请他们作了一次讲演，获得1000美元的酬劳。用这笔钱，曹禺买了一套音响，英若诚买了一台德国产彩电，带着两大件电器，愉快地返回北京。

因形势发展的需要，英若诚一跃成为文化部副部长，主管艺术院团和艺术院校。

地位发生了巨变，英若诚在官场中并没有失去知识分子的独立性，依然坚持认认真真地工作，清清白白地做人。身居高位，却没有离开舞台。他的挚友曹禺曾送给他一幅字："大丈夫演好戏当好官；奇君子办实事做真人。"

1990年6月，英若诚卸任。他锁上办公室的门，交出钥匙，轻快地与同事道别，盛情地邀请大家："欢迎明天到首都剧场，看我的戏。"

英若诚利用他精通外语的优势，把他认为一流的西方戏剧大师的作品，翻译到中国。如《推销员之死》《哗变》《请君入瓮》《芭芭拉少校》《上帝的宠儿》都由他引入中国，登上了北京人的舞台。

他还把中国戏剧文学介绍到西方，作为美国密苏里大学的客座教授，他给美国学生排了两部中国话剧：《家》《十五贯》。

他参与拍摄了《忽必烈》《末代皇帝》《小活佛》《马可·波罗》等影视作品，赢得了一大批海内观众。

英若诚对加强中西文化交流极为重视，他说："我经常遇见双方的无知，我们对外国的无知和外国对我们的无知。"这种无知一直存在，说明沟通和交流十分必要。他还说道："我看了好些书，对咱们中国有用的书。""我觉得它是外国文化的精华，但是光我一个人知道有什么用？我得让中国人知道，我得把它翻译出来。"

他感到十分欣慰的是"现在国际关系舞台上，最重要的事实是：占世界人口五分之一人口的中国已不再闭关自守。中国的门已经打开，这是自最高领导层，到街上的普通老百姓，一致的共识。历史不会再开倒车了。"

四、生机勃勃的英门后代

英氏子弟，一般都有超高的外语水平，他们比别人要多开一扇窗户。借助于外语这扇窗，他们可以看到丰富多彩的世界。智力发达，爱好学习，是这个家族的共同特征。

英若诚就是一个时刻不忘向别人学习的人，他有一段狱中生活，在那里，他主动向会手艺的人学技艺，如何制作奶酪，如何孵小鸡，如何造房子，如何制毛笔等。"荒年饿不死手艺人"，他盘算着，一旦出狱，学成的手艺，会解决一家人的生计问题。出狱的第一个冬天，英若诚被派到剧院锅炉房，看到柴火堆中有好多木料，他捡了一些回家，动手制成一个很大的书架，还打了一张大桌子。

英若诚的大儿子英达，是一个头脑聪明、记忆力极强的人。他从小酷爱学习，11岁时，父亲补发工资，从琉璃厂淘了许多好书，其中有一套契诃夫小说。小英达看得津津有味，他对父亲说："想不到还有这么有意思的书。"英达的朋友特别佩服英达超常的智力，曾说："认识的人里面，没有一个在智力上是英达的对手。他随手翻翻，过目不忘。咱们读书一千条信息，你最多只记得二十条，他却全在脑子里。"

英达子承父业，是一位出色的喜剧演员。后来，他自任导演，由他执导的《我爱我家》深受广大电视观众的欢迎。如今，他上电视，当节目主持人，成了主持界的明星。他主持的《夫妻剧场》《夫妻天下》《明星大课堂》《英达故事汇》等栏目，都有很高的收视率。

英达不仅善演戏，善当主持人，字写得也不错，还会作画，还会用橡皮泥捏成各种小动物，可谓多才多艺。

幽默是英氏家族对曾经面临的苦难生活的反戈一击。英达主张："生活即便是悲剧，也要当作喜剧演下去。"英氏后代都积极投入喜剧的编写和演出上。如今，英壮和英宇仍坚守于情景喜剧生产第一线。

英壮把自己关在京城一家小旅馆，悉心修改《地下交通站》剧本。

英宁忙于自编自导的新戏《桂花打工记》，给观众带来新的惊喜。

北京英氏家族，在我国近代家族史中，是一个十分特殊的家族。这个家族最早具有开放意识，与洋人有较为密切的联系，有颇高的外语水平，热衷于中西文化的融合与交流。英氏后人说道：他们数代都是靠洋文吃饭的，"我们一家一代一代都在做的事情，就是三个字——学外语"。

英氏家族有两个宝贵的传统，叫作"不骄""不躁"。

"不骄"，是跟前辈比较，相差甚远，"不敢骄傲，但求无愧对前贤"。这是英家历史给予他们的动力。

"不躁"，自英千里去了台湾，一家过着苦日子，低调地生活。英家最艰难的日子，都熬过来了，现在理应心平气静地对待一切。

这个"不骄"与"不躁"，确实是赫赫英家的优良家风，是英氏子孙涵养锐气，蓬勃向上的精神支柱。

英若诚曾指出："弘扬民族文化，并不是取消外来文化。""关门主义是代替不了艺术规律和人类渴望相互理解的规律的。""用艺术去感动朋友，比说教更有力。"

这些话充满了真理的光辉，值得我们去深刻反思。

连战与台南连氏家族

在宝岛台湾，除了一部分当地土生土长的人外，不少是先后由大陆移居台湾的人。在台南，有一户显赫的连氏家族，其中，连横是撰写《台湾通史》的著名史学家，其子连震东是蒋氏父子的垂青者，其孙连战曾任国民党主席，率团访大陆，实现破冰之旅，达成两岸互惠合作的共识，在两岸关系史上，留下了闪光的一笔。

有关台湾台南连氏家族的相关情况，本文分别介绍给读者。

一、远迁台南的连氏家族

台南连氏家族的远祖为山西上党人，其开山祖连佛保在明代迁往福建漳州马崎社，今由龙海市管辖。清初，八旗铁骑长驱南下，远走避祸，连佛保十世孙连兴位率全家渡海，移居台南，以"不忘国耻"教子孙，遗嘱以明朝衣冠殓葬。

连氏迁台后，以经商致富，至光绪十九年，获利高达数十万白银，踏入樟脑炼制行业，每年产量有数万担，成为台南殷实之户。

日本侵台后，资产被没收，经济遭受沉重打击，家境中落。

二、连横：撰写《台湾通史》第一人

连横（1878—1936），字雅堂，号武公，又号剑花，清光绪四年（1878），生于台湾台南，为其父季子，秉性聪慧，喜爱读书，其父特为他购置《台湾府志》一部，郑重嘱咐他，不可不知台湾历史。尔后，连横以编撰台湾历史为己任，终成一番事业。

连氏世居台南宁南坊马兵营，为郑成功驻兵故地，日本人侵占台湾后，选定此处建法院，全庄住户被迫迁离，连家也不例外，几代经营的高墙画栋，被夷为平地，从此家人四散各方。连横有诗云："海上燕云涕泪多，劫灰零乱感如何？马兵营外萧萧柳，梦雨斜阳不忍过！"毁家之痛溢于纸上。

1898年，正值戊戌维新运动揭幕，连横前往上海，考入新学堂学习。不幸戊戌政变爆发，守旧势力疯狂杀害维新人士，连横只能返台，入《台澎日报》社主持汉文部工作。

1900年，八国联军入侵北京，更加激起中华青年救国图强的决心，民族大义，人权、自由、平等的学说广泛在国内传播，1903年冬，连横居厦门，注意到这一新趋势，当时手撰《惜别吟诗集序》，在序文中写道："台南连横归自三山，留滞鹭门，访林景商，观察于怡园，纵谈人权新说，尤以实行男女平等为义。"他还指出："呜呼！中原板荡，国权废失，欲求国国之平等，先求君民之平等。欲求君民之平等，先求男女之平等。洒笔书此，以告景商，并以质天下之有心人也。"这充分反映了连横的思想完全与时代发展的潮流相合拍。

连横久居东海，既病且殆，心情忧郁，思欲远游大陆。欣逢辛亥革命成功，中华民国肇建，心情大为振奋，旋乘轮至上海，又抵金陵。登雨花台，谒太祖孝陵，留下诗章："亡秦一剑风云会，破虏千秋日月新。郁郁钟山王气尽，国权今已属斯民。"表现出对国土重光、民权发扬的欣喜。

其时，海外华侨志士、同盟会新加坡发起人陈楚楠等亦归国观光。连横与之商谈，深感华人拓植海外两千余年，前史未载。共和告成，尚不知华侨之情形。为此，连横等在沪上发起组织"华侨联合会"。尔后，北上燕京。清史馆馆长赵尔巽邀请连横入清史馆。连横利用清史馆中的珍贵史料，为撰《台湾通史》充实内容。

"大盗窃国柄，小盗乱市朝。"1914年10月，袁世凯在天安门阅兵，连横目睹这一幕幕历史闹剧，心中十分不满，以诗猛烈抨击："一时鹰犬亦登台"，"本初（指袁世凯）健者是粗才"，"不分英雄多失势，遂令竖子竟成名"。连横将此时写成的126首诗篇汇印，题为《大陆诗草》，1921年出版。章炳麟读此书后，赞叹曰："此英雄有怀抱之士也。"

连横每茶余饭后，辄对弟子曰："吾平生有两大事，其一已成而《通史》未就，吾其何以对我台湾？"乃发箧出书，潜心撰述，每至夜阑始息。1918年秋，《台湾通史》脱稿。1920年冬，上、中册刊行。1921年夏，下册出版。

是书始于隋大业元年，终于光绪二十一年，凡一千二百九十年之事。网罗旧籍，博采遗闻，旁及西书，参以档案，追溯于秦汉之际，故曰："通史"。全书体例略仿太史公《史记》，分别为纪四：开辟、建国、经营、独立；志二十四：疆域、职官、户役、田赋、度支、典礼、教育、刑法、军备、外交、抚垦、城池、关征、榷卖、邮传、粮运、乡治、宗教、风俗、艺文、商务、工艺、农业、虞衡；列传六十。全书三十六卷八十八篇，表图附于诸志之中。连横深感前人作史多详礼乐兵刑，而对民生之丰啬、民德之隆污，每置缺如。实则国以民为本，无民何以立国？故是书各志，自乡治以下，尤多民事。台湾地名多译番语，如宜兰未入版图之时，称蛤仔难，或作甲子兰；设厅之际，称噶玛兰；改县之后，称之为宜兰，书中均按其时之名以记，避免引起误解。

连横曾将自题诗作附于卷末，诗云："三百年来无此作，拼将心血付三台。""绝业名山幸已成，网罗文献责非轻。""一代头衔署逸民，千秋事业未沉沦。"连氏将修成《台湾通史》视为"绝业名山"之千秋大业，付出了大量心血。此书刊行后，著名学者章炳麟在《〈台湾通史〉题辞》中，给予很高评价，他指出："作者之志，盖以为道土训者，必求其地建置之原。台湾在明时，无过海中一浮岛，日本荷兰更相夺攘，亦但羁縻不绝而已，未足云建置也。自郑氏受封，开府其地，子遗士女，辐辏于赤嵌，锐师精甲，环列而守，为恢复中原根本，然后屹然成巨镇焉。郑氏系于明，明系于中国，则台湾者实中国所建置……视之若等夷。台湾无德于清，而汉族不可忘也。余始至台湾，求所谓遗民旧德者，千万不可得一二。今观雅堂之有作也，庶几遇其人与。"

连横的《台湾通史》，是台湾第一部冠之台湾通史名称、专门讲述台湾历史的专著。此外，连横还著有：《台湾语典》《台湾诗乘》《剑花室诗集》等。当代学者黄得时称赞连横为"卓越的史学家兼文学家"。

1935年春，连横伉俪游关中，流连终南渭水间，追思汉唐丰功伟绩，不胜唏嘘。1936年春，暂居上海。多年忧劳，肝病发作，不久辞世。病中谕独子震东："今寇焰逼人，中日终必有一战，光复台湾即其时也，汝其勉之。"其殁后不到十年，日本无条件投降，台湾光复。佳音可告慰连横于九泉。

连横爱国的崇高精神以及他呕心沥血编纂的《台湾通史》，将永远为海峡两岸同胞所铭记。

三、连震东：蒋氏父子的垂青者

连震东（1904—1986），字定一。连横之子，震东27岁时，父亲嘱咐儿子，欲求台湾之解放，须先建设祖国，余为保存台湾文献，故不得不忍居此地。汝今已毕业，且谙国文，应回祖国效命，余与汝母将继汝而往。其父特修一书致好友张继，拜托张继关照震东。

张继为国民党元老，在同盟会期间曾与连横有较密切的交往，当时正任国民政府要员。1931年张继前往西安，力主设立西京筹备委员会，作为抗日基地。同年连震东即由张继介绍加入国民党，后安排为陕西省西安市"西京筹备委员会"专门委员。1934年7月，连震东与赵兰坤成婚。赵兰坤出身沈阳名门世家，其姐赵兰坪，是当时著名经济学者，连震东在西安留居九年。为避日军轰炸，曾居于西安市雁塔区杜城村。

1936年连震东之子即将出世，连横预见中日必有一战。逝世前，嘱咐为孙子取名为"战"。这是对孙辈奋发进取，为国驰驱的教勉。连战从小是在抗日烽火中度过的，回忆童年岁月，最深的印象是"躲日军轰炸的防空警报"，喝"白水渗盐的太平洋汤"。这期间，连震东曾任西安市政府建设委员会科长，国民党政府军事委员会国际问题研究所第一组主任。

日本投降后，连震东奉命回台湾，参与接收工作。其妻赵兰坤带着连战，乘船由重庆南下，抵上海，住姑父林伯奏家。后与亲戚带着公公的遗稿和灵骨，坐船回到台湾。

1945年连震东回台后，任台北县接管委员会主任委员、台湾行政长官公署参事、台湾参议会秘书长。1950年任《中华日报》董事长等。1986年，病逝，终年82年。

蒋氏父子退居台湾后，为巩固在台的统治，注意启用台籍人士，以安抚台湾民心。1950年3月1日，蒋介石在台湾宣布"复行视事"，行使"中华民国总统"职权。3月25日，明令褒扬台湾已故史学家连雅堂，褒扬辞云："台湾故儒连横，操行坚贞，器识沉远，值清廷甲午一役弃台之后，眷怀故国，周游京邑，发奋著述……文直事核，无愧三长，笔削之际，忧国爱类，情见乎辞，洵足以振起人心，裨益世道……"蒋氏政权对连横予以极高之评价，对连横之子连震东十分垂青，让其担任数十年。

连震东不仅积极从政，且颇善理财。他与台北中小企业银行董事长陈逢源同为台南老乡，连震东及妻子大量购入"北企"原始股票。其妻赵兰坤还担任"北企"董事。彰化银行董事长张聘之，提醒连震东有钱就买其银行股票，连震东便将多年积蓄买了数百张彰化银行股票，其间绝少卖出，耐心等待四十余年，大获其利。他把这种理财方式称作"无为而治"。其妻赵兰坤又向彰化银行贷款，陆续在台北购入大量土地、房产，只租不卖，长线投资，使连氏资产不断膨胀。据1989年台"国税局"资料显示，登记于连战名下有六笔土地，价值约200亿新台币。

四、连战：破冰之旅的践行者

连战（1936—），连震东之独子，生于西安。最早在西安北新街小学，即今日之后宰门小学读书。后就读于台北日新小学。初中就读于台北成功中学初中部。1953年考入军校。半年后，转入台湾大学政治系。1957年，台湾大学毕业，获政治系学士学位。赴美留学，1961年，获芝加哥大学国际公法与外交硕士。1965年，获芝加哥大学政治学博士学位。1965年至1968年，在美国威斯康星大学、康涅狄格大学任教。1968年应邀回台，在台湾大学政治系任教，后任系主任、政治研究所所长，直至1974年。1978年，任国民党中央副秘书长。1984年，任国民党中央委员会常务委员。1993年，任国民党副主席。2000年，任国民党主席。

1965年5月，连战与赢得中国小姐选美竞赛的方瑀结成连理。方瑀之父方声恒，为台湾大学物理系教授。婚后育有二子二女：长子连胜文、次子连胜武、长女连惠心、次女连咏心。

2005年3月，国民党宣布，在孙中山先生逝世80周年之际，不排除适当时机，由连战率团访问大陆。该年4月26日至5月3日，连战以中国国民党主席身份率团对大陆首访。4月27日拜谒中山陵，受到南京市民的热烈欢迎。4月29日上午访问北大，在北大办公大楼礼堂发表题为"为民族立生命，为万世开太平"的讲演，并接受学生提问；下午3时，在人民大会堂福建厅，同时任中共中央总书记的胡锦涛会晤，达成五点共识，共同发布"两岸和平发展共同愿景"，确定未来两岸关系总基调。应胡锦涛之邀，到中南海瀛台参加晚宴。

连战和胡锦涛的会晤，是国共两党最高领导人，自1945年之后，首度会晤，有着"破冰"的重大意义。因此，连战这次大陆之行，既是缔造两岸和平的"和平之旅"，亦是国共两党之间恢复交往的"破冰之旅"。

4月30日，连战赴西安，访问小学读书时的母校，参观秦始皇陵、兵马俑。5月1日，到清凉寺旁，为其祖母沈太夫人扫墓。5月2日，在上海锦江饭店，会见海协会前会长汪道涵，转交辜振甫先生遗孀书信一封、辜先生早年所作国画一幅。

连战首访大陆，为促进两岸沟通，增进两岸福祉，发挥了重大作用。

此后，连战多次参访大陆，六次访京，四次访沪，还曾到鲁、湘、川、豫、疆、闽等地考察访问，其中包括看望亲友、参加两岸重要民间活动、参加大陆的重大国际活动等。

2014年2月，连战再次率团访问大陆，随团有岛内各界人士80余人，包括政党人士、民意代表、宗教、工商、教育、妇女、媒体、青年、少数民族、退任将领、工会等民间人士。其中有新党主席郁慕明、鸿海集团董事长郭台铭、星云法师等。18日下午，中共中央总书记习近平会见了访问团，重申"两岸一家亲"的理念，要求在一个中国的原则基础上，不断推动两岸关系向前发展。

2014年2月19日上午，连战再访北京大学，接受北大授予的名誉教授称号。早在2005年，北大就决定授予连战名誉教授称号。由于"庶务太多，拖延至今"。连战之母赵兰坤，20世纪30年代，曾就读于这所名校。连战称北大为"母校"，即"母亲的学校"。他畅谈："到北大有回家的感觉。"连战强调："身为中华民族的一分子，我们有共同文化的传统。这个传统就是我们在族群上有共同意识，在主体上有共同认同。"北大校长王恩哥在致辞中指出："连战先生2005年来校访问，一场题为《为民族立生命，为万世开太平》的演讲，感动了北大学子，授予连战先生北大名誉教授，既是对连战学术和社会活动成就的肯定，同时也必将有助于促进北大与台湾的文化、教育、学术交流，有助于推动两岸关系的和平发展。"

连战不辞辛劳，一心一意致力于两岸的和平发展和合作共荣。他的历史性的贡献，将为两岸人民所铭记。

台南连氏家族，明末清初由内地迁台。他们与内地同根同祖，血浓于水。

无论是史学家连横，悉心编纂《台湾通史》，以大量史实，证实了宝岛与大陆的血肉相连关系；还是国民党主席连战践行"破冰之旅"，为两岸和平发展之愿景，而奔走海峡两岸。他们的历史功绩，会永远为两岸同胞所铭记。他们的两岸团圆的美梦，也一定会实现。

连战与台南连氏家族

附：家族与成才剖析

近些年来，对家族的关注与研究，成了社会热点。自古至今，一些有社会影响的名门望族，纷纷进入人们的视野，出版了不少有关专著。从本书26个家族个案，亦可看到一些著名家族深刻的社会影响力和人才辈出的社会现象。

下面仅就家族与成才的相关问题，再作一些探讨与陈述。

一、家园对人才成长的重要影响

（一）中国人浓厚的乡恋情结

每个人都有生长的家园。对中国人来说，这种对家园的眷恋，是终生挥之不去的情结。

"国"是由众多的"家"组成的。"家"则是社会的基本细胞，细胞健壮了，国家才会强盛。"家"对众多的人来说，是生于斯，长于斯的故土，是人生旅途中，最为温馨的港湾。古往今来，不少文人雅士，在诗文中，描述了对家的深情厚爱，抒发了对故园的那种难以割舍的痴情。

唐代，被称为"诗圣"的大诗人杜甫，给后人留下了著名诗篇《三吏》《三别》，而《三别》中的《无家别》，深刻地描绘了战争毁灭了可爱的家园，造成了人们无家可归的悲惨现实。

诗中写道：

> 寂寞天宝后，园庐但蒿藜。
> 我里百余家，世乱各东西。
> 存者无消息，死者为尘泥。
> 贱子因阵败，归来寻旧蹊。

久行见空巷，日瘦气惨凄。

但对狐与狸，竖毛怒我啼。

四邻何所有，一二老寡妻。

宿鸟恋本枝，安辞且穷栖。

方春独荷锄，日暮还灌畦。

县吏知我至，召令习鼓鞞。

虽从本州役，内顾无所携。

近行止一身，远去终转迷。

家乡既荡尽，远近理亦齐。

永痛长病母，五年委沟溪。

生我不得力，终身两酸嘶。

人生无家别，何以为蒸黎。

杜甫在《三别》中，通篇采用人物独白的方式叙述故事，倾诉人物内心情感，这首《无家别》亦是如此。诗中主人公，战火中返回故里，寻找旧蹊，眼前却是荒无人烟的空巷，唯有狐狸对他怒啼。故园虽破败不堪，但"宿鸟恋本枝"，还是坚持留在故乡，寻求谋生之路。然而，命运多舛，被再次诏令出征。老母病危，家中再无亲人，他竟成了无家可归的游子。

诗人以朴实的笔触，白描的手法，记叙了战争造成了家园的毁灭，一个无家可归的游子内心的极度悲愤，以及对美好家园的刻骨思念。

故乡是诞生之地，是少儿时代的成长之地。长大后，为了求学，为了服务于社会，远离家乡，索居异地。"少小离家老大回"，告老还乡之时，自己对家园既十分熟悉，又有几分陌生，这种颇为复杂的心情，在唐代诗人贺知章的诗中，得到生动的再现：

其一：

"少小离家老大回，乡音无改鬓毛衰。

儿童相见不相识，笑问客从何处来。"

其二：

"离别家乡岁月多，近来人事半消磨。

惟有门前镜湖水，春风不改旧时波。"

贺知章在天宝三年（744），辞去朝廷官职，返回故乡越州永兴（今浙江萧山），时已86岁，距他中年离乡，已有五十多个年头。人生易老，世事沧桑，心中无限感慨，于是写下了《回乡偶书》二首。第一首写诗人老年返乡，回到这个既熟悉却又陌生的环境中，以至晚辈的儿童竟发出"客从何处来"的笑问。第二首写虽人事消磨，但家乡的景色却依然如旧。门前的镜湖，在春风吹拂下，仍旧呈现出昔日的风采。两首《回乡偶书》，写诗人回到久别的故乡的所见所思，文笔质朴，自然纯真，将游子对家乡的深切之爱，表达得感人肺腑。

诗歌语言精练，饱含情感，是抒发浓郁乡恋的极好载体。在大量现代新诗中，亦有不少感人的乡恋诗作。台湾著名诗人余光中的《乡愁》一诗，深受海峡两岸读者的喜爱，至今仍被人们不断传诵。

《乡愁》全文如下：

小时候，

乡愁是一枚小小的邮票，

我在这头，

母亲在那头。

长大后，

乡愁是一张窄窄的船票，

我在这头，

新娘在那头。

后来啊，

乡愁是一方矮矮的坟墓，

我在外头，

母亲在里头。

而现在，

乡愁是一湾浅浅的海峡，

我在这头，

大陆在那头。

乡愁是我国诗歌中一个历久常新的永恒主题。多年来，余光中写了许多以乡愁为内容的诗篇，而这一首就是情长意深、最为打动人心的一篇。

乡愁本来是大家共有的体验，可是要选用具体而生动的意象来表达，却不太容易，弄得不好会流于一般化的平庸，或抽象化的空泛。余光中的《乡愁》精心地选取了四个意象：邮票、船票、坟墓、海峡，具有极强的表现力。全诗运用回旋反复、一唱三叹的优美旋律，将内心浓郁的乡愁，抒发得淋漓尽致，宛如音乐中柔美而略带哀伤的思乡曲，是海外游子一曲委婉而深情的乡情恋歌。

"谁不说俺家乡好"。人们对自己家园的爱恋，总是深沉而执着的，总是企盼家乡的日子越来越红火，家乡人民的生活越来越幸福。而对于家乡面临的不幸，总是十分痛心。这种爱乡、疼乡、思乡的情感，在鲁迅小说《故乡》中，表现得十分突出。"我冒了严寒，回到相隔二千余里，别了二十余年的故乡去。"故乡的境况如何呢？"苍黄的天底下，远近横着几个萧索的荒村，没有一些活气。我的心禁不住悲凉起来了。""啊！这不是我二十年来时时记得的故乡？"作者不仅为故乡的萧索而悲愤，而且为乡人面临的厄运而揪心。

文中刻画了为人浅薄的"豆腐西施"杨二嫂，描写了为人厚道却被命运折磨得十分麻木的闰土。面对生活的不幸，作者对未来并没有失去信心，他希望故乡的人们应当有新的生活，"不愿意他们如闰土的辛苦麻木而生活，也不愿意都如别人的苦辛恣睢而生活。他们应该有新的生活，为我们所未经生活过的。"

《故乡》一文，寄予了文学家、思想家鲁迅对故土的无比爱恋，尤其寄托了鲁迅先生希望故乡人民变革现状、步入新生活的无限期望。

这正是中国人民浓郁乡恋的生动体现。

（二）一方水土养育一方人

每一个人都生活于自己的家园中，每一个家园都依附于一定的区域。所以，人们都在相应的区域中生存、发展。人可以改造环境，反过来，环境对人也会产生很大影响。

我国疆域辽阔，南北不同的区域，差异颇大。北方干燥缺水，广袤无垠，因而生活于北方的人们刚毅率直，性格豪爽。南方气候温润，绿水环绕，青山滴翠，致使生活于南方的人们性情柔顺，足智多谋。这些性格上的差异，都受环境的影响，对人才的诞生和成长，也会产生不小的作用。

俗话说："近水知鱼性，近山识鸟音。"生活于不同区域内的人，会有不同的个性，会形成不同的特长和生活能力。

以梁启超为杰出代表的广东新会梁氏家族，发祥于新会县茶坑村。位于珠江三角洲的南端，与旅游胜地"小鸟天堂"相距二三十里。这里正当西江入海的要冲，居河海相隔形成的七个小岛之中央。由此，梁启超自称为"中国极南之一岛民也"。此地属亚热带气候，少寒多暑，临冬无雪，四季花香。村中有明代建的凌云塔，立于塔旁，珠江两岸秀丽景色，尽收眼底，南海冲天之巨浪，隐约可见。这种居江临海的区域优势，使得梁氏子弟视野开阔，不同凡响。

梁维清为梁启超的祖父，是梁家中兴的重要人物，亦为梁启超笔下一再颂扬的先辈。梁维清之妻黎氏，是广东提督黎第光之女，出身名门，治家有方，对改变梁氏门庭之状况，功不可没。经多年奋斗，梁维清中了秀才，得到了一个管理一县文教之"教谕"，在茶坑一带成了小有名气的人物。买上了十几亩好地，过上了半农半儒的乡绅生活。

在祖父、父母的悉心教养下，梁启超学业猛进，8岁即可作八股文，9岁能写洋洋千文的时文，乡亲们将梁启超视为神童，梁家更是将振兴家业的希望寄托在他的身上。

梁家祖坟在崖山，这里是南宋末年大忠臣陆秀夫与蒙古铁骑血战之古战场，至今仍流传着陆秀夫背着年幼皇帝跳海殉国的悲壮故事。每当上坟祭祖登上崖山时，祖父都向梁启超沉痛叙述陆秀夫尽忠殉国的感人事迹。这样，在孙辈的心田中，从小就深深烙下了爱国主义的精神。祖父的乡土教育，可以说为梁启超尔后的变法救国和终身从事国学研究，奠定了坚实的基础。有人说，环境造就了人，从梁氏的兴家故事中，完全证实了这一点。

京津是我国北方的大都会，这里人文荟萃，涌现了不少名门望族，其中本书介绍的以英若诚为杰出代表的英氏家族，应该是其中的突出代表。

英家的振兴，是从英敛之开始的。英敛之为满族人，原姓赫舍里，名英华，字敛之。满族习惯取一汉人姓，英敛之的汉姓为郭，又叫郭英华。英敛之生于北京西郊黑山扈附近的一个村庄，家境清苦，全家靠其父摇煤球为生。敛之从小在茶馆中捡客人扔下的茶叶包装纸，用来练习写字。巧遇一游方道士，收其为徒，将他带到京城。有一次，在面馆中，碰上一位教书先生，教书先生认为敛之面善勤快，恳请道士转作自己的相伴书童。道士应允了教书先生的请求。于是，敛之跟随教书先生，在他那里读了不少书，增长了不少知识。在跟随教书先生赴名家授课的过程中，英敛之认识了一位皇族"将军"的女儿，这位皇家小姐对敛之产生好感，由此萌生了爱情。将军发现此事十分恼火，将女儿禁闭在府中，还扬言惩办英敛之。教书先生尽力从中调解，促成两位青年人的婚事。将军见敛之年轻英俊，又颇富才学，最后终于允诺了这桩婚事。

身为满族人，又成为皇族将军女婿的英敛之，因出身贫苦，深恶清王朝的腐败，同情革命党，积极主张社会变革，曾被列入通缉的维新人士名单。英敛之常到天津紫竹林教堂做弥撒，结识了天主教总管柴天宠，相互交往中产生了开办《大公报》的想法。后来，英敛之全力投入《大公报》的问世与出版，使其成为"开风气，牖民智，挹彼欧西学术，启我同胞聪明"的一份极具影响的报纸。

英氏故园在京津，京津为我国著名大都会，中外交流频繁，常得风气之先。所以，从英敛之开始，英氏的子孙后裔都在中西文化交流中扮演重要角色。英敛之之子英千里，在英国求学十二年，且精通法文、西班牙文、拉丁文。回国后，任辅仁大学教授。他有精湛的外语水平，人们认为英千里和钱钟书，是国内英语水平最高的学者。

英千里的儿子英若诚，从小在教会学校念书，尔后又以优异成绩考入清华大学英文系，有超高水平的英语会话能力，曾替美国著名戏剧家阿瑟·米勒作口译。这位戏剧家赞叹说："有他在边上为我翻译，我都忘了我不懂中文，他的翻译出口迅速，毫不迟疑。"英若诚极富表演才能，是北京人民艺术剧院一级演员。"文革"后，曾任文化部副部长，负责对外文化交往。

英氏数代都具有极高的外语水平，这不能不承认，与他们生活于京津大城市文化圈，与外籍人士有广泛接触相关。

（三）家园繁荣的经济，为人才培育提供强有力的物质支撑

众所周知，物质是生存、发展的基础。一个物华天宝、经济富裕的地区，可以为人才的培育和提升，提供大量的经济投入，促使超群的人才有机会脱颖而出，并可以多方面得到培养，以至成为大师级的人物。

明清以来，长江三角洲地区已成为我国最富庶的地区，那里商贾云集，经济繁荣，出现了不少殷实的大户。这些大户家园中，培育了不少名垂史册的杰出人物，无锡的钱氏就是典型一例。

无锡位于大运河边，京沪线上，为南北贯通的交通枢纽。距上海128公里，距南京183公里。南濒太湖，北临长江，山水之胜甲江南。气候温润，

物产丰饶，被誉为太湖明珠。

　　祖居于无锡的现代著名学者钱钟书，便是一位知识渊博、享誉中外的杰出人物。

　　钱钟书的上祖，可追溯到唐末，武肃王起兵临安，奋有吴越开始。钟书的祖父福炯，为武肃王第三十一世孙。钱钟书的父亲钱基博，是一位学识渊博的学者，为近代古文大家，先后任教于无锡师范学校、清华大学、圣约翰大学、光华大学、无锡国学专修学校、华中师范大学等。出版著作有：《经学通志》《韩愈志》《版本通义》《古籍举要》《中国文学史》等。由此可见，钱钟书从小就生活在一个传统文化极为浓厚的幸福家庭之中。父亲任大学教授，收入颇丰，生活大大优于一般社会家庭。

　　钱钟书11岁考入无锡东林小学。这是一所办学条件颇好的新式小学，学校藏书丰富，商务印书馆发行的"林译小说丛书"，引起了钱钟书的极大兴趣，他后来回忆说："那书是我十一二岁时的大发现，带领我进入一个新的天地。"这为后来钱钟书学习多种外文，广泛阅读西方文学著作，开启了一扇大门。

　　1929年，钱钟书考入清华大学外语系。据说，国文、英文均为第一，而数学仅得15分，清华大学对这位偏科的特长生，是破格录取的。

　　钱钟书国学基础极好。胡适曾说，律诗难做，做得好要几十年功夫。钱钟书十四五岁便开始学做律诗，到20岁左右，旧体诗不仅做得四平八稳，且"斐然可观"，真是一个奇迹。这固然与其天资聪颖分不开，还有就是国学水平颇高的家庭对其深刻的影响。

　　钱钟书的夫人杨绛，也是著名的学者、文学家、翻译家，出身书香世家，婚后比翼双飞。在我国现代学者夫妇中，是令人羡慕的一对。

　　杨绛是江南才女，家住无锡。其父杨荫杭，曾留学日本早稻田大学，又赴美国宾夕法尼亚大学攻读法律，为著名律师、法学家。其姑母杨荫榆亦曾留学日、美，曾任北京女子师范大学校长，赤诚爱国，1938年在苏州被日寇杀害。

　　1932年春，淞沪"一·二八"战争爆发，苏州东吴大学停课，一部分学生赴北平，在各大学借读，杨绛恰好来到清华园。此时，钱钟书亦在清华园中，是一位人所熟知的年轻才子，而杨绛则是一位风度不凡的佳丽，两人在接触中，自然会产生爱慕之情，两家对这门婚姻亦表示赞同。1935年7月15

日，钱钟书与杨绛在苏州举行新式婚礼，热闹非凡，宾客中有不少社会名流，其中就有著名诗人兼学者陈梦家及夫人。

1935年8月，钱钟书携新娘杨绛乘海轮由沪赴英，开始留学生涯。钱钟书为中英庚款公费留学生，被安排在牛津大学学习。杨绛为自费留学生，需一笔不菲的支出，非殷实之家是承担不了的。

1937年夏，钱钟书在牛津大学获得学位后，又赴法在巴黎进修法语。1938年9月，钱钟书夫妇带着一岁多的女儿，回到祖国。在艰苦的抗战岁月中先后在西南联大、湖南师范学院一边教书，一边写作。

钱钟书与杨绛皆为无锡人，生于富庶之地，同为名门后裔。家庭懂得文化知识对人生的重要意义，不遗余力地支持他们在学海中遨游，从而使他们成为中国现代文化史上杰出的学者。

广东新会梁氏家族的人才代代辈出，也是一个突出的例证。

梁氏家族是因梁启超而扬名的。梁启超聪敏好学，自投入康有为门下，积极从事变法维新，成为清末民初家喻户晓的明星人物。他一面从事变革社会的政治活动，一面从事国学研究，出版了一系列学术著作，既名声盛隆，又收入颇丰。

梁启超是一位颇有素养的教育家，对子女的教育舍得付出，又卓有成效。根据子女不同的个性，不同的志趣，让其自由发展。在其子女的求学深造上，不惜钱财，肯费心力。梁氏儿女大多出国留洋，在欧美的一流大学得到良好的培育，回国后分别成为各方面的领军人才。

其子梁思成，留学美国，毕业于宾夕法尼亚大学建筑系。清华大学建筑系著名教授，中科院院士。其夫人林徽因，名门之女，亦留美，为诗人、建筑专家。

其次子梁思永，主攻考古学、人类学。毕业于美国哈佛大学。回国后，进入"中央研究院"历史语言研究所，从事考古研究。1946年当选为"中央研究院"院士。

其三子梁思忠，赴美先后就读于弗吉尼亚陆军学院与西点军校。回国后，加入蔡廷锴之十九路军，任炮兵上校、团长。曾参加淞沪抗战。在抗击日军中，有出色表现。抗战中，因患腹膜炎，未及时治疗而病故，享年仅25岁。

其四子梁思达，经济学家，毕业于南开大学经济系，并完成研究生学业。其兄弟中仅有他未出洋留学。抗战时，供职于中国银行。中华人民共和国成立后，在国务院外资企业局工作。

其五子梁思礼，著名导弹与火箭专家，中科院院士。曾赴美留学，获普渡大学学士学位，辛辛那提大学硕士、博士学位。为我国导弹与航天事业的开拓者之一，对国家现代科技事业，作出过重大贡献。

梁启超的五个儿子中，有建筑学家、军事学家、经济学家、考古学家、导弹与航天专家，真是梁氏名门，个个优秀。特别是梁氏兄弟中，竟然有三个为院士，真是人间奇迹，十分令人折服。这固然与梁启超及其夫人育子有方分不开。但人才的培养，绝对离不开经济的支撑。孩子们上名牌学校，须付出高于一般学校的费用，到海外留学，更须支付大批的金钱。为了让五子梁思礼完成在美国的学业，梁家曾卖了一幢在天津的小洋楼。从梁氏宗族对子女不惜工本，大力培育上，可以看出经济是人才培养的重要支柱。

（四）家园便捷的交通，为人才培育提供畅通的资讯

便捷的交通条件，也为人才的脱颖而出，提供了有利的条件。

河南唐河冯氏家族，是我国现代一个享誉中外的文化望族。这里曾经诞生了著名的"唐河三杰"：哲学大师冯友兰，一个在中国现代哲学史上，最先具备哲学史资格的学者；冯景兰，著名地质学家，我国近代矿床学奠基者；冯沅君，20世纪初，我国最早从事文学创作的女作家之一，后潜心研究古典文学，其专著《古剧说汇》，是继王国维《宋元戏曲史》之后，我国戏曲史上又一扛鼎之作。这兄妹三人，均出国留学，学有专长，在各自耕耘的领域中，都作出了非凡的贡献。

冯氏兄妹的诞生地唐河，位于河南西南端，这里是古老中原的一块热土，北亘嵩洛，东通沪宁，既承续着古代黄河文明的辉煌，又感受着中原大地新鲜的空气。其祖居的祁仪镇，在唐河东南二十多公里处，祁河和仪河在祁仪交汇，水上交通极为便捷，信息也较畅通。

其父虽为县令，思想却不保守，在重视传统教育的同时，注意吸收新的文化因素。如冯友兰在家塾读书时，曾读过一本名为《地球韵言》之书，讲的是地理常识，属于"新学"的内容。父亲去世后，由母亲负责子女的教育。其母吴清芝思想开明，有文化素养，曾任唐河端本女学学监。在女学任职时，乘机将女儿沅君和儿媳吴淑贞带至女学就读。那时奉行"女子无才便

是德"思想，女孩很少有上学机会。冯家能让女儿、儿媳上学，应该是"思想解放"的突出表现。由于有端本女学学习的经历，冯沅君后来才有可能在哥哥的陪同下，北上参加北京女子高等师范学校的考试，并被录取。尔后，又越洋赴法，在巴黎大学获文学博士学位，这是我国女性首次获此殊荣。

冯友兰最初是在开封中州公学就读，因不满中州公学的办学状况，得到上海中国公学在全国招生的信息后，决定报考中国公学，如愿考入了这所名校。上海中国公学的现代办学气息颇浓，冯友兰在该校英文学习得到了加强，开始初学西方逻辑理论，由此引起了对哲学的浓厚兴趣，为尔后的潜心钻研哲学、研究中国哲学史，打开了大门。后来他考入北京大学，进入中国哲学门就读。又官费留美，考入哥伦比亚大学，获哲学博士学位。回国后，一直从事高校的哲学教学和哲学研究，成了一位资深的哲学家。

冯友兰由唐河来到开封，又由开封进入上海，又由上海奔赴北京，最后由北京远渡重洋，抵达美国。这一番读书治学的经历极不寻常。而最早的出发地祁仪，是一处交通便捷的水陆码头。居此可获取各地最新讯息，扩大人们的视野，有利于学人选取自身的发展方向，获得最佳的成长条件。这无疑是杰出人才赖以诞生并获得茁壮成长的重要因素。

北宋时期四川眉山的苏氏家族，其勃兴的历史也证实了这一重要因素。

眉山地处乐山的北边，川西平原的南缘，距乐山仅数十里，向北二百里许，即可抵达成都。岷江穿城而过，将县城分成东西两区。东区内有一条纱谷巷，巷中有一座中等结构的民宅，这一庭院便是"三苏"的诞生地，被称为"苏园"，如今已成了众多游客探访的胜地。

眉山苏氏原籍北方赵郡，唐代中宗神龙年间，赵郡栾城（今河北栾城）人苏味道卒于益州大都督府长史任上，其子留居眉山，成了眉山苏氏始祖。至苏轼出生之时，苏氏在眉山已繁衍三百余年，成为当地的望族名绅。

苏氏家族吟诗作文，应是从苏轼祖父苏序开始。苏序生性淡泊，不热衷于仕途，乐于以诗唱和。曾巩在《赠职方员外郎苏君墓志铭》中云："读书务知大义，为诗务达其志而已，诗多至千余首。"由此可知，"三苏"诗文功底，应传自其祖父辈苏序。

苏轼之父苏洵，为苏序之幼子，少时不爱读书，27岁后，方悟读书明理之重要，开始刻苦攻读。后人编纂之《三字经》中有："苏老泉，二十七，始发愤，读书籍。"以苏洵后期发愤读书的故事教育大家。

苏洵闭门苦读并不是为求仕途，朝廷两次征召他参加策论，他都放弃了这样的机会。嘉祐六年，皇上决定修纂从北宋以来的礼书，宰相韩琦推荐了苏洵，得到了仁宗的应允，被任命为霸州文安县主簿，食其俸禄，居于京师，参加《礼书》的修订工作。

苏洵轻仕途、重文笔的散淡性格，对儿子苏轼、苏辙影响颇深。

苏轼自幼酷爱读书。少年之时，就是一位满腹经纶的小学士。对书法、绘画尤为喜爱。他曾谈道："凡物之可喜，足以悦人而不足以移人者，莫若书与画。"由于对书画的终生追求，使他成了一位杰出的书画家。

苏洵、苏轼、苏辙，合称"三苏"，均为宋代文学史上的大家。苏洵被称为"老苏"；苏轼比苏辙大三岁，被称为"大苏"；苏辙被称为"小苏"。苏辙为人平和，不像其兄苏轼那样激进，但也不是唯唯诺诺毫无己见，兄弟俩同窗共读，互相砥砺，其深厚之情谊，堪称古今文坛之佳话。

"三苏"在中国文学史上均占有重要的地位，尤以苏轼的成就最为突出。苏轼应为我国文艺星空中一颗极为璀璨的明星。

他们之所以能脱颖而出，获得极大的成功，其中有一个重要的原因，其出生地四川眉山，位于岷山之上，舟楫往来十分方便，既可直通省城成都，还可到达中原，直抵京都开封。苏洵数次赴开封，还带着苏轼、苏辙赴开封应试，让两子开阔了眼界，增长了见识，这是人生中难得的机遇。

（五）家园悠久的历史文化为人才的培育提供了沃土

地域中丰富的文化内涵，是哺育优秀人才苗壮成长不可或缺的有利因素。不少引人注目的人才，均诞生于具有悠久历史文化传统的区域，并且得到了璀璨文化的熏陶，从而成为超凡出众的名人。

浙江德清俞氏家族，是我国近代史上一个颇有影响的家族。其文化香火代代相传，涌现出了数位享誉中外的文化大家。这一切，与这个家族丰厚的传统文化蕴涵是分不开的。

德清是浙江的一个县级小城，同著名风景区莫干山相邻，与省会杭州相距不远。这里交通便捷，景色优美，是江南一处宜居的福地。

俞樾，字荫甫，号曲园，1821年生于德清。曾任翰林院编修、河南学政。卸官后，寓居苏州，晚年主讲杭州沽经精舍。他是晚清一位有影响力的学者，长于经学、诗词、小说、戏曲研究，所做笔记搜罗甚广，著述不倦。

还从事通俗小说修改，特别是对《三侠五义》的删改，使这部小说大为增色，得到广泛流传。

道光三十年（1850），俞樾参加礼部复试。复试试题为："淡烟疏雨落花天"，这道试题容易引起人们的惆怅之情。俞樾却大胆突破原诗题的限制，先作了一首五言："花落春仍在，天时尚艳阳。"接着撰文阐述了正面的含义。阅卷后，曾国藩对俞文十分赞赏，认为："此生他日成就，未可量也。"由于曾国藩的力荐，俞樾荣获殿试第一，恩荣极第，赐宴礼部，入翰林院庶常馆，为庶吉士。三年后，受到咸丰帝的垂询。为了纪念这次京试中的恩遇，俞樾将苏州曲园的住处，定名为"春在堂"，将本人一生著述的文集，定名为《春在堂全书》。

俞樾虽身入仕途，却始终自乐于书海之中，潜心于案头文字，人们赞扬他："学究天人际，名垂宇宙间。"他在晚清时代对中国学术贡献巨大，是具有硕硕文名的大儒。

俞樾生前，曾为自己作了一副自挽联：

"生无补乎时，死无关乎数，辛辛苦苦，著二百五十余卷书，流播四方，是亦足矣；

仰不愧于天，俯不怍于地，浩浩荡荡，数半生三十多年事，放怀一笑，吾其归与！"

此联充分揭示了俞樾坦荡的胸襟，以及乐于著述的人生追求。

俞樾离开官场之后，一直在苏州定居。其宅地为大学士潘世恩的故园，占地2800平方米。西北边有一隙地，形如曲尺，取老子《道德经》"曲则全"之意，建成小园，取名为"曲园"。宅门前，悬着李鸿章手书："德清俞太史著书之庐"之匾额。

俞平伯年少时，随曾祖父俞樾生活于曲园。俞樾对这位小曾孙宠爱有加，诗中多次写到小曾孙的生活情景。俞樾是一位对传统文化着力耕耘的大学者，平伯自小在这位大学者身边长大，耳濡目染，深受其影响。

俞樾之孙、俞平伯之父陛云，字阶青，号乐静居士，为近代知名学者、诗人，且精通书法。同治七年（1868），俞陛云生于苏州。其父俞祖仁体弱多病，从小随祖父生活，由祖父抚养成人。1898年考中进士，参加殿试，以一甲第三名，赐探花及第，授翰林院编修。其祖父俞樾闻讯十分欣喜，在《曲园自述诗》中记云："金榜传来满县夸，补全鼎足免龃龉。状元榜眼吾乡有，二百余年一探花。"事后有注："德清自入国朝以来，有状元两人，榜眼两人，惟探花无有，至光绪戊戌吾孙陛云以第三人及第，邑人皆喜曰三鼎甲全矣。"

俞陛云，1902年出任四川副主考，1912年出任浙江省图书馆监督，1914年聘为清史馆协编，不久移居北京。卢沟桥事变后，不愿出任日伪职务，深居宅院，以卖字为生，保持了高尚的民族气节。

俞陛云精于诗词，对古典诗词从事过深入的研究。其著作《诗镜浅说》，1932年由开明书店出版，1984年再版。这是一本对学习作诗大有帮助的专著，深受读者欢迎。《唐五代两宋词选释》一书是介绍词人和词作的上乘之作，收入词人一百二十家，词作九百零九首，让读者可以窥视并了解古代大量优秀词类之作。

俞平伯，俞陛云之子，俞樾之曾孙。原名俞铭衡，字平伯。我国五四以来的著名学者、诗人、散文家、红学家。其代表作《红楼梦研究》为新红学派的代表作之一，在学界有广泛影响。

俞平伯毕业于北京大学文学科，先后在燕京大学、北京大学、清华大学任教。他没有在欧美留学的经历，仅赴英、美作过短期访问，外语修养却相当不错。1923年曾翻译法国诗人波德莱尔的两首诗，发表于《诗》杂志第二卷第一期上。他早期的文学创作以写新诗为主，先后出版诗集有《冬夜》《西还》《忆》等。在新文化运动中，俞平伯还以散文小品作家闻名于文坛。他的散文小品属于周作人的"美文派"，共同特色是冲淡平和。其为文目标是：要有趣味、要有知识、要有雅致。他与朱自清同游南京秦淮河，各写了一篇游记，各有特色，至今仍受读者推崇。俞平伯的《桨声灯影下的秦淮河》，笔触细腻，情景交融，充满了朦胧美，堪为散文典范。

俞平伯13岁时，便开始读《红楼梦》，当时对此书并无多少好感。22岁时，受胡适《红楼梦考证》和顾颉刚研究《红楼梦》的意兴的感染，开始同顾颉刚通信时讨论《红楼梦》，尔后将互相通信讨论《红楼梦》的内容，整理成三卷十七篇，定名为《红楼梦辨》。两年后，由亚东图书馆出版。1954年3月，在《新建设》杂志发表《红楼梦简论》。同年9月，遭非学术的政治批判，让作者十分震惊。此后不再涉及红学，专一从事古典诗词的研究。作为一名资深的学者，俞平伯一直坚持应从文学角度来看待《红楼梦》，反对将《红楼梦》过分政治化。1958年5月，在接待来访者时谈道："《红楼梦》

说到天边，还不是一部小说？它究竟好到什么程度，不从小说的角度去理解它，是说不到点子上的。"

俞平伯是一位颇有影响力的红学大家。1985年11月，应香港中华文化促进会和香港三联书店的邀请，赴港讲学，出席记者招待会时，有记者称他为"红学权威"。俞平伯十分谦逊地回答："从不承认自己是红学家，只是个看过《红楼梦》的人，懂得一些而已。"

俞平伯对传统戏曲中的昆曲，特别钟爱。他既是昆曲的痴迷者，又是昆曲的呵护人。其岳父许引之是热心的业余昆曲艺术家，其夫人许宝驯唱起昆曲字正腔圆，还会填词谱曲。

俞平伯在北大上学时，曾向戏曲家吴梅学唱昆曲，从吴梅处学会了《南吕宫》《绣带儿》等名曲。还向昆曲艺术家陈延甫求教，俞平伯请他每周两次到府中吹曲。

俞府中常聚集了大学师生中一批昆曲爱好者，大家切磋曲艺，热闹非凡。为了振兴昆曲，俞平伯带头组织"北京昆曲研习社"，花了很大精力，将社员们排演的《牡丹亭》，搬上舞台。试演时，周恩来总理前来观看助兴。1959年10月，《牡丹亭》在长安大戏院正式演出两场。北京昆曲研习社是当年国庆十周年献礼演出时的唯一民间业余社团，这在中国昆曲演出史上，应当是一件盛事。

俞平伯在北京的住所，最先是北竹竿胡同38号。1924年底，自杭州来京，一直居此，达五十五年之久。此处共有东西两座三进四合院，占地1200平方米，东院北房原为俞平伯的书房，房前有一棵需四人合抱的大槐树，俞先生的挚友朱自清常来此借住，称此屋为"古槐书屋"。俞平伯在信件和文章中，常用此名。显然，对"古槐书屋"之名称也由衷喜爱。

1979年，俞家由古槐书屋迁出，搬入南沙沟寓所。

俞平伯出生于苏州曲园，远离祖居故土。他虽没有在德清老家居住过，但仍对父祖生活过的故乡，充满了感情。俞平伯病故后，德清为他建立了纪念馆。俞平伯的亲属向纪念馆提供了很多家藏珍品，以展现其不平凡的一生。

在"极左"思潮冲击下，俞平伯受过不公平的待遇。破"四旧"的大火，烧毁了他的许多藏书、资料、文稿。做了半辈子贵公子的俞平伯，被造反派勒令打扫厕所。所有这些，并没有让俞平伯惊慌失措，他仍然是"老小孩"一个，泰然处之。他是一个才识渊博的"书呆子"，是一位阅尽人间沧桑的大学者。

据俞平伯同事回忆，有一次俞平伯下农场劳动，见到一块乾隆的"罪己碑"，俞平伯认真察看，深有感慨地说："连封建皇帝都知道做个自我批评。"众人听此言，无不肃然。这表明，看似心气平和的俞平伯，仿佛与世无争，心底里，对人间的是非曲直，都洞若观火。

1990年10月15日，俞平伯先生在北京寓所安然辞世。中国社会科学院文学研究所全体同志敬送的挽联写：

"临大节而不可夺也，举世咸推真名士；论古今而无所名焉，后生痛失大宗师。"

韩磊在《古槐依然枝繁叶茂》一文中，有这样的感慨：

"俞平伯先生已经故去二十五年了，他的故居也许有一天也会倾颓、消失，但就如院中那依旧枝繁叶茂的古槐一样，有智慧的文字不会逝去，有风骨的节操也不会逝去"。俞平伯先生的品格和文字会永存人间，让后人从中汲取智慧和力量。

浙江德清的俞氏家族，读书治学，数代绵延，他们中的佼佼者，既是科举考场中的翘楚，又是吟诗为文的高手，至今仍为人称道。

这一文化望族的诞生，与家乡浓郁的文化氛围密切相关。此地位于山清水秀的莫干山旁，距被称作"人间天堂"的杭州又很近。杭州为钱塘江的入海口，南宋之际，宋王朝偏安江南，曾定都于此，此处为南宋政治、经济、文化之中心。繁荣的经济、发达的文化，为杰出人才的产生和成长，提供了丰富的乳汁，这理应是俞氏家族数代显赫的重要原因之一，亦是今人应看到的历史现实。

产生于安徽桐城的方氏家族，其兴盛的缘由，亦与地域浓郁的文化根脉分不开。

这一文化名门望族，鼎盛于明、清两代，该家族涌现了不少绝佳才子，从而构成了晚清享誉全国的"桐城派"。清代的三百年间，由于桐城派的广泛影响，成为人们学习的楷模。著名学者梁实秋认为："论门望之隆，桐城方氏或许仅次于曲阜孔氏。"北大教授钱理群断定："桐城方氏是继曲阜孔氏之后，对中国文化影响最大的家族，是中国文化世家的绝唱。"

桐城有几支方氏家族，其中"桂林方"最为显耀。据方氏家族记载：到了明代，方氏子子孙孙中，不少人做了大官。有人特地为方家题一匾额，上书"桂林"，意为"折桂如林"。方家以此为荣，自称"桂林方"。

"桂林方"的第十一世孙方学渐，为方氏家族中的杰出人士，他生而沉毅颖敏，善读书，其学识为一乡秀才所折服。他科场屡挫折，不热心仕途，兴教于桐川、秋浦间，其讲学活动不仅限于皖江一带，且声名远布东吴，受到东林党人追慕，曾应邀赴东林书院，讲授"身心性命之学"。晚年，方学渐潜心乡里教育，多方筹募资金，于桐城北门建桐城会馆，受教育者达数百人，其弟子中有后来成为方以智老师的王宣。清代大学士张英盛赞方学渐："明善先生以布衣振风教，食其泽者代有传人。"

明末清初，"桂林方"家族中诞生了一位文理兼容、深耕哲学的百科全书式的大学者方以智。

方以智为方学渐的曾孙。生性敏慧，9岁能诗会文，12岁其母病故，由姑妈方维仪代为教养，15岁博览经、史、子、集，20岁著书数万言。1639年，方以智以乡试第二十三名中举人，次年，以会试八十三名中进士，殿试二甲五十四名，授翰林院检讨，尔后任定王讲师。其父方以焌被陷入狱。为救父，怀揣血书，膝行号哭宫门外近两年，终于成功感动崇祯皇帝，免方以焌死罪，从轻发落。清军入关，南明立国，马士英、阮大铖大肆迫害东林后裔和复社成员，方以智被迫化名改装，流落他乡，过着极为艰辛的生活。1650年，在广西平乐，方以智遭清兵捕获。清帅马蛟麟，以冠服置于左，刀剑置于右，逼方降清。方以智引颈就刃，拒不降清。清兵被方以智的凛然正气而折服，允其削发为僧。从此，方以智以僧人之身，潜心佛门。

方以智是一位天才的大学问家，涉研多门，"凡天人、礼乐、律数、声音、文字、书画、医药，下逮琴剑、技勇，无不析其旨趣，著书数十万言，名流海外"。他不但是方氏家学的集大成者，更是明末清初著名的思想家、科学家、文学家、哲学家。他既用哲学思想观照科学，又用科学实践论证哲学，从而形成系统的科学哲学观。方以智在崎岖险恶的人生道路上，度过了六十个春秋。奋身于刀锯鼎镬间，遨游于奇思妙想之学术天地，为后人留下了丰厚的著述。这些著述至今仍为人们研究学术的重要资料。

方以智育有方中德、方中通、方中履三子。三人秉承父志，勤勉读书，各有建树，都是为后人留下了专著的学者。

长子方中德，性情寡淡，长于思考。父亲常年在外，中德担负起料理家庭的重任，一生基本在故里度过。对史学独有兴趣，几十年"露抄雪纂"，终撰成一部五十二卷的《古事比》。

次子方中通，10岁时，清兵入关，其父被通缉，他不得不到处避难，曾一度改名易姓，给溧阳陈以元为子。后来，其父削发为僧，隐居匡庐，他才得以与父相聚。他热衷算学，长于辨伪析疑，曾结识青年数学家薛凤祚、梅文鼎，还曾向法国传教士穆尼阁讨教历算。其主要著作《数度衍》，内容广博，堪为当时一部数学全书。此书首创"对数"说，成为我国论"对数"的第一人。

三子方中履，跟随父亲时间最长，谨守其父遗志，不仕清朝，曾用"躬耕、采药、读书"三事六字刻章，表明人生追求。20岁开始，写作《古今释疑》，积数十年之力，完成该书。《古今释疑》与其父的《通雅》相似，在考证上下过许多功夫，并有不少新解，在天文、律历、医学、文字学诸方面，对其父的观点多有阐释与发挥。

我国长期的封建社会中，妇女的地位低下，被剥夺了受文化教育的权利。可是，在文化氛围浓厚的方家，情况却不同，女孩子也有识字习文的机会，并且在诗词绘画上亦表现不凡。

方以智的姑妈方维仪，就是一位有深厚文史修养的闺阁诗人，时人对她有"文史宏瞻，兼工诗画"的赞许。然而，这位才艺双全的女子，却命运凄凉。17岁出嫁，不久丈夫病故，产下一遗腹女，九个月后又夭折。18岁时，归家照料老母。其兄辞世后，担负起抚育侄儿方以智的重任。方维仪一生悲苦，诗为心声，其作品多为悲情之抒发。也有一些诗篇突破了闺阁狭隘之范围，如《从军行》："玉门关外雪霜寒，万里辞家马上看。昼夜沙场那解甲，报君直欲破楼兰。"诗中没有小女子的悲切，充满了勇士的阳刚之气。方维仪写诗唱和，挥墨作画，皆不在须眉才子之下，表现了令人惊叹的奇才。其绘画擅长释道人物，笔下的《观音大士图》，师法李公麟白描手法，线条流畅，法相庄严。

《清芬阁集》，为方府中五位闺阁名媛吟诗唱和的结集，见载于《明史·艺文志》。方以智在《清芬阁集·跋》中写道："殷勤之余，时或倡咏，伯姑间归而和之，闺门之中雍雍也。"这些唱和的诗词真实地反映了方氏大族的闺阁生活以及这些名媛的内心世界。

方苞也是"桂林方"中的佼佼者，历经康熙、雍正、乾隆三朝，潜心为文，关心民瘼，文德双馨。他为散文创作立论，力主"义法"，开创了桐城派之基础，后经刘大魁、姚鼐光大绵延至五四时期，至今仍有深刻影响。

"桂林方"大房十二世孙方大美之四子方象乾，即为方苞之曾祖父。

清初顺治年间江南科场案，康熙年间《南山集》案，均给"桂林方"家族带来沉重打击。其中《南山集》案尤为惨烈，合族受牵连，三百余人被勒令流放。方苞因给戴名世《南山集》作序，株连下狱，被判死刑，终因康熙惜方苞才高，以"方苞学问天下莫不闻"，而开恩免死，隶入旗籍，入值南书房。从此，命运发生转机，方苞成为"桂林方"家族中兴的重要人物。雍正时，方苞官至礼部侍郎。

方苞以才学著称于世，思想上宗程朱，散文创作严谨雅洁，直描事理，不事雕琢，间有伤时感世之作。不仅提出"义法"的写作主张，且在实践中努力奉行。他撰述的《狱中杂记》《左忠毅公逸事》，均为桐城派古典美文中的典范，至今仍为人们所诵读，保留在中学语文课本之中，成为青少年学习写作之范文。

从方学渐，到方以智，再到方苞，历经明清两代，桐城"桂林方"，在我国文化与思想史上，是一个有着深远影响的重要世家。这个世家的产生、兴旺和绵延发展，与桐城这块"民秀而文，历出闻人"的锦绣之地是分不开的，与地域中丰厚的传统文化蕴藏是分不开的。正是区域中丰富的传统文化蕴藏，哺育了方氏家族的子孙，使得这一家族人才辈出，谱写了历史的辉煌。

（六）家园困苦的生活，磨炼了家族的意志，激发了儿孙奋力拼搏的进取精神

人所生活的环境，并非都是交通便捷、物产丰饶、经济发达、宜于居住的理想之地，有些地方是生活困苦、经济不发达的穷乡僻壤。是不是生活在困苦环境之中的人，就不会产生俊彦人才呢？事实上，困苦之地也可能涌现非同凡响的杰出人物。因为长期生活于困苦环境的人们，养成了坚韧不拔、知难而上、积极进取的可贵品格，在他们之中，也会有人肯于学习，不懈奋进，最后脱颖而出，成为一行之中、一业之中的佼佼者。这样的事例，古往今来不胜枚举。

就以京剧这一国粹艺术来看。其行当中，老生是其重要角色。而老生行当中，谭派为举足轻重的大流派，曾流行"无腔不称谭"的戏谚。老生中的

谭派属奠基性的流派。老生中的其他各派，如马派、言派、余派、奚派等都是在谭派的基础上，发挥各自的优势和专长分化出的新派别。

谭氏的故里在湖北江夏的田家湾，地处汉水与长江交汇的三角地带，本来这些地方农产品丰富，生活尚无忧愁。谭志道的父亲谭成奎，在田家湾开了一家米店，还能养家糊口。到了志道出生之时，连年灾荒，米店倒闭，谭成奎只得到县衙当了一名捕快，后因病身亡。

此时，志道才十来岁，因长得眉清目秀，嗓音高亢，便下海唱戏，成了一名花鼓艺人。担负的角色从汉调中的"九夫"，到后来京剧中的"老旦"，演出中还能兼演老生。志道人缘好，唱戏卖力，深得观众喜爱，很快在武昌一带出了名。其声音高亢明亮，像叫天儿（即云雀）在高空鸣叫，戏迷们便送给他一个艺名，叫"谭叫天儿"。

谭志道为谭门走上戏曲之路第一人。卖艺中，遇上好心姑娘熊巧云，结为连理，到39岁时，才添贵子，测八字时，命中缺金，取名金福，以鑫培为号。长大后，一直从父学戏，经不断磨炼，成为"伶界大王"，亦是京剧老生谭派的创始人。

谭鑫培居京剧老生行道"后三甲"之首位，但确立的谭腔改变了以往的老生腔宏大震耳的特性，变得婉转多姿，富于深情，使"奏鸣曲"变成了"咏叹调"，获得观众的喜爱，影响深广，经久不衰。因其父谭志道艺名"叫天儿"，人们称谭鑫培为"小叫天"。

谭鑫培出生之时，正逢清王朝江河日下，爆发了太平天国起义。太平军与清军常在武昌一带交战，致使武昌城郊化为焦土。谭志道只有带着5岁的鑫培四处奔波，靠卖艺为生。顺长江从武汉来到安庆，又由安庆来到芜湖，再由芜湖来到南京。听说太平军即将攻打南京，只得离开南京，由运河经扬州，继续北上。通过高邮、淮安、聊城、沧州，于咸丰三年（1853）春，全家到达天津城郊，在天津城郊暂住下来。

天津为北方大港，紧靠京城，商贸发达，文化活跃。戏种特别多，有梆子、徽调、乱弹、汉调、弦索等，让谭志道大开眼界。初来乍到，在城中难以找到位置，便在天津郊区周围数百里，卖艺为生。因谭志道嗓子又脆又亮，善于模仿，唱什么像什么，颇受四乡戏迷欢迎。

在天津城郊逗留已四年，此时鑫培快满10岁。听说京东有个"金奎班"，名师多，班规严，学费也不贵，志道便和妻子商定，送谭鑫培到那里学戏。

在金奎班，鑫培学的是武生行，开蒙戏有《探庄》《夜奔》等，一字一句，一招一式地学，为他今后的表演奠定了扎实的基础。虽主学武行，老生的文戏也兼顾，从《三娘教子》中的倚哥，到《宝莲灯》中的刘彦昌，他都学过，基本上做到了文通武达，为他今后扮演文武老生，打下了基础。由于表现突出，鑫培四个年头便出师了，这时他刚满15岁。过了两年，家里让他和同样是以演戏为业的侯家之女侯玉儿成亲。鑫培有了家室，更发奋地投入卖艺生涯。他到京东搭粥班，不仅演文武老生，还兼饰各种角色，这段粥班献艺，是他一生中最苦的经历。苦难是人生最好的学校，不仅磨炼了他的意志，还让他体验了世态的炎凉，积累了丰富的社会经验，增长了艺术的才干，使他在唱、念、做、打诸方面都得到了全面的提高。

不久谭鑫培到了变声期，嗓子是唱戏的本钱，没有好嗓子难以在舞台立足。听从父亲的安排，静心在家养嗓子，利用休息时间向杨隆寿学习武功，还在通州徐家担任护院差使。歇息一年，嗓子得到恢复。横竖宽窄，运用自如，抑扬顿挫，变化得法。谭志道高兴地对儿子说："祖师爷又给你饭碗了。"

有了一个绝佳的机遇，父子两人同入程长庚的三庆班。谭志道为程长庚配演老旦，谭鑫培则演武生和武丑。鑫培聪慧机智，加之武功扎实，颇得程长庚喜爱。不久，谭鑫培便成了三庆班武行头目。

谭鑫培虽技艺出众，却从不自满，继续虚心向前辈求教。他对程长庚的演技佩服得五体投地，每次程老板登台，鑫培总是在一边仔细观摩，暗自记下他的每一个眼神、每一句念白、每一段唱腔、每一个动作。

老伶工姚起山的靠把老生，卓然不凡，梨园不论长幼，都尊称他"姚大爷"。有一天，鑫培得知姚大爷在某戏院演《镇潭州》，决定亲临观摩。演出时，姚大爷见鑫培在台柱一角偷偷学戏，便将戏中的武架子，演成左架子，让鑫培学不到真功夫。谁知那次观摩，鑫培还是学到了姚起山的戏路。姚起山病故后，谭鑫培开始演《镇潭州》，不仅保留了姚起山的绝活，而且有了新的发展。

谭鑫培是京剧老生艺术大胆的革新实践者，他针对过去老生唱腔"直腔直调""高音大嗓"的状况，根据自身的嗓音条件，创立了老生唱腔中的闪板和耍板，设计了更能揭示人物内心世界的花腔和巧腔，使老生的唱腔艺术向前推进了一大步。他设计的曲折婉转、回荡抑扬的新腔，丰富了戏曲的表现力，赢得了广大戏迷的喜爱。

谭鑫培名声一天比一天大，渐渐传入宫中，为慈禧太后所知晓。于是，发帖召谭入宫。谭鑫培常应诏在颐和园中的德和园大戏台演出拿手戏，颇得老佛爷钟爱，每次演出必有赏，而谭鑫培总是享受大赏，所以进宫演出的人们都说："谭叫天的佛缘最大。"

辛亥革命前后，谭鑫培已成为名噪全国的著名老生，但他思想并不守旧，率先发起京剧改良活动。他与田际云共同发起成立北京"正乐育化会"，并任会长。还和田际云演出时事京戏《惠兴女士》，着力揭露社会现实的黑暗。

民国五年（1916）4月，在总统府唱堂会，春寒着凉，遂染病。又值陆干卿至京，在"那家花园"演戏欢迎。谭鑫培被逼献演《洪羊洞》，致使病情加重。5月10日于寓所病逝。一代名角就这样带着悲凉和愤恨，告别了众多推崇他的观众。

从谭志道到谭鑫培，到谭小培，到谭富英，到谭元寿，到谭孝曾，到谭正岩，共有七代，都在继承和发展着谭派京剧老生艺术，这在京剧艺术发展史上，应属独一无二之盛事。时至今日，在舞台上还上演着由谭元寿、谭孝曾、谭正岩祖孙三代同演谭派代表作《定军山》片段之动人一幕。在谭氏七代中，谭富英和谭元寿尤为突出，这里分别以简要评述。

谭富英，是谭鑫培最喜爱的孙子，出生梨园世家，自幼耳濡目染，又得到著名老生陈秀华授艺，在富连成坐科六年，打下了坚实的艺术功底。谭富英的演唱继承了家传的谭腔，又兼取"余（叔岩）派"的特点，嗓音清亮明澈，吐字行腔自然顺畅，不追求花哨，一气呵成。以激越爽朗、朴实大方的风格，独树一帜，人称"新谭派"或"小谭派"。

谭富英与雪艳琴合作，在上海天蟾舞台，演出《四郎探母》，后被拍成电影，公开放映于1935年，这是我国第一部有完整情节的京剧影片。

中华人民共和国成立后，在北京京剧团，谭富英与张君秋、裘盛戎合作，演出的《大保国》《探皇陵》《二进宫》，堪称一时之绝唱。20世纪50年代后，谭富英与裘盛戎合演的改编传统历史剧《将相和》，珠联璧合，效果极佳。谭富英早在20世纪30年代就享有盛名。他是继马连良之后，艺术成就显著，舞台生涯最长的须生名宿之一。

谭元寿，谭富英之子，10岁入富连成，从雷喜福、王喜秀、张连福学老生，从王连平、沈富贵、茹富兰学武生，文武兼备，功底扎实。结束科班学习后，曾为荀慧生"挎刀"。1947年与杜近芳合演《红鬃烈马》，深获好评。

谭元寿念白清晰，唱腔稳而不乱，表演细腻自如，尤其擅长演出文武老生应工的靠把戏，歌舞齐美，表演有声有色。

谭元寿不仅演传统戏卓有成就，20世纪60年代起参演了不少现代戏，其中在《沙家浜》中饰新四军指挥员郭建光，给观众留下了深刻的印象。在《坚持》一场的主要唱段中，谭元寿唱得高昂挺拔，波浪迭起，鲜明地表现了英雄人物的豪迈精神和必胜信心。在武打方面，注重活用戏曲程式，既再现了生活环境，又塑造了人物形象。

京剧是一门有数百年传承的古老艺术，讲究演员在科班中接受系统的训练。京剧艺术中十分注重"角"的作用。在角色培育中，家庭的传、帮、带起着十分重要的作用。不少京剧表演艺术家，身怀佳艺，别具一格，创立了新的流派，而且在子女中代代相传，保持着本流派的艺术特色。

谭派老生艺术，从谭志道走上戏曲表演之路，到谭鑫培创立老生谭派，到谭富英将谭派丰富发展，形成新谭派，一家七代都献身于京剧老生艺术，堪为梨园中一段感人的佳话。事实表明，艺术家对身边子女及家属潜移默化的影响，不可低估。同时昭示，"家"在传统艺术流派的形成发展中起着积极重要的作用。

艰苦的自然条件，促使人们奋发图强，走出一条自我发展的新路，享誉中外的徽文化，就是一个典型的例证。

徽州，历史上曾称为"新安"。位于安徽的南端，包括歙县、休宁县、绩溪县、祁门县、黟县和江西的婺源县。境内山地占总面积的百分之八十。古徽州崇山峻岭，滩高水急，路途险阻，与外界交往十分不便。

古代徽州的先民是山越人。《越绝书》载："黟、歙南皆大越之民。"东吴时期，孙氏政权为了开拓疆土，维系东南江山，长期地、大规模地发动了讨伐山越人的战争。在东吴政权持续征讨下，几乎所有山越人，被驱赶出山。晋、宋两次南渡及唐末避黄巢之乱，大批中原人士进入徽州，将北方先进的生产方式，先进的思想观念带到了徽州，促使徽州加快向文明迈进的步伐。

徽州山峦起伏，可耕地面积极少。当地流传"八山半水半分田，一分道路和庄园"的说法。可耕地少，发展农业受制约。为解决生存大计，徽州人只得走出大山，以经商为业。明末抗清志士休宁人金声曾论及："新安不幸土瘠地狭，所以生业著于土者，什不获一，其势必不能坐而家食，故其足迹常遍天下。"徽商遍及全国，形成了各地众多的徽州商帮，构建了灿烂的徽商文化，故有"无徽不成镇"之说。

由于群山壁立，道路险阻，只有靠水上交通，行往各地。徽人入中原，有三条水路：一是，由绩溪经青弋江，至芜湖、南京；二是，由歙县经新安江，至杭州、苏州；三是，由祁门经阊江、鄱阳湖，至九江、南昌。大批徽商经商于各大城市，开阔了眼界，捕获了最新信息，积累了可观的财富。

徽州虽地处山区，生活艰苦，却因此养成了艰苦奋斗、坚韧不拔的"徽骆驼"性格，敢于面对困难，善于寻求新路。数代徽州人纷纷走出大山，汲取新知，从而成为杰出人才。近现代著名人物中有：大学者胡适、杰出教育家陶行知、铁道专家詹天佑、国画大师黄宾虹、理财专家王茂荫、国学名师戴震等，真是群星璀璨、硕果累累。

徽州人，特别是徽商，积累了财富后，十分重视人才的培育，大力兴办学校，促使了徽文化的鼎兴。当时，徽州在全国许多领域中都处于领先地位，形成了多门显学，如新安理学、新安朴学、徽派建筑、徽派盆景、徽菜、新安医学、新安画派、徽班徽剧、徽州刻书与藏书等。

在丰富的徽文化中，新安医学具有广泛的影响。随着中原文化的输入，徽人在全国各地的流动增多，他们吸收了中华医药的宝贵经验，加上自身的探索与创造，形成了独树一帜的新安医学，为丰富和发展我国的中医药事业作出了重大贡献。据《徽商研究》一书的不完全统计，仅明清两代，徽州有名医693人，医学专著619种，这在中华医学史上是罕见的记录。

徽州在我国封建社会中，是一个宗族观念最为浓厚的地区，一村庄中往往聚集一大宗族，人丁的增长与削减直接关系宗族势力的消长，故族群之间十分重视医学的研讨与运用，往往一大家族中，有一、二人精通医术，并在子孙中传承，形成数代乃至数十代从医的医学世家。

歙县为徽州府治所在地，人口集中，经济发达，历史上曾产生众多医学世家。歙县城内著名的黄氏医学世家就是杰出的代表。

黄氏医学的创始人黄孝通，医术精湛，尤善妇科，当时名噪江南，南宋孝宗年间，得到皇上表彰，御赐"医博"。

黄氏第十四代孙黄鼎铉，先业儒，后继承祖业，亦精妇科。明崇祯年间，贵妃患血崩，太医束手无策，鼎铉奉旨入宫救治，一剂见效，再服即安。皇上欲让他留居京城，鼎铉婉言谢绝。朝廷设宴送行，相国方逢年陪宴，且赠"医震宏都"匾额。

黄氏业医，自宋黄孝通至清黄予石，已十八代，积累了丰富的临床治疗经验，黄予石将行医体会写成《妇科衣钵》《妇科秘要》《临床验案》，后两书在抗战中，因避日机轰炸，在迁徙中丢失，唯《妇科衣钵》尚存。此医著距今三百余年，书中详载如何转变胎儿位置，使之顺利娩出之手法，充分证实其治疗经验既丰富又精到，极其难得。

黄予石之子予庭，其孙惠中，曾孙应辉，玄孙鹤龄，均继承家学，各有所长。黄氏妇科传至今日，已历二十五代，如今黄氏后裔仍挂壶济世，这在我国中医发展史上，应属于一个历史最悠久、社会影响最大的著名医学世家。

徽州地处皖南山区，"僻陋一隅，险阻四塞"，自然条件并不利于人的自身发展，由于中原士族的多次迁入，大量徽人走出大山，行商于中华大地，促进了经济的发展，也促成了文化的积淀，从而为大量俊彦之士的诞生，提供了条件。由此可见，在那些生活条件较差的区域，只要民众知困而上，奋力拼搏，亦有可能改变自己的生活状况，创造不朽的业绩。

二、家园中，父母对子女的重大影响

人们常说："有其父，必有其子"，"孩子是父母的影子"。可见，在家园中，父母对子女潜移默化中的重大影响。

家庭中，父母处于主轴的重要位置。父母不仅是儿女的生育者，具有共同的生命密码的血缘关系，而且是子女的抚育者和监护人，对子女的健康成长负有不可推卸的法定义务。

家庭教育，是孩子一生中极为重要的教育。从孩子来到人间的第一天，开始接受的就是父母的教育。而且，孩子在妈妈的腹中，就已经开始接受胎教了。所以，人们把母亲称作孩子人生的第一位老师。

我国数千年的社会发展中，特别重视作为社会基本细胞的家庭的重要作用，把家庭对子女的教育和影响，视为人的成长和发展过程中极为重要的一环。古代启蒙读物《三字经》就提出过"养不教，父之过"的忠告。历代传说中，孟母断织教子，曾子杀猪教子，岳母为子刺字等故事，已成为重视家教的千古佳话。

家庭是人生的第一堂课，既是启蒙性的学校，又是终身受用的学校。父母既是孩子的启蒙老师，又是孩子终身的良师。良好的家庭教育不仅创造出今日的幸福家庭，而且也创造出未来的幸福家庭。即使在现代教育中，家庭教育仍处于极为重要的地位。有教育家认为："没有好的家庭教育，就没有真正意义的好教育。"

家庭教育具有区别其他教育的显著特点，归纳起来，大致有以下内容：

首先，家庭教育具有亲缘性和潜移性的特征。

在家庭中，父母是子女的生育者和抚养者，父母与子女之间存在着超乎一般的血缘关系和亲情关系。父母长年累月关心和呵护着孩子，两者之间形成了超乎一般的亲密情感。这种亲密情感，正是开展教育的极好条件。父母在孩子的心目中，是最亲近的人。孩子最初崇拜的人，也是自己的父母。因此，对孩子来说，父母的教诲，愿意听取；父母的忠告，乐于接受。当然，这种权威性的教育，必须合情合理，使用得当。如若父母摆出权威的架势，蛮横无理，颐指气使，伤害了孩子的自尊心，也会使孩子失去对父母的信任，从而也破坏了这种家庭教育的权威性。

孩子从幼年到少年，大部分时间都在家庭中度过，长期与父母生活在一起。家庭中的成员，尤其是父母，一言一行，时时、处处、事事都会给孩子留下难忘的印象，产生深刻的影响。父母与子女之间，以情相通，心心相印，影响巨大。因长期生活在一起，耳濡目染，潜移默化，不知不觉之中，子女从情感到理念，从爱好到志向，都会受到父母乃至家中成员的深刻影响。

以叶圣陶为代表的苏州叶氏家族，是一个文风鼎盛、数代酷爱笔耕的家族。在这个家族内，写作的氛围特别浓厚。叶圣陶虽然工作很忙，却一直鼓励后辈认真练笔，还在晚饭后，挤出时间，亲自帮助子女批改作文。其后代在回忆中写道：

"吃罢晚饭，碗筷收拾过了，植物油灯移到桌子的中央。父亲戴起老花眼镜，坐下了改我们的文章。我们各据桌子的一边，眼睛盯住父亲手里的笔尖儿，你一句，我一句，互相指责、争辩。有时候，让父亲指出了可笑的谬误，我们就尽情地笑了起来。"

多么动人的亲情之教，多么欢乐的学习场景。经叶圣陶的悉心指导，三个孩子写作水平大有长进，他们联合出了三本文集。三人中，有的成了出版社的社长，有的成了专职编辑，他们终生都从事案头文字工作。

由于叶圣陶善于写作，酷爱动笔，就使全家形成了读文、写文的文化氛围，孩子们生活在这样的环境中，逐渐受到熏陶，从而致使叶氏后代纷纷走上文学之路，这是势之必然。

其次，家庭教育具有启蒙性和终身性的特征。

当孩子还在母腹之中，父母便对婴儿实施胎教了，这大概是孩子接受的最早的教育。呱呱坠地之后，来到人间，家庭便成了孩子接受教育的第一场所。所以，家庭既是孩子生命的摇篮，又是孩子天生的第一堂课，父母便是孩子的启蒙老师。如果把初生的孩子比喻为未开垦的土地，那么父母及其家庭成员，对孩子进行的教育，则可称之"拓荒者"的教育。

"拓荒"的首要任务，应让子女学会做人，在"立德"上，多给他们以启发和引导。

湖南湘乡的曾氏家族，在清末涌现了曾国藩这位光彩照人的中兴名臣。直到今日，仍流传有"行商应学胡雪岩，当官应学曾国藩"的说法。如今，有关介绍曾国藩的书籍，已出版多种。

曾国藩不仅是一位杰出的政治家，也是一位颇有建树的教育家。他给家人留下了许多有精辟见解的书札，多次强调育人先明理，明理必读书，甚至认为读书和做官相比，更为重要的是读书。他在致弟弟的信中，提出与当时社会追求截然相反的追求："凡人多望子孙为大官……但愿为读书明理之君子"。他还指出读书只求两件事："一是增进道德，二是提升能力。人生只有进德、修业两件事靠得住。"曾国藩要求读书应当"弄个明白"。他的长子纪泽记性不好，读书时常为记不住而苦恼。曾国藩告诉他："不必要求记住，但要求弄个明白。如果确实看明白以后，时间长一定能体会到其中的意味，心中就会出现心旷神怡的感觉，那样就会大略记得了。"

湖南湘乡曾氏家族延续至八代孙，仍枝繁叶茂，人才辈出，其中有名望者达240余人，成为我国近代史上一个典型的旺族。八代兴旺，名垂青史，中外实属罕见。

家族教育周期最长。一个人的整个成长过程中，不论在校读书，还是参加了工作，甚至在成亲育子之后，回到父母身边，家庭仍然是教育环境，父母仍然是教育者。所以，家庭教育又具有终身教育的特征。有人这样认为：如果把人的一生比作长长的链条，那么家庭就是链条的轴心。有没有好的轴心，这对链条的正常运转是极为重要的。因为有了家庭的关心、呵护、提醒、忠告，就可以促使子女不走邪路，少走弯路，步入坦途，赢得成功。这样的关心和帮助，可以说是终生的。

父母对子女的教诲既及时又坦诚，而且一辈子始终注视着子女的健康成长。

曾国藩名扬史册，成为晚清重臣，得益于其父曾麟书对他的培育和引导。

曾麟书作为家庭长子，得到其父严格的训导，让他"积苦力学"，"期于有成"。尽管曾麟书十分勤勉，因天资不敏，进展不快，赴考十六次，均名落孙山。至43岁，才小有收获，考上了秀才。这一成绩，亦为曾家历史上的突破，为曾氏从衡阳迁至湘乡，两百年来的第一个秀才。

曾麟书自觉不会再有更大的突破，放弃了再次应试，在家乡开设家塾馆，以培养后代为己任。家塾学馆定名为"利见斋"。"利见"典出《易经》："飞龙在天，利见大人"。意为将"治国平天下"之理想，寄于子孙。后来，麟书又将同族家塾更名为"锡麟斋"，"锡"即赐予，"麟"为光明貌，借喻杰出人才。意为希望上天让杰出人才降临曾家。

曾麟书深知杰出人才的养成，须读书明理，在生活实践中磨炼完善。他对长子曾国藩关怀备至，即使儿子当上了高官，也驰书谆谆嘱咐："官阶既高，接人宜谦虚，一切应酬，不可自恃。见各位老师，当安门生之分。待各位同寅，当尽协恭之谊。"为父生怕儿子缺乏修养，官位一高，就会失去分寸，以致在人际关系上招来非议，特在信中一一提醒。这里，可以看出父亲的一片苦心。父母对子女的关切，是对子女的有益之鞭策。

第三，家庭教育具有民主性、和谐性的特征。

在家庭中，子女对父母处于依附的地位，特别是幼小之时，一切都由父母作主。然而，子女有自己的主体意识，随着年龄的增长，逐渐会形成自己的主张，提出自身的要求。父母应尊重子女的主体意识，培养子女的独立生活能力，在家庭中形成和谐的民主气氛。这方面，近代大学者梁启超是一个楷模。

梁启超是一个极为民主的家长，他总是以平等的态度对待子女，充分尊重子女独立表示自己意识的权力。每当子女来信，诉说学习中、生活上遇到的问题，梁启超总是叙说自己遇到同等情况时如何去做。孔子曾说过："引而不发，跃如也。"这种不越俎代庖，采取引而不发的启发式的教育方法，实在高明，让子女在思索中，不断提升自己。对于子女选择学习专业和未来的发展方向，梁启超也不是把家长的意见强加给孩子，让孩子一味顺从家长的安排，而是让子女根据自己的兴趣和特长选择专业，确定自己的发展方向。他的几个孩子，各自根据自身的状况选择专业，各自依据自身的专长，为社会服务。他们当中，有从事考古挖掘的、有研究航天科学的、有投身行伍捍卫祖国的……真是各显其能，百花齐放。最引人注目的，梁门竟有三兄弟为院士。这辉煌的成果，证实了梁启超民主持家的成功。

梁启超曾娶了两位夫人，这两位都是不平凡的母亲，为梁家后代的成长作出了出色的奉献。

李蕙仙是梁启超的第一夫人，也是传统上的正房夫人。她是清朝礼部尚书李端棻的堂妹。光绪十五年（1889），李端棻以内阁大学士衔典试广东，见参试中的梁启超才华出众，十分钟爱，遂将阁中待嫁的堂妹，许配启超为妻。在李端棻的操持下，1891年两人完婚。婚后不久，梁启超带着李蕙仙回到南海老家。梁家以农耕为生，粤语难懂，气候炎热，这些给出身豪门的李蕙仙带来很多困难，但李氏放下了大户小姐的架子，尊老爱幼，操持家务，融入了梁家，赢得了公婆的赞许，成了梁家重要的一员。尔后，梁启超投身变法活动，经历了种种政治风雨，此中的风险和甘苦，非一般人所能想象，但李氏都一一承受了，成为梁启超忠贞的伴侣与强大的精神支柱。李蕙仙育有思顺、思成、思庄三个儿女，她对孩子要求严格，处处以身作则，即使学习上，也是孩子们的榜样。她年过半百，还跟孩子一起学外语。每天吃过早饭，稍事休息，便开始外语的朗读。她的外语发音，带上贵州音调，被称为贵州式的外语。但人们从其会话中，还是可以听懂她所说的内容。

王桂荃是梁启超的第二位夫人，她是李蕙仙从家中带到梁府的贴身丫鬟，一直在梁家，生活了七十年。在梁启超为国事奔波外地之时，王桂荃随行料理生活。长期与梁启超共同生活，彼此产生了感情，进而自然结合。在一定意义上，她是梁启超真正意义上的"爱人"。

王桂荃出生贫苦，小时曾被四次转卖，最后到了李府。她无缘读书，却勤快、伶俐，通晓事理，豁达大度。当她怀上思永时，梁启超生怕结发之妻难以接受，曾一度将王氏安置上海。李夫人获知这一消息时，开始十分震惊，很快便平静下来，接受了既成的事实。李氏健在时，梁启超称王氏为"王姑娘""王姨"。后来，子女们称李氏为"妈"，王氏为"娘"。孙辈则称王氏为"婆"。

梁府人口多、亲朋多、事物杂，王桂荃为人友善，聪慧能干，很快赢得梁府上下的信赖。据梁思成回忆："她自己对我妈和我爹的照顾，也是无微不至的，对我妈她更是处处委曲求全。她是一个头脑清醒、有见地、有才能，既富有于感情又十分理智的善良的人。"对子女，无论是李氏所生，还是自己所生，均一视同仁，给予悉心照料。李氏所生思庄，十多岁时患上白喉，生命垂危。王夫人日夜守护，精心照应，终转危为安。而在此时，她亲生之女也患上白喉，因顾不上护理，不幸夭折。

王夫人因环境所致，未受过系统的教育，但她深知知识的重要性，得闲之时便识字、读书，还学会了针灸、游泳。她常对子女说："成龙上天，成蛇钻草。你看哪样好？""看你爹很有学问，还不停地读书。""马马虎虎，不刻苦读书，将来一事无成。"在她的激励和引导下，梁家后代，个个发奋学习，人人都是社会有用之才。

1929年，梁启超去世，王夫人成了梁家实实在在的精神领袖，她用无私的母爱和人格的魅力，使梁家成了一个坚强的集体。为了铭记这位高尚母亲的恩德，梁氏后人在北京卧佛寺梁启超墓地里，为王夫人植了"母亲树"，立碑铭记她的高风亮节，赞扬王夫人"为抚育子女成长付出心血，其贡献于梁氏善教好学之家良多"。

梁启超建立的梁氏门第，不仅是一个民主的家庭，而且也是一个和睦的家庭。在这样家风淳良的门庭中，才能培育出超群的俊彦之士。南海新会梁氏家族，为后人树立了可供效法的典范。

三、家信、家训、家风及其社会影响

家信，又称家书，是家庭中的长辈写给儿女的信札；家训，是一个大家庭中有权威、有素养的长辈，为儿孙立下的格言、规则；家风则是家族中长期形成的良好风气。

家书、家训、家风都是中华家族文化中极为重要的精华，它深刻影响着后代子孙，又在社会上发挥着潜移默化的作用。

自古以来，许多著名家族就是通过一封封饱含深情，又充满了做人哲理的家信，教育子女珍惜人生，积极向上，做一个有益于祖国的人；就是通过充满人生智慧的家训，对全家族的人加以规范和约束，让他们成为德才兼备的社会俊彦；就是通过长期砥砺形成的良好家风，带动整个家族成为社会上受人尊敬的家庭。

下面就这三项，分别加以阐述。

（一）家信对儿孙的教化作用

古诗云："烽火连三月，家书抵万金。"在烽火连天的动荡年代，家信成了弥足珍贵的家庭信息。在寻常的日子里，家信亦是互告状况，倾诉亲情，互致祝愿的文字。更多的则是长辈向儿孙传授立人心得，提升自我素养的一种方式。游子像风筝，家信如同一根长线，将游子的心与家人的情，紧紧地连接在一起。

从古至今，流传下来不少感人的家信，不仅文辞优美，而且内涵丰富，传颂着令人敬佩的传统美德，成为我国古代文坛中，一道令人景仰的风景。

这些家信中，有帝王写给太子的，亦有仁人志士给子女和亲属的。下面略举一些范例，从中可以窥见其重大的文史价值。

刘邦，西汉的开国君主。他推翻秦王朝，实行中央集权制，重农抑商，与民生息，促进了社会发展。刘邦雄才大略，是一位有作为的君王。他十分关注太子的成长，在《手敕太子》中，谆谆教导儿子要多读书。结合自身经历写道："吾遭乱世，当秦禁学，自喜，谓读书无益。洎践祚以来，时方省书，及使人知作者之意。追思昔所行，多不是。"省悟自己在乱世中，未曾认真读书。因而，有许多不对之处。可是，时至今日，你竟然还不如我，"汝可勤学习，每上疏宜自书，勿使人也。"刘邦先前是一个不喜欢读书的人，见到读书人也很厌恶。然而，在统一中国的征战中，他深深认识到读书求知的重要。这封《手敕太子》的家书，寄托了刘邦对太子的殷切期望和务必认真读书的忠告。

诸葛亮，三国时代蜀国的名相，历代人们都把他视为智慧的化身，他手书的《诫子书》是家喻户晓的著名家书。这份《诫子书》文字不长，全文如下：

夫君子之行，静以修身，俭以养德。非淡泊无以明志，非宁静无以致远。夫学须静也，才须学也。非学无以广才，非志无以成学。慆慢则不能励精，险躁则不能治性。年与时驰，意与日去，遂成枯落，多不接世，悲守穷庐，将复何及！

这份《诫子书》，有人说是写给长子诸葛乔的。诸葛亮北伐曹魏时，诸葛乔奉命在山谷运送粮草和军用物资，备受艰辛，不幸早夭。也有人认为是写给二儿子诸葛瞻的，此子官至尚书仆射。

书中语重心长地告诫儿子，应该静心养性，明志读书，不要"年与时驰"，"悲守穷庐"。其中"静以修身，俭以养德。非淡泊无以明志，非宁静无以致远。""非学无以广才，非志无以成学。""淫慢则不能励精，险躁则不能治性。"等名句，已成了众人修身的座右铭。

司马光，北宋著名的政治家与学问家，我国著名历史典籍《资治通鉴》的作者。他的《训俭示康》是为教育儿子司马康厉行节约而写的。文中首先指出"吾本寒家，世以清白相承"的家族传统，同时又强调"吾性不喜华靡"，"人皆嗤吾固陋，吾不以为病"，"众人皆以奢靡为荣，吾心独以俭素为美"。他告诫司马康，"风俗颓弊"，不应随波逐流。"俭，德之共也。侈，恶之大也。""贪慕富贵"，犹今导致"枉道速祸"。节俭不仅是一种传统美德，而且是不可缺失的政治品格。

向警予，中国共产党的早期领导人之一，被毛泽东誉为"模范妇女"。赴法勤工俭学期间与周恩来、赵世炎、李富春等筹建中共旅欧早期组织。其间，接侄女来信，信中表示"愿发奋做一个改造社会之人"。向警予阅后，十分高兴，在复信中向侄女指出："科学是进步轨道上唯一最重要的工具，应当特别注意。"在那个时代，向警予就深刻认识到科学的重大作用，嘱咐侄女"应当特别注意"。足见这位伟大的女性，颇具远见卓识。这封宝贵的家信，现珍藏于上海市档案馆。

曾国藩在中国近代史上是一个极富传奇色彩的人物，他同时获得国共两党领导人的赞许。年轻时代的毛泽东在致友人黎锦熙的信中写道："愚于近人，独服曾文正。"蒋介石对曾国藩也颇为首肯。据说，蒋氏床头，常放着两部书，一是《圣经》，另一部则是《曾文正公全集》。

曾国藩位列三公，拜相封侯，其子可算作"正牌高干子弟"了。然而，其子纪泽、纪鸿都没有成为让人厌恶的"衙内"，都学有专长，名垂史册。

这与曾国藩"爱之以其道",教子有方有关。曾氏留世的一封封家书,充分证实了他是一位严于律子的好父亲。他在致儿子的家书中,反复强调人生在世,必须读书明理,告谕儿子:"凡人多望子孙为大官,余不愿为大官,但愿为读书明理之君子。"(咸丰六年九月二九夜)又说,本身志在读书著述,不克成就,每自愧悔,"泽儿若能成吾之志,将四书五经及余所好之八种,一一熟读而深思之,略作札记,以志所得,以著所疑,则余欢欣快慰,夜得甘寝,此外别无所求矣。"(咸丰九年四月二十一日)

曾国藩还告诫儿子力除"奢""傲"之气,保持平民本色,"切不可有官家风味"。在给纪泽的信中指出:"世家子弟、最易犯——奢字、傲字。不必锦衣玉食而后谓之奢也。但使皮袍呢褂俯拾即是,舆马仆从习惯为常,此即日趋于奢矣……京师子弟之坏,未有不由于骄、奢二字者,尔与诸弟戒之。"(咸丰六年十一月初五日)他在谕纪鸿时强调:"凡世家子弟,衣食起居,无一不与寒士相同,庶可以成大器;若沾染富贵气习,则难望有成。"(同治元年五月二十七日)曾国藩对女儿同样要求严格,在家书中特地要求她们:"衣服不宜多制,尤不宜大镶大缘,过于绚烂。"(咸丰十一年八月二十四日)从一封封家书中可以看到曾氏对子女的无比关切和悉心教诲,这也成为成功教子的典范。

很多人都明白树大招风之理,但未必都能做到遇事藏拙,不事张扬。曾国藩及诸弟在经营湘军的过程中,从逆境渐入顺境,不断获取功名,进入鼎盛时期。曾国藩深知"月盈则亏",及时告诫诸弟,待人接物定要做到廉洁、谦和、勤劳,时时自惕,以保持曾家的安宁和昌盛。他在给沅、季两弟的信中,这样写道:"余家目下鼎盛之际,余忝窃将相,沅所统近二万人,季所统四五千人,近世似此者,曾有几家?""日中则昃,月盈则亏,吾家亦盈时矣。""吾家方丰盈之际,不待天之来概,人之来概,吾与诸弟当设法先自概之。""自概之道云何?亦不外'清、慎、勤'三字而已。吾近将'清'字改为'廉'字,'慎'字改为'谦'字,'勤'字改为'劳'字,尤为明浅,确有可下手之处。""余以名位太隆,常恐祖宗留诒之福自我一人享尽,故将劳、谦、廉三字时时自惕,且亦愿两贤弟之用以自惕,即以自概耳。"曾氏在名位日隆的情势下,没有妄自陶醉,及时向诸弟提出"将'劳、谦、廉'三字时时自惕",这是很有远见的。

正由于他严于律己,并严格要求子女、家属,免除了种种后患,使其家族代代昌盛，恩泽延绵。

古代仁人志士，流传下来的许多家书都记载着许多传统美德，也反映了我们先人立身处世的基本要求以及对人生理想的执着追求。家书有丰富的文化内涵，值得今人认真学习和研究。

《傅雷家书》是当代一部深受读者欢迎的家书。这部家书收录的是傅雷先生写给儿子傅聪、傅敏的信，还有几封是写给长媳弥拉的。在当今，市场经济大潮之下，按理说这部书不会有太多的销量，可是《傅雷家书》却成了当代中国最畅销的书之一。从1981年至今，印刷二十一次，总印刷量超过一百多万册。在广大读者中，尤其是青年读者中，产生了深刻的影响。

《傅雷家书》已成了当代书坛一部具有巨大社会影响力的名著。它之所以对读者有巨大吸引力，是由于这部家书中的父子，不是一般的父子，父亲傅雷学贯中西，既是一位博识的作家，又是一个杰出的翻译家；儿子傅聪是一位卓越的艺术家，世界级的钢琴演奏家。这样的家书就会充满文学色彩、艺术色彩，是在浓郁的艺术氛围中用优美的笔调写成的，其中还蕴涵了很多人生哲理和处世感悟。这样的家书既有深刻的艺术价值，又有极高的教养价值。傅氏父子受过极"左"路线的迫害，他们身上曾发生的悲剧是当时知识分子命运的缩影。从《傅雷家书》中，可以看到中国知识分子的心灵历程以及坚贞不屈、心怀祖国的崇高精神。因此，《傅雷家书》又可作为文史书来读，让人可以从中窥视极"左"路线下，知识分子曾经经历的厄运。有人说：《傅雷家书》是傅雷先生人格的最集中体现。《傅雷家书》，为我们树立了一个顶天立地大写的人字。这部家书确实是教育后代如何做人的生动教材。

《傅雷家书》是经三联书店总经理范用之手出版问世的。感谢范用，以智慧的眼光，突破阻碍，把这部好书送到了千千万万的读者手中。

著名学者楼适夷为傅雷挚友，在《傅雷家书》代序中指出："这是一部充满父爱的苦心孤诣、呕心沥血的教子篇。"傅雷力图将傅聪培养成"德艺俱备，人格卓越的艺术家"。傅聪的成长与《傅雷家书》是同步的，从一封封家书中父亲对儿子的反复叮嘱中，可以看到父亲深沉的爱以及儿子在父亲的鞭策下的茁壮成长。有人评论说："每个人都爱自己的孩子，可是像傅雷先生那样严格，那样细心，花费那么多心血教育子女的父亲，却是不那么多见的。"事实诚然如此。

《傅雷家书》中，傅雷先生对子女的开导和教育，大致有以下几个方面：

1.浓浓的爱国情怀。2.以艺术为生命。"富贵于我皆浮云"，做一个"德艺俱备，人格卓越"的艺术家。3."功夫在音乐之外。""青年人不会触类旁通，研究哪一门学问都难有成就。"正因如此，除音乐外，他还跟儿子谈文学，谈艺术，谈其他。4.谦虚，谨慎，细致，严格。"文章千古事，得失寸心知。"5.正确对待爱情，对待家庭，对待他人。

总之，《傅雷家书》中包含了立人、从艺的许多真知灼见，对青年人的健康成长，十分有益。

《傅雷家书》中丰厚的思想内容，它的意义已远远超过了家庭的范围。它多方面，多取向地给人们提供了各种资料：

哲学家可以从中研究傅雷的哲学思想；教育家可以从中研究有效的教育方法；文学家可以从中研究散文的写作方法；艺术家可以从中汲取音乐、美术的相关营养；史学家可以从中研究20世纪50年代至60年代中国知识分子的心路历程。

《傅雷家书》既是一部一流的当代家书，又是一部重要的文化资料，它将在亿万人群中永世流芳。

（二）家训对治家的要求

家训为家庭中具有权威地位的长辈，对子孙后代的谆谆教诲，其内容丰富，涉及修身、治家、睦亲、处世、勉学、就业、交游等方面，是古往今来家庭教育的经典文献，体现中国人独有的文化心理和气质。它为研究我国教育史和文化史，提供了鲜活的历史资料。

家训的文字形式较为多样，既可以是寥寥数语的格言，亦可以是洋洋多卷的专著；既可以为信札式，亦可为楹联式；既可以是示儿诗，亦可以是题画诗。其内容有共同点，那就是对儿孙的满腔希望，向儿孙传授做人的道理以及走上幸福人生务须恪守的事项。

随着家庭的形成，家训也逐渐产生，先是口头的，有了文字以后，才出现书面的家训。

早在先秦时代的诸子书籍中，就有家训的言喻，但只是只言片语，尚无系统的文字。到了汉魏南北朝时期，家训迅速发展，除了有专门的家书、遗令外，还出现了家训诗。隋唐时期，是我国家训的成熟期，人们写作家训已进入自觉状态，被称为"古今家训之祖"的《颜氏家训》，就成书于这一时期。宋元明清时期，是我国家训发展的鼎盛时期，家训的数量也空前绝后。一些有为的地方官通过制定乡规民约，让家训与乡规民约相融合，促成了社会家训的风行。

在流传至今的众多家训中，选取若干较有影响的典型家训，作一简要介绍。

唐代《柳玭家训》，分"序"和"训"两部分。序中——回顾柳氏先祖之威严风范，于平凡事迹中树立起楷模，使家训有本有源，形象鲜明，前后呼应。训诫部分文字厚实，发人深省。

家训作者柳玭，唐末人。官至中书舍人，御史中丞。其父柳仲郢，亦名噪一时。祖辈柳公绰、柳公权亦闻名于世。足见，柳玭出身名门望族，在家训中，柳玭写道："夫门第高者，可畏不可恃。可畏者，立身行己，一事有坠先训，则罪大于他人。虽生可以苟取名位，死何以见祖先于地下？不可恃者，门高则自骄，族盛则人之所嫉。实艺懿行，人未必信；纤瑕微累，十手争指矣。所以承世胄者，修己不得不恳，为学不得不坚。"因此，他立下家训，要儿女和后代视为"格言"，严格遵行。柳玭所作之《家训》，文采丰奕，朗朗上口，时人皆诵唱，故有"柳氏云"之说。

《欧阳文忠公书示子侄》，为欧阳修写给后辈的金玉良言，获历代选家之厚爱。

欧阳修，字永叔，谥文忠公，北宋文学家。曾与宋祁合修《新唐书》，独撰《新五代史》。在《欧阳文忠公书示子侄》一文的开端写道："藏精于晦则明，养神以静则安。"并指出："此君子修身治人之术。"文中提道："勉诸子：玉不琢，不成器；人不学，不知道。""人之性，因物则迁；不学，则舍君子而为小人，可不慎哉！"要求子侄"如有差使，尽心向前，不得避事。至于临难死节，亦是汝荣事"。写得大义凛然，掷地有声。真是一篇充满血气的家训。

袁黄的《了凡四训》，亦是一部影响较为深远的家训。作者袁黄，字坤仪，号了凡。明万历进士，知宝坻县，后升兵部主事。日本入侵朝鲜时，曾出兵朝鲜。博学尚奇，对天文、数学、水利、军政、医药等均有涉猎。

《了凡四训》由"立命之学""改过之法""积善之方""谦德之效"四部分构成，称为"四训"。训文包涵了作者数十年之阅历与体验，又加上字锻句炼之修饰，其文精深而博大，其理中正而精微。袁黄谙熟史事典故，又通晓儒、佛、道诸事，知识渊博。这些特色均体现于《了凡四训》文字之中。旧序称《了凡四训》："以韩（愈）欧（阳修）之笔，具韩（琦）范（仲淹）之才。"评价毫无虚夸之处。

《傅山家训》是明清之际，内容十分丰富的家训之作，亦为中华家训中一部颇有影响的家训代表作。

傅山，明末清初的著名学者，明亡隐居，康熙中征举博学鸿词，被迫至北京应试，以死相拒。康熙特授中书舍人一职，傅山托病而辞归。他博通经史诸子和佛道之学，善工山水墨竹、金石、篆刻。长医术，不食清廷俸禄，仅以祖传秘方度生。

《傅山家训》分"训子侄""文训""诗训""韵学训""音学训""字训""仕训""佛经训"和"十六字格言"等部分。其中"十六字格言"，文字简明，饱含作者切身体会，对儿孙颇有教育和启示意义。

《钱氏家训》是吴越王钱镠留给子孙的精神财富，分"个人篇""家族篇""社会篇""国家篇"四部分。在"个人篇"中写道："心术不可得罪于天地，言行皆当无愧于圣贤。"认为人是天地之间的产物，每个人内心都应当堂堂正正，无愧于苍天和大地。人的举止言行，都必须以圣贤为楷模，符合圣贤之标准。在"家族篇"中，即语"内外六闾整洁，尊卑次序谨严"，关注家庭生活中的细节，从细节中教育儿孙，要按照佛家的要求，建立尊卑有序的家庭。在"社会篇"中，要求："信交朋友，惠普乡邻。恤寡矜孤，敬老怀幼。"在社会交往中，诚信为第一要务，必须以诚待人；在与乡邻相处中，要惠普他人；对孤寡等社会弱势群体，应带头抚恤，助人为乐。在"国家篇"中，突出："执法如山，守身如玉。爱民如子，去蠹如仇。"要求子孙后代，懂得用严明的律法，规范自己的言行。遵从社会准则，洁身自好，肩负官职，应视民为亲子，为民造福。对于那些祸国殃民的蠹虫，当视为仇敌，坚决清除。

从钱氏先祖钱镠制定的这一家训可以看出，钱氏严于持家和对子孙的悉心教诲，从而使杭州的钱氏家族，代代兴旺，人才辈出。至清乾隆进士钱大昕，史学成果显赫，被陈寅恪推为"清代史学第一人"。至近代，钱氏家族人才成"井喷"状态。社会上流传这样的顺口溜："一诺奖，二外交家，三科学家，四国学大师，五全国政协副主席，十八两院院士。"还涌现了数位父子俊彦，如钱基博与钱钟书、钱玄同与钱三强、钱穆与钱逊、钱学榘与钱永健等。

在一定意义上来看，《钱氏家训》为这个大家族的昌盛和人才成长，提供了精神保证。《钱氏家训》不仅为钱氏后人的言行立下了准则，而且也为我们每个家庭提供了应该认真学习的成长训言。

上面介绍的都是以散文形式撰写的家训。随着韵文的流行，出现了以赋诗抒写的人生体会和对儿孙的期望，这就是散文形式的家训，这种家训言简意赅，耐人思索。

唐代"诗圣"杜甫写给小儿子宗武一诗，题为《宗武生日》。全诗如下：

小子何时见？高秋此日生。
自从都邑语，已伴老夫名。
诗是吾家事，人传世上情。
熟精文选理，休觅彩衣轻。
凋瘵筵初秩，欹斜坐不成。
流霞分片片，涓滴就徐倾。

此诗为杜甫时近晚年所作。自身多病，几乎倒床，而小儿宗武已近成年。见小儿在酒席上向来宾一一敬酒，为父自然十分高兴。他在诗中告诫小儿，杜家世代书香，数辈为诗。你长大了要多读像《文选》那样的文学典籍，将来也要能诗会文，光大先祖的家业。此诗是一首示儿的优秀家训诗。

杜荀鹤，晚唐诗人。相传为杜牧之妾所生，出身寒微。其诗语言通俗，风格清新，自成一家，后人称"杜荀鹤体"。这首《题弟侄书堂》，是题在侄儿书房墙壁上的一首劝学诗：

何事居穷道不穷，乱时还与静时同。
家山虽在干戈地，弟侄常修礼乐风。
窗竹影摇书案上，野泉声入砚池中。
少年辛苦终身事，莫向光阴惰寸功。

杜荀鹤告诫侄儿，人生在世，可以生活贫困，但"修身、齐家、治国、平天下"的信仰不可动摇。家乡虽遭战火，儒家的礼乐之教还理应恪守。诗的尾联强调"少年辛苦终身事，莫向光阴惰寸功"。应趁年轻时的大好春光，发奋读书，不要因寸功而懈怠。杜氏给侄儿的劝学诗寓理深刻，其中"少年辛苦终身事，莫向光阴惰寸功"已成千古格言，教导大家年少时应须加倍努力，不要荒废了大好时光。

《洗儿》是宋代大文学家苏轼在第四个儿子满月时所作。苏轼怀才不遇，屡遭挫折，以致贬居异乡，内心有许多不平，其中亦包含有丰富的人生体会。内容如下：

> 人皆养子望聪明，我被聪明误一生。
> 惟愿孩儿愚且鲁，无灾无难到公卿。

为人聪明绝顶，且又显露在外，往往会遭人嫉恨，横生不测。如若大智若愚，以朴实处世，尚可无灾无难安度一生。由此，苏轼希望其子"愚且鲁"，"无灾无难到公卿"。这是苏轼对自己身陷困境的反思，也是对儿子发自内心的教诲。老子主张："后其身而身先，外其身而身存。"人生在世，要想无灾无难，就得低调做人，善处人下。否则，"木秀于林，风必摧之"，这是应该引以为训的。

宋代爱国诗人陆游，曾给后辈留下了"王师北定中原日，家祭无忘告乃翁"的名句。在《示儿》一诗中，依据自己数十年的人生经历，告诫儿子应如何读书，如何做人，亦是一首典型的家训诗。全诗如下：

> 闻义贵能徙，见贤思与齐。
> 食尝甘脱粟，起不待鸡鸣。
> 萧索园官菜，酸寒太学齑。
> 时时语儿子，未用厌锄犁。

诗中有三点家训思想，值得注意：一是人生在世当"闻义贵能徙，见贤思与齐"，必须"见贤思与齐"，加强自身的道德修养；二是读书须刻苦，"起不待鸡鸣"，就应投入学习；三是不可贪图享受，甘于食用粗糙的饭菜，还须"未用厌锄犁"，乐于从事农务。这些家训中的教诲，今天看来仍有积极意义。

杨万里，号诚斋，南宋著名诗人，其诗无论叙事、写景、抒情，均平易自然，构思新巧，清新活泼，被称为"诚斋体"。他的《送次公子之官安仁监税》，是在次子即将离家任税官时，写给次子的一首内容上佳的劝诫诗：

> 汝仕今差晚，家庭莫恨离。
> 学须官事了，廉忌世人知。
> 争进非身福，临民只母慈。
> 关征岂得已，垄断应何为。

诗人的次子离家到安仁，即今江西余江，担任负责地方税务的官员，诗人叮嘱他三件事：一是当官应把官当好，要尽职尽责，真心廉洁自守，不可以虚假的清廉，沽名钓誉；二是当官要当父母官，以慈母之心对待百姓；三是当官不可以用手中权力垄断事物，不可以为升官发财一意争进。

杨万里对行将上任的儿子的这一番临行叮嘱语重心长，既是给儿子的家训，也是立人为官必须遵循的规范。

过去的一些画家，也是诗人，往往在画作上附有题画诗，有些题画诗为寄语家人的内心表白，亦可看作是一则家训。这里仅以郑燮的《题兰竹图》为例，做些说明。

郑燮，号板桥，"扬州八怪"之一，清代著名的文学家和书画家。清乾隆元年进士。在山东范县、潍县任知县达十二年，为官清正，解民疾苦，所撰之诗"衙斋卧听萧萧竹，疑是民间疾苦声。些小吾曹州县吏，一枝一叶总关情"，充分体现这位知县对民众的关切。他在二女儿出嫁时，因无钱置嫁妆，便画了一幅兰竹图相赠，画上题了这首诗：

> 官罢囊空两袖寒，聊凭卖画佐朝餐。
>
> 最渐吴隐奁钱薄，赠尔春风几笔兰。

此诗乍看上去，似无什么教诲意义。其实，慈父的殷殷教导全在诗画之中。

郑板桥深切地教诲女儿：为人不怕穷，亦不畏苦，无论处于怎样的艰苦环境中，都应像春风中的兰竹一样，保持自己高洁的品行。

有的家训是楹联形式，写成对联，张贴于家族大厅之上，让子孙后辈铭记在心，身体力行。

湖南湘乡曾氏家族曾国藩的住宅大厅的立柱上，就张挂了这样一副家训联：

> 有子孙有田园，家风半耕半读，但以箕裘承祖泽；
>
> 无官守无言责，世事不闻不问，且将艰苦付儿曹。

此家训联由曾国藩之父曾麟书撰定，由曾国藩手书。这是曾氏家族传世之名联，更是曾氏家族教育子孙的重要家训。

曾国藩为曾氏家族的杰出代表，他从耕读起家，步入仕途，做了一品大员，仍不忘耕读家风，勤俭持家，谨慎做人，形成了积极向上的发展态势，这样一个长盛不衰的大家族，有许多至今仍可供今人吸取的成功经验。

徽文化是我国极具特色的地方文化之一。徽州曾经的辉煌，离不开徽商。明清时期是徽州的鼎盛期，亦是徽商的鼎盛期。遍布全国各地的徽州商人，将大把大把挣得的金钱投向徽州，大兴土木。如今著名的旅游胜地西递、宏村等，便是徽商留下的杰作。徽商又是儒商，他们在兴建的雅致厅堂中，悬挂不少楹联，既是对尊奉信念的抒发，又是教育后代的家训。如西递的履福堂中，就有这样一副对联：

　　　　几百年人家无非积善；
　　　　第一等好事只是读书。

教育儿孙恪守积善乐施的传统美德，走读书明理的正确道路。"积善"与"读书"就是履福堂主人留给后人的谆谆教诲。

在研讨古代家训时，有两人撰写的家训，影响深广，史上有名，应该重点介绍给读者，这就是颜之推的《颜氏家训》和朱柏庐的《朱子治家格言》。

《颜氏家训》为我国现存最早、影响极大的家训专著，与过去那些单篇的诫子书、家诫、家训相比，其数量甚大，不单讲为人处世之注意事项，也讲如何看问题、如何做学问，内容极为丰富。全书分七卷，计二十篇，内容涉及教育、文学、音韵、历史、民俗、伦理等方面。此书以儒家思想为宗，略兼佛学思想。

作者颜之推，北齐文学家，字介，琅琊临沂人，为著名的高门琅琊颜氏之后裔。始仕萧梁，为梁元帝散骑侍郎。及西魏攻破江陵，乃投奔北齐，官至黄门侍郎、平原太守，后人多以"颜黄门"称之。北齐亡，入周为仕。隋开皇年间，太子召为学士，以疾卒。历任梁、北齐、北周、隋数朝代，备尝人间兴替，积累了丰富的人生经验。《颜氏家训》则是其人生经验之结晶。

《颜氏家训》，就其内容大致包括修身、齐家两部分。修身方面，颜氏认为：修身之目的在于扬名于世，应勤学达此目标，须"明《六经》之旨，涉百家之书"；行为当谨慎，"必慎交游"，应"与善人居"，不可"与恶人居"；言语勿多，"多言多败"；力戒贪欲，应养成"少欲知足"的好习性；培养忠孝之心，明于世务，做有益于社会之人。齐家方面，颜氏重点谈到：应处理好兄弟之间的血缘关系，不要因娶妻生子而使关系疏远；家庭生活中，长辈既要行使家长权力，更应以身作则，为后辈树立榜样；家庭教育应宽严适度，不可走极端；家庭要勤于农事，注意稻麦、果蔬、桑麻的种植和养护等等。从《颜氏家训》所论及的众多内容来看，其系统性和周密性在我国家训史上，应是史无前例的。

《颜氏家训》是我国家训教育之集大成者。在教育观上，颜氏充分肯定家庭教育的重要性和特殊性，认为"禁童子之暴谑，则师友之诫，不如傅婢之指挥"；教子宜早不宜迟，否则恶习养成，则难于成功；对待孩子应有公心，切不可偏袒溺爱。在教育方法上，亦有不少可取之经验，如教子应慈严结合；要树立榜样，以劝施教；教育应从"爱"出发，寓爱于教等。这些至今仍有可吸取之处。

清人王钺在《读书丛残》中谈到《颜氏家训》："篇篇药石，言言龟鉴，凡为人子弟者，可家置一册，奉为明训，不独颜氏。"

颜之推学识渊博，有极高的文学鉴赏水平，例如他对王籍的两句诗的评论，就是一个著名的例证："王籍《入若耶溪》诗云：'蝉噪林逾静，鸟鸣山更幽。'江南以为文外断绝，物无异议。简文吟咏，不能忘之；孝元讽味，以为不可复得，至《怀旧志》载于籍传。范阳卢询祖，邺下才俊，乃言：'此不成语，何事于能？'魏收亦然其论。《诗》云：'萧萧马鸣，悠悠旆旌。'《毛传》曰：'言不喧哗也。'吾每叹此解有情致，籍诗生于此意耳。"

颜氏就王籍的两句诗所发的议论，深得王渔洋赏识，周作人也十分肯定颜之推的精彩论评，说："此是很古的诗话之一，可谓要言不烦，抑又何其'有情致'耶！"

王籍的这两句话，对后来的诗人和诗作颇有影响。杜甫《题张氏隐居》中有"伐木丁丁山更幽"，可视为直接由王籍而来；王安石《钟山即事》中有"茅檐相对坐终日，一鸟不鸣山更幽"，则是对王籍诗句的反仿；钱起《山中酬杨补阙见过》之颔联："幽溪鹿过苔还静，深树云来鸟不知。"亦有化用王籍诗意之痕迹。由于王籍诗作十分切合辩证表现之常理，且深乎人情物理之妙趣，确实为一独出心裁之佳句。

《颜氏家训》不仅是一部体备完整，内容精良的家训典籍，而且还记载了南北朝时期的风土人情和社会风貌，作者对音韵也有深入的研究。因此，无论是研究汉魏南北朝史，还是研究古代音韵学，此书都是重要的资料。历代学者对此书均十分重视。

《颜氏家训》行文平易，基本不用典，绝无学究气。既不浮华，亦不粗野，行文"朴而畅"，有一种平和动人之韵味，可读性很强，这也是它流传深广的原因之一。

《朱子治家格言》为清代朱柏庐所撰。在清代家训中，此家训名声最隆。用语质朴，愚智皆可通晓；事理近人，贫富皆可尊行，因而流传甚广。其《劝言》四则：孝悌、勤俭、读书、积德。可以说包容了为人处世的重要准则，对修身立人有积极指导意义。

　　朱柏庐，江苏昆山人，本名用纯，柏庐为其自号。清初居乡教授学生。治学以朱程为本，提倡知行并进。康熙时曾被请为博学鸿儒科，坚辞不应。一生未仕，临终前嘱弟子："学问在性命，事业在忠孝。"其所著《朱子治家格言》世称《朱子家训》，一时流传大江南北，被历代士大夫尊为"治家之经"。

　　《朱子家训》巧用韵语，读来顺口，易诵易记，字字珠玑，精辟地阐述了治家之道，是古代家训中的精品。《朱子家训》强调从具体细节上做起，如《朱子家训》一开头，即写明："黎明即起，洒扫庭除，要内外整洁；既昏便息，关锁门户，必亲自检点。"这些看似是小事，却都反映了一个人的作为。

　　《朱子家训》中，有不少精辟佳句，至今仍富有教育意义。如"一粥一饭，当思来处不易；半丝半缕，恒念物力维艰。""宜未雨绸缪，毋临渴掘井。""器具质而洁，瓦缶胜金玉。""子孙虽愚，经书不可不读。""薄父母，不成人子。""人有喜庆，不可生妒忌心；人有祸患，不可生喜幸心。""善欲人见，不是真善；恶恐人知，便是大恶。"等等。在《朱子家训》的各则中，亦有精彩之阐述。如"勤俭则"中，作者指出："勤与俭，治生之道也。不勤，则寡入；不俭，则妄费。寡入而妄费，则财匮。"作者还提出"勤之为道"的"三要"：一要"深思远计"；二要"晏睡早起"；三要"耐烦吃苦"。在"读书则"中指出："不但中举人进士要读书，做好人尤要读书。"还谈道："圣贤之书，不为后世中举人、进士而设，是教千万世做好人。"讲读书方法，朱氏认为："读书须先论其人，次论其法。所谓法者，不但记其章句，而当求其义理。"在"积德则"中，作者驳斥了"先富贵后积德"之说，提出："抑知富贵者，积德之报。必待富贵而后积德，则富贵何日可得？"还主张积德"随在可为，不必有待"。"要知吾辈今日，不富不贵，无力无财，可以行大善事，积大阴德，正赖此恻隐之心。"一个人只要具备了恻隐之心，能同情别人，就可以行积德之举。

　　朱柏庐《朱子治家格言》是一部劝人从学、劝人从善，有益于人的家训，与今已相隔三百余年，其中倡导的许多传统美德，仍闪闪发光，值得我们去深入研究，有分析地吸取，为确立社会主义核心价值观服务。

（三）家风的形成及其社会意义

一个有为的家族，为了自身的健康成长和家族的兴旺发达，会为全体族人制定家训，让大家学习领会，身体力行，不得违背。并以此教育子孙后代，代代遵照，代代相传。因为有家训的遵循制约，在长期培育中形成了良好的家风，在家族的众多成员中显现出来。

家风是一个家庭的精神印记，是一个家庭的文化氛围，是一个家庭风气、风格、风尚的体现。家庭是社会的细胞，是社会的基础。有了良好的家风，就会促使良好民风的形成，就会为建立和谐美好的社会发挥积极作用。

曾国藩是彪炳青史的晚清重臣，他不但是治军治国能手，而且也是治家的楷模。他在一封封家信中，反复叮嘱众弟和子侄切切牢记训导，反映了他从严治家的良好风范，由此形成的曾氏家风，令人赞叹。由曾国藩终身倡导的家风有一重要特色，那就是十分重视勤、俭二字，形成了以勤俭为荣，事事讲勤俭的良好风气。

曾国藩认为"勤"是兴家的关键。他分析"勤"的好处，提出"勤"对个人，既能养生，又能养品。大儿子纪泽从小体弱，常生病。曾国藩不主张动不动就吃补品、服药剂。他说："药能活人，亦能害人。"主张锻炼体魄，以增进健康。"每日饭后走数千步"，扫屋清地，耕地种菜。总之，手脚勤快，身体就会好起来。所以，曾氏将勤视为"养生第一秘诀"。勤还是一种极好的品格，可以激发其他良好品格的形成。他要求孩子们做到：手勤、脚勤、口勤、脑勤、事勤，即"五勤"。指出：手勤、脚勤能养生；口勤多问候；脑勤、事勤多思考。一个人只要多思多学，就能更深入地了解儒家仁义之说，帮助你养成高尚的人生追求，提高你办事的能力。俗话说："劳者多能。"事实确实如此。

曾国藩家书中有这样一段名言："无论大家小家，士农工商，勤苦俭约，未有不兴。骄奢倦怠，未有不败。"除"勤"字，曾氏特别强调"俭"字。他告诫家人一定要过俭朴的生活。

曾国藩坚持过节俭的生活，反对铺张和奢侈。人们曾送给曾国藩一个雅号，称他"一品宰相"。之所以称他"一品宰相"，并不是因其官居一品，而是由于他每次用餐，仅食一个菜，一碗饭，生活极为简朴。不是他没有钱花，而且他坚持节俭之美德。在穿着上，他主张还是旧衣好。在致子女的信中写道："古语云衣不如新，人不如故。然以吾观之，衣亦不如故也。"曾国藩考取进士时，家中给他做了一件天青缎马褂，这是他唯一一件绸缎衣服，对这件生平最好的衣服，平时从来舍不得穿，碰上庆贺活动或过新年，才穿一下。这件衣服整整珍藏了三十年，到了他的晚年，其衣依然如新。曾国藩在致长子纪泽的家信中写道："凡世家子弟，衣食起居无一不与寒士相同，庶可以成大器。"对子女一直以俭朴严格要求，即使办婚嫁喜事，亦力行节俭。曾家规定，几个儿女一视同仁，结婚、出嫁，所办婚礼之花费，包括嫁妆，不得超过二百两银子。四姑娘是曾夫人最疼爱的一个女儿，她出嫁时，也不敢违反家中定下的两百两银子的规定。其叔国荃不太相信，一看嫁妆，果然仅值二百两银子。他十分佩服大哥勤俭持家的精神。"勤苦简约，未有不兴。骄奢倦怠，未有不败。"这是曾国藩常说的至理名言。正由于他秉持了勤俭持家的优良家风，才使得曾氏家族数代保持蓬勃向上的发展势头，家风兴家，从曾家百年兴旺中得到了佐证。

家风反映在家人点点滴滴的小事上，又从一件件具体事件中，凸显全家的精神风貌。

现代著名翻译家傅雷，一生翻译了法国大作家的多部长篇小说。他对翻译的要求极为严格，以严谨的态度，达到了信、达、雅的高质量要求。为文如此，做人更是这样，并由此形成了严谨的家风。傅雷生于江苏省南汇县周浦镇。那里的小河边，有一座大院，人称傅氏家宅，就是傅雷诞生的祖屋。傅雷之父傅鹏飞，在镇上的杨洁小学任教，家有四五百亩土地，在当地算是有名的大户。1912年，傅鹏飞被诬陷入狱。经傅鹏飞夫人多方奔走，三个月后终于出狱。受此番折腾，出狱后的傅鹏飞极度苦闷，溘然离世。据说傅雷出生时，大哭不止，且声震天外，族中有粗通儒学者，为其取名"怒安"。典取《孟子》："文王一怒而安天下之民。"常云：大发雷霆谓之怒，故又名之"雷"。这就是傅雷名字的由来。

傅雷幼年丧父，从小在母亲的严格管教下生活，养成一副刻板的面孔，极少见到母亲温馨的笑容。1920年，他在上海以同等学力考上徐汇公学。这是一家教会中学，每天两节法语课，成了学习的主课，在不到三年的时间里，让傅雷打下了较好的法文基础，对他后来留学法国和从事法国文学翻译，起了十分关键的作用。由于反对念《圣经》，反对宗教束缚，初中毕业前夕，被徐汇公学开除。后来，进去大同大学附中学习。1925年震惊中外的"五卅惨案"发生，目睹帝国主义残杀我同胞，年轻刚烈的傅雷走上街头，抗议示威。翌年春，在北伐军节节胜利的推动下，大同大学附中开展了反对军阀的斗争，傅雷成了这一斗争的带头人。学校校董散布流言，诬指傅雷为共产党分子，扬言将其捉拿归案。傅母闻讯忧心似焚，匆匆将儿子带回家乡。这样的求学经历说明傅雷不是一个漠视民族疾苦，只图在书斋中求生的读书人。傅雷在给儿子傅聪的信中写道："我始终是中国儒家的门徒。"虽然傅雷走出国门，学习西方文化，对希腊文明十分赞赏，但他思想的主体仍然是中国儒家思想中的闪光点。

傅雷很强调为学首先应从做人开始，做人必须修身，修身务必尚志，要有强烈的家国情怀，树立报效祖国的宏大志向。傅聪出国之时，其父一再提醒儿子：少年得志，更要想到"盛名之下，其实难副"，更要战战兢兢，"不负国人对你的期望"。还叮嘱儿子："你如今每次登台都与国家面子有关，个人的荣辱得失事小，国家的荣辱得失事大。你既热爱祖国，这一点尤其不能忘。"在极"左"思潮泛滥之时，傅聪遭受巨大压力，倘若回国，将面临揭发爱父的难堪局面，只得选择出走伦敦。这一消息传到傅雷耳中，如巨雷轰顶，陷入极度痛苦之中。他不思茶饭，成天倒在床上，竟然中断了译书工作。开始，傅雷得知傅聪并未入英国国籍，较为欣慰。后来，因经常赴各地演出，不入英国国籍带来很多不便。无奈之下，傅聪入了英国国籍。儿子写信把这一决定告诉父亲。为此事，傅雷十分生气，一连数月不给儿子回信，直到孙子凌霄诞生，儿子向家中报告喜讯，傅雷才恢复与儿子的联系。傅雷是一位赤诚的爱国者，他灌输给儿子的是对祖国的一片忠诚。傅聪长期在海外，他给自己立下的信条：不说不利于祖国的话，不做不利于祖国的事。次子傅敏英语水平极好，录取外交学院，因父亲被错划为"右派"而被勒令转学，只能当一名中学英语教师。后来，获得赴英进修机会，进修结业，仍回国从教。这是一个爱国之家，祖国为大，乡土为怀，这就是傅氏家族的淳良家风。

傅雷是一个极其严谨的人，事无巨细，都以极认真的态度对待。他在法国留学时，喜欢参观各种画展，每次参观手中总带着一本笔记本，详细地记录下相关内容。这些既帮助他了解西方美术，也为他积累了西方美术的相关史料，为他回到祖国，在上海美专主讲"世界美术名作二十讲"奠定了基础。

傅雷大半生都在从事译著工作，1949年以后几乎把目标全部锁定在巴尔扎克身上，成为国内首屈一指的研究巴尔扎克的专家。他规定的翻译法度颇高："译文必须为纯粹之中文，无生硬拗口之毛病。"为了让译文达到口语化的要求，他认真阅读老舍和赵树理的作品，认为这两位作家语言的口语化最好，值得认真汲取。他十分佩服老舍的京味语言和赵树理的农民语言，努力向这两位语言大师学习，以提高自己译文的文字水平。

傅雷是一个从生活到写作都一丝不苟的人，对孩子的教育也是如此，注意点点滴滴，重视细节中反映的问题。例如，有一次家中来客，傅聪出门，关门声音重了一点，傅雷十分恼火，认为是对客人失礼。他教育孩子一言一行都包含着对别人的尊重，体现出自己的文明修养。傅雷对家庭成员有种种不成文的规定：食不语，吃饭时不讲话；咀嚼时不许发出很大的声响；用匙舀汤时，不许滴在桌上……直至傅聪在国外，父亲在信中还提醒儿子："你素来有两个习惯：一是到别人家里，进了屋子，脱了大衣，却留着围巾；二是经常把手插在上衣口袋里，或是裤袋里。这两件都不合西洋的礼貌。""出台行礼或谢幕，面部表情要温和，切勿像过去太严肃……你要学习的不仅仅是音乐，还要有举止、态度、礼貌等礼节。"足见，傅雷希望子女不仅有精湛的艺术水平，而且要有很高的道德修养，做一个完美的人。

"文革"中，傅雷夫妇不愿忍受人格侮辱，不惜以死抗争。他留下的遗书是人间极为特殊的绝命书，充分显示了这对夫妇人格的高尚和为人的洁白无瑕。遗书中有这些内容：

"代付九月份房租55.29元（附现款）。"

"武康大楼（淮海路底）606室沈仲章托代修奥米茄自动男手表一只，请交还。"

"六百元存单一纸给周菊娣，作过渡时期生活费。她是劳动人民，一生孤苦，我们不愿她无故受累。"

"现钞53.30元，作为我们火葬费。"

"楼上宋家借用之家具，由陈叔陶按单收回。"

一个人做出结束生命的决定，应该是十分沉痛的，而此时的傅雷却显得十分冷静。他把该是别人的东西归还别人；对保姆过渡期的生活费也安排好；连夫妻两人的火葬费，亦作了预支。不给别人带来一丝麻烦，不让别人有一点损失，连真是清清爽爽、干干净净地告别人间。"文革"中被迫自尽的人不少，而傅雷留下的这份遗书却不同凡响、感人至深。

生，关心他人；死，亦关心他人。傅雷确实是知识分子中的明灯。

这份遗书，同样体现了傅雷认真办事、一丝不苟的严谨作风。

家风是在点点滴滴中形成的。一件件平凡的小事，却彰显出中华美德。傅雷的一生，乃至他对两个儿子的悉心教育都折射出中国知识分子的一颗纯真的心灵。他写给儿子的家信集——《傅雷家书》，成了当今中国的畅销书，一版再版，印行一百多万册。这本书之所以备受读者欢迎，是傅雷在与儿子的多次对话中，彰显了感人的人格魅力。

四、健全的社会需建设健美之家庭

中国的老百姓存在着浓厚的家国观念，他们把"家"与"国"紧密地联系在一起，把"家"视为缩小的"国"，"国"即放大的"家"，"国"好，"家"才会好；"家"兴，"国"才会强。从逻辑推理来看，这种认识是颇有道理的。因为"家"正是"国"的基本社会细胞，"国"即是由无数的"家"组成的。人的乡愁越浓，其爱国的情感就越深。在一个家族中，若其先祖制定了激励上进的家训，形成了和谐文明的家风，就可以形成深广的社会影响，从而以家风促民风，有利于形成良好的社会风气，推动社会的文明进步。

一个家庭家风的形成，是全体家庭成员在长期的家庭生活中逐渐养成的，并一直延续下去的价值观念、生活作风、生存方式、行为规范、生活习惯的总和。好的家风没有统一的标准，大约有这几个方面的要求：一是作风纯正，包括立德为本、勤俭持家、诗书传家、忠贞爱国等；二是与时俱进，符合社会发展的要求；三是持续不断、连绵延伸、数代相传。好的家风对于一个家族来说，好比护身符，可泽被后代，让其子孙永走正道，远离灾祸；家风不正的家庭，则会祸及子孙，导致家族衰落。历史上这样的例子不胜枚举。如汉武帝时，大臣张汤，出身平凡。但从张汤起，七代显贵，门风不坠，一直兴旺至东汉。《汉书》载："汉兴以来，侯者百数，保国持宠，未有若富平者也！""富平"指张汤之子富平侯张安世，为汉武帝、昭帝、宣帝三朝之重臣。张氏家族的长期兴旺与其优良的家风密切相关。张汤官至三公，去世时，仅"载以牛车，有棺无椁"，以薄礼葬之。因张氏"推贤扬善"，"满而不溢"，故而代代兴旺。房玄龄、杜如晦、高季辅均为初唐名相，对大唐的兴建和政权的巩固作出过卓越贡献，他们本人廉洁自守，多次受到朝廷表彰，然而却疏于对子女的教育，造成后代触犯刑律，下场悲惨。房玄龄的次子参与谋反被处死，长子受牵连被贬为平民。杜如晦的儿子杜荷参与谋反被杀，其兄杜构受株连，遭流放。高季辅之子高正业受上官仪牵连，贬于岭南。房、杜、高三人"辛苦立门户"，最终"悉为不孝子败之"。这就是一代兴旺，二代败落的例证。时至今日，对儿女一味溺爱纵容，招致败绩累累，多有所闻，那些"官二代""富二代""星二代"中的种种丑闻，媒体上时有曝光，这也从反面说明了良好家风的重要性。

古代流传至今的治家格言、优良家风的故事，仍然可以作为今天广大民众治家育人的殷鉴。宋代大清官包拯，公正无私，执法如山，流传下来的故事依然在舞台上成为广大民众最喜爱的剧目。如《秦香莲》《陈州放粮》《探阴山》等，都在叙述着包公刚正不阿、大义灭亲、为民除害的动人往事。包拯不仅严于律己，对亲属的要求也极为严明。他昭示族人："后代子孙仕宦，有犯赃滥者，不得放归本家；亡殁之后，不得葬于大茔之中，不从吾志者，非吾子孙。"又嘱其子："仰珙刊石，竖于堂屋东壁，以昭后世。"包拯是一位令后人敬仰的良臣，他为建立清廉家风所作的族训，让后人十分钦佩。

家族延绵的历史，反映了时代的变迁，也深深打上了时代的印记。所以，一个家族的变迁史，也是一个时代变迁的具体反映。如广东南海以梁启超为代表的梁氏家族，在风雨如晦、积贫积弱的近代中国，面对如此沉沦的社会，一批有作为的知识分子救亡图存，走上了变法维新之路，梁启超就是其中的杰出代表。他勤于思索，尚能因势而动，在近代社会变革中，发挥了重大作用。梁启超还注重对国学的研究，广泛吸收新知，积极实施对子女的良性教育。在梁氏家族中，出现了一门三院士的佳绩。这些，固然是梁启超个人的辛劳，与时代亦有密切关系。又如，无锡以荣德生为代表的荣氏家族是近代我国民族工商业的巨头。荣德生从小投身商海，在商场中摸爬滚打数十年，学会了一套丰富的经营经验，他曾在广州从业，路过香港，看到了面粉和棉纱生产经营的巨大商机，后来决心从事这方面的经营。迎难而上，终获巨额利润，成了"面粉大王"和"棉纱大王"。抗战期间，荣氏经营的工厂沦入日寇之手，使得工厂倒闭，机器亦遭破坏。抗战胜利后，国民党政府极度腐败，官匪勾结，使荣德生一度沦为人质，被敲诈了巨额钱财。荣德生从切身经历中，认识到国民党政权必定灭亡的结局。所以，他坚持不离开无锡，坐等解放军的到来。从荣氏家族经营产业的兴衰变化折射了时代的风雨，说明每一个家族都生活在时代之中，家族的兴衰史，也就是时代的风雨史。

外国列强用洋枪洋炮打开了中国的大门，随之大批洋人传教士来到中国，也把西方文化带到中国。在一些大城市中，一些首先与传教士交往密切的人，就成了中西文化交流的桥梁。以英敛之为代表的北京英氏家族，就是近代中国致力传播西方文化的典型家族。由于先辈有这方面的特长，使后代子孙有这方面的爱好和追求，从英敛之到英千里，到英若诚，再到英达，他们都有颇高的外语水平和精湛的表演能力。这个家族的这些特长，完全是时代赋予的。由此可见，时代往往在家族身上打上了鲜明的印记。

家风是家庭的社会意识形式，根本上受制于社会存在。它既不是封闭的条条框框，也不是恒久不变的历史古董。随着社会的发展变化，其内容亦会随之变化。对那些因循守旧、思想僵化、背离新时代要求的内容，应予摒弃。对那些属于传统文化精华，至今仍有积极意义的内容，应予以吸收继承。

在我国悠久的历史中，保存了不少教育儿孙的文章，著名的有汉代刘向的《诫子歆书》、三国诸葛亮的《诫子书》、东晋陶潜的《与子俨等书》以及清代《曾国藩家书》中对弟与子的训示等。在这些教育儿孙的范文中，保留了不少立身做人的基本要求，反映了中华美德的闪光点。如在为人处事上，主张与人为善，宽宏大量；在自我修养上，主张慎独为上，完善自我；在持家治业上，主张克勤克俭，反对奢侈懈怠；在应举为官上，主张读书知理，为政清廉等等。直至今天，这些内容仍有深刻的现实教育意义。

过去，传统的农耕社会中，自给自足的小农家庭不仅是社会结构的细胞，而且还是一个经济单元，更是社会存在的微观经济基础。历史延伸到今天，社会发生了巨大的变化。一般说来，家庭已经不再是生产性的经济单元，其对社会的重要性已不及传统家庭。但家庭仍然是社会最基本的生活单元，是社会结构的细胞。家庭的稳定对社会的稳定仍具有基础性的重大作用。所以，重视家风文化建设，则是重视社会稳定的基础性建设。每个家庭都建设好了，社会的和谐、文明、进步，也就有了可靠的保证。

党的十九大报告指出，要培育和践行社会主义核心价值观。社会主义核心价值观是在中华传统美德的基础上，根据社会主义新时代的要求制定的。经过长期的历史积淀，在我国民间保存了丰厚的家风文化，这些优良的家风文化，有助于我们培育具备社会主义核心价值观的精良人才。

家风文化十分重视其子弟的家国情怀，强调"天下之本在国，国之本在家"。这种家国情怀正是培育强烈爱国主义精神的思想基础。一切均从国家大局出发，抛弃一己之私利。五代吴越国开创者钱镠立下的《钱氏家训》中，赫然写道："利在一身勿谋也，利在天下者必谋之。"这种以"天下为己任"的壮烈情怀，把祖国的利益视为一切。正因为满怀对祖国的忠贞和热爱，其后代杰出子孙钱学森才冲破美国的种种阻挠，坚定地回到祖国，为我国的航天事业作出了划时代的贡献。

家风文化十分强调人在生活中和事业上的勤奋精神。明代著名理学家、教育家朱柏庐在《朱子家训》中谆谆教导儿孙："一粥一饭，当思来之不易；半丝半缕，恒念物力维艰。"并在《劝言》中，将"勤俭"作为一部分，专章阐述。他指出："勤与俭，治生之道也。不勤，则寡入；不俭，则妄费。"所以，"勤与俭"，是不可忽视的"治生之道也"。坚持"勤与俭"，则事业兴；坠入惰与奢，则事业亡。许多史上有名的大家，并非有什么超群的才智，而是不辞劳苦，辛勤耕耘，才获得骄人的成就。

朱柏庐为了让儿孙做到"勤俭"二字，提出三点要求：第一，要"深思远计"；第二，要"晏眠早起"；而第三，要"耐烦吃苦"。"人皆以为身习劳苦为自戕其生，而不知是乃所以求生也。"因此，务必从生活细节上做起，养成勤劳俭朴之好家风。

家风文化主张人与人相处时，应以和为贵，讲究对他人的宽恕与谦让。俗话说："宰相肚里能撑船。""君子额头能跑马。"能以豁达的态度，对待与自己意见相左的人，能给予同个人意愿不相符的事物以宽恕和理解，这是一种智慧，一种境界，一种胸怀。这样，才不会为一些区区小事而斤斤计较，人生之路才会越走宽广。宋代理学大师朱熹在家训中要求其子孙："仇者以义解之，怨者以直报之，随所遇而安之。"即使对心生仇隙的人，也要与其讲明事理，化解他心中的仇怨。对自己产生过埋怨的人，要坦诚地直叙缘由，化解他心中的埋怨。无论是意气风发之时，还是困顿消沉之际，都要以平常之心来对待，不可操之过急。人常言："予人玫瑰，手留余香。"对他人宽恕的人，最终也获得他人的好报。"家和万事兴""人和社会兴""和"的艺术，是人类社会共存共荣的高超艺术。

在我国数千年的传统社会里，上至帝相，下至士庶，众多的家庭之中，曾制定过各具特色的家训，并在长期的家庭生活中，制约着家族的言行，形成了良好的家风，这是我国传统文化的一大特色，亦是传统社会价值观得以落实的重要途径。这些好家训、好家风所蕴含的价值观念和做人原则，渗透于家庭生活的细节里，自然而然地成为家庭成员日常的行为习惯。今天，我们实施社会主义核心价值观教育，应当以传统家训、家风教育为抓手，使其细化，使其实化，让其进入每家每户，以良好的家风带动全社会的民风，让社会主义精神文明之花遍地盛开，为祖国培养出一批又一批品德高尚、学业精良的优秀人才，为实现中华复兴的伟大理想贡献力量。

后 记

余曾在高校数度从事《文学概论》的教学工作。高尔基曾说过："文学就是人学。"因为文学作品总离不开描写人的追求、人的遭际、人的关切、人的体验。这样，由文学我又对"人"产生了兴趣，撰成《人学四论》一书。"物以类聚，人以群分。"人具有群体性的特点，他总离不开所在的"群"，离不开有血缘关系的"家"，离不开生活的"家园"，离不开历代绵延的"家族"。于是，我对古往今来那些名垂青史的大家族，进行了一番搜集和研究。近些年来，兴起了一股撰述家族史的热潮，这方面的专著亦有不少问世，恰好为本书的编纂提供了较为丰富的素材。

大约经历了五载的案头工作，本书才大体告成。撰写的过程，仿佛就在同一些著名家族中的许多前贤做超越时空的对话，深感受益匪浅。在此，愿同广大读者分享。

从事案头撰述，必须要有一个安定的生活条件。这方面，贤妻爱兰付出了许多，一切生活上的照料，全靠于她。因此，本书亦凝聚了她的辛劳。

在本书的撰写与出版的过程中，得到了安徽师范大学党委书记顾家山先生、党委副书记李琳琦先生、教育基金会会长沈洪先生、校办主任曾黎明先生的热情关心与帮助。在此，深致谢忱。

安徽师范大学历史与社会学院副院长刘道胜教授对本书的写作与付梓，给予鼎力支持。此种倡导传统文化之精神，令人鼓舞。

"莫道桑榆晚，余霞尚满天。"老夫虽年逾古稀，但总想尽力做些于社会有益的工作。倘若此书问世后，在弘扬中华民族传统文化方面，能起到对社会有益的作用，本人将十分欣慰。

2017年3月10日于芜湖左岸A区

耕耘书屋

381

后记